№ 21. Deutsche Reichsgesetzgebung. № 21.
Text-Ausgaben mit Anmerkungen.

Die

Konsulargesetzgebung

des

Deutschen Reiches.

Text-Ausgabe mit Anmerkungen und Sachregister

von

Dr. Philipp Zorn,
ordentl. Professor der Rechte zu Königsberg.

Berlin und Leipzig
Verlag von J. Guttentag (D. Collin).
1884.

Inhaltsverzeichniß.

III. Die Konsularverträge und die konsularrechtlichen Bestimmungen der Handelsverträge.

I. Verfassungsvorschriften.

1. **Reichsverfassung** Art. 4. Z. 7.

„Der Beaufsichtigung Seitens des Reichs und der Gesetzgebung desselben unterliegen die nachstehenden Angelegenheiten: — — —

7) Organisation eines gemeinsamen Schutzes des Deutschen Handels im Auslande, der Deutschen Schifffahrt und ihrer Flagge zur See und Anordnung gemeinsamer konsularischer Vertretung, welche vom Reiche ausgestattet wird."

2. **Reichsverfassung** Art. 56.

„Das gesammte Konsulatwesen des Deutschen Reichs steht unter Aufsicht des Kaisers, welcher die Konsuln, nach Vernehmung des Ausschusses des Bundesrathes für Handel und Verkehr, anstellt.

In dem Amtsbezirk der Deutschen Konsuln dürfen neue Landeskonsulate nicht errichtet werden. Die Deutschen Konsuln üben für die in ihrem Bezirk nicht vertretenen Bundesstaaten die Funktionen eines Landeskonsuls aus. Die sämmtlichen bestehenden Landeskonsulate werden aufgehoben, sobald die Organisation der Deutschen Konsulate dergestalt vollendet ist, daß die

Vertretung der Einzelinteressen aller Bundesstaaten als durch die Deutschen Konsulate gesichert von dem Bundesrathe anerkannt wird."

3. **Schlußprotokoll zu dem Vertrage v. 23. Nov. 1870, betr. den Beitritt Bayerns zur Verfassung des Deutschen Bundes Z. XII.:**

XII. Zu Artikel 56. der Bundesverfassung wurde allseitig anerkannt, daß den einzelnen Bundesstaaten das Recht zustehe, auswärtige Konsuln bei sich zu empfangen und für ihr Gebiet mit dem Exequatur zu versehen.

Ferner wurde die Zusicherung gegeben, daß Bundeskonsuln an auswärtigen Orten auch dann aufgestellt werden sollen, wenn es nur das Interesse eines einzelnen Bundesstaates als wünschenswerth erscheinen läßt, daß dies geschehe.

II. Gesetzes- und Verordnungsrecht.

4. G. v. 8. Nov. 1867, betr. **die Organisation der Bundeskonsulate, sowie die Amtsrechte und Pflichten der Bundeskonsuln** (BGB. 1867, 137), in Baden, Württemberg, Südhessen in Kraft seit 1. Januar 1871 (Vertr. m. Baden u. Hessen v. 15. Nov. 1870 a. 80 Z. 4, mit Württemberg v. 25. Nov. 1870 a. 2 Nr. 6), in Bayern gemäß RG. v. 22. April 1871 §. 3 (BGB. 88). [1])

[1]) Die Terminologie ist im nachstehend folgenden Gesetzestext zu ändern gemäß RG. v. 16. April 1871 betr. die Verfassung des Deutschen Reiches (BGB. 63) §. 2 Abs. 2 (statt Bundeskonsuln Reichskonsuln, statt Bundesoberhaupt Kaiser 2c.).

I. Organisation der Bundeskonsulate.

§. 1. Die Bundeskonsuln sind berufen, das Interesse des Bundes, namentlich in Bezug auf Handel, Verkehr und Schiffahrt thunlichst zu schützen und zu fördern, die Beobachtung der Staatsverträge zu überwachen und den Angehörigen der Bundesstaaten, sowie anderer befreundeter Staaten in ihren Angelegenheiten Rath und Beistand zu gewähren. Sie müssen hierbei nach den Bundesgesetzen und den ihnen ertheilten Instruktionen sich richten und die durch die Gesetze und die Gewohnheiten ihres Amtsbezirks gebotenen Schranken einhalten.

§ 2. Unter Konsul im Sinne dieses Gesetzes ist der Vorsteher eines Generalkonsulats, Konsulats oder Vizekonsulats zu verstehen.

§ 3. Die Bundeskonsuln sind der Aufsicht des Bundeskanzlers unterworfen. In Angelegenheiten von allgemeinem Interesse berichten sie an den Bundeskanzler und empfangen von ihm ihre Weisungen. In dringlichen Fällen haben sie gleichzeitig die erforderlichen Anzeigen über erhebliche Thatsachen unmittelbar an die zunächst betheiligten Regierungen gelangen zu lassen.

In besonderen, das Interesse eines einzelnen Bundesstaates oder einzelner Bundesangehöriger betreffenden Geschäftsangelegenheiten berichten sie an die Regierung des Staates, um dessen besonderes Interesse es sich handelt, oder dem die betheiligte Privatperson angehört;

1*

auch kann ihnen in solchen Angelegenheiten die Regierung eines Bundesstaates Aufträge ertheilen und unmittelbare Berichtserstattung verlangen.

§. 4. Die Bundeskonsuln werden vor Antritt ihres Amtes dahin vereidet, daß sie ihre Dienstpflichten gegen den Norddeutschen Bund nach Maaßgabe des Gesetzes und der ihnen zu ertheilenden Instruktionen treu und gewissenhaft erfüllen und das Beste des Bundes fördern wollen.

§. 5. Die Bundeskonsuln können ohne Genehmigung des Bundespräsidiums weder Konsulate fremder Mächte bekleiden, noch Geschenke oder Orden von fremden Regierungen annehmen.

§. 6. Bundeskonsuln, welche sich von ihrem Amte ohne Urlaub entfernt halten, werden so angesehen, als ob sie die Enthebung von ihrem Amt nachgesucht hätten.[1])

§. 7. Zum Berufskonsul (consul missus)[2]) kann nur derjenige ernannt werden, welchem das Bundesindigenat zusteht und welcher zugleich

---

[1]) Ueber den Urlaub der Konsuln s. unten §. 10.

[2]) Deutsche Berufskonsulate sind z. B. errichtet (laut officieller Publication vom Januar 1883) in Buenos-Ayres (Argentin. Rep.), Rio de Janeiro (Brasilien), Guatemala (Centralamerika), Valparaiso (Chile), Shanghai, Amoy, Canton, Tientsin (China), Bogota (Columbien), Kopenhagen (Dänemark), Havre de Grace, Marseille, Nizza, Algier (Frankreich und Colonieen), London, Hongkong, Singapore, Sydney (England und Colonieen), Port au Prince (Haiti), Genua, Messina (Italien), Hiogo-Osaka, Yokohama (Japan), Tanger (Marokko), Budapest (Ungarn), Bukarest, Galatz, Jassy (Rumänien), Kiew, Kowno, Moskau, Odessa, St. Petersburg, Tiflis, Warschau,

1) entweder die zur juristischen Laufbahn in den einzelnen Bundesstaaten erforderliche erste Prüfung bestanden hat und außerdem mindestens drei Jahre im inneren Dienste oder in der Advokatur und mindestens zwei Jahre im Konsulatsdienste des Bundes oder eines Bundesstaates [1]) beschäftigt gewesen ist, oder

2) die besondere Prüfung bestanden hat, welche für die Bekleidung des Amtes eines Berufskonsuls einzuführen ist. Die näheren Bestimmungen über diese Prüfung werden von dem Bundeskanzler erlassen. [2])

Die vorstehenden Bestimmungen kommen jedoch erst vom 1. Januar 1873. ab zur Anwendung.

§. 8. Die Berufskonsuln erhalten Besoldung nach Maaßgabe des Bundeshaushalts-Etats.

Reise- und Einrichtungskosten, sowie sonstige Dienstausgaben werden ihnen aus Bundesmitteln besonders erstattet. [3])

Die Familien der Berufskonsuln werden, wenn letz-

Helsingfors (Rußland), Apia (Samoa), Stockholm, Christiania (Schweden und Norwegen), Belgrad (Serbien), Bangkok (Siam), Barcelona (Spanien), Havanna (Cuba), Manila (Philippinen), Alexandrien, Cairo, Beirut, Constantinopel, Dardanellen, Jerusalem, Serajewo, Smyrna, Sofia, Tunis (Türkei mit Nebenstaaten), Montevideo (Uruguay), Chicago, Cincinnati, New-York, San Francisco, St. Louis (Vereinigte Staaten von Amerika).

[1]) Dieser Zusatz ist nunmehr gegenstandslos.

[2]) Vgl. dieselben unten S. 13.

[3]) Vgl. hierüber unten S. 11.

tere während ihrer Amtsdauer sterben, auf Bundeskosten in die Heimath zurückbefördert.

Die Berufskonsuln erheben die in dem Konsular-Tarife vorgesehenen Gebühren für Rechnung der Bundeskasse.[1])

Die Berufskonsuln dürfen keine kaufmännischen Geschäfte betreiben.

In Bezug auf den Amtsverlust, die Dienstentlassung, die Versetzung in den Ruhestand und die Amtssuspension unterliegen die Berufskonsuln bis zum Erlaß eines Bundesgesetzes[2]) den in dieser Beziehung für die Preußischen diplomatischen Agenten zur Zeit geltenden Vorschriften mit der Maaßgabe, daß die in diesen Vorschriften dem Ministerium der auswärtigen Angelegenheiten beiwohnenden Zuständigkeiten dem Bundeskanzler und die nach denselben dem Disziplinarhofe und dem Staatsministerium beiwohnenden Zuständigkeiten dem Bundesrathe gebühren.

§. 9. Zu Wahlkonsuln (consules electi) sollen vorzugsweise Kaufleute ernannt werden, welchen das Bundesindigenat zusteht.

§. 10. Die Wahlkonsuln beziehen die in Gemäßheit des Konsular-Tarifs zu erhebenden Gebühren für sich.

Dienstliche Ausgaben können ihnen aus Bundesmitteln ersetzt werden.

Ihre Anstellung ist jederzeit ohne Entschädigung widerruflich.

---

[1]) Den Tarif s. unten Z. 42 Anlage.

[2]) Dieses Gesetz ist erlassen, vgl. unten Z. 6.

§. 11. Die Konsuln können mit Genehmigung des Bundeskanzlers in ihrem Amtsbezirke konsularische Privatbevollmächtigte (Konsular-Agenten) bestellen.

Den Konsular-Agenten steht die selbstständige Ausübung der in diesem Gesetze den Konsuln beigelegten Rechte nicht zu.

Den Konsular-Agenten können die von ihnen nach Maaßgabe des Konsular-Tarifs erhobenen Gebühren ganz oder theilweise belassen werden.

II. Amtsrechte und Pflichten der Bundeskonsuln.

§. 12. Jeder Bundeskonsul hat über die in seinem Amtsbezirke wohnenden und zu diesem Behufe bei ihm angemeldeten Bundesangehörigen eine Matrikel zu führen.

So lange ein Bundesangehöriger in die Matrikel eingetragen ist, bleibt ihm sein heimathliches Staatsbürgerrecht erhalten, auch wenn dessen Verlust lediglich in Folge dessen Aufenthalts in der Fremde eintreten würde.[1])

§. 13. Die Befugniß der Konsuln zu Eheschließungen und zur Beurkundung der Heirathen, Geburten und Sterbefälle der Bundesangehörigen bestimmt sich bis zum Erlaß eines diese Befugniß regelnden Bundes-

---

[1]) Vgl. G. v. 1. Juni 1870 (BGB. 355) über die Erwerbung und den Verlust der Bundes- und Staatsangehörigkeit §§. 13 Z. 3, 21.

gesetzes [1]) nach den Landesgesetzen der einzelnen Bundesstaaten.

Wenn nach den Landesgesetzen die Befugniß von einer besonderen Ermächtigung abhängig ist, so wird die letztere von dem Bundeskanzler auf Antrag der Landesregierung ertheilt.

§. 14. Die Bundeskonsuln sind befugt zur Legalisation derjenigen Urkunden, welche in ihrem Amtsbezirke ausgestellt oder beglaubigt sind. [2])

§. 15. Die schriftlichen Zeugnisse, welche von den Bundeskonsuln über ihre amtlichen Handlungen und die bei Ausübung ihres Amtes wahrgenommenen Thatsachen unter ihrem Siegel und ihrer Unterschrift ertheilt sind, haben die Beweiskraft öffentlicher Urkunden.

§. 16. Den Bundeskonsuln steht innerhalb ihres Amtsbezirks in Ansehung der Rechtsgeschäfte, welche Bundesangehörige errichten, insbesondere auch derjenigen, welche dieselben mit Fremden schließen, das Recht der Notare zu, dergestalt, daß die von ihnen aufgenommenen und mit ihrer Unterschrift und ihrem Siegel versehenen Urkunden den innerhalb der Bundesstaaten aufgenommenen Notariats-Urkunden gleich zu achten sind.

§. 17. Bei Aufnahme der Urkunden (§. 16.) haben die Bundeskonsuln zwei Zeugen zuzuziehen, in deren Gegenwart die Verhandlung vorzulesen und von den

---

[1]) Dieses Gesetz ist erlassen, vgl. unten S. 14.

[2]) Vgl. unten S. 17.

Betheiligten durch Unterschrift oder im Falle der Schreibensunerfahrenheit durch Handzeichen zu vollziehen ist.

Die Befolgung dieser Vorschriften muß aus der Urkunde hervorgehen, widrigenfalls dieselbe nicht die Kraft einer Notariats-Urkunde hat. Diese Kraft mangelt auch in dem Falle, wenn der Konsul oder seine Frau oder einer von seinen oder seiner Frau Verwandten oder Verschwägerten in auf- oder absteigender Linie oder in der Seitenlinie bis zum Grade des Oheims oder Neffen einschließlich bei der Verhandlung betheiligt war, oder wenn darin eine Verfügung zu Gunsten einer der vorgenannten Personen oder der hinzugezogenen Zeugen getroffen ist.

§. 18. Die Bundeskonsuln sind berufen, der in ihrem Amtsbezirke befindlichen Verlassenschaften verstorbener Bundesangehöriger, wenn ein amtliches Einschreiten wegen Abwesenheit der nächsten Erben oder aus ähnlichen Gründen geboten erscheint, sich anzunehmen; sie sind hierbei insbesondere ermächtigt, den Nachlaß zu versiegeln und zu inventarisiren, den beweglichen Nachlaß, wenn die Umstände es erfordern, in Verwahrung zu nehmen und öffentlich zu verkaufen, sowie die vorhandenen Gelder zur Tilgung der feststehenden Schulden zu verwenden.[1])

§. 19. Die Bundeskonsuln können innerhalb ihres Amtsbezirks an die dort sich aufhaltenden Personen auf

---

[1]) Vgl. unten S. 20.

Ersuchen der Behörden eines Bundesstaates Zustellungen jeder Art bewirken. Durch das schriftliche Zeugniß des Konsuls über die erfolgte Zustellung wird diese nachgewiesen. [1])

§. 20. Zur Abhörung von Zeugen und zur Abnahme von Eiden sind nur diejenigen Bundeskonsuln befugt, welche dazu vom Bundeskanzler besonders ermächtigt sind. [2]) Die von diesen Konsuln aufgenommenen Verhandlungen stehen den Verhandlungen der zuständigen inländischen Behörden gleich. [3])

§. 21. Bei Rechtsstreitigkeiten der Bundesangehörigen unter sich und mit Fremden sind die Bundeskonsuln berufen, nicht allein auf Antrag der Parteien den Abschluß von Vergleichen zu vermitteln, sondern auch das Schiedsrichteramt zu übernehmen, wenn sie in der durch die Ortsgesetze vorgeschriebenen Form von den Parteien zu Schiedsrichtern ernannt werden.

---

[1]) Vgl. unten Z. 17, 18.

[2]) S. unten Z. 21 über Zeugenvernehmungen bei Seeunfällen.

[3]) Die Specialvollmacht für die Functionen von Konſ.G. §. 20 haben nach officieller Publication vom Januar 1883 z. Z. die deutschen Konsuln an folgenden Orten:

Buenos-Ayres (Argentin. Republik), Guatemala (Centralamerika), Shanghai, Amoy, Canton, Tientsin (China), Bogota (Columbien), London, Sydney, Melbourne (England und Colonieen), Hiogo-Osaka, Yokohama (Japan), Bukarest, Galatz, Jassy (Rumänien), Apia (Samoa), Belgrad (Serbien), Bangkok (Siam), Havanna (Cuba), Manila (Philippinen), Alexandrien, Cairo, Port Said, Beirut, Constantinopel, Dardanellen, Jerusalem, Smyrna, Sofia, Tunis (Türkei mit Nebenstaaten), Chicago, Cincinnati, New-York, San Francisco, St. Louis (Vereinigte Staaten von Amerika).

§. 22.[1]) Den Bundeskonsuln steht eine volle Gerichtsbarkeit zu, wenn sie in Ländern residiren, in welchen ihnen durch Herkommen oder durch Staatsverträge die Ausübung der Gerichtsbarkeit gestattet ist.

Der Konsulargerichtsbarkeit sind alle in den Konsular-Jurisdiktionsbezirken wohnenden oder sich aufhaltenden Bundesangehörigen und Schutzgenossen unterworfen. In Betreff der politischen Verbrechen und Vergehen jedoch nur, wenn diese nicht innerhalb des Norddeutschen Bundes oder in Beziehung auf denselben verübt sind.

§. 23. Die Jurisdiktionsbezirke der einzelnen Konsuln werden von dem Bundeskanzler nach Vernehmung des Ausschusses des Bundesrathes für Handel und Verkehr bestimmt.

§. 24. Bis zum Erlasse eines Bundesgesetzes über die Konsulargerichtsbarkeit wird dieselbe von den Bundeskonsuln nach Maaßgabe des über die Gerichtsbarkeit der Konsuln in Preußen erlassenen Gesetzes vom 29. Juni 1865. (Gesetz-Samml. S. 681.) ausgeübt. Die nach diesem Gesetze den Preußischen Ministern und Gesandten übertragenen Befugnisse stehen jedoch dem Bundeskanzler zu.

Neue Bundesgesetze erlangen in den Konsular-Jurisdiktionsbezirken nach Ablauf von sechs Monaten, von dem Tage gerechnet, an welchem dieselben durch das Bundesgesetzblatt verkündet worden sind, verbindliche Kraft.

§. 25. Die Bundeskonsuln sind befugt, den in ihrem Amtsbezirke sich aufhaltenden Bundesangehörigen Pässe auszustellen, sowie Pässe zu visiren, die Pässe fremder Behörden jedoch nur zum Eintritt in das Bundesgebiet.[2])

§. 26. Hülfsbedürftigen Bundesangehörigen haben die Bundeskonsuln die Mittel zur Milderung augen-

[1]) Die §§. 22—24 sind aufgehoben durch das G. v. 10. Juli 1879, s. unten B. 32.

[2]) s. unten B. 22.

blicklicher Noth oder zur Rückkehr in die Heimath nach Maaßgabe der ihnen ertheilten Amtsinstruktion zu gewähren. [1])

§. 27. Die Bundeskonsuln haben den Schiffen der Bundes-Kriegsmarine, sowie der Besatzung derselben Beistand und Unterstützung zu gewähren. Insbesondere müssen sie die Befehlshaber derselben von den in ihrem Amtsbezirke in Bezug auf fremde Kriegsschiffe bestehenden Vorschriften und Ortsgebräuchen, sowie von etwa dort herrschenden epidemischen und ansteckenden Krankheiten unterrichten. [2])

§. 28. Wenn Mannschaften von Kriegsschiffen desertiren, so haben die Bundeskonsuln bei den Orts- und Landesbehörden die zur Wiederhabhaftwerdung derselben erforderlichen Schritte zu thun.

§. 29. Die Bundeskonsuln haben zum Schutze der von ihnen dienstlich zu vertretenden Interessen, insbesondere zum Transport von Verbrechern und hülfsbedürftigen Personen, den Beistand der Befehlshaber der Kriegsschiffe in Anspruch zu nehmen. [3])

§. 30. Die Bundeskonsuln haben die Innehaltung der wegen Führung der Bundesflagge bestehenden Vorschriften [4]) zu überwachen.

---

[1]) s. dazu unten Z. 23.

[2]) s. hiezu unten Z. 24.

[3]) s. unten Z. 24.

[4]) Dieselben sind enthalten in dem G. v. 25. Oct. 1867 (BGB. 35), s. unten Z. 26.

§. 31. Sie haben die Meldung der Schiffsführer entgegen zu nehmen und an den Bundeskanzler über Unterlassung dieser Meldung zu berichten.[1])

§. 32. Sie bilden für die Schiffe der Bundes-Handelsmarine im Hafen ihrer Residenz die Musterungsbehörde.[4])

§. 33. Sie sind befugt, über diese Schiffe die Polizeigewalt auszuüben.[2])

§. 34. Wenn Mannschaften von solchen Schiffen desertiren, so haben die Bundeskonsuln auf Antrag des Schiffers bei den Orts- oder Landesbehörden die zur Wiederhabhaftwerdung derselben erforderlichen Schritte zu thun.

§. 35. Die Bundeskonsuln sind befugt, an Stelle eines gestorbenen, erkrankten oder sonst zur Führung des Schiffes untauglich gewordenen Schiffers auf den Antrag der Betheiligten einen neuen Schiffsführer einzusetzen.

§. 36. Sie sind befugt, die Verklarungen aufzunehmen, und bei Unfällen, von welchen die Schiffe betroffen werden, die erforderlichen Bergungs- und Rettungsmaaßregeln einzuleiten und zu überwachen, sowie in Fällen der großen Haverei auf Antrag des Schiffsführers die Dispache aufzumachen.

§. 37. In Betreff der Befugniß der Konsuln zur

---

[1]) s. unten Z. 30, 31.

[2]) s. unten Z. 29 die betr. Vorschriften der Seem.O.

Mitwirkung bei dem Verkaufe eines Schiffes durch den Schiffer und bei Eingehung von Bodmereigeschäften, sowie in Betreff der einstweiligen Entscheidung von Streitigkeiten zwischen Schiffer und Mannschaft sind die Vorschriften Art. 499. 537. 547. 686. des Allgemeinen Deutschen Handelsgesetzbuches maaßgebend; in Betreff ihrer Befugniß zur Ertheilung von interimistischen Schiffscertifikaten bewendet es bei den Vorschriften des Bundesgesetzes, betreffend die Nationalität der Kauffahrteischiffe und ihre Befugniß zur Führung der Bundesflagge, vom 25. Oktober 1867.[1])

§. 38. Die von den Bundeskonsuln zu erhebenden Gebühren werden durch Bundesgesetz festgestellt. Bis zum Inkrafttreten eines solchen Gesetzes erfolgt die Gebührenerhebung nach einem von dem Bundeskanzler im Einvernehmen mit dem Ausschusse des Bundesrathes für Handel und Verkehr zu erlassenden provisorischen Tarife.[2])

---

[1]) s. unten S. 26.

[2]) Vgl. unten S. 42.

5) Zum Vollzug des sub 4. genannten Gesetzes erging die **Allgemeine Dienst-Instruction** v. 6. Juni 1871, dazu ein **Nachtrag** unterm 22. Febr. 1873 (beide nicht publicirt). Letzterer setzt neue Vorschriften an Stelle der ursprünglich zu §§. 26. 32. 33. 34. 37 des Konsulargesetzes gegebenen Erläuterungen.

In der so geänderten Fassung lautet die ADJ.:

Zu §. 1. Der §. 1 des Gesetzes giebt im ersten Alinea eine zusammenfassende Begriffs-Bestimmung der konsularischen Thätigkeit.

1) Unter den Staatsverträgen, deren Beobachtung die Konsuln zu überwachen haben, sind nicht nur die von dem Deutschen Reiche, dem Norddeutschen Bunde oder vom Deutschen Zollvereine abgeschlossenen, sondern auch diejenigen zu verstehen, welche etwa zwischen einzelnen zum Reiche gehörigen Staaten und andern Staaten bestehen. Den betreffenden Konsuln werden eintretenden Falls diese Staatsverträge besonders mitgetheilt.

2) Zu den, an den Rath und den Beistand der Deutschen Konsuln gewiesenen Angehörigen der

Bundesstaaten gehören nicht nur diejenigen, welche sich in dem Konsulats-Bezirke aufhalten, sondern überhaupt alle Reichs-Angehörige, welche Interessen daselbst wahrzunehmen haben. Die Konsuln werden also z. B. ihren Beistand auch solchen Deutschen zu Theil werden lassen, welche sich schriftlich an sie wenden, um Auskunft über die gegen ihre dortigen Schuldner zu ergreifenden Maßregeln zu erhalten und dergleichen. Es ist gestattet, daß die Konsuln sich in solchen Sachen — wenn sie keine Bedenken dabei finden — direkt mit den Betheiligten in Korrespondenz setzen.

3) Zu den anderen befreundeten Staaten, deren Angehörigen die Konsuln Rath und Beistand zu gewähren haben, gehören zunächst Oesterreich, Luxemburg und die Schweiz, da diesen Staaten gegenüber ausdrücklich entsprechende Verpflichtungen übernommen worden sind. Jedoch haben die Deutschen Konsuln sich der Angehörigen der genannten Staaten nur dann anzunehmen, wenn die betreffenden Individuen es beantragen und ein eigner Konsular-Beamter ihres Staates nicht am Orte ist. Eine Verpflichtung für die Angehörigen dieser Staaten, sich in Ermangelung eines eignen Konsuls an die Deutschen Konsuln zu wenden, besteht nicht. Kommen bei der konsularischen Vertretung der Angehörigen der genannten Staaten Amtshandlungen vor, für welche tarifmäßig Gebühren zu erheben sind, so sind diese Gebühren zu erlegen. In wie weit den Angehörigen anderer als der genannten drei Staaten

der Beistand der Deutschen Konsuln zu ertheilen ist, wird durch Spezial-Instruktionen bestimmt. [1])

4) Der Schluß des §. 1. verpflichtet die Konsuln, bei Ausübung ihres Amts die durch die Gesetze und die Gewohnheiten ihres Amtsbezirks gebotenen Schranken einzuhalten. Es ist dies eine Bestimmung, deren genaue Beobachtung sich die Konsuln besonders angelegen sein lassen müssen. Kein Staat läßt fremde Konsuln in seinem Gebiete anders zu, als unter dem ausdrücklichen oder stillschweigenden Vorbehalte, daß dieselben Nichts gegen die Gesetze des Landes vornehmen. Die Deutschen Konsuln können daher die ihnen durch das Gesetz vom 8. November 1867. beigelegten Befugnisse nur insoweit ausüben, als die fremde Staatsgewalt es ihnen gestattet. Wäre z. B. in dem Amtsbezirke des Konsuls die Aufnahme von Vollmachten, Verträgen und anderen Akten der freiwilligen Gerichtsbarkeit den Landesgerichten oder Notaren vorbehalten, so würde der Konsul von den, ihm in §§. 16. ff. des Gesetzes vom 8. Novbr. 1867. beigelegten Befugnissen keinen Gebrauch machen dürfen. Ebenso ist es mit anderen Bestimmungen dieses Gesetzes. Dasselbe kann selbstverständlich die fremden Staats-Regierungen nicht binden, vielmehr sind seine Bestimmungen zunächst und so lange nicht die völkerrechtliche Anerkennung derselben Seitens der fremden Staatsgewalt erfolgt ist, nur für das Verhältniß zwischen den Konsuln und dem Deutschen Reiche

[1]) Bezüglich der Eheschließung von Schweizern s. unten S. 15.

maaßgebend. Mit anderen Worten: das Gesetz vom 8. Novbr. 1867. setzt fest, welche Befugnisse das Deutsche Reich seinen Konsuln einräumt; damit aber die Konsuln diese Befugnisse wirklich ausüben können, muß diese Ausübung nach den Gesetzen oder Gewohnheiten des betreffenden fremden Landes zulässig oder durch besondere Verträge gestattet sein.

5) Kein Konsul darf seine amtliche Wirksamkeit beginnen, bevor die Regierung des Landes, in welchem diese Wirksamkeit sich äußern soll, ihre Genehmigung ertheilt hat. Diese Genehmigung ist auch in solchen Ländern erforderlich, mit deren Regierungen das Deutsche Reich über die Zulassung von Konsuln Verträge geschlossen hat, und auch für solche Plätze, wo im Allgemeinen fremde Konsuln zugelassen werden. Sie erfolgt gewöhnlich durch ein sogenanntes Exequatur oder Placet, welches die dortige Staatsgewalt den Funktionen des Konsuls ertheilt und wodurch die amtliche Eigenschaft des Konsuls bei den Landesbehörden beglaubigt wird. Das Exequatur für die Konsuln des Deutschen Reichs wird in der Regel Seitens des Reichskanzlers auf diplomatischem Wege ausgewirkt. Wenn dies nicht angänglich ist, so müssen die Konsuln dasselbe für sich und die ihnen etwa untergeordneten Organe in der, in dem Lande ihrer Residenz üblichen Weise nachsuchen. Sie haben alsdann dem Reichskanzler von der Ertheilung oder einer etwaigen Verweigerung des Exequatur Anzeige zu erstatten. Sollten die Bedingungen, unter welchen das Exequatur ertheilt wird, ungünstiger sein,

als sie anderen Konsuln an demselben Orte gestellt sind, oder sollten sie nicht durch die Reziprozität gerechtfertigt werden, so hat der Konsul vor Antretung seiner Funktionen zu berichten, oder, falls bei großer Entfernung den Interessen des Deutschen Reichs aus dem Verzuge ein wesentlicher Nachtheil erwachsen sollte, seine Funktionen nur unter geeignetem Vorbehalte anzutreten.

Die Kosten, welche durch die Nachsuchung des Exequatur erwachsen, werden den Konsuln aus der Reichskasse erstattet.

Sobald der Konsul das Exequatur erlangt hat, hat er das Recht, seine Amtsbefugnisse auszuüben und die in dem Orte seines Amtssitzes den fremden Konsuln vertragsmäßig, nach einer allgemeinen Staatenpraxis oder nach den speciellen Gesetzen und Gebräuchen des Landes zugestandenen Rechte in Anspruch zu nehmen.

Bevor der Konsul von seinem Amte wirklich Besitz ergreifen kann, hat er den im §. 4. des Gesetzes vorgeschriebenen Eid abzuleisten. Das Nähere über die Ableistung dieses Eides ist weiter unten zu §. 4. des Gesetzes angeordnet.

Handelt es sich um ein bereits bestehendes Deutsches Konsulat, so übernimmt der Konsul von seinem Amtsvorgänger, dessen Erben oder sonstigen Rechtsvertretern die Archive und Inventarienstücke des Konsulats, sowie die etwa vorhandenen Depositen.

Wo es üblich ist, macht der Konsul bei Antritt seines Postens den Beamten des Orts, mit welchen er in amtliche Verbindung zu treten hat, sowie den Vertretern anderer befreundeter Staaten einen persönlichen Besuch und notifizirt denselben seinen Amtsantritt schriftlich. Auch zur Kenntniß des betheiligten Publikums ist der Beginn der konsularischen Funktionen in angemessener Weise zu bringen.

6) In ihrem Verkehr mit den Landes-Behörden haben sich die Konsuln der Aufrechthaltung freundschaftlicher Beziehungen zu befleißigen. Sie müssen sich bemühen, etwaige Störungen des guten Vernehmens und Hindernisse des Verkehrs durch geeignete Aufklärungen und sonstige Schritte zu beseitigen. Bei politischen Bewegungen und auch sonst hat der Konsul es zu vermeiden, irgend welche kompromittirende Parteigesinnung kund zu geben.

Etwaiger Benachtheiligung der Deutschen Interessen, namentlich des Deutschen Handels und der Deutschen Schifffahrt hat der Konsul energisch entgegenzuwirken. Aber auch wenn es sich um Reklamationen gegen Eingriffe in die Rechte des Konsuls oder seiner Schutzbefohlenen handelt, muß die Sprache eine gemäßigte sein. Es muß aus den Vorstellungen des Konsuls hervorgehen, daß er sie nur aus eigenem Antriebe vorbringt und dem Reichskanzler darüber berichten wird. Kommen dabei Gegenleistungen des Deutschen Reichs in Frage, so hat der Konsul, ehe er amtliche Schritte übernimmt, Instruktionen einzuholen und sich an diese zu halten.

Zum förmlichen Abbruch seiner Verbindungen mit

den Landes-Behörden darf der Konsul ohne spezielle Ermächtigung des Reichskanzlers nicht schreiten.

In der Regel können sich die Konsuln mit der Central-Behörde des Landes ihrer Residenz nur durch Vermittelung der Gesandten oder sonstigen diplomatischen Agenten des Kaisers in Verbindung setzen. In Ländern, in denen sich keine Kaiserlichen Gesandten befinden, wird den Konsuln der Weg besonders bezeichnet werden, welchen sie einzuschlagen haben, wenn das Bedürfniß eines Verkehrs mit der Central-Behörde eintritt.

7) Ueber die Uniform, welche die Konsuln des Deutschen Reichs zu tragen haben, gelten folgende Bestimmungen:

Grundfarbe des Rocks und Unterfutter: dunkelblau. Schnitt des Rocks: eine Reihe Knöpfe, stehender Kragen, runde Aufschläge.

Kragen und Aufschläge: schwarzer Sammet.

Stickerei: auf Kragen, Aufschlägen und Patten, in Gold $1^3/_4$ Zoll breit; auf dem Kragen: die Konsuln eine Rosette (Stern), die General-Konsuln zwei Rosetten (Sterne), die Vice-Konsuln ohne solche. Den General-Konsuln ist gestattet, die Stickerei so breit zu tragen, daß sie Kragen und Aufschläge völlig bedeckt.

Knöpfe: gelb mit dem Wappenschilde.

Degen und Portépée: der Degen mit vergoldetem Gefäß, das Portépée von Gold und dunkelblauer Seide.

Unterkleider: von weißem Kasimir mit 1 Zoll breiter Gold-Tresse besetzt, bei kleineren Gelegenheiten von blauem Tuch mit gleicher Tresse.

Hut und Hutverzierung: ein dreieckiger Hut mit einer Kokarde, welche vom äußeren Rande gesehen, die Farben schwarz, weiß, roth enthält; die General-Konsuln Tressenlitzen und Kordons, die Konsuln und Vice-Konsuln nur Tressenlitzen.

Wo es üblich und gestattet ist, können die Konsuln des Deutschen Reichs das vorschriftsmäßige Wappen über der Thür ihres Hauses oder ihres Bureaus anbringen.

Die Flagge, welche die Konsuln da wo es der Gebrauch mit sich bringt, von den Dächern ihrer Wohnhäuser oder von einem Flaggenstocke wehen zu lassen berechtigt sind, ist die Flagge der Kriegsmarine des Reichs, doch ist es auch gestattet, die einfacher herzustellende Handelsflagge zu führen.

Wappenschild und Flagge haben die Wahl-Konsuln in der Regel auf eigene Kosten zu beschaffen. Nur wenn nachgewiesen wird, daß im Dienst-Interesse die Anbringung des Wappens, resp. der Flagge nothwendig ist, werden die Kosten derselben auf die Reichskasse übernommen.

Die erforderlichen Dienst-Siegel werden den Konsuln vom Auswärtigen Amte kostenfrei zugesendet. Sie erhalten das Wappen mit der Umschrift: (General-, Vice-) Konsulat des Deutschen Reichs zu N. N. Des

Konsulats-Siegels hat sich der Konsul in allen seinen Amtsgeschäften, aber auch nur in diesen, zu bedienen.

Zu §. 2. Das Gesetz versteht nach Inhalt des §. 2. unter „Konsul" die Vorsteher von General-Konsulaten, Konsulaten und Vice-Konsulaten. Es sind unter Vorstehern nicht bloß die wirklichen Titulare, sondern auch die ordnungsmäßig berufenen Stellvertreter begriffen. In gleichem Sinne wird das Wort Konsul auch in der gegenwärtigen Instruktion gebraucht. Insoweit daher nicht bei der Anstellung ausdrückliche Einschränkungen erfolgen, beziehen sich die Bestimmungen des Gesetzes und der Instruktion auf die Vice-Konsuln, Konsuln und General-Konsuln in gleicher Weise. Dies schließt nicht aus, daß den General-Konsuln, beziehungsweise einzelnen Konsuln die Oberleitung und Ueberwachung der zu ihrem Sprengel gehörigen Konsulate und Vice-Konsulate anvertraut wird.

Zu §. 3. Die Konsuln des Deutschen Reichs stehen verfassungsmäßig unter dem Reichskanzler als ihrem Vorgesetzten. Sie haben daher von ihm Weisungen zu empfangen und an ihn zu berichten. Die für den Reichskanzler bestimmten Berichte sind mit dem Zusatz: „Auswärtiges Amt" zu versehen, da dieser Behörde die Aufsicht über das Konsulatwesen übertragen ist. Ist im Lande der Residenz des Konsuls ein Kaiserlicher Gesandter beglaubigt, so sind Berichte allgemeinen Inhalts unter fliegendem Siegel durch dessen Hand zu senden. Wenn dies nicht thunlich ist, so muß dem Gesandten der Bericht abschriftlich oder auszugsweise mitgetheilt werden. Ebenso müssen diejenigen Konsuln, und Vice-Konsuln, welche einem General-Konsul unterstehen, ihre Berichte allgemeinen Inhalts durch die Hand des General-Konsuls gehen lassen, resp. Letzterem Abschrift einreichen.

Der §. 3. des Gesetzes bestimmt, daß die Konsuln in besonderen, das Interesse eines einzelnen Bundesstaats oder einzelner Bundes-Angehöriger betreffenden Geschäfts-Angelegenheiten mit den Regierungen der einzelnen Bundesstaaten Verkehr unterhalten. Es wird für den Konsul nicht schwer sein, die Grenze zwischen allgemeinen und besonderen Angelegenheiten zu ziehen. Unter den ersteren sind alle diejenigen zu verstehen, bei welchen das Reich als solches, oder ganze Klassen von Reichs-Angehörigen betheiligt sind. Findet sich also der Konsul beispielsweise veranlaßt, über Anordnungen zu berichten, welche die Regierung des Landes seiner Residenz über Zölle, Schifffahrts-Abgaben und dergleichen erlassen hat, so sind diese Berichte an den Reichskanzler zu richten. Wenn es sich dabei um erhebliche Thatsachen handelt (z. B. Eintritt oder Aufhebung von Blokaden, Veränderung von Leuchtfeuern und Seetonnen, Anordnungen von Schifffahrts-Abgaben und dergleichen), deren schleunige Kenntniß für einige Bundesstaaten besonders wichtig ist, so hat der Konsul gleichzeitig eine Mittheilung an die betreffenden Regierungen gelangen zu lassen. Die speziell das Preußische Interesse betreffenden und deshalb für die Preußische Regierung bestimmten Berichte sind nicht an das Preußische

Ministerium, sondern unter der äußeren Adresse des Reichskanzlers (Auswärtiges Amt) abzusenden.

Das zweite Alinea des §. 3. hat nicht beabsichtigt, unbedingt vorzuschreiben, daß der Konsul in allen besonderen Geschäfts-Angelegenheiten an die Centralstelle (Ministerium der Auswärtigen Angelegenheiten, Kabinets-Ministerium, Senat u. s. w.) der betreffenden Landes-Regierung berichten soll. Vielmehr ist es gestattet, daß die Konsuln in dergleichen Angelegenheiten mit den kompetenten Gerichts- oder Verwaltungs-Behörden direkt korrespondiren, sobald sie dazu von den betreffenden Regierungen ermächtigt werden.

Was die äußere Form der Berichte betrifft, so sind sie auf der ersten Seite oben rechts mit Ort und Datum zu versehen. Eine kurze Angabe des Inhalts wird außen auf die letzte Seite gesetzt. Die Adresse findet auf der ersten Seite des Berichts in der unteren linken Ecke ihren Platz.

Die Berichte werden in ein besonderes Kouvert gelegt, welches ebenso wie der Bericht selbst zu adressiren und mit dem Vermerk „Deutsche-Reichs-Sache" zu versehen ist. Privatbriefe dürfen einer portofreien Dienstsendung nicht beigefügt werden.

Zur Beförderung der Berichte haben sich die Konsuln der Post oder sicherer Schiffsgelegenheiten zu bedienen, auch können dieselben zuverlässigen Reisenden mitgegeben werden.

Was den Inhalt der Konsular-Berichte betrifft, so ist die Sprache derselben, namentlich der zur Mittheilung an den Handelsstand bestimmten Handels- und Schifffahrts-Berichte, in der Regel die Deutsche.

Wenn über mehrere verschiedenartige Gegenstände berichtet wird, so sind dieselben nicht in einem Berichte zusammenzufassen, sondern es ist über jeden Gegenstand ein besonderer Bericht zu erstatten.

Bei Erwähnung von Deutschen Handelsschiffen ist jedesmal deren Heimathshafen und das Unterscheidungs-Signal anzugeben.

Der Konsul ist zu unverzüglicher Berichterstattung verpflichtet, so oft sich Vorfälle ereignen, deren sofortige Kenntniß von Interesse ist, oder wobei er besonderer Verhaltungsmaßregeln bedarf.

Möglichst bald nach dem Schluß eines Kalenderjahres hat der Konsul einen Jahresbericht über seine gesammte Amtsthätigkeit, sowie über den Gang des Handels in seinem Amtsbezirke während des abgelaufenen Jahres an den Reichskanzler einzusenden.

In ersterer Beziehung ist in diesem Berichte hervorzuheben nach welcher Richtung hin die Amtsthätigkeit des Konsuls besonders in Anspruch genommen gewesen ist — ob mit Schifffahrts-Angelegenheiten, Unterstützung Hülfsbedürftiger, Reklamationen Handeltreibender u.s.w. — mit den Regierungen welcher Bundesstaaten eine direkte Korrespondenz stattgefunden, und welche Gegenstände im Allgemeinen diese Korrespondenz betroffen hat.

In letzterer Beziehung hat der Konsul in seinem Bericht insbesondere

a) den Verkehr mit Deutschland, resp. den einzelnen Bundesstaaten möglichst zu spezialisiren. Zu diesem Behufe ist anzuführen, welches die wichtigsten Einfuhr- und Ausfuhr-Artikel sind, wie viel und zu welchem Werthe davon importirt und exportirt ist, welche Länder dabei betheiligt waren, namentlich welchen Antheil das Deutsche Reich daran gehabt hat.

Die etwa erschienenen amtlichen Tabellen oder sonstige Veröffentlichungen über den dortigen Handels-Verkehr, z. B. Ausschnitte aus Zeitungen, Jahresberichte angesehener dortiger Handelshäuser, Preiskourante und Uebersichten über den Stand der Wechselkourse sind beizulegen. Desgleichen eine Liste der im Laufe des Jahres aus Deutschen Häfen nach den Konsulats-Bezirke gekommenen oder von dort nach Deutschen Häfen expedirten nichtdeutschen Schiffe, sowie ein Verzeichniß der im Konsulats-Bezirke ein- und ausgegangenen Deutschen Schiffe unter Angabe des Abgangs- resp. Bestimmungs-Hafens nach dem hier folgenden Formular.

Verzeichniß

der im Jahre 18.. in dem Hafen von N. N. angekommenen und von dort abgegangenen Deutschen Schiffe.

Nr.	Datum der Ankunft		Name des Schiffes.	Name des Kapitains.	Name u. Wohnort des Rheders.	Name des Heimaths-Hafens.	Zahl der Schiffs-Besatzung.	Zahl der Schiffs-Lasten.	Angekommen		Abgegangen		Datum des Abgangs		Bemerkungen.
	Monat	Tag							von	mit	nach	mit	Monat	Tag	

Der Jahresbericht wird ferner

b) sich in motivirter Weise gutachtlich darüber äußern, welche Aussichten sich für den Deutschen Handel und die Deutsche Schifffahrt im nächsten Jahre dort eröffnen und in welcher Weise auf die Hebung derselben hinzuwirken sein möchte.

Zu §. 4. Der nach §. 4. des Gesetzes von den Konsuln des Deutschen Reichs zu leistende Diensteid lautet:

„Ich (Vor- und Zuname) schwöre zu Gott dem Allmächtigen und Allwissenden, daß ich, nachdem ich zum (General-, Vice-)Konsul des Deutschen Reichs zu N. N. ernannt worden bin, meine Dienstpflichten gegen das Deutsche Reich nach Maaßgabe des Gesetzes und der mir zu ertheilenden Instruktionen treu und gewissenhaft erfüllen und das Beste des Reichs fördern will“ etc.

Es ist Jedem freigestellt, am Schluß die seinem religiösen Bekenntniß entsprechende Bekräftigungsformel hinzuzufügen.

Dieselbe lautet für evangelische Christen:

„so wahr mir Gott helfe durch Jesum Christum zur Seligkeit, Amen,“

für katholische Christen:

„so wahr mir Gott helfe und sein heiliges Evangelium, Amen.“

oder überhaupt:

„so wahr mir Gott helfe.“

Ob der Eid von den bei ihrer Anstellung sich im Auslande aufhaltenden Konsuln vor einem mit der

Eides-Abnahme beauftragten Beamten oder schriftlich mittelst Einsendung einer eigenhändig geschriebenen und vollzogenen Urkunde zu leisten sei, wird in jedem einzelnen Falle von dem Reichskanzler bestimmt werden.

Zu §. 5. Bei Anträgen auf Genehmigung der Annahme des Konsulats einer anderen Macht ist namentlich über den muthmaßlichen Geschäfts-Umfang dieses Konsulats und über die Möglichkeit kollidirender Interessen zu berichten.

Handelt es sich um die Annahme von Orden und Geschenken fremder Regierungen, so ist anzugeben, aus welchem Anlaß dem Konsul Geschenk oder Orden zu Theil geworden ist.

Zu §. 6. Im Allgemeinen dürfen die Konsuln ohne amtlichen Anlaß (in Dienstgeschäften) ihren Amtssitz nur verlassen, wenn sie zuvor bei dem Reichskanzler Urlaub nachgesucht und denselben erhalten haben. Indessen gilt diese Bestimmung nur von den Berufs-Konsuln.

1. Diese (die Berufs-Konsuln) müssen Urlaub nachsuchen, wenn sie sich von dem Orte, an welchem sie ihren amtlichen Wohnsitz haben, entfernen wollen, selbst wenn sie das Land, bei dessen Regierung sie beglaubigt sind, nicht verlassen, es sei denn, daß die Dauer der beabsichtigten Abwesenheit oder die räumliche Ausdehnung der Entfernung nach pflichtmäßigem Ermessen die Möglichkeit gewährt, Aufträge des Reichskanzlers und insbesondere auf telegraphischem Wege ertheilte Weisungen so schleunig auszuführen, daß durch die

zeitweise Entfernung von dem regelmäßigen Domizil keine Verzögerung der Erledigung veranlaßt wird.

Mit dem Urlaubsgesuch sind die Vorschläge wegen der Vertretung zu verbinden.

Bei Ertheilung des Urlaubs wird auch über die Kosten der Stellvertretung und über die Fortbeziehung des Gehalts Bestimmung getroffen werden, soweit diese Fragen nicht gesetzlich geregelt sind.[1])

2. Den Wahl-Konsuln ist es mit Rücksicht auf ihre anderweitigen Geschäfte gestattet, auch ohne Urlaub ihren Amtssitz zu verlassen, wenn es sich nur um eine kürzere Abwesenheit handelt oder wenn der Anlaß zu der Abreise so schnell kommt, daß die Nachsuchung des Urlaubs unthunlich wird. Sie müssen in solchen Fällen für ihre angemessene Vertretung Sorge tragen und sind für alle Amtshandlungen ihres Stellvertreters verantwortlich. Eine bestimmte Zeitdauer, welche die Abwesenheit ohne Urlaub nicht übersteigen dürfte, ist nicht festgesetzt, vielmehr wird vertraut, daß die Wahl-Konsuln ihre Abwesenheit nicht zum Nachtheil des Dienstes über Gebühr verlängern werden. Wird eine längere Abwesenheit von vornherein beabsichtigt, so ist auch von den Wahl-Konsuln bei dem Reichskanzler unter Beifügung von Vorschlägen hinsichtlich der Stellvertretung Urlaub nachzusuchen und, wenn möglich, die Reise bis nach Eingang des Urlaubs aufzuschieben. Wahl-Konsuln sind auch dann für ihre Stellvertreter

---

[1]) s. jetzt unten Z. 10.

verantwortlich, wenn diese von dem Reichskanzler bestätigt worden sind.

In allen Fällen ist von der erfolgten Abreise und von den in Bezug auf die Stellvertretung getroffenen Vorkehrungen, sowie demnächst von der Rückkehr dem Reichskanzler Anzeige zu erstatten.

Zu §. 8. 1. Ueber die Höhe der Besoldung, sowie über die Art des Bezuges derselben erhalten die Berufs-Konsuln besondere Mittheilung.

2. Desgleichen über die bei Veränderung ihres Amtssitzes ihnen zu gewährenden Reise- und Einrichtungs-Kosten.[1])

3. Ueber die von den Berufs-Konsuln für Rechnung der Reichskasse zu erhebenden Gebühren ist ebenso wie über die dienstlichen Ausgaben genau Buch zu führen.

Die Einnahmen sind in ein foliirtes Journal einzutragen, welches mit einer anzusiegelnden Schnur dergestalt zu durchziehen ist, daß einzelne Blätter nicht unbemerkt entfernt werden können. Die Zahl der Folien ist neben dem Siegel in Buchstaben zu bescheinigen.

Die Journalführung erfolgt nach dem nachstehenden Formular.

---

[1]) Vgl. hierüber unten Ziff. 11.

1.	2.		3.	4.		Davon sind						
						5.		6.		7.		
Laufende Nr.	Datum		Nähere Bezeichnung der Einnahme.	Es sollen einkommen		niedergeschlagen		gestundet		wirklich eingekommen		
	Monat	Tag		Piaster	Para	Piaster	Para	Piaster	Para	Piaster	Para	
1.	Septbr.	3.	Expeditions-Gebühr für die „Vineta“	45	.	.	.	.	.	45	.	
2.	„	5.	Kostenvorschuß in S. A. contra B.	40	.	.	.	40	.	.	.	Niedergeschlagen am 30. Sept. vgl. Nr. 6.
3.	„	5.	Visa für den Brauer X.	7	20	7	20	.	.	.	.	
4.	„	6.	Legalisation d. N. N. schen Lebens-Attestes	15	.	.	.	.	.	15	.	
5.	„	6.	Vollmacht d. N. N. . .	45	.	.	.	.	.	45	.	Am 30. September sind abschläglich 15 Piaster gezahlt, vgl. Nr. 7.
6.	„	30.	Kostenvorschuß oben Nr. 2.	.	.	40	.	.	ab 40	.	.	A. ist völlig arm gestorben, die Erben wollen d. Prozeß nicht fortsetzen.
7.	„	30.	Vollmacht des N. N. (oben) Nr. 5)	.	.	.	.	.	ab 15	15	.	
			Latus	152	20	47	20	.	30	75	.	

Jede Einnahme wird zunächst als Soll-Einnahme eingetragen, wenn dieselbe auch nicht sogleich baar eingeht, sondern vorläufig gestundet oder später niedergeschlagen wird. Die baar berichtigten Beträge werden gleichzeitig in die Kolonne Soll-Einnahme (4) und in die Kolonne Ist-Einnahme (7) eingetragen, die niedergeschlagenen und die einstweilen gestundeten Beträge neben der Eintragung in die Soll-Einnahme-Kolonne in die dazu vorhandenen besonderen Kolonnen (5 und 6) ausgeworfen. Sobald auf gestundete Beträge später Zahlungen eingehen, werden dieselben unter einer neuen fortlaufenden Nummer mit Hinweis auf die Nummer der Soll-Einnahme als Ist-Einnahme eingetragen. Dasselbe geschieht, wenn bisher gestundete Beträge definitiv niedergeschlagen werden. Selbstverständlich dürfen die schon einmal in Soll-Einnahme aufgeführten, einstweilen aber gestundeten Beträge nicht zum zweiten Male in Soll-Einnahme erscheinen; vielmehr wird, sobald das Geld eingeht, diese Kolonne (4) durchpunktirt und der Betrag in der Kolonne 6 mit rother Dinte abgesetzt (gleichsam als ein negativer Werth gegenüber den mit schwarzer Dinte geschriebenen positiven Werthen) und in der Kolonne 7 als eingegangen vermerkt.

Am Schlusse des Einnahme-Abschnitts ist das Ergebniß nachrichtlich zu vermerken, also z. B.:

nach dem Journale sollen einkommen

	152	Piaster	20	Para
davon sind niedergeschlagen	47	„	20	„
bleiben	105	Piaster	—	„
Davon sind zur Zeit noch gestundet (85 weniger 55)	30	„	—	„
Ergiebt die obige Ist=Einnahme	75	Piaster	—	Para

Zu welchem Kurse die landesüblichen Münzen im Verhältniß zum Thaler anzunehmen sind, wird für jedes Konsulat besonders bestimmt. Bei den von der Legationskasse durch Wechsel eingezogenen Summen ist der für den betreffenden Wechsel erzielte Erlös mit einer Rechnung des Wechsel=Empfängers zu belegen. Diese Wechslernote ist den amtlichen Ausgabe=Liquidationen beizufügen.

Ueber die aus der Konsulatskasse zu bestreitenden Ausgaben ist gleichfalls ein Journal zu führen, welches für die fortlaufende Nummer, Monat und Tag der Ausgabe, Bezeichnung und Betrag derselben besondere Kolonnen hat. Vorschüsse irgend welcher Art, Darlehen u. s. w. dürfen aus der Kasse in keinem Falle ohne Genehmigung des Reichskanzlers gezahlt werden.

Nach dem Schluß jeden Vierteljahrs ist, wenn nicht etwa für einzelne Konsulate abweichende Bestimmungen getroffen worden sind, dem Reichskanzler eine Uebersicht der stattgefundenen Einnahmen und Ausgaben nach dem hier folgenden Formular mit Belegen einzureichen.

Rechnung
über die bei dem Konsulat des Deutschen Reichs in N. N.
im . . . ten Quartal 18..
vorgekommenen Einnahmen und Ausgaben.

Laufende Nummer. 1.	Datum des Berichts. 2.	Einnahme. 3.	Betrag. in 4. Frks.	Cts.	in 5. Thlr.	Sgr.	Pf.
		Summa der Einnahme					
		Davon ab die Ausgabe					
		Bleibt zu erstatten . .					
		Bemerkungen. Die Kolonne 5. bleibt Seitens der Konsulate unausgefüllt; die Ausfüllung geschieht in Berlin.					

Laufende Nummer.	Nr. des Belegs.	Ausgabe.	Betrag			Davon kommen auf																					Von den in Ausgabe nachgewiesenen Beträgen sind wieder einzuziehen.			Bemerkungen.
						1. Porto, Telegraphengebühren, Frachtkosten, Botenlöhne rc.			2. Schreibmaterialien und Bureaubedürfnisse aller Art.			3. Zeitungen, Gesetzblätter, Broschüren, Druckschriften rc.			4. Reisekosten und Diäten.			5. Die Unterhaltung der Dienst-Lokalien der Bureau- und Mobiliar-Inventarienstücke.			6. Unterstützungen, Illuminationskosten, Remunerationen für Hülfsschreiber.			7. Etatsmäßige Gehälter, Remunerationen, Miethen rc.			8.			
			Rth.	Sgr.	Pf.	Rth.	Sgr.	Pf.	Rth.	Sgr.	Pf.	Rth.	Sgr.	Pf.	Rth.	Sgr.	Pf.	Rth.	Sgr.	Pf.	Rth.	Sgr.	Pf.	Rth.	Sgr.	Pf.	Rth.	Sgr.	Pf.	

Die Ausgaben sind genau zu spezifiziren. Haben in besonderen Fällen keine Belege beigebracht werden können, so ist dies unter der Liquidation mit dem Bemerken zu bescheinigen, daß die in Rechnung gestellten Beträge in der angegebenen Höhe und zu dem bezeichneten dienstlichen Zwecke wirklich gezahlt worden sind.

Unter die Quittungen über angekaufte Inventarienstücke ist die Bescheinigung zu setzen, daß der betreffende Gegenstand dem Konsulats-Inventarium einverleibt ist.

Die Kassengelder sind an einem sicheren Orte in einem eisernen oder wenigstens mit Eisen beschlagenen Kasten, Schranke oder ähnlichen Behältnisse aufzubewahren. Vertraut der Konsul die Kassenverwaltung unter seiner Verantwortlichkeit einem ihm untergeordneten Beamten an, so müssen die Bestände unter doppeltem Verschlusse aufbewahrt werden. Der Konsul führt den einen, der Kassenverwalter den anderen Schlüssel. Der Konsul muß alsdann die Kasse am letzten Tage eines jeden Monats und außerdem einige Mal im Laufe des Jahres unvermuthet revidiren.

Zu §. 10. Für die Wahl-Konsuln ist das Konsulat wesentlich ein Ehrenamt. Die Gebühren-Erhebung soll den Ersatz für die mit Ausübung des Amts verbundenen baaren Auslagen sichern. Sind die amtlichen Ausgaben bei einem Konsulate so bedeutend, daß sie durch die Gebühren nicht gedeckt werden, so kann der Mehrbetrag aus der Reichskasse ersetzt werden. Es bedarf dazu der vorherigen Genehmigung der betreffenden Ausgaben durch den Reichskanzler und des Nachweises, daß diese

Ausgaben durch die eingenommenen Gebühren nicht haben gedeckt werden können.

Alle Wahl-Konsuln haben nach Schluß des Jahres eine summarische Uebersicht der von ihnen während dieses Zeitabschnitts erhobenen Gebühren einzureichen.

Zu §. 11. Die Konsular-Agenten, welche die Konsuln nach zuvor erhaltener Genehmigung des Reichskanzlers in ihrem Amtsbezirke bestellen dürfen, sind keine selbstständigen Organe des Reichs, sie haben vielmehr nur die Bestimmung, dem Konsul bei Ausübung seiner Funktionen zur Hand zu gehen. Sie handeln stets im — ein für allemal oder für einen speziellen Fall ertheilten — Auftrage des Konsuls und unter dessen Verantwortlichkeit. Es können ihnen nur solche Amtshandlungen übertragen werden, welche keine obrigkeitlichen Befugnisse voraussetzen.

Was ihre Thätigkeit im Einzelnen betrifft, so können sie zwar (§. 12. des Gesetzes) Meldungen Reichs-Angehöriger zur Eintragung in die Matrikel annehmen; sie sind aber zur Führung der Matrikel nicht befugt, sondern reichen die Meldungen ihrem Auftraggeber ein. Die Befugniß zu Eheschließungen und zur Beurkundung der Heirathen etc. (§. 13.) wird ihnen niemals ertheilt. Zu Legalisationen und Ausstellung beweiskräftiger Zeugnisse (§§. 14. 15.) sind sie nicht ermächtigt, ebenso wenig haben sie das Notariatsrecht (§§. 16. 17.). Amtshandlungen in Bezug auf Nachlässe (§. 18.) können sie nur in Folge speziellen Auftrags ihres Vollmachtgebers vornehmen. Das schriftliche Zeugniß über die von ihnen im Auftrage ihres Vollmachtgebers bewirkten Zustellungen (§. 19.) muß der letztere unterschreiben. Zur Abhörung von Zeugen und Abnahme von Eiden (§. 20.) werden die Konsular-Agenten nicht ermächtigt. Die Vermittlung von Vergleichen und das Schiedsrichteramt (§. 21.) dürfen sie auf den Antrag der Parteien übernehmen. Volle Gerichtsbarkeit (§§. 22—24.) steht ihnen nicht zu. Pässe zu ertheilen oder zu visiren (§. 25.) sind sie nicht befugt. Bezüglich der Unterstützung Hülfsbedürftiger (§. 26.) sind sie an die, ihrem Vollmachtgeber ertheilte Amts-Instruktion gebunden. In ihren Beziehungen zur Kriegsmarine des Reichs haben sie die §§. 27. bis 29. des Gesetzes zur Richtschnur zu nehmen. Ueber etwaige zu ihrer Kenntniß gelangende Verstöße gegen die Vorschriften wegen Führung der Reichsflagge haben sie an ihren Auftraggeber zu berichten. Die bei ihnen erfolgte Meldung der Schiffsführer (§. 31.) wird als vorschriftsmäßig erfolgt angesehen. Die Befugnisse der Musterungsbehörden (§. 32.) stehen den Konsular-Agenten nicht zu, auch sind sie zur Ausübung einer Polizeigewalt (§. 33.), zur Einsetzung eines neuen Schiffsführers (§. 35.), zur Aufnahme von Verklarungen und Aufmachung von Dispachen (§. 36.) nicht ermächtigt. Die im Allgemeinen Deutschen Handelsgesetzbuche und dem Gesetze vom 25. Oktober 1867., betreffend die Nationalität der Kauffahrteischiffe etc., den Konsuln übertragenen Befugnisse stehen den Konsular-Agenten nicht zu.

Zu §. 12. In die von dem Konsul zu führende

Matrikel werden nur diejenigen Reichs-Angehörigen eingetragen, welche in dem Amtsbezirk des Konsuls wohnen und sich bei ihm Behufs der Eintragung melden. Reichs-Angehörige, welche sich blos vorübergehend im Konsulats-Bezirke aufhalten, sind nicht zur Eintragung in die Matrikel geeignet. Die Eintragung erfolgt, soweit nicht etwa Anordnungen der Landes-Regierung eine Ausnahme bedingen, nur auf den Antrag des Reichs-Angehörigen. Der Konsul hat weder das Recht noch die Pflicht, die Meldung zu erzwingen, auch ist die vorgängige Eintragung in die Matrikel nicht die Bedingung des von dem Konsul zu gewährenden Schutzes, vielmehr ist dieser Schutz allen denjenigen Personen zu ertheilen, welche sich als Reichs-Angehörige legitimiren.[1])

Erachtet es der Konsul für angemessen, so kann er die in seinem Amtsbezirke wohnenden Reichs-Angehörigen durch öffentliche Bekanntmachung oder in sonst geeigneter Weise davon in Kenntniß setzen, daß die Matrikel angelegt ist. Dabei ist hervorzuheben, daß nach §. 21. des Gesetzes über die Erwerbung und den Verlust der Bundes- und Staats-Angehörigkeit, vom 1. Juni 1870. die zehnjährige Frist, nach welcher Reichsangehörige beim Aufenthalt im Auslande ihre Staatsangehörigkeit verlieren, durch die Eintragung in die Matrikel unterbrochen wird.

Vor der Eintragung hat sich der Konsul die Ueberzeugung zu verschaffen, daß die betreffende Person die

---

[1]) Vgl. über den zu ertheilenden Consularschutz unten S. 39.

Reichs-Angehörigkeit resp. die Staats-Angehörigkeit in einem Bundesstaate besitzt. Der Nachweis hiervon kann nur durch Vorlegung eines gültigen Nationalpasses oder Heimathsscheines geführt werden. Erheben sich Bedenken gegen die Gültigkeit dieser Papiere, so ist bei dem Reichskanzler oder bei der betreffenden Staatsregierung anzufragen und bis zum Eingang der Entscheidung die Eintragung in die Matrikel auszusetzen. Melden sich militairpflichtige Personen, so sind sie darauf hinzuweisen, daß sie ihren militairischen Pflichten nachzukommen haben, die Eintragung in die Matrikel ist auszusetzen und dem Reichskanzler oder der betreffenden Staatsregierung ist von dem Falle Meldung zu machen. (Vergl. wegen der Militairpflicht unten zu §. 25.) Bei den Verhandlungen über die Eintragung sind die persönlichen Verhältnisse des Antragstellers genau zu erörtern. Insbesondere sind Vor- und Zuname des Betreffenden und seiner Familien-Angehörigen, Stand oder Gewerbe, Religion, Tag und Ort der Geburt, Wohnort festzustellen. Das Ergebniß ist in die Matrikel einzutragen, auch ist in derselben zu bemerken, durch welche — genau zu bezeichnenden — Dokumente die einzelnen Angaben erwiesen worden sind. Die Dokumente sind demnächst der betreffenden Person in der Regel zurückzugeben.

Die Eintragung in die Matrikel erfolgt auf die Dauer des laufenden Kalenderjahres. Die Meldung ist mithin jährlich zu erneuern. Der Konsul ist ermächtigt die Eintragungsgebühr für das erste Jahr zu erlassen, wenn die Eintragung gegen Ende des Kalenderjahres erfolgt und die persönlichen Verhältnisse des Einzutragenden dies wünschenswerth erscheinen lassen.

Ueber die Eintragung in die Matrikel ist auf Verlangen des Eingetragenen eine Bescheinigung in der ortsüblichen Form (Schutzschein, Patent etc.) auszustellen.

Die Löschung in der Matrikel erfolgt, wenn die betreffende Person stirbt, aus dem Konsular-Bezirk dauernd verzieht, oder die Reichs-Angehörigkeit resp. Staats-Angehörigkeit in einem Bundesstaate verliert, ferner wenn der Eingetragene es verlangt, ingleichen wenn er die Erneuerung nach Ablauf des Jahres unterläßt.[1]) Im letzteren Falle muß er jedoch zunächst aufgefordert werden, sich binnen vier Wochen zu erklären, ob er die erneute Eintragung verlange.

Die einzelnen Konsulaten oder den Konsulaten in einzelnen Ländern ertheilten Spezial-Instruktionen über die Eintragung in die Matrikel werden durch vorstehende allgemeine Anweisungen nicht aufgehoben.

Zu §. 13. Die Befugniß zu Eheschließungen und zur Beurkundung der Heirathen, Geburten und Sterbefälle der Reichs-Angehörigen steht nur denjenigen Konsuln zu, welchen die Ermächtigung dazu auf Grund des Reichs-Gesetzes vom 4. Mai 1870 (Bundes-Gesetzblatt S. 599) vom Reichskanzler ertheilt ist. Diejenigen

---

[1]) Diese Bestimmung ist aufgehoben durch V. d. RK. v. 5. Nov. 1872 (nicht publicirt), s. König, Handbuch S. 107.

Konsuln, welchen solche besondere Ermächtigung nicht zugegangen ist, haben mithin die im §. 13. des Konsular-Gesetzes vom 8. November 1867. erwähnte Befugniß nicht und dürfen eine dergleichen Befugniß unter keinen Umständen ausüben.

Zu §. 14. Die durch §. 14. den Konsuln gegebene Befugniß der Legalisation bezieht sich nur auf Urkunden, welche von Beamten und andern mit öffentlichem Glauben versehenen Personen (z. B. Notare) innerhalb des Amtsbezirks der Konsuln ausgestellt oder beglaubigt sind. Die Legalisation solcher Urkunden bezweckt die Bezeugung, daß gegen die Aechtheit der Unterschrift des Ausstellers kein Bedenken obwalte.

Der Legalisationsvermerk wird unmittelbar unter die zu beglaubigende Unterschrift, darunter Ort und Datum, sowie die Firma des Konsuls gesetzt und von ihm unter Beidrückung des Siegels unterschrieben, z. B.:

> Gesehen im Konsulate des Deutschen Reichs zu N. N. zur Beglaubigung vorstehender Unterschrift des hiesigen Distrikts-Gouverneurs Herrn N. N.
>
> X., den . . . .
>
> Der Konsul des Deutschen Reichs.
>
> (Siegel.) (Unterschrift.)

Die Beglaubigung der Unterschriften von Privatpersonen gehört zu der in den §§. 16. und 17. des Gesetzes behandelten Notariatsbefugniß und unterliegt daher den dort vorgeschriebenen Formalien, dagegen ist die vorstehend behandelte Legalisation von Urkunden kein

Notariatsakt und gehört daher nicht in das Notariats-Register.

Zu §. 15. Wenn das Gesetz den schriftlichen Zeugnissen, welche von den Konsuln über ihre amtlichen Handlungen und die bei Ausübung ihres Amtes wahrgenommenen Thatsachen unter ihrem Siegel und ihrer Unterschrift ertheilt sind, die Beweiskraft öffentlicher Urkunden beilegt, so hat dies nur in dem Vertrauen geschehen können, daß die Konsuln sich bei der Ausstellung solcher Zeugnisse der äußersten Sorgfalt, Genauigkeit und Gewissenhaftigkeit befleißigen, dabei nur der Wahrheit, Niemand zu Liebe und Niemand zu Leide, dienen, also nichts attestiren werden, was sie nicht mit einem gerichtlichen Zeugen-Eide zu bekräftigen vermöchten. Werden in dem Zeugnisse Thatsachen, welche der Aussteller nicht selbst wahrgenommen hat, erwähnt, so muß er dies ausdrücklich hervorheben und genau angeben, auf welche Weise er dieselben in Erfahrung gebracht hat.

Zur Vollständigkeit eines derartigen Zeugnisses gehört es, daß in demselben bemerkt werde, aus welcher Veranlassung, also ob von Amtswegen oder auf wessen Verlangen, und zu welchem Zwecke die Ausstellung desselben erfolge.

Zu den §§. 16. und 17. Das im §. 16. den Konsuln beigelegte Recht der Notare gehört zu ihren wichtigsten und verantwortlichsten Amtsbefugnissen, da ein Notar durch seine Mitwirkung bei der Beurkundung von Rechtsgeschäften nicht nur ein vollkräftiges Beweismittel für den Inhalt der von den Betheiligten abgegebenen Willenserklärungen herstellen, sondern auch durch seinen sachverständigen Rath zur Verhütung formeller oder materieller Mängel derselben beitragen soll.

Die Konsuln haben bei der Ausübung des Notariatsrechtes vor Allem

I. Die ausdrücklichen Vorschriften des Gesetzes um so mehr auf das Sorgfältigste zu befolgen, als davon die Notariatskraft der aufgenommenen Urkunde abhängt. Es sind dies folgende Bestimmungen:

1) Nur in Ansehung der Rechtsgeschäfte, welche Reichs-Angehörige errichten, haben die Konsuln das Recht der Notare, jedoch ohne Unterschied, ob bei dem Geschäfte blos Reichs-Angehörige, oder ob auch Fremde als Mitkontrahenten betheiligt sind.

2) Bei der Aufnahme einer Urkunde muß der Konsul zwei Zeugen zuziehen, deren wesentliche Funktion darin besteht, daß in ihrer Gegenwart die Verhandlung den Betheiligten vorzulesen und von denselben zu vollziehen ist, und zwar durch Unterschrift oder im Falle der Schreibens-Unerfahrenheit durch Handzeichen. Die Befolgung dieser Vorschrift muß aus der Urkunde hervorgehen, widrigenfalls sie nicht die Kraft einer Notariats-Urkunde hat. Eine bestimmte Form ist hierfür nicht vorgeschrieben, der instrumentirende Konsul wird aber in allen Fällen gut thun, bei dem die Beobachtung der in Rede stehenden Bestimmung bezeugenden Vermerke sich der Worte des Gesetzes zu bedienen und denselben von den zugezogenen Zeugen unterschreiben zu lassen.

3) Die Urkunde muß mit der Unterschrift und dem Dienstsiegel des instrumentirenden Konsuls versehen sein. Fehlt das eine oder das andere, so hat die aufgenommene Urkunde nicht die Kraft einer Notariats-Urkunde. Es ist üblich und angemessen, unter der aufgenommenen Verhandlung, nachdem dieselbe von den Betheiligten und den Zeugen unterschrieben worden, zu attestiren, daß die Verhandlung, so wie sie niedergeschrieben, stattgefunden hat. Unter dieses Attest werden dann die Unterschrift und das Dienstsiegel des instrumentirenden Konsuls gesetzt.

4) Die Urkunde erlangt auch in den Fällen die Kraft einer Notariats-Urkunde nicht, wenn entweder

a) der Konsul oder seine Frau oder einer von seinen oder seiner Frau Verwandten oder Verschwägerten in auf- oder absteigender Linie oder in der Seitenlinie bis zum Grade des Oheims oder Neffen einschließlich bei der Verhandlung betheiligt war, oder

b) wenn darin eine Verfügung zu Gunsten einer der vorgenannten Personen oder der hinzugezogenen Zeugen getroffen ist.

II. Außer diesen ausdrücklichen Vorschriften des Gesetzes haben die Konsuln bei der Aufnahme von Urkunden alle diejenigen Umstände ins Auge zu fassen, welche für die Zwecke eines Notariats-Instruments im Allgemeinen und für das in Frage kommende einzelne Rechtsgeschäft insbesondere von Erheblichkeit sind. Die gegenwärtige Instruktion kann nicht beabsichtigen, den Konsuln eine, alle denkbaren Fälle erschöpfende Anweisung zu ertheilen, sondern darf sich auf folgende allgemeine Gesichtspunkte beschränken, welche überall oder in besonders häufigen Fällen zu berücksichtigen sind:

1) Die Konsuln dürfen innerhalb ihres Amtsbezirkes die von einem Reichs-Angehörigen erbetene Aufnahme einer Urkunde in der Regel nicht verweigern. Ausgenommen sind Verhandlungen, deren Inhalt gegen ein Strafgesetz verstößt. Bezieht sich die Verhandlung auf ein Geschäft, welches, ohne gerade strafbar zu sein, dennoch verboten oder ungültig ist, so ist es die Pflicht des Konsuls, die Betheiligten hierüber zu belehren und, wenn sie bei ihrem Verlangen beharren, die Verhandlung zwar aufzunehmen, in derselben aber die erfolgte Belehrung und die von den Betheiligten darauf abgegebene Erklärung zu vermerken.

2) Von besonderer Erheblichkeit ist die Feststellung der Identität der bei der aufzunehmenden Urkunde Betheiligten. Die Konsuln werden daher in der Verhandlung nicht nur die Betheiligten nach Stand oder Beruf, Vor- und Familiennamen, Wohnort und Nationalität so speziell als möglich bezeichnen, sondern auch vermerken, entweder, daß dieselben ihnen persönlich bekannt sind, oder daß und wodurch sie sich die Ueberzeugung verschafft haben, daß die Erschienenen diejenigen wirklich sind, für welche sie sich ausgeben.

3) Es ist ferner zu prüfen, ob die Betheiligten dispositionsfähig sind, d. h. nach den dafür maaßgebenden Rechtsvorschriften die betreffenden Willenserklärungen mit rechtlicher Wirkung abzugeben ver-

mögen, insbesondere, ob sie etwa unter väterlicher Gewalt, unter Vormundschaft oder Kuratel stehen, ob sie, wenn sie durch ihre Erklärung Andere verpflichten wollen, dazu legitimirt sind, ob sie sich in einem dispositionsfähigen Geisteszustande befinden und dergleichen. Ergiebt sich dabei, daß zu voller Gültigkeit der Urkunde noch ein ergänzender Akt erforderlich sei, z. B. väterliche oder obervormundschaftliche Genehmigung, so wird derselbe in der Verhandlung ausdrücklich vorbehalten.

4) Leidet einer der Betheiligten an einem körperlichen Gebrechen, welches die Verständigung zwischen ihm und dem Konsul erschwert, ist er z. B. taub, stumm oder durch Krankheit in dem Ausdruck der Gedanken beschränkt, so ist in der Verhandlung zu erwähnen, durch welche Mittel sich der Konsul die Gewißheit verschafft hat, daß er die Willensmeinung des Betheiligten richtig aufgefaßt und dieser von dem Inhalte der Verhandlung nach seinem Wortlaute Kenntniß erlangt und denselben genehmigt habe.

5) Wenn einer der Betheiligten sich nicht in einer Sprache auszudrücken vermag, welche von dem Konsul, den Zeugen und den übrigen Betheiligten verstanden wird, so wird unter Zuziehung eines Dragomans oder einer anderen, für die Funktion eines Dollmetschers geeigneten, unverdächtigen Person verhandelt und, daß dies geschehen, im Protokoll vermerkt.

6) Die Konsuln haben darauf zu achten, daß die Protokolle deutlich, ohne Abkürzungen, Lücken und

Durchstreichungen geschrieben, unvermeidlich gewordene Korrekturen aber in einer solchen Weise ausgeführt werden, daß kein Verdacht einer späteren Aenderung entstehen kann. Rasuren müssen unter allen Umständen vermieden werden. Es ist rathsam, Zahlen von einiger Erheblichkeit in Ziffern und in Buchstaben auszudrücken.

7) Die Willensmeinung der Parteien ist von dem Konsul sorgfältig zu erforschen. Wenn in dieser Beziehung kein Zweifel mehr besteht, so sind die Erklärungen und Abreden der Parteien umständlich, in klaren und bestimmten Ausdrücken, unter Vermeidung aller Dunkelheiten, Zweideutigkeiten und wenig bekannter Kunstausdrücke niederzuschreiben.

8) Wollen die Betheiligten nur die Unterschriften unter einer von ihnen vollzogenen Urkunde anerkennen, so ist der Konsul nicht befugt, von dem Inhalte der Urkunde Kenntniß zu nehmen. Die aufzunehmende Verhandlung beschränkt sich in diesem Fall auf die Vorlegung der Urkunde Seitens der Betheiligten und die Anerkennung derselben, daß sie die Urkunde zum Zeichen ihrer Genehmigung eigenhändig vollzogen haben.

III. Hinsichtlich der geschäftlichen Behandlung des Notariats haben die Konsuln nachstehende Bestimmungen zu befolgen:

1) Die aufgenommenen Verhandlungen sind im Original den Betheiligten auszuhändigen. Ist in

einer Urkunde auf Anlagen Bezug genommen, so werden dieselben durch einen Heftfaden mit der Urkunde verbunden und die Enden des Fadens mittels des unter die Urkunde zu setzenden Konsulatssiegels an dieselbe befestigt. Bei der Beglaubigung von Unterschriften ist die Verhandlung in der Regel unter das betreffende Dokument zu schreiben, und nur, wenn dies nicht ausführbar ist, abgesondert abzufassen und mit dem Dokumente in der so eben beschriebenen Weise zu verbinden.

2) Um sich für den Fall des Verlustes der aufgenommenen Urkunde und ihrer Anlagen den Beweis ihres Inhalts zu sichern, steht jedem Betheiligten frei zu verlangen, daß auf seine Kosten von der Urkunde und ihren Anlagen eine Abschrift genommen, die Richtigkeit derselben von dem Konsul unter seinem Siegel und seiner Unterschrift bezeugt und diese beglaubigte Abschrift bei den Konsulats-Akten aufbewahrt werde. Dergleichen beglaubigte Abschriften sind nach der Zeitfolge in besonderen Aktenbänden (nicht im Notariats-Register) zu sammeln.

3) Unter jeder Notariats-Verhandlung ist der Betrag der dafür angesetzten Gebühren zu vermerken. Dieser Vermerk kann zugleich die Quittung über den Empfang dieser Gebühren umfassen.

4) Die aufgenommenen Verhandlungen sind in ein bei jedem Konsulate anzulegendes Notariats-Register einzutragen. Für dasselbe ist folgendes Formular maaßgebend.

Laufende Nummer.	Datum. Jahr.	Monat.	Tag.	Kurze Bezeichnung des Geschäfts.	Cop. vid. bei den Akten. Vol.	Fol.	Namen, Stand, Wohnort und Nationalität der Betheiligten.
1.	1872	April	2.	Vollmacht für den Rechtsanwalt N. zu Stettin.			Der Kaufmann Karl Friedrich Gerold zu N., Preuße.
2.	1872	April	4.	Kaufvertrag über das Briggschiff „Ella".	I.	1.	1. Der Schiffskapitain Joh. Christian Lieck aus X., Großherzoglich Mecklenburg-Schwerinscher Unterthan. 2. Der Kaufmann Charles William White hierselbst, Bürger der Vereinigten Staaten von Amerika.

Das Notariats-Register ist mit einem festen Einbande zu versehen und, bevor es in Gebrauch genommen wird, von dem Konsul zu foliiren, auch mit einer anzusiegelnden Schnur dergestalt zu durchziehen, daß einzelne Blätter nicht unbemerkt entfernt werden können. Die Zahl der Folien ist neben dem Siegel in Buchstaben zu attestiren. Die Eintragung der aufgenommenen Verhandlungen geschieht nach der Zeitfolge. In dem Register darf nichts radirt oder zwischen die Zeilen eingeschaltet werden. Auf jeder Verhandlung wird die Nummer vermerkt, unter welcher sie in das Register eingetragen ist. Bleibt eine beglaubigte Abschrift der Urkunde bei den Konsulatsakten zurück, so ist dies in dem Register in der betreffenden Spalte mit Angabe der Zahl des Aktenbandes und des Foliums zu notiren.

Zur Veranschaulichung der vorstehenden Bemerkungen diene folgendes Beispiel eines Konsulats-Notariatsaktes.

Verhandelt im Konsulate des Deutschen Reichs zu A. am 4. Juni 1872.

Vor dem unterzeichneten Konsul erschienen heute:

1) Der Schiffskapitain Herr Johann Christian Lieck aus X., als Großherzoglich-Mecklenburg-Schwerinscher Unterthan Angehöriger des Deutschen Reichs;

2) Der Kaufmann Herr Charles William White, hier wohnhaft, Bürger der Vereinigten Staaten von Amerika,

mit dem Antrag, einen zwischen ihnen verabredeten Kaufvertrag aufzunehmen. Herr Kaufmann White ist dem unterzeichneten Konsul persönlich bekannt und Herr Lieck wird von dem ebenfalls erschienenen, dem unterzeichneten Konsul persönlich bekannten Schiffsmakler, Herrn Ludwig Wichers als derjenige rekognoszirt, für den er sich ausgiebt. Nachdem dieser Vermerk Herrn Wichers vorgelesen worden, hat er denselben, wie folgt:

(Unterschrift des Ludwig Wichers.)

unterschrieben und sich sodann entfernt. Herr White ist noch nicht volljährig und steht unter der Gewalt seines Vaters. Im Uebrigen waltet gegen die Verfügungsfähigkeit der Erschienenen kein Bedenken ob. Der Konsul eröffnete den Erschienenen, daß zur Gültigkeit des Vertrages die Genehmigung des Vaters des Herrn White erforderlich sei. Da derselbe auf einer Geschäftsreise abwesend ist, nach seiner Rückkehr aber, wie Herr White versichert, den Vertrag genehmigen wird, so ist unter dem Vorbehalt dieser Genehmigung folgender zwischen den Erschienenen verabredeter Kaufvertrag aufgenommen:

Herr Kapitain Lieck verkauft das ihm gehörige, im hiesigen Hafen ankernde Briggschiff „Ella" dem Herrn Charles William White unter nachstehenden Bedingungen:

(Hier folgen die einzelnen Kaufbedingungen unter besonderen Namen oder Paragraphen.)

Da nichts weiter zu bemerken war, so wurden

1) der Steuermann Herr Christoph Franz Schneider aus Rostock im Großherzogthum Mecklenburg-Schwerin und

2) der Kaufmann Herr John Bright, hier wohnhaft,

als Zeugen herbeigerufen. In Gegenwart derselben ist die vorstehende Verhandlung den Herren Lieck und White vorgelesen, von ihnen genehmigt und wie folgt vollzogen.

(Unterschriften der Betheiligten.)

Dies bezeugen die Herren Schneider und Bright mit ihrer Unterschrift.

(Unterschrift der Zeugen.)

Herr Lieck beantragt, beglaubigte Abschrift der Urkunde auf seine Kosten zu den Konsulats-Akten zu nehmen.

Daß die Verhandlung so, wie sie vorstehend niedergeschrieben ist, stattgefunden hat, wird hierdurch bescheinigt.

Der Konsul des Deutschen Reichs.

(Siegel.) (Unterschrift.)

Eingetragen in das Notariatsregister unter Nr. 2.

Gebühren:

für die Aufnahme der Urkunde	Thl.	Sgr.	Pf.
für vidimirte Abschrift . . .	„	„	„
Summa	Thl.	Sgr.	Pf.

über deren Empfang quittirt wird.

(Unterschrift.)

Zu §. 18. Wenn es zur Kenntniß des Konsuls gelangt, daß sich in seinem Amtsbezirk nachgelassene Vermögensstücke eines verstorbenen Reichs-Angehörigen befinden, und Niemand anwesend ist, der Namens der Erben zu handeln legitimirt wäre, oder wenn ähnliche Gründe zur Sicherung gefährdeter Rechte ein amtliches Einschreiten erfordern, so hat der Konsul die Verpflichtung, sich der Verlassenschaft anzunehmen. Gebührt das Einschreiten nach den Gesetzen des Landes, in welchem der Konsul fungirt, oder nach etwaigen Staatsverträgen den dortigen Behörden, so hat er bei denselben unverzüglich die erforderlichen Anträge zu stellen, zugleich aber solche mit den gedachten Landesgesetzen oder Vertragsbestimmungen vereinbarte Maaßregeln zu treffen, welche zu einstweiliger Sicherstellung der Verlassenschaft geeignet sind. Soweit aber die Landesgesetze oder Staatsverträge dem eigenen amtlichen Einschreiten des Konsuls nicht entgegenstehen, hat derselbe den Nachlaß in seine Obhut zu nehmen. In welcher Weise dies zu geschehen habe, ist von dem Konsul nach der Beschaffenheit der Umstände zu ermessen. In der Regel wird es das Erste sein, den Nachlaß in den Räumen, in welchen er sich befindet, unter Siegel zu legen. Jedenfalls ist so schnell als möglich ein vollständiges Inventarium aufzunehmen. Das Inventarium soll ein nach Rubriken, z. B.

I. Grundstücke,
II. Schiffe,
III. Ausstehende Forderungen und Werthpapiere,
IV. Baares Geld,
V. Mobiliar,
VI. Kleidungsstücke und Wäsche,
VII. Gold- und Silbersachen, Juwelen und andere Kostbarkeiten,
VIII. Gedruckte Bücher und Karten,
IX. Kunstwerke,
X. Handelswaaren,
XI. Vorräthe zum Gebrauch,
XII. Handelsbücher und Skripturen etc.

übersichtlich geordnetes Verzeichniß der Nachlaßstücke mit Angabe ihres Taxwerths enthalten. Geeigneten Falls ist der Werth durch Sachverständige zu ermitteln. Am Schlusse des Inventariums sind die zur Kenntniß des Konsuls gelangenden Nachlaßschulden zusammenzustellen.

Die sichere Aufbewahrung der im Nachlaß befindlichen Werthpapiere, Gelder und Kostbarkeiten hat der

Konsul sich besonders angelegen sein zu lassen. Auch letztwillige Dispositionen, Handelsbücher, Briefschaften und andere für die Rechte der Erben oder dritter Personen wichtige Schriftstücke müssen vor Verlust, Beschädigung und unbefugter Einsicht sorgfältig gesichert werden.

Von der den Konsuln ertheilten Befugniß, den beweglichen Nachlaß öffentlich zu verkaufen, sowie die vorhandenen Gelder zur Tilgung feststehender Schulden zu verwenden, ist nur dann Gebrauch zu machen, wenn solche den Entschließungen der Erben vorgreifende Dispositionen nach verständigem Ermessen des Konsuls zur Vermeidung drohender Nachtheile durchaus nöthig sind.

In jedem hierher gehörigen Falle hat der Konsul an die Landesregierung des Verstorbenen schleunig zu berichten, und zwar über seine amtliche Thätigkeit, über die ihm bekannt gewordenen persönlichen Verhältnisse des Verstorbenen, seine muthmaßlichen Erben und alle sonstigen Umstände, welche die Benachrichtigung der Erben ermöglichen und für dieselben von Interesse sind. In einfachen Nachlaßsachen wird dem Bericht das Inventarium beigefügt werden können, anderenfalls ist in demselben über die Art, den Umfang und den ungefähren Werth der Verlassenschaft und die auf derselben haftenden Passiva vorläufige Anzeige zu erstatten.

Zur amtlichen Publikation letztwilliger Dispositionen, sowie zur amtlichen Nachlaßtheilung sind nur diejenigen Konsuln befugt, denen die Gerichtsbarkeit zusteht (§§. 22—24. des Gesetzes). Die übrigen Konsuln haben etwa hierauf gerichtete Anträge der Betheiligten an die zuständige Behörde des Auslandes oder eventuell des Landes, welchem der Verstorbene angehörte, zu verweisen.

Die Herausgabe des Nachlasses erfolgt schließlich an diejenigen Personen, welche sich als die Erben des Verstorbenen oder als Bevollmächtigte derselben urkundlich legitimiren.

Zu §. 19. Die Vorschrift, daß die Konsuln auf Ersuchen der Behörden eines Bundesstaates Zustellungen jeder Art an die im Konsulats-Bezirke sich aufhaltenden Personen bewirken können, bezieht sich nicht nur auf Zustellungen an Reichs-Angehörige, sondern auch auf solche an andere Personen. In jedem Falle muß sich der Adressat zur Zeit der Zustellung im Konsulats-Bezirk befinden; außerhalb desselben eine Zustellung zu bewirken, ist der Konsul nicht ermächtigt. Selbstverständlich hat ein Konsul, welcher irrthümlich um eine Zustellung ersucht wird, welche er nach Vorstehendem vorzunehmen nicht ermächtigt ist, die Requisition an denjenigen Konsul oder an diejenige Behörde weiter zu geben, welche zur Bewirkung der Zustellung kompetent ist.

Die Art und Weise der Zustellung richtet sich nach den, dem Konsul von der betreffenden Landesregierung etwa zugegangenen Spezial-Instruktionen, beziehungsweise nach den, in dem Requisitionsschreiben enthaltenen besonderen Anträgen.

Von der erfolgten Zustellung benachrichtigt der Konsul demnächst die requirirende Behörde unter Angabe der näheren Umstände, unter welchen die Zustellung stattgefunden hat, also z. B. ob und wann die Zustellungs-Verfügung dem Adressaten persönlich behändigt, ob und wann sie zur Post gegeben ist u. s. w. Wenn die requirirende Behörde auf ein Zustellungszeugniß nicht ausdrücklich verzichtet, so ist ein solches etwa in folgender Weise auszustellen und dem Antwortschreiben beizufügen:

Zustellungszeugniß.

Daß die Verfügung des Handelsgerichts zu Hamburg vom 12. Mai 1871. in der Prozeßsache des Schiffers Karl Heinrich Boye und Genossen, Kläger, wider den Kaufmann Ferdinand Blaß und Genossen, Beklagte, nebst der beigefügten Abschrift der Klage und ihrer Anlagen, adressirt an den Kaufmann Joaquim Bernardino da Costa Aguiar in N. N., dem Adressaten auf seinem im Amtsbezirke des Unterzeichneten belegenen Landsitze Buonavista am 14. Juni 1871. zugestellt worden ist (am 14. Juni 1871. hierselbst zur Post gegeben worden ist), bezeuge ich hierdurch.

X., den 20. Juni 1871.

Der Konsul des Deutschen Reichs.

(Siegel.) (Unterschrift.)

Hat die requirirende Behörde ein Duplikat des zuzustellenden Schriftstücks zu dem Zwecke beigefügt, daß auf demselben die Zustellung bescheinigt werde, so wird das Zustellungszeugniß auf das Duplikat gesetzt und auf den Inhalt des letzteren verwiesen; z. B.:

Zustellungszeugniß.

Daß eine Verfügung des Handelsgerichtes zu Hamburg vom 12. Mai 1871. vorstehenden Inhaltes nebst ihren Anlagen, adressirt an .... (u. s. w. wie bei obigem Beispiel).

Für das Schreiben, durch welches die requirirende Behörde von der erfolgten Zustellung benachrichtigt wird, sind besondere Gebühren nicht zu liquidiren, vielmehr haben die Konsuln nur auf den Ersatz der mit der Zustellung verbundenen baaren Auslagen Anspruch. Wird ein besonderes Zustellungszeugniß übersendet, so kommt der Gebührensaz für Ausstellung von Bescheinigungen in Anwendung.

Zu §. 20. Die Vorschrift des §. 20. soll es den inländischen Behörden ermöglichen, im Auslande zuverlässige beweiskräftige Zeugenvernehmungen und Eidesabnahmen zu erlangen; sie ist daher nur auf Handlungen der Gerichtsbarkeit zu beziehen. Wegen der Verklarungen vergl. unten zu §. 36. Zeugen zu seiner Information nicht-eidlich abzuhören, steht jedem Konsul zu, so oft sich ihm eine amtliche Veranlassung dazu bietet, und ebenso ist er befugt, die dem öffentlichen Rechte angehörigen promissorischen Eide, insbesondere Diensteide, abzunehmen. Aber der eidlichen Abhörung von Zeugen und der Abnahme eines Parteien-Eides dürfen sich nur diejenigen Konsuln unterziehen, welche dazu vom Reichskanzler besonders ermächtigt sind, und auch diese nur auf Ersuchen inländischer Behörden.[1]) Dabei haben diese Konsuln

[1]) Vgl. jedoch unten Z. 21.

zunächst diejenigen Verhaltungsmaaßregeln zu berücksichtigen, welche von Seite der ersuchenden Behörde selbst mit Rücksicht auf die Vorschriften der einschlägigen Gesetze ertheilt werden.

Insoweit jedoch über die nachstehend berührten Punkte von Seite der ersuchenden Behörde keine andere Anweisung erfolgt, haben die Konsuln die folgenden Vorschriften zu beachten:

1. Der Abnahme von Eiden der Zeugen oder Parteien hat stets eine, der persönlichen Stellung der zu beeidigenden Person entsprechende Erinnerung derselben an die Folgen eines Meineids vorauszugehen.

2. Erstreckt sich eine Zeugenvernehmung auf mehrere Personen, so sind dieselben stets einzeln vorzurufen und zu vernehmen.

3. Vor jeder Vernehmung zur Sache sind an den Zeugen allgemeine Fragen zu stellen über Vor- und Familiennamen, Alter, Stand oder Gewerbe und Wohnort, seine allenfallsigen Verwandtschafts-, Schwägerschafts- und sonstigen Verhältnisse zu den Parteien und seine etwaige Betheiligung am Ausgange der Sache.

4. Ueber den Akt der Zeugenvernehmung oder Eidesabnahme ist eine Urkunde (Protokoll) aufzunehmen, welche Zeit und Ort der Handlung, die Namen der mitwirkenden Personen und das ganze Ergebniß der gepflogenen Vernehmung hinsichtlich der allgemeinen und sachlichen Fragen, beziehungsweise den vollen Hergang bei dem Beeidigungsakte ersehen lassen muß. Diese Urkunde ist nach vorgängiger, als geschehen darin

zu erwähnender Vorlesung von den Betheiligten zu unterschreiben und von dem Konsul mit Beidrückung des Amtssiegels und eigener Unterschrift zu unterfertigen. Können die Betheiligten nicht schreiben, so haben dieselben ein Handzeichen beizusetzen, dessen Aechtheit der Konsul beglaubigt. Bei etwaiger Verweigerung einer Unterschrift hat solches der Konsul zu beurkunden.

Außerdem finden die in der Instruktion zu §§. 16. und 17. unter Ziffer II 4. 5. und 6. für die Aufnahme notarieller Akte ertheilten Vorschriften auch auf Zeugenvernehmungen und Eidesabnahmen und die hierüber zu errichtenden Urkunden (Protokolle) Anwendung.

Zu §. 21. Die Vermittelung von Rechtsstreitigkeiten gehört nur dann zur amtlichen Wirksamkeit der Konsuln, wenn ein Reichs-Angehöriger zu den streitenden Parteien gehört. Aber auch in diesem Falle soll sich der Konsul nicht von Amtswegen in den Streit mischen. Wenn nur ein Theil den Konsul um seine Vermittelung angeht, so kann er zwar die andere Partei vor sich bescheiden, erscheint dieselbe aber nicht, so hat sich der Konsul jedes Zwangsmittels zu enthalten. Bei den Vergleichsverhandlungen selbst muß er mit Ruhe und Unparteilichkeit durch Berichtigung irriger Meinungen auf die Anerkennung gerechter Ansprüche hinwirken und sonst in jeder Weise das Zustandekommen eines redlichen Vergleiches zu befördern suchen, schlauer Uebervortheilung geschäftsunkundiger Personen und anderen unredlichen Absichten aber mit Entschiedenheit entgegentreten. Kommt ein Vergleich zu Stande und bedarf es der Feststellung seines Inhalts in bindender Form, so ist darüber, jedoch nur auf Verlangen der Parteien, eine Notariats-Urkunde (§. 17.) aufzunehmen; zur Sicherung des Beweises genügt dagegen ein schriftliches Konsulatszeugniß in beweisender Form (§. 15.) über den Abschluß und Inhalt des Vergleiches.

Bei Angelegenheiten, welche vor den Ortsgerichten anhängig sind, hat der Konsul den etwa betheiligten Deutschen auf ihr Ansuchen mit seinem Rathe und seiner Verwendung beizustehen, sie über die in Betracht kommenden Vorschriften und Formalitäten aufzuklären, auch bei der Wahl der geeigneten Rechtsmittel und Vertreter zu unterstützen.

Wird ein Konsul in rechtsgültiger Form — worüber die Ortsgesetze entscheiden — von den Parteien zum Schiedsrichter ernannt, so ist er berufen, dies Amt zu übernehmen. Dem Schiedsrichter liegt es ob, nach eingehender Untersuchung der Streitsache mit Unparteilichkeit und nach bester Einsicht zu entscheiden, was zwischen den Parteien Rechtens sei. Der Schiedsspruch ist in der Form eines richterlichen Urtheils (Erkenntnisses) unter Angabe der Entscheidungsgründe abzufassen, wenn nicht beide Theile bei der mündlichen Eröffnung des Schiedsspruches auf die schriftliche Abfassung verzichten.

Zu §§. 22 bis 24. (Die Instruction zu diesen §§. ist gegenstandslos seit Erlaß des G. v. 10. Juli 1879, s. unten Z. 32.

Zu §. 25. Das Reichs-Gesetz vom 12. Oktober 1867.

über das Paßwesen hat die **Paßpflicht** aufgehoben. Reichs-Angehörige so wenig als Ausländer bedürfen zum Ausgange aus dem Reichsgebiete, zum Eintritt in dasselbe oder zum Aufenthalte und zu Reisen innerhalb desselben eines Reisepapiers. Doch sind die Konsuln des Deutschen Reiches auf Grund des §. 25. des Konsular-Gesetzes vom 8. November 1867. befugt:

1) den in ihrem Amtsbezirke sich aufhaltenden Reichs-Angehörigen, welche sich als solche in glaubhafter Art ausweisen, Pässe auszustellen, wenn dieselben es beantragen, und ihrer Befugniß zur Reise keine bekannten gesetzlichen Hindernisse, z. B. Militairpflicht, polizeiliche Beaufsichtigung, gerichtliche Untersuchung u. s. w. oder begründete Einsprache der Landesbehörden entgegenstehen. Unter dieser Voraussetzung können Pässe ertheilt werden, sowohl zum Eintritt in das Reichsgebiet, als auch zu Reisen in dem Konsulats-Bezirke und in anderen Ländern außerhalb des Reichsgebietes. Was das aus der Militairpflicht herzuleitende Hinderniß betrifft, so beginnt die Verpflichtung zum Dienst im stehenden Heere, beziehungsweise in der Flotte mit dem 1. Januar desjenigen Kalenderjahres, in welchem der Wehrpflichtige das 20. Lebensjahr vollendet. Bei der Paßertheilung an solche Personen, welche hiernach dienstpflichtig sind, oder in Kurzem dienstpflichtig werden, ist mit besonderer Vorsicht zu verfahren. Unbedenklich ist ein Paß zu ertheilen, wenn der Antragsteller durch Atteste nachweist, daß er von der Militairpflicht entbunden ist oder einen Aufschub

zur Ableistung derselben erhalten hat. Der Dienst im stehenden Heere (der Flotte) dauert sieben Jahre. Davon kommen drei Jahre auf den aktiven Dienst. Während des Restes der siebenjährigen Dienstzeit sind die Mannschaften zur Reserve beurlaubt, insoweit nicht die jährlichen Uebungen, nothwendige Verstärkungen oder Mobilmachungen des Heeres, beziehungsweise Ausrüstungen der Flotte, die Einberufung zum Dienst erfordern. Nach Ablauf der sieben Jahre erfolgt der Eintritt in die Landwehr (Seewehr) für weitere fünf Jahre. Die beurlaubten Mannschaften, sowohl die der Reserve, als diejenigen der Landwehr (Seewehr) sind während der Beurlaubung in der Wahl ihres Aufenthalts im In- und Auslande Beschränkungen nicht unterworfen. Doch darf nach den Bestimmungen über die Organisation der Landwehrbehörden keinem Reservisten oder Landwehrmann ein Paß zu einer Reise auf länger als 14 Tage ertheilt werden, wenn derselbe sich nicht über die geschehene Meldung an den Landwehr-Bezirks-Feldwebel ausweist. Deshalb dürfen die Konsuln solchen Mannschaften des Beurlaubtenstandes Pässe nur dann ertheilen resp. verlängern, wenn dieselben nachweisen, daß sie ihren militairischen Verpflichtungen hinsichtlich der Abmeldung und Nachsuchung des erforderlichen militairischen Urlaubs nachgekommen sind. Mit Bezug hierauf ist zu bemerken:

1) Mannschaften der Reserve und Landwehr von vorwurfsfreier militairdienstlicher Führung können unter friedlichen Verhältnissen, wenn sie beabsichtigen, auf

längere Zeit nach außereuropäischen Ländern, zu denen die Küstenländer des Mittelländischen und Schwarzen Meeres nicht gerechnet werden sollen, zu gehen, zunächst auf zwei Jahre, unter der Bedingung der Rückkehr im Falle einer Mobilmachung, beurlaubt werden.

2) Wenn diese Mannschaften vor Ablauf des zweijährigen Urlaubs durch Konsulats-Atteste nachweisen, daß sie in einem der vorerwähnten außereuropäischen Länder sich eine feste Stellung als Kaufleute, Gewerbetreibende etc. erworben haben, so kann ihnen ein fünfjähriger Urlaub mit Dispensation von den Uebungen und von der Gestellung im Falle einer Mobilmachung gewährt werden.

3) Vor Ablauf der fünf Jahre kann bei erneuter Vorlegung von Konsulatsattesten, welche den ad 2. aufgestellten Bedingungen entsprechen, der ihnen ertheilte Urlaub bis zur Entlassung aus dem Militair-Verhältniß verlängert werden.

4) Alle auf die vorstehenden Bestimmungen gestützten Urlaubsgesuche sind an das heimathliche Landwehr-Bezirkskommando zu richten und von diesem auf dem Instanzenwege dem vorgesetzten Generalkommando zur Entscheidung vorzulegen.

5) Bei Rückkehr der in Rede stehenden Mannschaften nach Europa, sowie bei Uebersiedelung derselben in nicht Europäische Küstenländer des Schwarzen oder Mittelländischen Meeres erlischt der ihnen ertheilte Urlaub.

Vorstehende Bestimmungen finden auf die Mannschaften der Ersatzreserve erster Klasse analoge Anwendung.

Mannschaften der Ersatz-Reserve zweiter Klasse, welche die unter Nr. 2 näher bezeichneten Konsulats-Atteste an den Civil-Vorsitzenden der Kreis-Ersatz-Kommission ihrer Heimath einsenden, können durch letzteren für die Dauer ihres Aufenthalts in außereuropäischen Ländern von der Wieder-Anmeldung zur Stammrolle resp. von der Gestellung zur Aushebung im Falle einer Mobilmachung oder außergewöhnlichen Ergänzung des Heeres dispensirt werden und ist ihnen dies auf Verlangen zu attestiren.

Die Konsuln werden sich auf den Antrag der Betheiligten der Uebermittelung der bezüglichen Gesuche an die heimathlichen Militär-Behörden unter Beifügung der abgelaufenen Reise-Dokumente, Urlaubs-Bewilligungen und der etwaigen Konsulats-Atteste zu unterziehen haben.

Zu den Pässen haben die Konsuln das nachstehende Formular zu benutzen:

Nr.
des Paß-Journals.

Signalement.

Alter:
Statur:
Haar:
Stirn:
Augenbrauen:

Deutsches Reich.

Das (General-, Vice-)Konsulat des Deutschen Reichs zu N. N. ersucht hiermit alle Militair- und Civil-Behörden auf Vorzeigung dieses, d . . . .

Augen:
Mund:
Bart:
Kinn:
Gesichtsfarbe:
Besondere Kennzeichen:

Unterschrift des Paß-Inhabers.

Reise-Paß
gültig auf

frei und ungehindert reisen, auch nöthigenfalls ih . . . Schutz und Beistand angedeihen zu lassen.

Gegeben zu N. N., den . . . .

Der (General-, Vice-) Konsul des Deutschen Reichs.

(Siegel.) (Unterschrift.)

Die Konsuln des Deutschen Reichs sind ferner befugt:

II. Pässe, sowohl der Reichs-Behörden und der Behörden einzelner Bundes-Staaten, als auch fremder Behörden zu visiren. Die Ertheilung des Visa setzt immer voraus, daß der Paß von der zuständigen Behörde ausgestellt und daß weder der zu visirende Paß der Zeit nach abgelaufen ist, noch das Visa nach einem Orte hin begehrt wird, auf welchen der Paß von der Behörde, die ihn ertheilt hat, gar nicht gestellt ist.

Pässe fremder Behörden dürfen nur zum Eintritt in das Reichsgebiet visirt werden, auch darf der Konsul nur solchen Pässen fremder Behörden das Visa ertheilen, welche von der Polizei-Behörde seines Amtssitzes ausgestellt oder visirt oder mit dem Visa eines mit ihm in demselben Lande residirenden diplomatischen oder konsularischen Vertreters derjenigen Macht versehen sind, von deren Behörden der Paß ausgestellt ist. Nicht zu ertheilen ist das Visa an Personen, von welchen bekannt oder anzunehmen ist, daß sie der öffentlichen Sicherheit gefährlich sind oder dem Bettel nachziehen.

1) Allgemeines.

Zu §. 26.[1]) Reichsangehörigen, welche im Auslande hülfsbedürftig werden, steht ein rechtlicher Anspruch auf Unterstützung aus öffentlichen Fonds ihres Heimathslandes nicht zu. Die Konsuln haben hülfsbedürftige Reichsangehörige an die Behörden oder die etwaigen Wohlthätigkeits-Vereine des Orts zu verweisen, wobei sie sich darauf berufen können, daß im Bundesgebiete hülfsbedürftige Ausländer ebenso wie Inländer unterstützt werden. Ist auf diese Weise keine Hülfe zu erreichen und sind auch keine alimentationspflichtigen Verwandten am Orte vorhanden, so können dergleichen hülfsbedürftige Reichs-Angehörige, welche ihre Eigenschaft als solche vollständig nachweisen, von dem Konsul unterstützt werden. In Fällen, wo hiernach der Konsul die Unterstützung für angemessen hält, sind folgende Punkte zu berücksichtigen:

Ist der zu unterstützende hülfsbedürftige Reichs-Angehörige krank, so hat der Konsul seine, wo möglich unentgeltliche Aufnahme in eine Heilanstalt zu bewirken oder sonst für seine Verpflegung und Heilung nach Thunlichkeit Sorge zu tragen.

Andern hülfsbedürftigen Reichs-Angehörigen, welche

---

[1]) Vgl. auch unten Z. 23.

nicht im Stande sind, sich ihren Unterhalt am Orte selbst zu erwerben (z. B. nachgelassene Kinder verstorbener Reichs-Angehöriger, Arbeitsunfähige), kann die konsularische Unterstützung zur Abhülfe augenblicklicher Noth gewährt werden.

Die Kosten der Beerdigung eines im Konsulats-Bezirk verstorbenen Reichs-Angehörigen, zu deren Deckung der Nachlaß nicht ausreicht, kann der Konsul bestreiten, wenn die Lokal-Behörden dieselben zu übernehmen sich weigern und kein Anderer, welcher dafür aufzukommen verpflichtet ist, sich am Orte befindet. (Nach §. 51 der Seemanns-Ordnung hat z. B. der Rheder die Bestattungs-Kosten eines nach Antritt des Dienstes verstorbenen Schiffsmanns zu tragen.)

Der Konsul hat seine Ausgaben in allen Fällen auf das nothdürftigste Maß zu beschränken und Vorkehrungen zu treffen, daß die gewährten Gelder wirklich zu dem bestimmten Zwecke verwendet werden. Er hat sich über alle geleisteten Zahlungen Quittungen geben zu lassen, die Umstände, unter welchen die Unterstützung gewährt worden, festzustellen, auch Erkundigungen einzuziehen, ob der Unterstützte in der Heimath eigenes Vermögen hat oder ob alimentationspflichtige Verwandte resp. sonstige, zur Erstattung des Gegebenen Verpflichtete vorhanden sind. Gewährt das Ergebniß dieser Erkundigungen die Aussicht, daß die gegebene Summe wieder eingezogen werden kann, so hat der Konsul von dem Unterstützten das schriftliche Versprechen unterzeichnen zu lassen, daß er die erhaltene Summe, sobald er dazu im Stande sein werde, zurückerstatten wolle. Die gegewährten Reise-Unterstützungen sind in dem Passe (Reise-Papiere) des Unterstützten zu bemerken. Erscheint eine bloße Reise-Unterstützung nicht angemessen, sondern die Heimsendung des Hülfsbedürftigen ausnahmsweise erforderlich und kann dieselbe nicht kostenfrei erfolgen, so ist zuvor bei der Regierung des Heimathsstaats anzufragen.

Ausgeschlossen von jeder konsularischen Unterstützung sind Deserteure aus der Landarmee, von der Kriegsflotte und von der Handelsmarine, sowie ausgetretene Militairpflichtige. Die Unterstützung ist ferner offenbar unwürdigen Individuen zu versagen, ingleichen solchen Reichs-Angehörigen, welche die Staats-Angehörigkeit eines andern Landes erworben haben, oder ohne Erlaubniß in fremde Militair- oder Civildienste getreten sind.

2) Besonderes in Bezug auf Schiffsleute.

Bei der Unterstützung hülfsbedürftiger Seeleute, sowie überall da, wo die Verpflichtungen der Schiffs-Eigenthümer oder Schiffsführer gegen die Mannschaft und umgekehrt in Frage kommen, haben sich die Konsuln nach der Seemanns-Ordnung zu richten.

Außerdem finden noch folgende Bestimmungen Anwendung:

a) Wenn sich kranke deutsche Seeleute an den Konsul wenden, so hat er, nöthigenfalls unter Anrufung der Hülfe der betreffenden Behörden, thunlichst dafür zu sorgen, daß der Schiffer alle nach Maaßgabe der Seemanns-Ordnung (namentlich §§. 48 ff.) gegen solche Kranke dem Rheder obliegende Pflichten vollständig erfülle und im Fall der Abfahrt des Schiffes vor erfolgter Heilung derselben die vollständige Erfüllung dieser Pflichten sicher stelle. Gelingt dies nicht, oder gehört der kranke Seemann nicht zu einem im Hafen liegenden Schiffe, so hat der Konsul für Heilung und Verpflegung und demnächstige Heimsendung des Kranken Sorge zu tragen.

b) Wenn Seeleute, welche bis zum Eintritt ihrer Hülfsbedürftigkeit auf Deutschen, durch Zufall verloren gegangenen (§. 56 der Seemanns-Ordnung) Schiffen dienten, die Unterstützung des Konsuls nachsuchen, so hat er dieselben, insoweit sie Reichs-Angehörige sind, zu unterstützen und geeigneten Falls heimzusenden. Insoweit solche hülfsbedürftige Seeleute nicht Reichs-Angehörige sind, hat der Konsul dieselben mit ihrem Gesuche zunächst an das Konsulat desjenigen Staats zu verweisen, dessen Angehörige sie sind. Sollte jedoch ein solches Konsulat nicht am Orte sein, oder die bei ihm nachgesuchte Hülfe verweigern — welche Thatsache thunlichst durch schriftliche Beweisstück zu konstatiren ist — so hat der Konsul auch der dem Deutschen Reiche nicht angehörigen Seeleute verloren gegangener Deutscher Schiffe sich anzunehmen, sofern nicht etwa den Deutschen Seeleuten in gleichem Falle von den Konsul der betreffenden Staaten Beistand versagt wird.

c) Wenn Reichs-Angehörige, welche bis zum Eintritt ihrer Hülfsbedürftigkeit auf fremden Schiffen dienten, die Unterstützung des Konsuls in Anspruch nehmen, so hat letzterer in Ermangelung anderweitig, z. B. von dem Konsul der Nation, welcher das Schiff angehört, zu erreichender Hülfe, denselben in gleichem Umfange beizustehen, wie dies für kranke und hülfsbedürftige Seeleute Deutscher Schiffe vorgeschrieben ist.

Für Seeleute, welche aus den im §. 57. unter 1. bis 4. der Seemanns-Ordnung angegebenen Gründen entlassen worden sind, darf der Konsul die Heimschaffungs-Kosten nicht übernehmen, jedoch kann er ihnen bei dringender Noth einige Unterstützung für Rechnung der Reichskasse gewähren.

Etwaige Heuerforderungen an den Schiffsführer hat der Konsul nicht etwa dem Schiffsmann vorschußweise zu zahlen, ebenso wenig sich in sonstige Geldangelegenheiten zu mengen, welche mit der Heimschaffungs-Maaßregel an sich in keinem nothwendigen Zusammenhange stehen, selbst wenn die Folge davon sein sollte, daß der Seemann wegen Schulden verhindert wird, abzureisen. Der Konsul hat sich in diesem Falle dann aller weiteren Unterstützungen des Seemanns zu enthalten.

Auch in Bezug auf die Unterstützungen von Seeleuten sind die Ausgaben sowohl zum Zweck der Beseitigung augenblicklicher Noth, als Behufs Beförderung in die Heimath mit möglichster Sparsamkeit zu bemessen und auf den wirklich unvermeidlichen Bedarf einzuschränken. Da der Zweck der Heimschaffung es mit sich bringt, auch für den einstweiligen Unterhalt zu sorgen, so versteht es sich von selbst, daß bei übernommener

Heimschaffung zugleich die zunächst sich darbietenden dringendsten Bedürfnisse der Wohnung, Kost und Kleidung zu befriedigen sind. Das in dieser Beziehung Erforderliche ist aber möglichst in natura und nicht durch Verabreichung von baaren Geldmitteln an die Seeleute selbst zu gewähren. Die Beförderung des zur Heimschaffung übernommenen Seemanns, welche nicht immer unmittelbar nach dem Heimaths-Staate zu geschehen braucht, sondern unter Umständen auch erst auf andere Orte hin stattfinden kann, ist, wenn irgend thunlich, auf dem Seewege zu bewerkstelligen. Die Konsuln müssen daher Behufs der Ermittelung von Schiffsgelegenheit in jedem einzelnen Fall nicht allein an ihrem eigenen Wohnort, sondern auch in benachbarten Häfen mit aller Sorgfalt Erkundigungen einziehen. Das Hauptaugenmerk muß dahin gerichtet bleiben, eine kostenfreie Schiffsgelegenheit zu beschaffen. Arbeitsfähige Individuen werden wo möglich in anderem Schiffsdienst gegen Lohn unterzubringen sein; doch kann das Verheuern auf Schiffe eines außerdeutschen Staates, besonders wenn dieselben nicht unmittelbar nach einem Deutschen Hafen fahren, nicht wünschenswerth sein.

Jedes Deutsche Kauffahrtei-Schiff ist nach näherer Bestimmung des Reichs-Gesetzes vom 27. Dezember 1872 verpflichtet, hülfsbedürftige Deutsche Seeleute Behufs ihrer Zurückbeförderung nach Deutschland auf schriftliche Anweisung des Konsuls nach seinem Bestimmungs-Hafen mitzunehmen. Die gleiche Verpflichtung besteht auch ausländischen Seeleuten gegenüber, welche unmittelbar nach einem Dienste auf einem Deutschen Kauffahrtei-Schiffe außerhalb Deutschlands sich in einem hülfsbedürftigen Zustande befinden, sofern das betreffende Schiff nach einem Hafen im Heimathslande des Hülfsbedürftigen bestimmt ist. Es versteht sich, daß die Leistungen Deutscher Schiffe zu Gunsten fremder Seeleute nicht in Anspruch zu nehmen sind, in so weit für die letzteren Seitens des eigenen Landes-Konsuls gesorgt wird, oder die Heimschaffung ohne Aufwendung höherer Kosten auf einem Schiffe ihrer Nation erfolgen kann oder endlich diejenige Nation, welcher der Hülfsbedürftige angehört, Deutschen Seeleuten in gleicher Lage jeden Beistand versagt. Zur Erfüllung der gedachten Verpflichtung kann der Schiffer vom Konsul zwangsweise angehalten werden. Verweigert der Schiffer die Mitnahme unter Berufung auf einen der in §. 3 des Gesetzes aufgeführten Umstände, so hat der Konsul die zur Begründung der Weigerung angeführten Thatsachen zu untersuchen und nach dem Ergebniß dieser Prüfung zu entscheiden, ob die Weigerung als begründet anzusehen ist, oder nicht. Hinsichtlich des Transports von Verbrechern, deren Mitnahme verweigert werden kann, bleibt das in der Instruktion zu §§. 29. 33. vorgeschriebene Verfahren zu beobachten. Gegen den Schiffer, welcher sich der ihm obliegenden Verpflichtung zur Mitnahme hülfsbedürftiger Seeleute entzieht, kann vom Konsul Geldstrafe bis zu funfzig Thalern oder entsprechende Haft festgesetzt werden. (Vgl. die Instruktion zu §. 33.)

Der §. 5. des Gesetzes bestimmt die Höhe der Entschädigung, welche der Führer eines Deutschen Kauffahrtei-Schiffes für die Mitnahme eines Seemannes beanspruchen kann. Die Konsuln werden jedoch darauf Bedacht zu nehmen haben, durch besondere Vereinbarung mit dem Schiffer, wozu unter Umständen, z. B. bei theilweiser Arbeitsfähigkeit des Heimzuschaffenden, Veranlassung sein kann, freie Beförderung oder wenigstens eine solche zu geringeren Kostensätzen zu erlangen. Die vereinbarte Entschädigung hat, wie die gesetzmäßige, wo möglich Kost und Logis zu umfassen, damit dem zu transportirenden Seemann keine baaren Reisemittel ausgehändigt zu werden brauchen.

Die Auszahlung der Entschädigung erfolgt im Bestimmungshafen durch das Seemanns-Amt gegen Auslieferung der wegen der Mitnahme ertheilten Anweisung. Kann daher die Heimschaffung nicht direkt nach einem Deutschen Hafen bewirkt werden, so hat das Konsulat der Zwischenstation die Entschädigung für die Beförderung des Heimzuschaffenden bis dorthin auszuzahlen und für die weitere Beförderung in entsprechender Weise Sorge zu tragen.

Die Anweisung an den Schiffsführer wird beispielsweise folgendermaßen lauten:

Der 28 Jahr alte Matrose Johann Nörner aus Köslin, welcher mit dem am 25. April d. J. aus Stettin abgesegelten, von dem Schiffer Ernst Krämer geführten, dem Stettiner Handlungshause J. Schlieckmann u. Co. gehörigen Briggschiffe Pfeil hier angekommen ist, hat bei dem Abgange des gedachten Schiffes Krankheitshalber hier zurückgelassen werden müssen. Da derselbe gegenwärtig transportfähig ist und Sie im Begriffe stehen, von hier nach Liverpool zu segeln, auch der Einwand, daß an Bord Ihres Schiffes kein angemessener Platz für den Genannten vorhanden sei, nach der von dem unterzeichneten Seemanns-Amte vorgenommenen Besichtigung Ihres Schiffes nicht für begründet erachtet werden kann, so werden Sie hierdurch in Gemäßheit des Reichs-Gesetzes vom 27. Dezember 1872 angewiesen, den Johann Nörner Behufs seiner Zurückbeförderung nach Deutschland bis nach Liverpool mitzunehmen und ihn bei Ihrer Ankunft daselbst dem dortigen Kaiserlichen Konsul zu überweisen. Der Letztere wird Ihnen gegen Aushändigung dieser Anweisung eine Entschädigung von fünfzehn Silbergroschen für den Tag, vom Tage der Aufnahme des Johann Nörner an bis zum Tage der Ankunft in Liverpool einschließlich, auszahlen. Der Johann Nörner hat auf gleiche Kost und Logis, wie die übrige Schiffs-Mannschaft, Anspruch und ist Ihrer Disziplinar-Gewalt unterworfen.

N. N., den . . . .

Das Seemanns-Amt.
Kaiserliches Konsulat.
(Siegel.) (Unterschrift.)

Wenn und inwieweit es sich nicht vermeiden läßt, einen Transport zu Lande gehen zu lassen, sei es, um eine benachbarte Schiffsgelegenheit zu erreichen, sei es, weil eine Benutzung des Seeweges durch die Umstände überhaupt ausgeschlossen, oder voraussichtlich für kostspieliger zu erachten ist, so unterliegt es im Allgemeinen keinem Bedenken, vorzugsweise von der Eisenbahn Gebrauch zu machen. Der Konsul hat alsdann das Fahrbillet, welches in der niedrigsten Klasse zu lösen ist, in natura, die ferneren Reise-Bedürfnisse für Nahrung, etwaiges Nacht-Quartier u. s. w. aber nach einem sorgfältigen Kosten-Ueberschlag baar im Voraus zu gewähren. Das Gepäck, so weit es die Personen nicht bei sich tragen oder innerhalb des Freigewichts mitnehmen können, muß auf wohlfeilerem Wege befördert werden.

Schließlich wird bemerkt, daß die Maaßregeln der Heimschaffung, mag diese durch Schiffsgelegenheit oder auf dem Landwege erfolgen, in der Regel nur bis zur Erreichung der jedes Mal nächsten Deutschen Behörde einzurichten sind, d. h. also bei einem Transport, der nicht unmittelbar nach Deutschland geht, bis zur Erreichung eines andern Deutschen Konsulats oder einer Deutschen Gesandtschaft, bei direkter Beförderung nach Deutschland aber bis zur Erreichung der Grenz-Behörde. Die leichtere Berechnung und Kontrolirung des Kostenbedarfs erfordert diese Beschränkung. Der jedes Mal gewährte Betrag ist auf dem Reisepaß, beziehungsweise im Seefahrtsbuche zu vermerken. Die weiteren Transport-Maaßregeln im Innern Deutschlands, wo die inneren Behörden die weitere Beförderung übernehmen, sind ressortmäßig von aller konsularischen Verfügung ausgeschlossen.

3) Erstattung der bei Unterstützung Hülfsbedürftiger erwachsenen Kosten.

Die den Konsulaten nach Maaßgabe der vorstehenden Bestimmungen entstandenen Kosten kann der Konsul von den zur Erstattung Verpflichteten (alimentationspflichtigen Verwandten, Rhedern etc.) direkt oder durch Vermittelung der betreffenden Landesregierung wieder einziehen. Doch steht es ihm auch frei, dieselben sofort bei dem Reichskanzler zur Erstattung zu liquidiren. Den desfallsigen Liquidationen ist die Angabe des vollständigen Namens, sowie des Wohnorts des Unterstützten, ingleichen bei Seeleuten die Angabe des Namens, der Nationalität und des Heimathshafens des Schiffs, auf welchem sie zuletzt gedient haben, endlich eine vollständige Darlegung des Sachverhältnisses beizufügen, auch sind die beschafften Beweisstücke und Beläge, insbesondere bei Seeleuten die von den Konsuln ertheilten Anweisungen wegen Mitnahme auf Deutschen Kauffahrtei-Schiffen, mit einzureichen. Sind in Strandungssachen durch Verkauf geretteter Gegenstände baare Geldmittel in die Hände des Konsuls gelangt, so sind sie zur Deckung seiner Ausgaben vorläufig zurückzubehalten und bei der Liquidation in Abzug zu bringen.

Zu §. 27. 1.[1]) Die Deutschen Konsuln haben den Schiffen der Kriegsmarine des Reichs Hülfe und Unterstützung zu gewähren, sobald eine diesfällige Requisition des Kommandanten an sie ergeht, oder sobald sie sonst

---

[1]) Vgl. dazu auch unten B. 24.

verbürgte Kunde von der hülfsbedürftigen Lage eines solchen Schiffs erhalten.

Sind Schiffe der Kriegsmarine des Reichs im Begriff, eine zum Bezirk des Konsuls gehörende Rhede anzulaufen oder in Häfen des Konsulats-Bezirks einzulaufen, so giebt der Konsul, wenn eine ansteckende Krankheit am Orte herrscht, dem Befehlshaber ungesäumt davon Nachricht. Er thut alle nöthigen Schritte, um ein gutes Einvernehmen zwischen den kommandirenden Offizieren und den Orts-Behörden vorzubereiten und aufrecht zu erhalten.

Er unterrichtet die Befehlshaber auf deren Verlangen über die Ehrenbezeugungen, welche am Orte nach Bestimmung und Herkommen zu erweisen sind und über das Verfahren, welches die fremden Flaggen in dieser Beziehung beobachten.

Er giebt den Befehlshabern auf deren Verlangen über die zweckmäßigste Art der Beschaffung von Geld oder sonstigen Bedürfnissen Auskunft. Wahl-Konsuln, welche zugleich Kaufleute sind, können in letzterer Eigenschaft die Besorgung von Geldvorschüssen und anderen Bedürfnissen selbst übernehmen. Nach der bei der Kriegsmarine des Reichs bestehenden Diensteinrichtung sind zur Erhebung von Geldern für Kriegsschiffe allein die Kassen-Kommissionen der Schiffe kompetent. Diese Kommissionen bestehen entweder aus dem Kommandanten, dem ersten Offizier und dem Zahlmeister resp. Verwalter, oder aus dem Kommandanten und dem Zahlmeister resp. Verwalter, sie sind für die Ermittelung des Geld-Bedürfnisses und für die Art der Geld-Beschaffung verantwortlich und die Erstattung der ihnen geleisteten Zahlungen ist gesichert. An einzelne Offiziere oder Mannschaften der in dem Amtsbezirk des Konsuls anwesenden Schiffe der Kaiserlichen Marine sind ohne eine besondere Requisition von Seiten der Kassen-Kommission Geldvorschüsse für Rechnung der Reichskasse nicht zu machen.[1])

Die Schiffe der Reichsmarine sind verpflichtet, vo dem Auslaufen aus Häfen für die pünktliche Bezahlung aller eingenommenen Bedürfnisse aus der Schiffskasse zu sorgen. Sollte dies unter besonderen Verhältnissen nicht möglich sein, so wird die Kassen-Kommission die konsularische Vermittelung, welche alsdann thunlichst zu gewähren ist, schriftlich in Anspruch nehmen. Die Erstattung der hierbei erwachsenen konsularischen Auslagen ist unter Einreichung der Requisition der Kassen-Kommission bei dem Reichskanzler nachzusuchen. Falls etwa nach dem Abgange von Kriegsschiffen noch Forderungen an dieselben bei dem Konsul zur Sprache kommen sollten, so ist darüber an den Reichskanzler zu berichten.

Wenn ein Schiff der Kaiserlichen Marine beim Abgange aus dem Amts-Bezirk des Konsuls Offiziere oder Mannschaften wegen Krankheit oder aus anderen Ursachen zurückzulassen genöthigt ist, so hat der Konsul für die-

[1]) Durch eine V. d. K. Admiralität v. 22. Aug. 1872 sind die Grundsätze über die Geldbeschaffung noch näher festgestellt worden. König, Handb. S. 207.

selben im Einvernehmen mit dem Schiffs-Kommando Sorge zu tragen. Letzteres ist verpflichtet, den Umfang der Geld-Kompetenzen dieser Personen dem Konsul schriftlich mitzutheilen, die für die Unterbringung oder Rücksendung nach der Heimath erforderlichen Maßregeln mit demselben zu verabreden und ihn wegen der Art und Weise, in welcher die Wiedereinziehung der zu erstattenden Auslagen zu erfolgen hat, mit besonderer Ermächtigung zu versehen. Der Konsul fügt seinem hierüber an den Reichskanzler zu erstattenden Berichte die Requisition des Schiffs-Kommandos bei. Wenn es in Folge besonderer Umstände nicht zu vermeiden ist, ohne eine solche Vereinbarung mit dem Schiffs-Kommando, einzelnen Offizieren oder Mannschaften von Konsulatswegen Hülfe zu gewähren, so hat der Konsul die nothwendigsten Mittel zum Unterhalt und zur etwaigen Weiterbeförderung vorzuschießen und seine Auslagen dem Reichskanzler Behufs der Erstattung anzuzeigen. Zur Berichtigung angeblicher Besoldungs-Kompetenzen an solche Offiziere oder Mannschaften ist der Konsul nicht ermächtigt.

2. Bezüglich der offiziellen Besuche zwischen den Geschwader-Kommandanten, sowie den Befehlshabern einzelner Schiffe der Reichsmarine einerseits und den Konsuln andererseits sind nachstehende Bestimmungen maaßgebend.

Die General-Konsuln haben den Befehlshabern der Geschwader den ersten offiziellen Besuch zu machen, erhalten ihn aber von den Kommandanten einzelner Kriegs-Fahrzeuge.

Die Konsuln machen den Kommandanten der Geschwader, sowie denjenigen einzelner Fahrzeuge, sofern letztere Kapitaine zur See oder Korvetten-Kapitaine sind und ihre Ankunft den Konsuln schriftlich kund gethan haben, den ersten offiziellen Besuch, erhalten ihn aber von den Kommandanten geringeren Ranges.

Die Vice-Konsuln machen den Kommandanten der Geschwader und einzelner Fahrzeuge, auch wenn dieselben nur Kapitain-Lieutenants oder Lieutenants zur See sind, den ersten offiziellen Besuch.

Daß die von den Offizieren der Kriegs-Marine den Konsuln gemachten Besuche thunlichst bald zu erwidern sind, ist selbstverständlich.

Zu den offiziellen Besuchen wird den Konsuln auf Requisition derselben ein Boot des Schiffs zur Verfügung gestellt.

An Bord des Schiffes fassen die Schildwachen das Gewehr vor den Konsuln an, wenn dieselben in Uniform sind.

Beim Vonbordgehen erhalten die General-Konsuln einen Salut von neun, die Konsuln von sieben, die Vice-Konsuln von fünf Kanonenschüssen, jedoch General-Konsuln nur in den Häfen, die zu ihrem Bezirke gehören, Konsuln und Vice-Konsuln nur an dem Orte, wo sie ihren Sitz haben. Kriegsschiffe, welche weniger als zehn Kanonen führen, feuern keinen Salut. Dieselbe Person wird erst nach Ablauf eines vollen Jahres von demselben Schiffe wieder salutirt, es sei denn, daß der zu Begrüßende in der Zwischenzeit eine Rangerhöhung erfahren hätte, oder das Schiff von Neuem in

Dienst gestellt worden wäre. Nach Sonnenuntergang findet kein Salut statt. Bei Anwesenheit Seiner Majestät des Kaisers in einem Seeplatze darf ohne Allerhöchsten Befehl und vorherige Anfrage kein Salut gefeuert werden.

Wenn sich ein General-Konsul offiziell am Bord eines Kriegsschiffes befindet, darf im Auslande, namentlich beim Einlaufen in fremde Häfen oder beim Auslaufen aus denselben, falls besondere Gründe dies wünschenswerth erscheinen lassen, die National-Flagge im Großtop gesetzt werden.

Zu §. 28. Wenn Mannschaften von Schiffen der Kaiserlichen Marine desertiren, so wird der Kommandant des betreffenden Schiffs den Konsul unter Mittheilung des Nationale und der Umstände, unter welchen die Desertion erfolgt ist, um seine Mitwirkung zur Wiederhabhaftwerdung des Deserteurs ersuchen. Der Konsul beantragt demnächst bei der kompetenten Lokal-Behörde die durch die Verhältnisse gebotenen Maaßregeln. Wird der Deserteur ergriffen und verweigert die Lokal-Behörde seine Auslieferung, so berichtet der Konsul an den Reichskanzler. Erfolgt die Auslieferung, so veranlaßt der Konsul, daß der Deserteur an Bord des Schiffs zurückgeführt wird. Sollte das Schiff bereits abgegangen und auch kein anderes Schiff der Reichsmarine anwesend sein, so verfährt der Konsul nach den ihm von dem Schiffs-Kommandanten zurückgelassenen Weisungen. In Ermangelung solcher sendet er den Deserteur auf möglichst wenig kostspieligem Wege an die Marine-Behörde desjenigen Kriegshafens, zu welchem das betreffende Schiff gehört, oder an die nächste Grenzpolizei-Behörde des Bundesgebiets mit dem Ersuchen um Weiterbeförderung an die eben genannte Stelle.

Zu §. 29. Die Befehlshaber von Schiffen der Reichsmarine haben die Weisung, den Konsuln des Deutschen Reichs allen thunlichen Beistand zur Erfüllung ihrer Dienstaufgaben zu gewähren. Dieselben werden namentlich, soweit es der Raum und die Rücksichten des Dienstes gestatten, bereit sein, auf die schriftliche Requisition des Konsuls hülfsbedürftigen Reichs-Angehörigen, welche in Gemäßheit der zu §. 26 des Gesetzes ergangenen Bestimmungen nach der Heimath zu befördern sind, die Passage auf ihrem Schiffe zu bewilligen, auch den Transport von Reichs-Angehörigen zu übernehmen, welche wegen verübter Verbrechen an den heimischen Richter abgeliefert werden sollen. Letzteres darf übrigens nur auf vorherige Anweisung des Reichskanzlers oder einer Bundesregierung geschehen. (Vergl. die Instruktion zu §. 33.) Bevor der Konsul eine Requisition der gedachten Art an den Schiffs-Kommandanten richtet, hat er sich durch eine Anfrage bei demselben über die Höhe der von der Marine-Verwaltung zu liquidirenden Kosten zu vergewissern, daß die Beförderung nicht auf andere Weise billiger zu bewirken ist.

Zu §. 30. Die Vorschriften über Führung der Reichs-Flagge sind in dem zum Reichs-Gesetze erklärten Bundes-Gesetze vom 25. Oktober 1867 über die Nationalität der Kauffahrtei-Schiffe und ihre Befugniß zur Führung der Bundes-Flagge enthalten. Nach Inhalt dieses Gesetzes haben die zum Erwerb durch die Seefahrt bestimmten Deutschen Schiffe als National-Flagge ausschließlich die Reichs-Flagge zu führen. Die Reichs-Flagge bildet ein längliches Rechteck, bestehend aus drei gleich breiten, horizontalen Streifen, von welchen der obere schwarz, der mittlere weiß und der untere roth ist. Das Verhältniß der Höhe der Flagge zur Länge ist wie zwei zu drei. Die Reichs-Flagge wird von den Schiffen an einem Flaggstock am Heck oder am hintern Maste — und zwar in der Regel an der Gaffel dieses Mastes, in Ermangelung einer solchen aber am Top oder im Want — geführt.

Als Lootsen-Flagge, d. h. als diejenige Flagge, deren Aufhissen bedeutet, daß ein Lootse gebraucht wird, bedienen sich die Kauffahrtei-Schiffe der Reichs-Flagge in kleinerem Format, umgeben von einem weißen Streifen, welcher die Breite eines der übrigen Streifen erhält.

Wenn der Konsul in Erfahrung bringt, daß ein Kauffahrtei-Schiff eines Bundesstaates als National-Flagge eine andere als die vorgeschriebene Flagge — auch besondere Abzeichen in der Flagge sind unzulässig — oder einen Wimpel ähnlich demjenigen der Reichsmarine führt, so begiebt er sich an Bord und fordert den Schiffer auf, die vorschriftswidrige Flagge oder den unzulässigen Wimpel herunterzuholen und ihm zu übergeben. Er nimmt über den Hergang ein von dem

Schiffer zu unterzeichnendes Protokoll auf, welches er demnächst mit einer genauen Beschreibung der vorschriftwidrigen Flagge etc. der Regierung desjenigen Staates, welchem das Schiff angehört, einreicht. Durch Befestigung des Konsulats-Siegels und des Siegels des Schiffers oder in sonst angemessener Weise ist die Identität der Flagge etc. sicherzustellen. Ist der Konsul verhindert, sich selbst an Bord des Schiffes zu begeben, so sendet er einen gehörig legitimirten Bevollmächtigten. Weigert sich der Schiffer, der Aufforderung des Konsuls oder seines Bevollmächtigten Folge zu geben, so ist die Hülfe der Lokal-Polizeibehörde zu requiriren. Lehnt letztere ihre Mitwirkung ab, so hat der Konsul dem Schiffer schriftlich zu eröffnen, daß sein Schiff, so lange es die National-Flagge nicht führt, als ein Deutsches nicht angesehen werden könne, also weder des Schutzes Seitens des Konsulats, noch der Rechte werde theilhaftig werden, welche die Verträge mit dem Auslande den Deutschen Schiffen einräumen.

Kommt es zur Kenntniß des Konsuls, daß ein nach des Bestimmungen des Gesetzes vom 25. Oktober 1867 zur Führung der Reichs-Flagge nicht berechtigtes Schiff diese Flagge in einem Hafen seines Amts-Bezirks führt, so hat er durch Vermittelung der Lokal-Polizeibehörde oder des betreffenden fremden Konsulats die erforderlichen Schritte zu thun, um solchen Mißbrauch zu verhindern. Die in §§. 13 ff. des Gesetzes vom 25. Oktober 1867 dem Führer eines unberechtigter Weise unter Reichs-Flagge fahrenden Schiffes angedrohten Strafen hat nicht der Konsul festzusetzen, vielmehr entscheiden darüber die kompetenten Gerichte.

Nach §. 16. des Gesetzes vom 25. Oktober 1867[1]) und §. 37. des Konsular-Gesetzes haben die Konsuln des Deutschen Reichs das Recht, an Schiffe, welche in ihrem Bezirke durch den Uebergang in das Eigenthum eines Reichs-Angehörigen die Befugniß zur Führung der Reichs-Flagge erlangen, Atteste zu ertheilen, welche für die Dauer eines Jahres die Eintragung in das Schiffs-Register und das Certifikat ersetzen.

Vor Ausstellung eines solchen Attestes hat sich der Konsul durch Einsicht der Dokumente, auf welchen der Eigenthums-Uebergang beruht, sowie durch sonstige glaubhafte Nachweise, welche durch eine schriftliche Erklärung an Eidesstatt Seitens des Rheders oder des Kapitains zu bekräftigen sind, zu überzeugen, daß das Schiff sich wirklich fortan in dem ausschließlichen Eigenthum von Personen, denen das Indigenat in einem Bundesstaate zusteht oder einer der im §. 2. des Gesetzes vom 25. Oktober 1867 bezeichneten Gesellschaften oder Genossenschaften befindet. Als Beweis für die Nationalität des neuen Erwerbers kann unter Umständen auch die Notorietät genügen. Das Attest ist nach dem hier folgenden Formulare auszustellen:

Flaggen-Attest.

Der unterzeichnete Konsul des Deutschen Reichs zu N. N. bezeugt hiermit, daß das bisher unter N. N.'scher Flagge

---

[1]) S. unten Z. 26.

gestandene . . . . . (Bark, Brigg u. s. w.) Schiff . . . . . (Name), welches im Jahre . . . in N. N. von . . . . . (Eichen- u. s. w.) Holz gebaut ist (hier folgen Größe, Tragfähigkeit und sonstige charakteristische Merkmale, insbesondere, ob das Schiff mit einer Dampfmaschine versehen ist), während der Anwesenheit im Konsulats-Bezirke mittelst notariellen (gerichtlichen) Vertrags vom . . . . . . in das ausschließliche Eigenthum des N. N. übergegangen ist, und daß letzterer nachgewiesen hat, im Besitz des Indigenats in . . . . . (Name des betreffenden Bundesstaats) zu sein.

Das gedachte Schiff hat mithin auf Grund des Reichs-Gesetzes vom 25. Oktober 1867 das Recht zur Führung der Deutschen Reichs-Flagge erworben, und es wird hierüber gegenwärtiges Attest für die Dauer Eines Jahres von heute ab mit dem Bemerken ertheilt, daß dasselbe über dieses Jahr hinaus nur für die Dauer einer durch höhere Gewalt verlängerten Reise Gültigkeit hat.

. . . . den . . ten . . . . 18 . .

Der Konsul des Deutschen Reichs.

(Siegel.) Unterschrift.

Das vorstehende Formular ergiebt, daß dem Konsul auch die Identitäts-Merkmale des Schiffs in glaubhafter Weise (durch Vermessungs-Atteste, schriftliche, erforderlichenfalls eidesstattliche Zeugnisse etc.) nachgewiesen werden müssen.

In Kriegszeiten ist bei der Ertheilung von Flaggen-Attesten mit besonderer Vorsicht zu Werke zu gehen.

Namentlich sind solche Atteste nicht an Schiffe zu ertheilen, welche bis zum Eigenthums-Uebergang auf einen Reichs-Angehörigen einer der im Kriege befindlichen Nationen angehört haben. Auch ist das Attest zu verweigern, wenn gegründeter Verdacht vorhanden ist, daß das Geschäft ein simulirtes sei.

Von der Ertheilung jeden Flaggen-Attestes giebt der Konsul unverweilt der Regierung desjenigen Bundesstaates Kenntniß, welchem der neue Schiffseigenthümer angehört, oder in welchem der von dem neuen Schiffseigenthümer gewählte Heimathshafen liegt.

Zu §. 31.[1]) Die Kapitaine der unter der Reichs-Flagge fahrenden Kauffahrteischiffe sind, wenn sie in einem zu dem Amts-Bezirke des Konsuls gehörigen Hafen vor Anker gehen, verpflichtet, sich spätestens innerhalb acht und vierzig Stunden nach der Ankunft bei dem Konsul persönlich zu melden und sich vor der Abreise ebenso abzumelden.

Die Meldung ist nicht erforderlich, wenn das Schiff den Hafen nur angelaufen hat, um

auf Wind oder Fluth zu warten,
den Bedarf an Proviant, Wasser oder Feuerungs-Material zu ergänzen,
Lootsen einzunehmen oder abzusetzen,
Passagiere einzunehmen oder abzusetzen, sofern

[1]) Diese Bestimmungen sind zum größten Theil ersetzt worden durch das Gesetz vom 25. März 1880 und die Verord. vom 28. Juli 1880, betr. die Schiffsmeldungen bei den Konsulaten des Deutschen Reichs, s. unten Z. 30.

hiermit nicht ein längerer als vierundzwanzig-stündiger Aufenthalt verbunden ist,

Briefe oder Ordres in Empfang zu nehmen oder abzusenden,

etwaigen Polizei-, Zoll- oder anderen am Orte bestehenden Vorschriften nachzukommen.

Die persönliche Meldung kann durch eine schriftliche ersetzt werden, wenn der Schiffsführer durch Quarantaine-Vorschriften oder Umstände höherer Gewalt verhindert wird, persönlich ans Land zu gehen,

der Schiffsführer bei einem nicht über zweimal vier und zwanzig Stunden dauernden Aufenthalt durch die Lage des Ankerplatzes bei der persönlichen Kommunikation mit dem Lande besondere Schwierigkeiten finden würde,

in dem Hafenorte weder der Konsul noch ein von demselben bestellter Konsular-Agent wohnt.

Bei periodischen Fahrten mit regelmäßigen, im Voraus angekündigten Abfahrts-Terminen befreit die Meldung bei der ersten Ankunft und Abreise in einem Jahre von weiteren Meldungen im Laufe desselben Zeitabschnitts, wenn das Schiff ohne Abänderung des Fahrplans denselben Hafen wiederholt im Laufe des Jahres besucht.

Bei der Meldung hat der Schiffer dem Konsul das Schiffs-Certifikat und die Musterrolle vorzulegen. Zur Vorlegung der andern auf das Schiff und die Ladung bezüglichen Papiere und Rechnungen ist er nur dann verbunden, wenn die Rhederei oder Ladungs-Interessenten deren Visirung vorgeschrieben haben.

Der Konsul hat die Verpflichtung, die ihm von dem Schiffer vorgelegten Papiere zu prüfen und, wenn er sie richtig befindet, dies auf Verlangen des Schiffers zu bescheinigen. Ohne einen ausdrücklichen Antrag des Schiffers hat der Konsul eine solche Bescheinigung nicht auszustellen. Sind die Papiere nicht in Ordnung, so kann der Konsul zwar die Abreise des Schiffs nicht hindern, er hat aber den Schiffer darauf aufmerksam zu machen, daß dieser keine Vertretung Seitens des Reiches zu erwarten habe, wenn durch den Mangel ordnungsmäßiger Papiere Verwickelungen oder Verluste hervorgerufen werden.

Der Schiffsführer hat bei der Meldung den Inhalt der Ladung seines Schiffs im Allgemeinen, mithin ob er Stückgüter, Holz, Getreide u. s. w. geladen hat, oder ob er in Ballast angekommen ist, anzugeben, von der gemachten Reise, dem Orte, woher er kommt, der Zeit seiner Abfahrt, den Häfen, in welche er etwa während der Reise eingelaufen und von allen ihm während der Reise vorgekommenen merkwürdigen Begebenheiten Anzeige zu erstatten.

Der Konsul verzeichnet die Angaben des Schiffsführers in ein zu diesem Behufe zu führendes Aktenheft (Journal) und nimmt demnächst in die nach der Instruktion zu §. 3. einzureichende Schiffsliste das Erforderliche davon auf.

In denjenigen Fällen, in welchen statt der persönlichen die schriftliche Meldung genügt, brauchen die Schiffspapiere nicht im Original übersendet zu werden, der Schiffer hat aber dem Konsul Namen, Gattung, Größe, Tragfähigkeit, Bauart und Heimathshafen des Schiffs, sowie Namen und Nationalität des Rheders oder der Mitrheder nach Maaßgabe des Certifikats und unter Angabe des Datums und Ausstellungsorts des letzteren schriftlich anzuzeigen, auch nach Thunlichkeit über diejenigen Punkte schriftliche Auskunft zu geben, über welche er nach Vorstehendem bei der persönlichen Meldung mündlich zu berichten hat.

Die Kapitaine sind verpflichtet, sich vor der Abreise wiederum im Konsulate zu melden, um ihren Bestimmungsort und ihre Ladung in ähnlicher Weise wie bei der Ankunft anzugeben. Dabei ist von den hinsichtlich der Zahl und der Personen der Schiffsmannschaft eingetretenen Veränderungen Anzeige zu erstatten. Der Konsul verzeichnet die betreffenden Angaben des Schiffers und ertheilt auf Verlangen des letzteren eine Bescheinigung über die erfolgte An- und Abmeldung.

Unterläßt ein Schiffer die vorgeschriebene Meldung, so hat der Konsul u n v e r w e i l t an den Reichskanzler zu berichten, damit dieser wegen Einleitung des Strafverfahrens gegen denselben das Erforderliche veranlassen kann.

Zu §. 32. Ueber die Musterung (Anmusterung, Abmusterung) enthalten die §§. 10—22. der Seemanns-Ordnung nähere Bestimmungen.

Danach besteht die Anmusterung darin, daß der

Schiffer oder dessen Vertreter die Schiffsmannschaft dem Konsul vorstellt, und beide vor dem letzteren den zwischen ihnen abgeschlossenen Heuervertrag verlautbaren. Die hierüber aufzunehmende Verhandlung wird von dem Konsul als Musterrolle ausgefertigt. Wenn die zur Schiffsmannschaft eines Schiffes gehörigen Personen nicht gleichzeitig mittelst einer Verhandlung angemustert werden, so erfolgt die Ausfertigung auf Grund der ersten Verhandlung. Wird ein Schiffsmann erst nach Ausfertigung der Musterrolle angemustert, so hat der Konsul eine solche Musterung in die Musterrolle einzutragen.

Bei der Anmusterung hat der Konsul die Bestimmungen des Heuervertrages vollständig zu Protokoll zu nehmen. Das Protokoll ist vom Schiffer oder dessen Vertreter und von jedem Schiffsmann zu unterzeichnen. Jeder Schiffsmann hat sich in Gemäßheit der §§. 5—8. der Seemanns-Ordnung über seine Personal-Verhältnisse auszuweisen und zwar, soweit er sich bereits früher in einem inländischen Hafen verheuert hat, durch das Seefahrtsbuch, welches ihm bestimmungsmäßig von den inländischen Seemanns-Aemtern ausgefertigt wird. Insofern nach den bestehenden Vorschriften der Nachweis einer besonderen Befähigung zu dem übernommenen Schiffsdienst erforderlich ist, muß auch dieser Nachweis geführt werden. Wird diesen Bestimmungen nicht genügt, kann insbesondere z. B. der Schiffsmann die Beendigung des früheren Dienstverhältnisses nicht glaubhaft nachweisen, oder findet der Konsul sonst in Ansehung der Gültigkeit des Heuervertrages im Allgemeinen oder rücksichtlich einzelner darin enthaltener Bestimmungen wesentliche Erinnerungen, so hat er seine Mitwirkung bei der Anmusterung bis zur Beseitigung der Anstände zu versagen. Dasselbe gilt, wenn der Konsul bei der von ihm zu bewirkenden Prüfung ermittelt, daß der Schiffer nicht die vorgeschriebene Befähigung besitzt, oder daß der Anheuerung die Vorschriften über die Militairdienstpflicht entgegenstehen. In letzterer Beziehung ist dasjenige zu vergleichen, was oben zu §. 25 der Dienstinstruktion bei Gelegenheit der Paßertheilung gesagt ist. Der Konsul darf bei Anmusterung von Schiffsleuten nicht mitwirken, welche nach den dort erwähnten Bestimmungen bereits dienstpflichtig sind oder in Kurzem dienstpflichtig werden, wenn sie nicht durch Atteste nachweisen, daß sie von der Militairpflicht entbunden sind, oder einen Aufschub zur Ableistung derselben erhalten haben. Findet die Verheuerung für ein Schiff statt, welches nach einem Deutschen Hafen bestimmt ist, so können auch im dienstpflichtigen Alter stehende Personen angemustert werden, weil denselben dadurch Gelegenheit gegeben wird, in die Heimath zurückzukehren und dort ihre Militairverhältnisse zu ordnen. Wenn Seeleute, welche sich verheuert haben, erst in längerer Zeit in das militairpflichtige Alter treten, dieser Zeitpunkt aber doch noch in die Dauer des eingegangenen Dienstverhältnisses fällt, so dürfen die Konsuln zwar bei der Anmusterung mitwirken, sie haben jedoch hiervon dem

Auswärtigen Amte unter Angabe des vollständigen Namens, des Alters und der Heimath der Betreffenden, sowie der Dauer der Anmusterung Behufs Herbeiführung der Listenberichtigung Anzeige zu machen.

Diejenigen Personen, welche ihrer aktiven Dienstpflicht im Deutschen Heere oder in der Reichs-Kriegs-Marine genügt haben, treten in den Beurlaubtenstand über. Dieselben sind während der Beurlaubung in der Wahl ihres Aufenthaltes im In- und Auslande nicht beschränkt, bleiben jedoch der Kontrole ihres heimathlichen Landwehr-Bezirks-Kommandos unterworfen. Um den Militair-Behörden diese Kontrole zu erleichtern, sind die Seemanns-Aemter nach einem Allerhöchsten Erlasse vom 25. Februar 1872, welcher den meisten Konsuln mit der Militair-Ersatz-Instruktion vom 26. März 1868 und der Verordnung über die Organisation der Landwehr-Behörden vom 5. September 1867 mitgetheilt worden ist, zu einer wesentlichen Mitwirkung bei dieser Kontrole berufen. Die Konsuln haben danach von jeder Anmusterung von Mannschaften des Beurlaubtenstandes dem Landwehr-Bezirks-Kommando, in dessen Kontrole der Betreffende ausweislich seines Militairpasses steht, Mittheilung zu machen und dabei außer dem Namen, dem Heimathshafen und der Bestimmung des Schiffes, die Dauer der Anmusterung anzugeben. Mannschaften, welche zur Disposition ihrer Truppentheile, beziehungsweise der Marinetheile beurlaubt sind, dürfen nicht angemustert werden. Im Falle einer Mobilmachung, beziehungsweise Kriegsausrüstung der Flotte, haben sich sowohl die im militairpflichtigen Alter stehenden Seeleute, als auch die Mannschaften des Beurlaubtenstandes, unaufgefordert so schnell als möglich nach Deutschland zurückzubegeben und sich zum Dienst zu melden. Die Konsuln haben diese Bestimmungen bei Anmusterungen zu beachten und überhaupt bei Verlautbarung der Heuerverträge dafür Sorge zu tragen, daß Individuen, welche dem Beurlaubtenstande der Landarmee oder der Marine angehören, nicht Verpflichtungen eingehen, welche mit den in ihren Militairpapieren enthaltenen Weisungen in Widerspruch stehen.

Was den Nachweis besonderer Befähigung zum Schiffsdienst betrifft, so sind die „Vorschriften über den Nachweis der Befähigung als Seeschiffer und Seesteuermann auf Deutschen Kauffahrteischiffen" vom 25. September 1869 (Bundes-Gesetzblatt S. 660) und die „Anordnungen über das Prüfungs-Verfahren und über die Zusammensetzung der Prüfungs-Kommissionen" vom 30. Mai 1870 (Bundes-Gesetzblatt S. 314) zu vergleichen. (S. unten in Abschn. II.)

Die Musterrolle, folglich auch die Verlautbarungs-Verhandlung, muß enthalten: Namen und Nationalität des Schiffs, Namen und Wohnort des Schiffers, Namen, Wohnort und dienstliche Stellung jedes Schiffsmanns, und die Bestimmungen des Heuervertrages, einschließlich etwaiger besonderer Verabredungen. Insbesondere muß aus der Musterrolle erhellen, was dem Schiffsmann für den Tag an Speise und Trank gebührt.

Das im Anhange abgedruckte, dafür vorgeschriebene Formular ergiebt das Nähere.

Die geschehene Anmusterung und die Zeit des Dienstantritts wird von dem Konsul in dem Seefahrtsbuch des Schiffsmanns vermerkt, wenn dasselbe zu diesem Zwecke vorgelegt wird.

Nach der Beendigung des Dienstverhältnisses erfolgt die Abmusterung der Schiffsmannschaft, und zwar, wenn nicht ein Anderes vereinbart wird, vor dem Konsul desjenigen Hafens, in welchem das Schiff liegt, und nach Verlust des Schiffes vor demjenigen Konsul, welcher zuerst angegangen werden kann. Die Abmusterung besteht in der Verlautbarung der Beendigung des Dienstverhältnisses Seitens des Schiffers und der aus diesem Verhältniß ausscheidenden Mannschaft. Vor der Abmusterung hat der Schiffer dem abzumusternden Schiffsmann im Seefahrtsbuch die bisherigen Rang- und Dienstverhältnisse und die Dauer der Dienstzeit zu bescheinigen, auf Verlangen auch ein Führungszeugniß zu ertheilen. Das letztere darf in das Seefahrtsbuch nicht eingetragen werden. Die Unterschriften des Schiffers unter der Bescheinigung und dem Zeugniß werden von dem Konsul, vor welchem die Abmusterung stattfindet, kostenfrei beglaubigt. Verweigert der Schiffer die Ausstellung des Zeugnisses, oder enthält dasselbe Beschuldigungen, deren Richtigkeit der Schiffsmann bestreitet, so hat auf Antrag des letzteren der Konsul den Sachverhalt zu untersuchen und das Ergebniß der Untersuchung dem Schiffsmann zu bescheinigen.

Die erfolgte Abmusterung wird vom Konsul in dem Seefahrtsbuche des abgemusterten Schiffsmanns und in der Musterrolle vermerkt.

Die Musterrolle ist nach Beendigung derjenigen Reise oder derjenigen Zeit, auf welche die als Musterrolle ausgefertigte Anmusterungs-Verhandlung sich bezieht, dem Konsul, vor welchem abgemustert wird, zu überliefern. Letzterer übersendet dieselbe dem Seemanns-Amt des Heimathshafens, und zwar in der Regel, wenn nicht besondere Umstände eine Berichterstattung an das Auswärtige Amt erheischen, mittelst direkter Korrespondenz.

Zu §. 33. Ueber die Frage, welcher Polizeigewalt die Kauffahrteischiffe in fremden Häfen unterworfen sind, herrscht keine übereinstimmende Auffassung. Manche Regierungen nehmen an, daß fremde Handelsschiffe, welche in die Häfen des Landes kommen, ebenso wie die Mannschaften derselben ausschließlich der dortigen Schiffspolizei und Gerichtsbarkeit unterworfen sind. Andere Regierungen erkennen zwar im Allgemeinen an, daß ein fremdes Kauffahrteischiff den Polizeigesetzen des Hafens unterworfen ist und daß die Schiffsmannschaft für strafbare Handlungen, welche sie am Lande oder, wenn an Bord, gegen die Sicherheit des Staats oder gegen nicht zur Besatzung gehörige Personen begeht, bei den Ortsgerichten zu belangen ist. Dagegen halten sie die Ortsgerichte nicht für kompetent, wenn strafbare Handlungen vorliegen, welche an Bord eines fremden Schiffes von einem Manne der Besatzung gegen einen anderen oder gegen einen Matrosen eines Schiffes derselben Flagge verübt sind. In einem solchen Falle kann nach dieser anderen Auffassung die Lokal-Behörde nur einschreiten, wenn sie ausdrücklich darum ersucht wird, oder wenn die öffentliche Ordnung gefährdet ist.

Das Konsulats-Gesetz, indem es im §. 33 den Deutschen Konsuln die Befugniß zur Ausübung der Polizei-Gewalt einräumt, hat in Bezug auf diese völkerrechtliche Frage eine Entscheidung zu treffen nicht beabsichtigt. Vielmehr wird auch hier in Gemäßheit des §. 1 vorausgesetzt, daß die Gesetze und Gewohnheiten des Konsulats-Bezirks dem Konsul die Ausübung der Polizei gestatten. Da, wo dies der Fall ist, hat sich der Konsul die nachstehenden Bestimmungen zur Richtschnur dienen zu lassen.

Die Schiffsleute sind nach §§. 72 ff. der Seemanns-Ordnung der Disziplin des Schiffers unterworfen.

Kommen hiernach im Hafen des Konsuls an Bord von Schiffen der Deutschen Handelsmarine Gewaltthätigkeiten, Meutereien u. s. w. vor, bei welchen die Lokal-Behörden nicht von Amtswegen einschreiten, so hat der Konsul nöthigenfalls durch ausdrückliche Requisition der Orts-Polizei Alles zu thun, was erforderlich ist, um die Disziplinargewalt des Schiffers zur Geltung zu bringen.

Ebenso hat er, wenn der Schiffer sich einer strafbaren Handlung schuldig machen sollte (§§. 96. ff. der Seemanns-Ordnung), die nöthigen Maaßregeln zu treffen um nachtheilige Folgen abzuwenden und die Feststellung des Thatbestandes zu sichern. Der Konsul kann hierbei nöthigenfalls bis zur Absetzung des Schiffers und zur Einsetzung eines neuen Schiffsführers gehen (vergleiche die Instruktion zu §. 35).

Eine förmliche Untersuchung zu führen und Strafen zu verhängen ist der Konsul nur in den Fällen der §§. 81. Abs. 1., 84., 93. und 99. der Seemanns-Ordnung befugt.

Diese Fälle, von denen die ersteren drei den Schiffsmann, die im §. 99. aufgeführten den Schiffer betreffen, sind folgende:

a) Der Schiffsmann, welcher nach Abschluß des Heuer-Vertrages sich verborgen hält, um sich dem Antritte des Dienstes zu entziehen, wird mit Geldstrafe bis zu zwanzig Thalern bestraft. Die Verfolgung tritt nur auf Antrag des Schiffers, also nicht von Amtswegen ein. Wegen der in Abs. 2. und 3. des §. 81. bezeichneten schwereren Fälle der Entweichung steht dem Konsul eine Strafbefugniß nicht zu.

b) Mit Geldstrafe bis zum Betrage einer Monatsheuer wird ein Schiffsmann bestraft, welcher sich einer groblichen Verletzung seiner Dienstpflichten schuldig macht. Als Verletzung der Dienstpflicht in diesem Sinne gelten insbesondere die im §. 84. der Seemanns-Ordnung aufgeführten Handlungen; es ist jedoch nicht ausgeschlossen, auch wegen anderer Handlungen Bestrafung eintreten zu lassen, wenn darin nach pflichtmäßigem Ermessen des Konsuls eine gröbliche Verletzung der Dienstpflicht zu finden ist.

Gegen Schiffs-Offiziere kann die Strafe bis auf den Betrag einer zweimonatlichen Heuer erhöht werden. Als Schiffs-Offizier gilt regelmäßig der Steuermann des Schiffes. Ob auch noch andere Personen der Schiffs-Mannschaft als Schiffs-Offiziere anzusehen sind, richtet sich nach der Größe des Schiffes und anderen Umständen; vergl. die Instruction zu §. 37. (zu §. 47. der Seemanns-Ordnung.)

Die Verfolgung tritt auch in diesem Falle nur auf Antrag ein, welcher bis zur Abmusterung zulässig ist. Sie ist ausgeschlossen, wenn der Schiffer die durch §. 85. der Seemanns-Ordnung vorgeschriebene Eintragung in das Schiffs-Journal versäumt hat.

c) Mit Geldstrafe bis zu zwanzig Thalern oder mit Haft bis zu vierzehn Tagen wird bestraft ein Schiffsmann, welcher

1) bei Verhandlungen, die sich auf die Ertheilung eines Seefahrtsbuches, auf eine Eintragung in dasselbe oder auf eine Musterung beziehen, wahre Thatsachen entstellt oder unterdrückt, oder falsche vorspiegelt, um den Konsul zu täuschen;

2) es unterläßt, sich gemäß §. 10. der Seemanns-Ordnung zur Musterung zu stellen;

3) im Falle eines dem Dienstantritt entgegenstehenden Hindernisses unterläßt, sich hierüber gemäß §. 15. der Seemanns-Ordnung gegen den Konsul auszuweisen.

d) Mit Geldstrafe bis zu funfzig Thalern oder mit

Haft bis zu sechs Wochen wird bestraft ein Schiffer, welcher

1) den ihm in Ansehung der Musterung obliegenden Verpflichtungen nicht genügt;
2) bei Verhandlungen, welche sich auf eine Musterung oder eine Eintragung in ein Seefahrtsbuch beziehen, wahre Thatsachen entstellt oder unterdrückt, oder falsche vorspiegelt, um den Konsul zu täuschen;
3) bei Todesfällen die Beschaffung und Uebergabe des vorgeschriebenen Nachweises unterläßt oder die ihm obliegende Fürsorge für den Nachlaß verabsäumt;
4) eine der in den §§. 77. und 80. der Seemanns-Ordnung vorgeschriebenen Eintragungen in das Schiffs-Journal unterläßt;
5) den ihm bei Vergehen und Verbrechen nach §§. 102. und 103. der Seemanns-Ordnung obliegenden Verpflichtungen nicht genügt;
6) dem Schiffsmann ohne dringenden Grund die Gelegenheit versagt, die Entscheidung des Konsuls nachzusuchen;
7) einem Schiffsmann grundlos Speise oder Trank vorenthält;
8) es unterläßt, dafür Sorge zu tragen, daß ein Exemplar der Seemanns-Ordnung, sowie der maaßgebenden Vorschriften über Kost und Logis im Volkslogis zugänglich ist.

Hierher gehört ferner

e) der in der Instruction zu §. 26. erwähnte Fall, wenn der Führer eines Deutschen Kauffahrteischiffes sich der Erfüllung der ihm obliegenden Verpflichtung zur Mitnahme eines hülfsbedürftigen Seemannes entzieht. Für diesen Fall ist Geldstrafe bis zu funfzig Thalern oder Haft bis zu sechs Wochen angedroht.

Hat der Konsul in den vorstehenden Fällen einzuschreiten, so ist der Angeschuldigte verantwortlich zu vernehmen und der Thatbestand durch Abhörung von Zeugen, Einsicht des Schiffs-Journals und auf sonst geeignete Weise summarisch festzustellen. Eine Vereidigung von Zeugen findet jedoch nicht statt. Nach Abschluß der Untersuchung ist ein mit Gründen versehener Bescheid schriftlich abzufassen, welcher dem Angeschuldigten im Falle seiner Anwesenheit zu verkünden, im Falle seiner Abwesenheit, sofern er aufgefunden werden kann, in Ausfertigung zuzustellen ist.

Die geschehene Verkündigung oder Zustellung ist unter dem Bescheide mit Angabe des Tages, an welchem sie erfolgt ist, zu attestiren. Der Bescheid hat entweder auf Freisprechung oder auf eine innerhalb der Grenzen der betreffenden Strafandrohung zu bemessende Strafe zu lauten. Die Verhängung einer angedrohten Strafe wird dadurch nicht ausgeschlossen, daß der Schiffsmann aus Anlaß der ihm zur Last gelegten That von dem Schiffer bereits disziplinarisch bestraft worden ist. Jedoch kann eine erlittene Disziplinarstrafe in dem Strafbescheide des Konsuls bei Abmessung der Strafe berücksichtigt werden. Wird eine Strafe festgesetzt, so ist gleichzeitig die Dauer der für den Fall des Unvermögens an Stelle der Geldstrafe tretenden Haft zu bestimmen. Hierbei ist nach §. 29. des Strafgesetzbuchs für das Deutsche Reich der Betrag von einem Dritttheil bis zu fünf Thalern einer eintägigen Haft gleich zu achten. Der Mindestbetrag der Haft ist ein Tag. Dieselbe besteht in einfacher Freiheitsentziehung.

Zur Veranschaulichung des Verfahrens diene folgendes Beispiel:

Verhandelt im Konsulate des Deutschen Reiches zu A., den 5. Mai 1873.

Vor dem unterzeichneten Seemanns-Amte erschienen heute:

Der Schiffer Johann P .... aus Neufahrwasser, Führer des im hiesigen Hafen ankernden Deutschen Schiffes Sophie, Heimathshafen Danzig, und trug auf Bestrafung des Jungmanns Peter N .... an, weil derselbe am 28. v. M. Abends gegen 10 Uhr, während er die Wache gehabt habe, von dem Steuermanne O .... auf Deck schlafend und anscheinend betrunken angetroffen worden sei. Da der N .... bereits öfter im Schiffsdienste betrunken und nachlässig gewesen sei, habe er ihn während drei Tage auf schmale Kost gesetzt, diese Disziplinarstrafe erachte er aber nicht als ausreichend.

Der Jungmann Peter N .... aus Elbing, 19 Jahre alt, welcher mit zur Stelle war und laut der von dem Schiffer vorgelegten, von dem

Seemanns=Amt zu Danzig unterm 1. April d. J. ausgefertigten Musterrolle für die Reise von dort nach A. und zurück gegen eine Heuer von monatlich 11 Thalern angemustert ist, bestreitet die angeführte Thatsache und beruft sich auf den Matrosen R . . . ., welcher bekunden könne, daß er an dem bezeichneten Abend ganz munter gewesen sei.

Es wurden hierauf

1. der Steuermann Ernst Wilhelm O . . . . aus Memel, 34 Jahre alt,
2. der Matrose Anton Friedrich R . . . . aus Wolgast, 27 Jahre alt,

herbeigerufen und über den Vorfall vernommen.

Der Steuermann O . . . . sagt aus, er habe den Angeschuldigten zu der angegebenen Zeit, wo derselbe die Wache hatte, an Deck schlafend angetroffen und ihn erst durch mehrmaliges Rütteln am Arm aufwecken können. Ob derselbe betrunken gewesen, könne er nicht mit Bestimmtheit behaupten. Der N . . . . sei aber schon öfter wegen Trunkenheit nnd Nachlässigkeit im Wachdienste disziplinarisch bestraft worden.

Der Matrose R . . . . bekundet, daß er an dem bezeichneten Abend die Wache mit dem N . . . . gehabt und noch um 9 Uhr mit ihm gesprochen habe, daß er aber später, da er durch seinen Dienst in Anspruch genommen gewesen sei, nicht weiter auf ihn geachtet habe.

Die Einsicht des von dem Schiffer mitgebrachten Schiffs-Journals ergab, daß der Vorfall so, wie er von dem Schiffer dargestellt wird, in dasselbe eingetragen und dem N . . . . davon Mittheilung gemacht worden ist, ferner, daß Letzterer bereits am 20. und 24. April wegen Nachlässigkeit im Wachdienste disziplinarisch bestraft worden ist.

Vorgelesen Genehmigt Unterschrieben

Unterschrift des Schiffers

des Angeschuldigten

der Zeugen.

Es wurde hierauf zum Bescheide ertheilt und dem anwesenden Angeschuldigten verkündet:

daß derselbe wegen gröblicher Verletzung seiner Dienstpflichten mit einer Geldstrafe von fünf Thalern, im Unvermögensfalle mit eintägiger Haft zu bestrafen.

Gründe.

Auf Grund der Aussage des Steuermanns O . . . . ist als erwiesen anzunehmen, daß der Angeschuldigte am 28. April 1873 Abends gegen 10 Uhr, als er die Wache hatte, geschlafen und dadurch eine Nachlässigkeit im Wachdienste begangen hat. Die Aussage des Matrosen R . . . . ist nicht geeignet, das Gegentheil darzuthun, da derselbe von 9 Uhr ab auf den Angeschuldigten nicht mehr geachtet hat. Ob Letzterer gleichzeitig betrunken gewesen ist, kann dahin gestellt bleiben, da er sich jedenfalls schon durch die erwiesene Nachlässigkeit im Wachdienste einer gröblichen Verletzung seiner Dienstpflichten schuldig gemacht hat und deshalb nach §. 84. der Seemanns-Ordnung zu bestrafen ist. Bei Abmessung der Strafe kam einerseits in Betracht, daß der Angeschuldigte sich schon früher nachlässig in seiner Pflichterfüllung gezeigt hat und andererseits, daß derselbe wegen des in Rede stehenden Vorfalls bereits eine Disziplinar-Bestrafung erlitten hat. Es erschien deshalb eine Geldstrafe von fünf Thalern angemessen. Im Unvermögensfalle tritt nach §. 29. des Strafgesetzbuchs an die Stelle derselben eintägige Haft.

a. u. s.

Das Seemanns-Amt.

Kaiserliches Konsulat.

Unterschrift des Konsuls.

Ist eine Ausfertigung des Bescheides zu ertheilen, so geschieht dies etwa in folgender Form:

Das unterzeichnete Seemanns-Amt hat auf Grund der stattgefundenen Untersuchung gegen den Jungmann Peter N.... des Deutschen Schiffes Sophie, Heimathshafen Danzig, unterm 5. Mai 1873 zum Bescheide ertheilt:

daß

(hier ist der obige Bescheid mit den Gründen wörtlich einzurücken).

Urkundlich ausgefertigt.

A., den 10. Mai 1873.

Das Seemanns-Amt.
Kaiserliches Konsulat.
(Siegel.) Unterschrift des Konsuls.

Gegen den Bescheid kann der Beschuldigte innerhalb einer zehntägigen Frist von der Verkündigung oder der Zustellung ab, auf gerichtliche Entscheidung antragen. Der Antrag ist bei dem Konsul zu Protokoll oder schriftlich anzubringen. Der Tag des Eingangs ist von dem Konsul auf dem Schriftstück zu vermerken. Gegen einen freisprechenden Bescheid findet eine Berufung auf richterliches Gehör nicht statt.

Für das weitere Verfahren ist dasjenige Gericht zuständig, in dessen Bezirk der Heimathshafen und in Ermangelung eines solchen derjenige Deutsche Hafen belegen ist, welchen das Schiff nach der Straffestsetzung zuerst erreicht. Ist die Frist zur Anbringung des Antrages auf gerichtliche Entscheidung gewahrt, so hat der Konsul die sämmtlichen aufgenommenen Verhandlungen mit dem ertheilten Bescheide und dem Antrage auf gerichtliche Entscheidung dem zuständigen Gericht direkt, oder falls er über dasselbe zweifelhaft ist, dem Auswärtigen Amte zur weiteren Veranlassung zu übersenden.

Lautet der Strafbescheid des Konsuls auf Geldstrafe, so kann dieselbe, auch wenn von dem Beschuldigten auf gerichtliche Entscheidung angetragen ist, vorläufig zwangsweise beigetrieben werden. Die etwa festgesetzte Haft darf dagegen in diesem Falle von dem Konsul nicht vollstreckt werden Ist gegen den Strafbescheid innerhalb der vorgeschriebenen Frist nicht auf gerichtliche Entscheidung angetragen, so ist die Strafe zu vollstrecken. Ist dies nicht möglich, z. B. weil das betreffende Schiff inzwischen bereits wieder in See gegangen ist, so hat der Konsul Ausfertigung des Bescheides mit einem Atteste darüber, mit welchem Tage die Frist zur Anbringung des Antrages auf gerichtliche Entscheidung abgelaufen ist, gleichfalls dem zuständigen Gerichte behufs Veranlassung der Strafvollstreckung einzusenden.

Die eingezogene Geldstrafe ist dem Seemans-Amte des Heimathshafens des Schiffes, welchem der Thäter zur Zeit der Begehung der strafbaren Handlung angehörte, zu überweisen.

Wird dem Konsul von Begehung einer der in den §§. 81—99 der Seemanns-Ordnung aufgeführten strafbaren Handlungen, insbesondere von Desertionen, Anzeige gemacht und schreitet derselbe nicht selbst ein, sei es, weil er zur Entscheidung der Sache nicht befugt, sei es, weil z. B. der Angeschuldigte nicht aufzufinden ist, so hat er dem Seemanns-Amte des Heimathshafens des betreffenden Schiffes, unter Angabe des Tages der Ankunft des letzteren, sofort davon Mittheilung zu machen.

Schreiten bei einer an Bord eines Deutschen Schiffes vorgekommenen strafbaren Handlung die Landes-Behörden ein, so hat der Konsul darauf zu achten, daß dem Angeschuldigten prompte und unparteiische Justiz zu Theil wird. Ist ihm hierbei die Kompetenz der Landes-Behörden oder die Rechtmäßigkeit des Verfahrens zweifelhaft, so berichtet er an den Reichskanzler.

Enthalten sich dagegen die Lokal-Behörden des Einschreitens und ist nach dem Vorhergesagten der Konsul auch nicht selbst zur Untersuchung und Entscheidung befugt, so richtet sich das weitere Verfahren nach der Beschaffenheit des Falles. Gewähren die Umstände dem Konsul die Ueberzeugung, daß der Schiffer nur ein Verbrechen des Schiffsmanns vorschützt, um sich desselben zu entledigen, so hat der Konsul bei dem Widerspruche des Schiffsmanns seine Genehmigung zur Zurücklassung des letzteren zu versagen und den Kapitain zwangsweise anzuhalten, den Schiffsmann zu behalten. Erscheint aber der Schiffsmann einer strafbaren Handlung wirklich schuldig, so kommt es darauf an, ob eine der im §. 57 Ziffer 3 der Seemanns-Ordnung bezeichneten, mit schwerer Strafe bedrohten Handlungen vorliegt, oder nicht. Für den ersteren Fall bestimmt §. 103 der Seemanns-Ordnung, daß der Thäter unter Mittheilung der aufgenommenen Verhandlungen an dasjenige Seemanns-Amt, bei welchem es zuerst geschehen kann, abzuliefern ist. Diese Bestimmung hat den Zweck, den Thäter der Untersuchung und Bestrafung der heimathlichen Gerichte zuzuführen. Ist daher das zuerst angegangene Seemanns-Amt ein Konsulat, und schreiten die Lokal-Behörden nicht von Amtswegen ein, so hat der Konsul mit Rücksicht auf den im §. 9. des Straf-Gesetzbuchs enthaltenen Grundsatz, welcher die Ueberlieferung eines Deutschen an eine ausländische Regierung Behufs der Verfolgung oder Bestrafung nicht gestattet, den Angeschuldigten nur Behufs dessen Uebermittelung an die zuständige Behörde des Heimathshafens des Schiffes zu übernehmen. Erscheint ein solcher Transport unausführbar oder wird die Uebernahme durch die örtlichen Verhältnisse oder durch sonstige Umstände unthunlich gemacht, so hat der Konsul dieselbe abzulehnen und den Schiffer zur weiteren Mitnahme des Schiffsmanns nöthigenfalls zwangsweise anzuhalten.

Gehört die verübte strafbare Handlung nicht zu den im §. 57 Ziffer 3 der Seemanns-Ordnung vorgesehenen, so sind wiederum zwei Fälle zu unterscheiden: entweder der Schiffsmann willigt in seine Entlassung vom Schiff, oder er thut dies nicht. Im letzteren Falle wird der Konsul gleichfalls seine Genehmigung zur Zurücklassung des Schiffsmanns nicht ertheilen, da im Allgemeinen auch der einer strafbaren Handlung beschuldigte Schiffsmann nicht wider seinen Willen im Auslande zurückgelassen werden darf, wenn er dadurch in eine hülflose Lage geräth. Ist aber der Schiffsmann selbst mit seiner Entlassung einverstanden, so hat der Konsul je nach Beschaffenheit des Falls denselben entweder seinem Schicksal zu überlassen oder auf seine Bestrafung durch das heimathliche Gericht hinzuwirken. Hält er letzteres für geboten, so hat er bei der Regierung des Bundesstaates, welchem das Schiff angehört, weitere Verhaltungsmaaßregeln zu beantragen. Er kann jedoch auch in diesem Falle, insbesondere wenn zu besorgen ist, daß der Schiffsmann sich der Verfolgung entziehen würde, die Genehmigung zur Zurücklassung desselben verweigern.

Deutsche Kauffahrteischiffe in fremden Häfen sind kein Asyl für flüchtige Verbrecher und die Schiffsführer sind nicht berechtigt, verfolgten Verbrechern oder Deserteuren an Bord ihres Schiffes eine Zufluchtsstätte zu gewähren. Ist dies dennoch geschehen, so haben die Hafen-Behörden das Recht, die Verhaftnng des Verfolgten vorzunehmen. Auch sind die Behörden befugt, Recherchen nach verbotenen Waaren an Bord Deutscher Schiffe vorzunehmen. Sucht die betreffende Behörde zu diesem Zwecke den Beistand des Konsuls nach, so ist die erbetene Assistenz zu gewähren. Ebenso ist, wenn es sich um fremde auf Deutsche Schiffe geflüchtete desertirte Schiffsleute handelt, dem Konsul desjenigen Landes, von dessen Schiffe der Deserteur entlaufen ist, auf Verlangen und gegen Zusicherung der Reciprozität der erforderliche Beistand zur Ergreifung des Deserteurs zu leisten.

Zu §. 34. Der Schiffsführer kann nach §. 29 der Seemanns-Ordnung einen Schiffsmann, welcher nach der Anmusterung sich dem Antritt oder der Fortsetzung des Dienstes entzieht, zur Erfüllung seiner Pflicht zwangsweise anhalten lassen. Beansprucht der Führer eines Deutschen Schiffes die konsularische Mitwirkung zur Wiederergreifung eines desertirten Schiffsmanns und ergeben nicht etwa schon die eigenen Angaben des ersteren, daß der Schiffsmann einen gesetzlichen Grund hatte, seine Entlassung zu fordern (vgl. §§. 54 ff., 61 ff. der Seemanns-Ordnung), so nimmt der Konsul mit dem Schiffer ein Protokoll auf, welches enthalten muß:

1) den Namen des Schiffs, des Schiffers und des Rheders;
2) Namen und Signalement des reklamirten Schiffsmanns und die Angabe, in welcher Weise bewiesen werden kann, daß derselbe zur Mannschaft des Schiffes gehört hat. Wie dieser Nachweis zu führen ist, darüber entscheiden die Landes-Gesetze. Meistens gelten die Schiffsregister, die Musterrolle oder andere amtliche Dokumente, wenn sie im Original oder in beglaubigter Abschrift vorgelegt werden, als genügende Beweismittel. Zuweilen muß das Auslieferungs-Gesuch noch durch einen Eid bekräftigt werden. Das Protokoll muß
3) die Erklärung des Schiffers enthalten, daß er alle durch das Reklamations-Verfahren entstehenden Kosten tragen wolle.

Weigert sich der Schiffer, diese letztere Zusicherung zu geben, so hat sich der Konsul jedes weiteren Einschreitens zu enthalten. Erklärt sich dagegen der Schiffer zur Kostentragung bereit, so wendet sich der Konsul schriftlich an die zuständigen Orts-Behörden mit dem Ersuchen, die Ausmittelung, Ergreifung und Verhaftung des Deserteurs zu bewirken.

Nach völkerrechtlichen, in Staatsverträgen meist ausdrücklich anerkannten Grundsätzen werden Deserteure, welche Angehörige des Landes sind, in welches sie entlaufen, nicht ausgeliefert. Ebenso wird die Auslieferung eines Deserteurs von den Orts-Behörden mit Recht beanstandet, wenn derselbe am Lande eine strafbare Handlung begangen haben sollte. In einem solchen Falle pflegt die Auslieferung bis dahin hinausgeschoben zu werden, daß die zuständigen Gerichte über die Sache erkannt haben und die Strafe vollstreckt ist.

Die kostenfreie Mitwirkung der Landes-Behörden kann in der Regel nicht verlangt werden. Daher muß der Schiffer auf Verlangen einen Kostenvorschuß leisten, widrigenfalls die Reklamation nicht weiter betrieben wird.

Wenn der Deserteur kein Landes-Unterthan, aber auch kein Reichs-Angehöriger ist, sondern einem dritten Staate angehört, oder wenn der Deserteur sich auf das Schiff eines solchen dritten Staats geflüchtet hat, so ist erforderlichen Falls die Hülfe des betreffenden Konsuls nachzusuchen.

Wird ein reklamirter Deserteur ergriffen und dem Konsul ausgeliefert, so übergiebt dieser ihn dem Schiffer gegen Erstattung der Kosten. Will der Schiffer den Deserteur nicht wieder annehmen, verlangt aber dennoch dessen Anhaltung und Zurücksendung in die Heimath auf Kosten der Rhederei, so hat der Konsul diesem Antrag zu genügen. Ebenso tritt die Rücksendung des Deserteurs in die Heimath auf Kosten der Rhederei ein, wenn der Schiffer inzwischen abgesegelt ist, ohne seine Reklamation zurückgenommen zu haben. Desgleichen, wenn der inzwischen abgesegelte Schiffer zwar die Reklamation zurückgenommen hat, der Konsul aber den Verhältnissen nach nicht mehr auf die Auslieferung verzichten kann, sondern den einmal reklamirten Deserteur von den Landes-Behörden übernehmen muß.

Die Orts-Behörden halten in der Regel den ergriffenen Deserteur auf Requisition und auf Kosten des Konsuls so lange in gefänglichem Gewahrsam, bis der Konsul Gelegenheit findet, ihn fort zu senden. Doch wird verlangt, daß die Haft nicht über zwei oder drei Monate dauere; in manchen Ländern besteht eine noch kürzere Frist, nach deren Ablauf der Deserteur in Freiheit gesetzt wird, ohne daß er wegen derselben Ursache noch einmal verhaftet werden könnte.

In Bezug auf die Art und Weise der Heimsendung, sowie in Bezug auf die für den Transport zu bewilligende Entschädigung finden im Allgemeinen die zu §. 26 gegebenen Vorschriften wegen Heimschaffung hülfsbedürftiger Seeleute Anwendung, wobei jedoch in Betracht kommt, daß der Schiffsführer nach §. 3 Ziffer 2 des Gesetzes vom 27. Dezember 1872 nicht verpflichtet werden kann, wider seinen Willen einen Deserteur in die Heimath zu befördern.

Von desertirten Matrosen, welche der Schiffer, obwohl im Hafen anwesend, nicht reklamirt hat, ingleichen von solchen, welche schon vor längerer Zeit irgendwo desertirt oder vagabondirend oder im fremden Schiffs=dienst in den Amts=Bezirk des Konsuls gekommen sind, hat der Konsul ex officio keine Notiz zu nehmen. Wird ein nicht reklamirter Deserteur von den Lokal=Behörden ergriffen und dem Konsul vorgeführt, so hat letzterer zwar diejenigen Notizen über denselben, welche den inländischen Behörden interessant sein können, auf=zunehmen und darüber der Regierung desjenigen Staats, welchem das Schiff angehört, Bericht zu erstatten, dessen Uebernahme aber, wenn sie ihm angesonnen wird, ab=zulehnen, es sei denn, daß sich Gelegenheit fände, den=selben unentgeltlich auf einem Deutschen Schiffe unter=zubringen.

Zu §. 35. Der Artikel 460 Allgemeinen Deutschen Handels=Gesetzbuchs erklärt den Korrespondent=Rheder für befugt, den Schiffer anzustellen und zu entlassen, und nach Artikel 483 ebendaselbst muß der Schiffer, wenn er durch Krankheit oder andere Ursachen ver=hindert wird, das Schiff zu führen, die Anordnung des Rheders einholen und, wenn Zeit und Umstände dies gestatten, einen andern Schiffsführer einsetzen. Sollte der Führer eines Deutschen Schiffes im Konsulats=Be=zirke sterben, krank oder sonst zur Führung des Schiffes unfähig werden und im letzteren Falle keine Fürsorge treffen, der Korrespondent=Rheder auch nicht am Orte anwesend oder vertreten sein: so hat der Konsul auf den Antrag der Betheiligten (der Mannschaft, Befrachter,

Ablader) für die Bestellung eines neuen Schiffers Sorge zu tragen. Der Konsul muß in einem solchen Falle zunächst versuchen, einen mit dem vorschriftsmäßigen Befähigungszeugnisse einer inländischen Behörde versehenen Deutschen zu gewinnen, und sich bemühen, den neuen Schiffsführer mindestens unter denselben Bedingungen wie den bisherigen Kapitain zu engagiren. Gewöhnlich wird der erste Schiffs-Offizier (Steuermann) zu wählen sein. Ist ein geprüfter Deutscher Schiffer nicht zu finden, so ist ein Schiffer einzusetzen, über dessen Qualifikation der Konsul sich sonst (z. B. durch eine Seitens anderer, im Hafen anwesender Kapitaine abzuhaltende Prüfung) hinreichende Gewißheit verschafft hat.

Von den in Bezug auf die Einsetzung eines neuen Schiffers getroffenen Maaßregeln ist der Rhederei oder der Regierung des Staats, welchem das Schiff angehört, Kenntniß zu geben.

Zu §. 36. Bei Unglücksfällen Deutscher Schiffe äußert sich die amtliche Thätigkeit der Konsuln nach zwei Richtungen hin. Einmal haben die Konsuln thunlichst auf Abwendung oder Verminderung der nachtheiligen Folgen des Unfalls hinzuarbeiten, sodann haben sie bei der Feststellung des Sachhergangs und des bei Gelegenheit solcher Unfälle eingetretenen Schadens mitzuwirken.

1) Sobald es zur Kenntniß des Konsuls kommt, daß ein Deutsches Schiff sich innerhalb seines Bezirks oder in der Nähe in Noth befindet, so hat er sich dafür

zu verwenden, daß schleunigst die zum Besten des Schiffs und der Ladung nöthigen Anstalten getroffen werden. In der Regel enthalten Schifffahrts- resp. Handels-Verträge die Bestimmung, daß bei Strandung, Schiffbruch oder sonstiger Beschädigung eines fremden Schiffes die Landes-Behörden alle Hülfe und Beistand leisten müssen. Aber auch da, wo keine, solche Bestimmungen enthaltende Staats-Verträge vorhanden sind, wird dem Konsul die Mitwirkung der Landes-Behörden um so weniger versagt werden, als bei allen an den Deutschen Küsten vorkommenden Schiffbrüchen und anderen Unglücksfällen die Lokal-Behörden stets mit Rettungs-Anstalten und Fürsorge bei der Hand sind. Der Konsul hat dies nöthigenfalls ausdrücklich hervorzuheben, auch dem Reichskanzler von etwaigen Weigerungen der Landes-Behörden Anzeige zu machen. Auf eigne Hand Kosten zur Bergung eines Schiffs — soweit es sich nicht um Rettung von Menschenleben handelt — aufzuwenden, sind der Regel nach die Konsuln nicht ermächtigt.

Haben die Rheder und Befrachter Bevollmächtigte oder Korrespondenten am Orte, so fallen diesen die Detailmaaßregeln zu, und der Konsul hat ihnen nur auf Verlangen mit Rath und That an die Hand zu gehen.

Was die Mannschaft verunglückter Deutscher Schiffe betrifft, so ist die Instruktion zu §. 26 zu vergleichen.

2) Die Konstatirung des Sachhergangs und des Schadens bei Schiffsunfällen ist nöthig, theils um das

Interesse der Rheder und Befrachter gegenüber dem Schiffer zu wahren; theils um, wenn Schiff und Ladung versichert gewesen ist, den Betrag der von dem Versicherer zu zahlenden Versicherungssumme zu ermitteln; theils endlich um beurtheilen zu können, nach welchem Verhältniß der erlittene Schaden zwischen Schiff, Fracht und Ladung zu vertheilen ist.

Auf letzteren Punkt bezieht sich die Lehre von der Haverei. Alle Schäden, welche dem Schiffe oder der Ladung oder beiden zum Zweck der Errettung beider aus einer gemeinsamen Gefahr von dem Schiffer oder auf dessen Geheiß vorsätzlich zugefügt werden, sowie auch die durch solche Maaßregeln ferner verursachten Schäden, ingleichen die Kosten, welche zu demselben Zweck aufgewendet werden, sind große Haverei. Alle nicht zur großen Haverei gehörigen, durch einen Unfall verursachten Schäden und Kosten, soweit letztere nicht zu den gewöhnlichen und ungewöhnlichen Unkosten der Schifffahrt (Lootsengeld, Hafengeld u. s. w.) gehören (vergl. Artikel 622 Allgemeinen Deutschen Handels-Gesetzbuchs), sind besondere Haverei (Artikel 702, 703 Allgemeinen Deutschen Handels-Gesetzbuchs). Das Nähere über die Frage, welche Schäden und Kosten bei einer großen (gemeinschaftlichen) Haverei ersetzt werden, wie dieser Schaden zu ermitteln ist, sowie darüber, nach welchem Verhältniß die einzelnen Interessenten zur gemeinschaftlichen Haverei beitragen, enthält das Allgemeine Deutsche Handels-Gesetzbuch im Artikel 708 flgde.

Ueber die Schadensfeststellung Behufs Reklamirung der Versicherungssumme ergeben die Artikel 886 flgde. des Handels-Gesetzbuchs das Nähere.

Zum Nachweise des Unfalls selbst dient in beiden Fällen (sowohl bei der Haverei, als bezüglich der Versicherungs-Verhältnisse) die Verklarung und das Schiffs-Journal.

Der Schiffsführer ist für das ihm anvertraute Schiff und dessen Ladung verantwortlich. Kommt Schiff oder Ladung in beschädigtem Zustande oder gar nicht an, oder hat zum Vortheil von Schiff oder Ladung ein außerordentlicher Kostenaufwand gemacht werden müssen, so muß der Schiffer erforderlichen Falls die Seeunfälle, von welchen er betroffen zu sein angiebt, bewahrheiten und sich darüber ausweisen, daß er den ihm obliegenden Verpflichtungen nachgekommen ist.

Es kann, der Natur der Sache nach, in den meisten Fällen keine anderen Beweismittel über den Hergang geben, als die Aussage des Schiffers und der Schiffsmannschaft. Damit diese Beweismittel nicht verloren gehen, schreibt das Handels-Gesetzbuch vor, daß der Schiffer nicht nur alle Unfälle, welche dem Schiff oder der Ladung zustoßen und die Beschreibung derselben in das Schiffs-Journal einzutragen hat (Artikel 487 Allgemeinen Deutschen Handels-Gesetzbuchs), sondern es verordnet auch, daß der Schiffer im Bestimmungshafen, im Nothhafen oder am ersten geeigneten Orte mit Zuziehung aller Personen der Schiffs-Besatzung oder einer genügenden Zahl derselben eine Verklarung ablegen soll.

Nach §. 36 des Konsular=Gesetzes sind die Konsuln befugt, Verklarungen aufzunehmen. Sie haben dies aber nur auf den Antrag der Betheiligten zu thun; verlangt keiner der Interessenten die Verklarung, so ist sie nicht von Amtswegen zu veranlassen.

Dem Antrage auf Verklarung muß das Schiffs=Journal und ein Verzeichniß aller Personen der Schiffs=Besatzung beigefügt werden. Der Konsul setzt nach Empfang einer solchen Anmeldung einen Termin zur Aufnahme der Verklarung an. Dieser Termin wird in geeigneter Weise öffentlich bekannt gemacht, insofern die Umstände einen solchen Aufenthalt gestatten. Die Interessenten von Schiff und Ladung, sowie die etwa sonst bei dem Unfall Betheiligten (Hülfsleute, Berger, Lootsen, Angesegelte etc.) sind berechtigt, selbst oder durch ihre Vertreter der Ablegung der Verklarung beizuwohnen. Sie haben die Befugniß, durch den Konsul Fragen an den Schiffer und dessen Leute richten zu lassen. Die Verklarung geschieht auf Grundlage des Schiffs=Journals. Kann das geführte Journal nicht beigebracht werden oder ist ein Journal nicht geführt, so ist der Grund davon anzugeben. Die Auswahl der bei der Verklarung zu hörenden Schiffsleute steht zunächst dem Schiffer zu. Der Konsul ist aber befugt, außer den gestellten noch andere Personen der Schiffs=Besatzung, deren Abhörung er angemessen findet, zu vernehmen. Der Konsul kann dem Schiffer und den

Schiffsleuten zum Zweck besserer Aufklärungen geeignete Fragen vorlegen. Der Schiffer und die zugezogenen übrigen Personen der Schiffs-Besatzung haben ihre Aussage zu beschwören. Das Handels-Gesetzbuch verpflichtet jeden Schiffsmann ausdrücklich, auf Verlangen bei der Verklarung mitzuwirken und seine Aussage eidlich zu bestärken. Er kann dazu durch Verhaftung angehalten werden.

Der Eid ist dahin zu formuliren, „daß der Schwörende von Allem, worüber er vernommen worden, nach seinem besten Wissen die reine Wahrheit gesagt und wissentlich weder etwas verschwiegen, noch hinzugefügt habe.“ (Wegen Eingangs- und Schlußformel vergl. oben zu §. 4.)

Die über die Verklarung aufzunehmende Verhandlung ist in Urschrift aufzubewahren und jedem Betheiligten auf Verlangen beglaubigte Abschrift zu ertheilen.

Die von den Konsuln aufgenommenen Verklarungen haben im Gebiete des Handels-Gesetzbuchs volle rechtliche Wirkung. Wenn aber die Verklarung außerhalb des Gebiets des Handels-Gesetzbuchs gebraucht wird, so kann es in Frage kommen, ob das von einem Konsul aufgenommene Dokument Gültigkeit hat. Um den Interessenten Weitläufigkeiten und Verluste zu ersparen, hat deshalb der Konsul dieselben darauf aufmerksam zu machen, daß die Konsulats-Urkunde möglicher Weise außerhalb des Reichsgebiets nicht anerkannt werden würde.

3) Die Feststellung und Vertheilung der Schäden bei der großen Haverei nennt man Dispache.

Auch in Fällen besonderer Haverei bedarf es bei Partialschäden oft der Aufmachung einer Schaden-Berechnung (Dispache), um Seitens des Versicherten den Versicherer in Anspruch nehmen zu können.

Die Dispache wird im Gebiete des Handels-Gesetzbuchs durch die ein für allemal oder für den besonderen Fall bestellten Dispacheure aufgemacht.

Die Frage, von wem die Dispachen im Auslande aufgemacht werden müssen, um gültig zu sein, ist im Handels-Gesetzbuch nicht entschieden.

Der §. 36 des Konsular-Gesetzes ermächtigt die Konsuln, auf Antrag des Schiffsführers die Dispache aufzumachen. Das Handels-Gesetzbuch enthält keine Bestimmungen über das Verfahren bei der Aufmachung der Dispache, es hat dieselben vielmehr ausdrücklich den Landes-Gesetzen vorbehalten.

Wird der Konsul um Aufmachung einer Dispache angegangen, so hat er sich zunächst alle auf den Fall bezüglichen Dokumente (Verklarung, Polize, Chartepartien, Konnossemente, Fakturen u. s. w.) vorlegen zu lassen, die Interessenten zu hören und sich sonst alle erforderliche Aufklärung zu verschaffen. Das Dispache-Dokument selbst beginnt mit einer Darstellung des Havereifalls unter genauer Anführung der dem Konsul eingehändigten, darauf bezüglichen Papiere. Alsdann folgt die Festsetzung der Schäden und Kosten, die Bestimmung der Werthe, mit welchen Schiff, Ladung resp. Fracht zu den Schäden beizutragen haben, endlich die Feststellung der Summen, welche hiernach auf Schiff, Ladung resp. Fracht fallen. Der Konsul muß bei Aufmachung der Dispachen diejenigen Grundsätze über Assekuranz- und Havereisachen zur Richtschnur nehmen, welchen die Betheiligten, sei es in einer Polize, sei es auf andere Weise, gleich Anfangs oder mittelst späterer Vereinbarung nachweislich sich unterworfen haben oder welchen sie durch Gesetz oder Gewohnheit unterworfen sind. Es kann im einzelnen Falle sehr schwierig sein, zu beurtheilen, welche Bestimmungen hiernach in Anwendung zu bringen sind. Daher wird dem Konsul empfohlen, im Zweifel Sachverständige zu Rathe zu ziehen.

Zu §. 37. Der §. 37 verweist in Betreff mehrerer Befugnisse und Obliegenheiten der Konsuln auf die bezüglichen Vorschriften des Allgemeinen Deutschen Handels-Gesetzbuchs. Von diesen sind die Art. 537 und 547 aufgehoben und durch die betreffenden Bestimmungen der Seemanns-Ordnung ersetzt.

1) Zu den Rechtsgeschäften, welche der Schiffer kraft seiner Anstellung außerhalb des Heimathhafens für den Rheder vorzunehmen befugt ist, gehört nach Art. 499 des Handels-Gesetzbuchs auch der Verkauf des Schiffes, aber nur im Falle dringender Nothwendigkeit. Vor dem Verkauf, der übrigens öffentlich geschehen muß, hat der Schiffer feststellen zu lassen, daß dringende Nothwendigkeit obwaltet. Diese Feststellung muß in der Regel durch das Orts-Gericht nach An-

hörung von Sachverständigen und mit Zuziehung des Konsuls erfolgen. Die Konsuln haben in solchen Fällen einerseits dem Schiffer allen Beistand zu leisten zur Herbeiführung einer prompten Entscheidung des Orts-Gerichts, andererseits darauf hinzuwirken, daß sachgemäß und den Interessen des Rheders entsprechend entschieden wird. Ist die Feststellung durch das Orts-Gericht oder durch eine andere Behörde im Konsulats-Bezirk nicht zu erlangen, so ist der Konsul verpflichtet, sich selbst der Untersuchung zu unterziehen, und, wenn er nach Anhörung von Sachverständigen die Ueberzeugung gewinnt, daß ein Fall dringender Nothwendigkeit vorliege, darüber dem Schiffer ein schriftliches Zeugniß in beweisender Form (oben §. 15) auszustellen.

2) Ist der Schiffer zur Eingehung von Bodmerei-Geschäften genöthigt, so bedarf er nach Artikel 686 des Handels-Gesetzbuches einer urkundlichen Bezeugung der Nothwendigkeit. In diesem Falle ist aber der Konsul in erster Stelle zur Untersuchung des Falles und Ausstellung des Zeugnisses berufen; nur wo kein zuständiges Konsulat erreichbar ist, darf der Schiffer sich an das Gericht oder die sonst zuständige Behörde des Aufenthaltsortes wenden. Der Konsul darf also in den Fällen des Artikels 686 den Schiffer niemals an eine andere Behörde verweisen. Vor der Ausstellung des Zeugnisses hat der Konsul sorgfältig und gewissenhaft zu prüfen, ob die Verbodmung nach den Vorschriften der Artikel 680 und 681 des Handels-Gesetzbuchs zulässig und im Sinne derselben nothwendig sei.

3) Die Vorschriften in den §§. 46, 47, 64, 66, 71, 104 und 105 der Seemanns-Ordnung regeln das Verhalten der Konsuln bei Streitigkeiten zwischen dem Schiffer und den Schiffsleuten. Nach §. 104 ist zunächst jeder Konsul verpflichtet, die gütliche Ausgleichung der zu seiner Kenntniß gebrachten, zwischen dem Schiffer und dem Schiffsmann bestehenden Streitigkeiten zu versuchen. Insbesondere hat der Konsul, vor welchem die Abmusterung des Schiffsmanns erfolgt, hinsichtlich solcher Streitigkeiten einen Güteversuch zu veranstalten. Der §. 105 betrifft speziell die Ansprüche des Schiffsmanns gegen den Schiffer während der Dauer des Dienstverhältnisses. Wegen derselben darf der Schiffsmann zur Vermeidung der im §. 105 angedrohten Nachtheile den Schiffer vor einem fremden Gerichte nicht belangen; er kann dagegen in Fällen, die keinen Aufschub leiden, die vorläufige Entscheidung des Konsuls nachsuchen, welche bis zu anderweiter Entscheidung der nach Beendigung der Reise in der Sache zuständigen Behörde beide Theile bindet. Der Schiffer, welcher dem Schiffsmann ohne dringenden Grund die Gelegenheit versagt, die Entscheidung des Konsuls nachzusuchen, verfällt in Strafe (vergl. die Instruktion zu §. 33). Durch §. 46 wird ferner dem Konsul, vor welchem abgemustert wird, die Befugniß eingeräumt, über den Anspruch des Schiffsmanns auf Vergütung wegen einer vom Schiffer angeordneten Kürzung der Rationen etc. unter Vorbehalt des Rechtsweges zu entscheiden. Nach §. 64 darf der Schiffsmann, welcher sich

für berechtigt hält, die ihm vom Schiffer versagte Entlassung zu fordern, außerhalb des Deutschen Reiches, abgesehen von dem Falle eines Flaggenwechsels, den Dienst nicht ohne Genehmigung des zuständigen Konsuls verlassen. Das Zuwiderhandeln gegen diese Vorschrift ist nach §. 83 mit Strafe bedroht. Umgekehrt darf der Schiffer nach §. 71 einen Schiffsmann im Auslande nicht ohne Genehmigung des Konsuls zurücklassen. Nach §. 66 ist die Genehmigung des Konsuls erforderlich, wenn der dem Schiffsmann zustehende Anspruch auf freie Zurückbeförderung durch Nachweisung eines entsprechenden Schiffsdienstes als erfüllt angesehen werden soll.

Bei der Entscheidung derartiger Streitigkeiten haben die Konsuln, abgesehen von den in Betracht kommenden thatsächlichen Verhältnissen, zunächst die von den Parteien schriftlich (z. B. in der Musterrolle) oder mündlich getroffenen Verabredungen, soweit dieselben gesetzlich verbindlich sind, demnächst aber die maaßgebenden Rechtsvorschriften, insbesondere die Vorschriften der Seemanns-Ordnung zu beachten. In den Fällen der §§. 46 und 105 der Seemanns-Ordnung haben die Konsuln ihre Entscheidung unter Angabe der Gründe schriftlich abzufassen und jeder Partei eine Ausfertigung unter ihrem Siegel und ihrer Unterschrift zuzustellen, sofern darauf nicht verzichtet wird; in den Fällen der §§. 64, 66, 71 bedarf es dagegen der Ausfertigung einer schriftlichen Genehmigung nur auf besonderes Verlangen des einen oder des anderen Theils.

Endlich gehört hierher noch die Vorschrift des §. 47 der Seemanns-Ordnung. Danach hat, wenn ein Schiffs-Offizier oder nicht weniger als drei Schiffsleute Beschwerde darüber erheben, daß das Schiff, für welches sie angemustert sind, nicht seetüchtig ist, oder daß die Vorräthe, welche das Schiff für den Bedarf der Mannschaft an Speisen und Getränken mit sich führt, ungenügend oder verdorben sind, der Konsul eine Untersuchung des Schiffs, beziehungsweise der Vorräthe zu veranlassen, und deren Ergebniß in das Schiffs-Journal einzutragen, auch, falls die Beschwerde sich als begründet erweist, für die geeignete Abhülfe Sorge zu tragen. Um eine mißbräuchliche Anwendung des der Schiffs-Mannschaft durch diese Bestimmung eingeräumten Beschwerderechts und die daraus der Rhederei und den sonst Betheiligten erwachsenden Schäden zu verhüten, haben die Konsuln bei der Ausführung des §. 47 folgende, im Einvernehmen mit den betreffenden Ausschüssen des Bundesraths aufgestellte Vorschriften, auf das Sorgfältigste zu beobachten.

1. Wird bei dem Konsul von Angehörigen der Mannschaft eines Schiffes Beschwerde darüber erhoben, daß dasselbe nicht seetüchtig sei, oder daß die Vorräthe, welche es für den Bedarf der Mannschaft an Speisen und Getränken mit sich führt, ungenügend oder verdorben seien, so hat der Konsul zunächst die Legitimation der Beschwerdeführer festzustellen. Insbesondere ist, wenn die Beschwerde von einem Schiffsmann unter Berufung auf seine Eigenschaft als Schiffs-Offizier erhoben

wird, von ihm der Nachweis zu führen, daß ihm dieselbe wirklich zusteht. Nur der Steuermann des Schiffes ist von diesem Nachweise befreit.

2. Nach Feststellung der Legitimation sind die Beschwerdeführer über ihren Antrag zu Protokoll zu vernehmen.

3. Die Vernehmung jedes einzelnen Beschwerdeführers erfolgt abgesondert ohne Beisein der übrigen.

Vor der Vernehmung ist jeder derselben auf die Straf-Bestimmungen des §. 94 der Seemanns-Ordnung und auf die Entschädigungs-Ansprüche hinzuweisen, welche er, falls die Beschwerde unbegründet befunden wird, zu gewärtigen hat.

4. Der Vernommene hat sich ausführlich darüber zu erklären:

a) auf welche Thatsachen er die Annahme stützt, daß das Schiff nicht seetüchtig sei, oder daß die Vorräthe, welche dasselbe für den Bedarf der Mannschaft an Speisen und Getränken mit sich führt, ungenügend oder verdorben seien;

b) durch welche Beweismittel die Feststellung dieser Thatsachen zu bewirken ist.

5. Nach dem Abschluß der Vernehmungen hat der Konsul zu prüfen:

a) ob die thatsächlichen Angaben der Beschwerdeführer, wenn sie durch die Beweisaufnahme bestätigt werden sollten, die Annahme rechtfertigen, daß das Schiff nicht seetüchtig sei, oder daß die Vorräthe desselben für den Bedarf der Mannschaft an Speisen und Getränken ungenügend oder verdorben seien;

b) ob, wenn die Beschwerde von mindestens drei Schiffsleuten erhoben ist, die thatsächlichen Angaben jedes Einzelnen von ihnen im Wesentlichen mit den Aussagen der anderen Beschwerdeführer übereinstimmen.

Trifft die eine oder die andere dieser beiden Voraussetzungen nicht zu, so ist die Beschwerde ohne Weiteres als unbegründet, beziehungsweise unzulässig abzuweisen.

6. Wenn dagegen der erhobenen Beschwerde nach Maaßgabe der unter Nr. 5 getroffenen Bestimmungen weitere Folge zu geben ist, so hat der Konsul zunächst den Schiffer über die einzelnen Beschwerdepunkte zu hören. Findet die Angelegenheit durch dessen Erklärung nicht ihre Erledigung und ist auch durch die sonst sich darbietenden Beweismittel, insbesondere durch eine Vernehmung der übrigen Schiffs-Mannschaft eine genügende Aufklärung des Sachverhaltes nicht zu gewinnen, so hat der Konsul eine Untersuchung des Schiffs, beziehungsweise der Vorräthe zu veranlassen, und nach Beendigung derselben in Gemäßheit des §. 47 der Seemanns-Ordnung weiter zu verfahren.

7. Mit der Untersuchung des Schiffes oder der Vorräthe sind unparteiische Sachverständige und zwar, wenn im Hafen Deutsche oder einer anderen befreun-

deten Nation angehörige Schiffe anwesend sind, zwei oder drei von den Führern dieser Schiffe zu betrauen.

Das Ergebniß der Untersuchung ist durch ein von den Sachverständigen zu unterzeichnendes Protokoll festzustellen.

8. Hat eine Untersuchung des Schiffes oder der Vorräthe stattgefunden, so hat der Konsul unverzüglich unter abschriftlicher Einreichung der Verhandlungen, sowie unter Mittheilung der getroffenen Entscheidung und der zu deren Ausführung etwa erlassenen Anordnungen dem Auswärtigen Amte eingehenden Bericht zu erstatten.

4) Ueber die Befugniß der Konsuln zur Ausstellung interimistischer Schiffs-Certifikate vergl. oben zu §. 30.

Seite 1.

Anhang.

Formular zur Musterrolle.

Deutsches Reich.

Musterrolle

der Mannschaft des Deutschen Schiffes

....

Heimathshafen: *Unterscheidungssignal:*

....

Seite 2.

Vor dem unterzeichneten Seemanns-Amte

*) ....

sind erschienen der Schiffer ....

führend das Deutsche Schiff .... einerseits

und

die nachbenannten Schiffsleute andererseits

1) Steuermann .... aus ....

2) Untersteuermann .... aus ....

3) ....

....

Dieselben haben den nachfolgenden zwischen ihnen abgeschlossenen Heuervertrag verlautbart.

I.

Die vorbenannten Schiffsleute verheuern sich zum Schiffsdienste auf dem oben bezeichneten Schiffe nach Maßgabe der Seemanns-Ordnung etc.

.... für die Reise ....

....

II.

Die Heuer für die einzelnen Schiffsleute ist auf die neben den Namensunterschriften vermerkten Beträge (A.) vereinbart und sind darauf die ebendaselbst (B.) angegebenen Vorschüsse bezw. Handgelder gezahlt.

---

*) Zur Aufnahme der Bezeichnung des Konsulats bestimmt.

III.

An Beköstigung erhält jeder Schiffsmann für den Tag ....
....
....

IV.

Besondere Verabredungen sind .... getroffen
....
....

Seite 3.

Vorstehende Verhandlung ist — einschließlich der nachfolgenden Angaben über Heuer, Vorschuß und Handgeld — den Anwesenden vorgelesen, von ihnen genehmigt und von den Schiffsleuten

A. Heuer (monatlich)		B. Vorschuß bz. Handgeld.		C. Namensunterschrift.	D. Dienstliche Stellung.
				1.	Steuermann.
				2.	Untersteuermann.
				3.	

vorstehend, sowie von dem Schiffer, wie folgt:..............
unterschrieben.

..................den..................18...

L. S.

Das Seemannsamt.

....

....

6) Das Gesetz, betreffend die Rechtsverhältnisse der Reichsbeamten. Vom 31. März 1873 (RGB. 61.) enthält folgende die Konsuln betreffende Vorschriften:

§. 19. ..... Für diejenigen Reichsbeamten, deren Wohnort außerhalb der Bundesstaaten sich befindet, kommen hinsichtlich dieser Rechtsverhältnisse vor deutschen Behörden die gesetzlichen Bestimmungen ihres Heimathsstaates (§. 21) und, in Ermangelung eines solchen, die Vorschriften des preußischen Rechts zur Anwendung.

§. 21. Reichsbeamte, deren dienstlicher Wohnsitz sich im Auslande befindet, behalten den ordentlichen persönlichen Gerichtsstand, welchen sie in ihrem Heimathsstaate hatten. In Ermangelung eines solchen Gerichtsstandes ist ihr ordentlicher persönlicher Gerichtsstand in der Hauptstadt des Heimathsstaates, und in Ermangelung eines Heimathsstaates vor dem Stadtgericht zu Berlin begründet. Ist die Hauptstadt in mehrere Gerichtsbezirke getheilt, so wird das zuständige Gericht im Wege der Justizverwaltung durch allgemeine Anordnung bestimmt.

Auf Wahlkonsuln finden diese Bestimmungen keine Anwendung.

§. 22. Befindet sich der dienstliche Wohnsitz des Beamten (§. 21) in einem Lande, in welchem Reichs-Konsulargerichtsbarkeit besteht, so wird durch die vorstehende Bestimmung nicht ausgeschlossen, daß der Beamte zugleich der Reichs-Konsulargerichtsbarkeit nach Maßgabe des Gesetzes vom 8. November 1867 (Bundes-Gesetzbl.) S. 137) unterliegt. [1])

§. 40. Hat der in den Ruhestand oder in den einstweiligen Ruhestand versetzte Beamte seinen dienstlichen Wohnsitz im Auslande, so sind demselben die Kosten des Umzuges nach dem innerhalb des Reichs von ihm gewählten Wohnorte zu gewähren.

§. 51. Den gesandtschaftlichen und den besoldeten Konsulatsbeamten, welche in außereuropäischen Ländern eine längere als einjährige Verwendung gefunden haben, wird die daselbst zugebrachte Dienstzeit bei Verwendung in Ost- und Mittelasien, Mittel- und Süd-Amerika bei der Pensionirung doppelt in Anrechnung gebracht.

Bei Verwendung von gesandtschaftlichen oder von besoldeten Konsulatsbeamten in anderen außereuropäischen Ländern als den vorbezeichneten ist es dem Beschlusse des Bundesraths vorbehalten, dem Vorstehenden entsprechende Bestimmungen zu treffen. [2])

---

[1]) Jetzt das G. v. 10. Juli 1879 (RGB. 197).

[2]) Vgl. unten Ziff. 12.

§. 88. ..... Zuständig im einzelnen Falle ist die Disziplinarkammer, in deren Bezirk der Angeschuldigte zur Zeit der Einleitung des förmlichen Disziplinarverfahrens seinen dienstlichen Wohnsitz hat, und wenn dieser Wohnsitz im Auslande sich befindet, die Disziplinarkammer in Potsdam .....

§. 114. Befindet sich der Angeschuldigte im Auslande, so hat die Disziplinarkammer die Fristen zur Anmeldung und Rechtfertigung seiner Berufung und zur Beantwortung der Berufung des Beamten der Staatsanwaltschaft mit Rücksicht auf die Entfernung des dienstlichen Wohnsitzes des Angeschuldigten von Amts wegen zu erweitern und die betreffende Verfügung gleichzeitig mit dem Urtheil beziehungsweise mit der Anmeldung der Berufung des Beamten der Staatsanwaltschaft dem Angeschuldigten zuzustellen.

7) Strafprozeßordnung. Vom 1. Februar 1877. (RGB. 253.).

§. 11. Deutsche, welche das Recht der Exterritorialität genießen, sowie die im Ausland angestellten Beamten des Reichs oder eines Bundesstaates behalten in Ansehung des Gerichtsstandes den Wohnsitz, welchen sie in dem Heimathsstaate hatten. In Ermangelung eines solchen Wohnsitzes gilt die Hauptstadt des Heimathsstaates als ihr Wohnsitz. Ist die Hauptstadt in mehrere Gerichtsbezirke getheilt, so wird der als Wohnsitz geltende Bezirk im Wege der Justizverwaltung durch allgemeine Anordnung bestimmt.

Auf Wahlkonsuln finden diese Bestimmungen keine Anwendung.

8) Wörtlich die nämliche Vorschrift in Civilprozeßordnung. Vom 30. Januar 1877. (RGB. 83.) §. 16.

9) Verordnung, betreffend die Zuständigkeit der Reichsbehörden zur Ausführung des Gesetzes vom 31. März 1873 und die Anstellung der Reichsbeamten. Vom 23. November 1874. (RGB. 135.).

§. 2. Eine Kaiserliche Bestallung erhalten:

— — — — — —

2. die Konsuln (Artikel 56 der Reichsverfassung).

§. 3. Die Anstellungs-Urkunden der übrigen Reichsbeamten werden im Namen des Kaisers vom Reichskanzler oder von den durch denselben dazu ermächtigten Behörden ertheilt.

§. 4. Die §§. 2 und 3 finden auf diejenigen Reichsbeamten keine Anwendung, über deren Anstellung durch Reichsgesetz oder vertragsmäßig eine abweichende Bestimmung getroffen ist.[1])

Verzeichniß der Reichsbehörden.

I. Oberste Reichsbehörden.

(Gesetz vom 31. März 1873 §§. 8, 15, 16, 33, 54, 64—66, 68—69, 75, 81, 84, 85, 96—98, 101, 121, 122, 127, 128, 131, 139, 150, 151, 153.)

---

[1]) S. über die Konsularagenten oben S. 38.

Vorbehaltlich der verfassungsmäßigen Verantwortlichkeit des Reichskanzlers sind zuständig:

2) das Auswärtige Amt.

II. Höhere, der obersten Reichsbehörde unmittelbar untergeordnete Reichsbehörden und Vorsteher solcher Behörden (Gesetz vom 31. März 1873 §§. 81, 85, 139, 151, 153).

A. Auswärtiges Amt.

3) Die General-Konsuln und die Berufs-Konsuln in Ländern, in welchen ein höherer diplomatischer Beamter nicht residirt.

III. Vorgesetzte Dienstbehörden (Gesetz vom 31. März 1873 §§. 7, 12, 38, 62.)

Vorbehaltlich der verfassungsmäßigen Verantwortlichkeit des Reichskanzlers sind zuständig:

A. Auswärtiges Amt.

Die unter II. A. aufgeführten Behörden.

IV. Unmittelbar vorgesetzte Behörden bezw. Beamte. (Gesetz vom 31. März 1873 §§. 53, 146.)

C. Im Uebrigen gelten als unmittelbar vorgesetzte Behörden bezw. Beamte:

1) der Vorsteher jeder Behörde hinsichtlich der bei ihr angestellten Beamten,

2) jede Behörde, welcher eine andere unmittelbar untergeben ist, hinsichtlich des Vorstehers oder, wo ein solcher fehlt, hinsichtlich der Beamten der untergebenen Behörde.

10) Verordnung, betreffend den Urlaub der gesandtschaftlichen und Konsularbeamten und deren Stellvertretung. Vom 23. April 1879 (RGB. 134).

§. 1. Anträge der gesandtschaftlichen und Konsularbeamten auf Bewilligung von Urlaub sind unter Angabe der Veranlassung und des Zwecks der unmittelbar vorgesetzten Behörde oder dem unmittelbar vorgesetzten Beamten einzureichen.

§. 2. Unseren Botschaftern, außerordentlichen Gesandten und bevollmächtigten Ministern und Ministerresidenten wird der Urlaub von Uns auf Antrag des Reichskanzlers bewilligt.

In allen anderen Fällen wird der Urlaub vom Reichskanzler ertheilt; jedoch können die einer Gesandtschaft oder einem Konsulate vorstehenden Beamten ihren Untergebenen zu Reisen außerhalb Deutschlands Urlaub bis zur Dauer einer Woche ertheilen.

§. 3. Wird ein Urlaub zur Wiederherstellung der Gesundheit nachgesucht, so ist dem Antrage eine ärztliche Bescheinigung beizufügen.

Der Reichskanzler ist berechtigt, die Beibringung einer solchen Bescheinigung ausnahmsweise zu erlassen.

§. 4. Der beurlaubte Beamte hat dafür zu sorgen, daß ihn während der Abwesenheit von seinem Amtssitze Verfügungen der vorgesetzten Behörden erreichen können.

§. 5. Bei Ertheilung des Urlaubs ist gleichzeitig für die Vertretung des beurlaubten Beamten Sorge zu tragen.

§. 6. Erhält ein Gesandter Urlaub von mehr als

14 Tagen, so wird dem ihn vertretenden Geschäftsträger aus den nach §§. 7 und 9 dieser Verordnung eintretenden Abzügen für die gesammte Dauer des Urlaubs eine Dienstaufwands-Entschädigung gewährt, welche bei den Botschaftern auf 15 Prozent, bei den übrigen Gesandtschaften auf 20 Prozent des auf die Urlaubszeit entfallenden Betrages der dem Gesandten zustehenden Repräsentationsgelder zu bemessen ist.

In allen anderen Fällen hängt die Gewährung und die Festsetzung der dem Vertreter des beurlaubten Beamten zu bewilligenden Dienstaufwands-Entschädigung von dem Ermessen des Reichskanzlers ab.

§. 7. Bei einem Urlaube von mehr als 3 bis zu 6 Monaten wird für den drei Monate übersteigenden Zeitraum die Hälfte des vollen etatsmäßigen Diensteinkommens, bei einem Urlaube von mehr als 6 Monaten für den 6 Monate übersteigenden Zeitraum das gesammte Diensteinkommen des Beurlaubten einbehalten.

Bei Berechnung dieser Fristen wird, falls der Urlaub von einem außerhalb Europas gelegenen Orte aus angetreten wird, die zur Hin- und Rückreise im Durchschnitt erforderliche, vom Reichskanzler festzusetzende Zeit in den Urlaub nicht eingerechnet.

Die Einbehaltung der Hälfte des Diensteinkommens fällt fort, wenn der Beamte in einem der im §. 51 des Gesetzes, betreffend die Rechtsverhältnisse der Reichsbeamten, vom 31. März 1873 erwähnten außereuropäischen Länder angestellt ist und von dort aus den Urlaub antritt.

§. 8. Gemäß §. 14 des Gesetzes, betreffend die Rechtsverhältnisse der Reichsbeamten, vom 31. März 1873 findet in Krankheitsfällen, sowie in den durch den Eintritt eines Beamten in den Reichstag verursachten Abwesenheitsfällen eine Einbehaltung des persönlichen Gehaltes nicht statt.

Außerdem ist der Reichskanzler befugt, beurlaubte Beamte ausnahmsweise im Genusse ihres persönlichen Gehalts noch nach Verlauf der im §. 7 bezeichneten Fristen zu belassen.

§. 9. Erhält ein Gesandter Urlaub von mehr als 14 Tagen, so werden demselben 20 Prozent der Repräsentationsgelder, auf die Zeit vom Beginn des Urlaubs bis zum Eintritt der im §. 7 bestimmten Einbehaltung des halben oder gesammten Diensteinkommens berechnet, in Abzug gebracht.

In allen anderen Urlaubsfällen bestimmt der Reichskanzler, ob und in welchem Betrage, bis zum Eintritt der Einbehaltung des halben oder gesammten Diensteinkommens, der Abzug eines Theils der Ortszulage zur Deckung der Stellvertretungskosten stattzufinden hat; dieser Abzug darf 20 Prozent des auf die Zeit vom Beginn des Urlaubs bis zum Eintritt der Einbehaltung entfallenden Betrages der Ortszulage nicht übersteigen.

§. 10. Bei Berechnung der einzubehaltenden oder in Abzug zu bringenden Beträge für Theile von Monaten werden die letzteren stets zu 30 Tagen angenommen.

§. 11. Bis zum Eintritt der im §. 7 bezeichneten

Einbehaltung des halben oder gesammten Diensteinkommens haben die beurlaubten Beamten alle nach den jetzt bestehenden Bestimmungen nicht erstattungsfähigen amtlichen Ausgaben der von ihnen bekleideten Stelle zu tragen.

§. 12. Die Urlaubsbewilligung kann jederzeit zurückgenommen werden, wenn das dienstliche Interesse es erheischt.

§. 13. Für den Urlaub der Wahlkonsuln bleiben an Stelle der vorstehenden Anordnungen die hierfür im §. 6 der allgemeinen Dienstinstruktion für die Konsuln vom 6. Juni 1871 gegebenen Bestimmungen in Kraft.

§. 14. Gegenwärtige Verordnung findet auf alle diejenigen Beurlaubungen der Beamten Anwendung, welche nach dem 30. April d. J. ihren Anfang nehmen.

11) Verordnung vom 23. April 1879 (RGB. 127.) und vom 7. Februar 1881 (RGB. 27.), betreffend die Tagegelder, die Fuhrkosten und die Umzugskosten der gesandtschaftlichen und Konsularbeamten.

§. 1. Die etatsmäßigen gesandtschaftlichen und Konsularbeamten erhalten bei Dienstreisen Tagegelder nach den folgenden Sätzen:

	außerhalb des Reichsgebiets Mark	innerhalb des Reichsgebiets Mark
I. die Botschafter	40	30
II. die außerordentlichen Gesandten und bevollmächtigten Minister	30	24
III. die Ministerresidenten, die ständigen Geschäftsträger, die Generalkonsuln und die ersten Botschaftssekretäre .	25	18
IV. die übrigen Botschaftssekretäre, die Legationssekretäre, die Konsuln, die Vizekonsuln, die Dolmetscher und Dragomans und die Gesandtschaftsprediger	20	12
V. die Kanzleivorsteher und Kanzlisten bei den Gesandtschaften, die Kanzler, Kassirer, Registratoren und Sekretäre bei den Konsulaten	15	9
VI. die Unterbeamten . . .	5	3

Bewegt sich eine Dienstreise an demselben Tage innerhalb und außerhalb des Reichsgebiets, so wird für den Tag des Uebergangs aus Deutschland in das

Ausland der höhere, für den Tag der Rückkehr in das Inland der niedrigere Tagegeldersatz gewährt.

§. 2. Erfordert eine Dienstreise einen außergewöhnlichen Kostenaufwand, so kann der Tagegeldersatz (§. 11) von dem Reichskanzler angemessen erhöht werden.

§. 3. Etatsmäßig angestellte Beamte, welche[1]) außerhalb ihres Amtssitzes kommissarisch beschäftigt werden, erhalten für die Dauer dieser Beschäftigung neben ihrem vollen etatsmäßigen Diensteinkommen Tagegelder, deren Höhe der Reichskanzler in jedem Falle bestimmt.

Wenn gesandtschaftliche und Konsularbeamte in Folge bestehender Uebung oder in Folge der zeitweisen Verlegung der Residenz des betreffenden fremden Hofes mit Genehmigung des Reichskanzlers vorübergehend ihren Aufenthalt außerhalb ihres Amtssitzes nehmen, so können denselben für die Dauer dieses Aufenthalts gleichfalls Tagegelder nach Festsetzung des Reichskanzlers gewährt werden.

§. 4 aufgehoben.[2])

§. 5. An Fuhrkosten einschließlich der Kosten der Gepäckbeförderung erhalten:

II. bei Dienstreisen, welche auf Eisenbahnen, Dampfschiffen oder Segelschiffen gemacht werden können:

---

[1]) V. v. 7. Febr. 1881. §. 2.

[2]) Die hier folgenden Worte „im Auslande" sind durch §. 1. der V. v. 7. Febr. 1881. aufgehoben.

1. die im §. 1 unter I bis V bezeichneten Beamten für das Kilometer 13 Pfennig und für jeden Zu- und Abgang außerhalb des Reichsgebiets 6 Mark, innerhalb desselben 3 Mark.

   Hat einer der im §. 1 unter I bis IV bezeichneten Beamten einen Diener auf die Reise mitgenommen, so erhält er für denselben 7 Pfennig für das Kilometer.

2. die daselbst unter VI bezeichneten Beamten für das Kilometer 7 Pfennig und für jeden Zu- und Abgang außerhalb des Reichsgebiets 2 Mark, innerhalb desselben 1 Mark;

II. bei Dienstreisen, welche nicht auf Eisenbahnen, Dampfschiffen oder Segelschiffen zurückgelegt werden können:

	außerhalb des Reichsgebiets Mark	innerhalb des Reichsgebiets Mark
1. die im §. 1 unter I bis III bezeichneten Beamten	1,00	0,60
2. die daselbst unter IV bezeichneten Beamten	0,70	0,60
3. die daselbst unter V bezeichneten Beamten	0,40	0,40
4. die daselbst unter VI bezeichneten Beamten	0,30	0,30

für das Kilometer der nächsten benutzbaren Straßenverbindung.

Haben erweislich höhere Fuhrkosten als die unter I und II festgesetzten aufgewendet werden müssen, so werden diese erstattet.

§. 6. Die Fuhrkosten werden für die Hin- und Rückreise besonders berechnet. Hat jedoch ein Beamter Dienstgeschäfte an verschiedenen Orten unmittelbar nach einander ausgerichtet, so ist der von Ort zu Ort wirklich zurückgelegte Weg ungetheilt der Berechnung der Fuhrkosten zu Grunde zu legen.

§. 7. Für Dienstgeschäfte am Amtssitze des Beamten und für solche Dienstgeschäfte, welche Beamte, die einer Gesandtschaft oder einem Konsulate vorstehen, in geringerer Entfernung als acht Kilometer, die übrigen Beamten in geringerer Entfernung als zwei Kilometer von ihrem Amtssitze vornehmen, werden weder Tagegelder noch Fuhrkosten gewährt.

Für einzelne Orte kann durch den Reichskanzler bestimmt werden, daß den Beamten bei den außerhalb des Dienstgebäudes vorzunehmenden Dienstgeschäften die für erforderlich gewesene Transportmittel verauslagten Kosten sowie die verauslagten Brücken- und Fährgelder zu erstatten sind.

Die Bestimmungen der Nr. 11 des Tarifs zum Gesetz, betreffend die Gebühren und Kosten bei den Konsulaten, vom 1. Juli 1872 (Reichs-Gesetzbl. S. 245) werden durch Vorstehendes nicht berührt.

§. 8. Die etatsmäßig angestellten Beamten erhalten bei Neu- und Wiederanstellungen sowie bei Versetzungen eine Vergütung für allgemeine Umzugskosten einschließlich der den Gesandten und Konsuln bisher gewährten bezw. nach §. 8 des Gesetzes, betreffend die Organisation der Bundeskonsulate, vom 8. November 1867 (Bundes-Gesetzbl. S. 137) zustehenden Einrichtungsgelder, und zwar in folgenden Beträgen:

Die Botschafter erhalten 100 Prozent, die übrigen einer Gesandtschaft und die einem Konsulate vorstehenden Beamten 50 Prozent des einmaligen Jahresbetrages ihres persönlichen Gehalts, alle anderen Beamten die im §. 20 zu b bestimmten Sätze.

Beamte ohne Familie erhalten nur die Hälfte der vorgedachten Beträge.

Die vorstehend festgesetzte Vergütung wird für diejenigen zu Gesandten oder selbständigen Konsuln ernannten Beamten um ein Drittel erhöht, welche bis zu dieser Ernennung einer Gesandtschaft oder einem Konsulate noch nicht oder nur einer Gesandtschaft oder einem Konsulate von geringerem Range vorgestanden haben.

§. 9. Wird einem Gesandten oder Konsul eine Dienstwohnung mit möblirten Empfangsräumen zugewiesen, so erhält derselbe nur zwei Drittheile der im §. 8 festgesetzten Vergütung.

§. 10. Die erste Hälfte der Vergütung für allgemeine Umzugskosten wird mit dem Tage der Ernennung des Beamten, die zweite Hälfte mit dem Tage seines Eintreffens an dem neuen Amtssitze fällig.

Hat der Beamte in Folge eigener Entschließung oder Schuld den Posten nicht angetreten, so ist derselbe zur Wiedererstattung der ihm etwa bereits gezahlten Hälfte der Vergütungssumme verpflichtet.

Wird dem Beamten vor dem Eintreffen auf dem ihm verliehenen Posten eine andere Stelle übertragen, so kann die ihm etwa bereits gezahlte Hälfte der Vergütungssumme auf die ihm für die neue Stellung zustehende Vergütung angerechnet werden.

§. 11. Wird ein Beamter unter Belassung an seinem bisherigen Amtssitze zum Vorsteher einer Gesandtschaft oder eines Konsulats befördert, so hat er die für das ihm übertragene höhere Amt in den §§. 8 und 9 bestimmte Vergütung abzüglich des für das bisher von ihm bekleidete Amt bezogenen Vergütungsbetrages zu beanspruchen. Derselbe Anspruch steht dem Vorsteher einer gesandtschaftlichen oder konsularischen Behörde zu, wenn sein Posten im Range erhöht wird.

§. 12. Die etatsmäßig angestellten Beamten erhalten in den im §. 8 bezeichneten Fällen für den Umzug von ihrem bisherigen nach dem neuen Wohnorte eine Vergütung der speziellen Umzugskosten, und zwar:

1. sämmtliche Beamte für den Transport (ausschließlich Verpackung und Versicherung) der Gegenstände der häuslichen Einrichtung die wirklich gezahlten Beträge, auf Grund spezieller und belegter Liquidationen, mit der Maßgabe, daß, falls und insoweit der Transport der Gegenstände mittelst Eilfracht erfolgt ist, nur ein

Dritttheil der hierfür gezahlten Beträge zur Vergütung gelangt;

2. die in §. 1 unter I bis IV bezeichneten Beamten . . . . 10 Pfennig,
die daselbst unter V bezeichneten Beamten . . . . 8 „
die daselbst unter VI bezeichneten Beamten . . . . 7 „
für jedes mitgenommene Familienglied; die im §. 1 unter I bis IV bezeichneten Beamten für jeden mitgenommenen Dienstboten. . . 7 „
pro Kilometer der kürzesten benutzbaren Straßenverbindung.

Außerdem ist der Miethzins zu vergüten, welchen der versetzte Beamte für die Wohnung an seinem bisherigen Aufenthaltsorte während der Zeit von dem Verlassen des letzteren bis zu dem Zeitpunkte hat aufwenden müssen, mit welchem die Auflösung des Miethsverhältnisses möglich wurde. Diese Vergütung darf jedoch längstens für den Zeitraum eines Jahres gewährt werden.

Hat der Beamte im eigenen Hause gewohnt, so kann demselben gleichfalls eine Entschädigung und zwar höchstens bis zum Jahresbetrage des ortsüblichen Miethswerthes der von ihm benutzten Wohnung gewährt werden.

§. 13. Die zur Feststellung der speziellen Umzugskostenvergütung in jedem einzelnen Falle erforderlichen Beläge hat der Beamte bei Verlust seines Anspruchs auf diese Vergütung innerhalb Jahresfrist nach seinem Eintreffen auf dem neuen Posten an das Auswärtige Amt abzusenden.

§. 14. Für die Dienstantritts- oder Versetzungsreise erhalten die zum Bezuge von Umzugskosten berechtigten Beamten Fuhrkosten nach Maßgabe des §. 5 dieser Verordnung für ihre Person, sowie, wenn sie nicht während des Umzugs ihr volles etatsmäßiges Diensteinkommen beziehen, Tagegelder nach Maßgabe der §§. 1 und 2 dieser Verordnung für die zur Ausführung der Umzugsreise nach Entscheidung des Reichskanzlers durchschnittlich erforderliche Zeit.

§. 15. Bei Berechnung der Entfernungen für die Feststellung sowohl der Fuhrkosten wie der speziellen Umzugskosten wird jedes angefangene Kilometer für ein volles Kilometer gerechnet.

§. 16. Für die Höhe der Tagegelder, Fuhrkosten und Umzugskosten ist nicht der persönliche Rang des Beamten, sondern das Amt, welches er etatsmäßig bekleidet, und zwar bei Neu- und Wiederanstellungen und Versetzungen nicht das Amt, aus welchem, sondern dasjenige, in welches er versetzt wird, maßgebend.

§. 17. Den Gesandtschafts-Attachés stehen weder Tagegelder noch Fuhr- oder Umzugskosten zu. Nur wenn dieselben seitens des Reichskanzlers mit einem Kommissorium betraut werden, erhalten sie für die

Dauer desselben Tagegelder und Fuhrkosten nach Bestimmung des Reichskanzlers.

§. 18. Die übrigen nicht etatsmäßig angestellten Beamten erhalten bei Dienstreisen sowie bei ihrer Anstellung und Versetzung und bei dienstlicher Beschäftigung außerhalb ihres Wohnorts Tagegelder und Fuhrkosten nach Bestimmung des Reichskanzlers, jedoch höchstens bis zu demjenigen Betrage, welcher nach Maßgabe dieser Verordnung den etatsmäßigen Beamten, deren Funktionen sie zu versehen bestimmt sind, zustehen. Spezielle Umzugskosten werden ihnen nicht gewährt. Allgemeine Umzugskosten können sie ausnahmsweise, jedoch in jedem Falle nur bis zum Betrage von höchstens 1500 Mark erhalten, wenn sie in überseeischen Ländern Verwendung finden.

§. 19. Die Bestimmungen des §. 18 finden auch auf die im inneren Dienste des Reichs oder im Dienste eines Bundesstaats etatsmäßig angestellten Beamten, welche im gesandtschaftlichen oder Konsulardienste des Reichs außeretatsmäßig verwandt werden, Anwendung. Wird ein solcher Beamter später im gesandtschaftlichen oder Konsulardienste etatsmäßig angestellt, so ist auf die ihm alsdann gemäß §. 8 zustehende Vergütung für allgemeine Umzugskosten der Betrag der ihm etwa auf Grund des §. 18 bereits gezahlten allgemeinen Umzugskostenvergütung anzurechnen. Der Berechnung der speziellen Umzugskosten ist alsdann die Entfernung zwischen demjenigen Orte, wo der betreffende Beamte zuletzt etatsmäßig angestellt gewesen ist, und seinem neuen Wohnorte zu Grunde zu legen.

§. 20. Werden gesandtschaftliche oder Konsularbeamte in den Ruhestand oder in den einstweiligen Ruhestand versetzt, so sind ihnen gemäß §. 40 des Gesetzes, betreffend die Rechtsverhältnisse der Reichsbeamten, vom 31. März 1873 (Reichs-Gesetzbl. S. 61) die Kosten des Transports ihrer Einrichtungsgegenstände bis zu dem innerhalb des Reichs von ihnen gewählten Wohnorte nach den wirklich gezahlten Beträgen, auf Grund spezieller und belegter Liquidationen, zu erstatten.

Daneben erhalten sie:

a) für ihre Person Fuhrkosten nach Maßgabe des §. 5, sowie, wenn sie nicht während des Umzugs ihr volles etatsmäßiges Diensteinkommen beziehen, Tagegelder nach Maßgabe der §§. 1 und 2 dieser Verordnung;

b) allgemeine Umzugskosten, und zwar:

die im §. 1 unter I bezeichneten Beamten	2500	Mark,
die daselbst unter II bezeichneten Beamten	2000	„
die daselbst unter III bezeichneten Beamten	1200	„
die daselbst unter IV bezeichneten Beamten	600	„
die daselbst unter V bezeichneten Beamten	400	„

die daselbst unter VI bezeichneten Beamten . . . . 200 Mark, mit der Maßgabe, daß Beamte ohne Familie nur die Hälfte dieser Beträge erhalten;

c) die im §. 12 dieser Verordnung festgesetzten Vergütungen für die Umzugsreisen der Familienmitglieder und Dienstboten, sowie die ebendort festgesetzten Miethszins- oder Miethswerths-Entschädigungen.

§. 21. Gesandtschaftliche und Konsularbeamte, welche, ohne ihre etatsmäßige Stellung im Auslande beizubehalten, in eine etatsmäßige Stelle des Auswärtigen Amts versetzt oder zur Beschäftigung in das Auswärtige Amt einberufen werden, erhalten für den Umzug von ihrem bisherigen Posten nach Berlin die im vorgehenden Paragraphen festgesetzten Vergütungen.

§. 22. Auf Wahlkonsuln und die von diesen angestellten Personen finden die Bestimmungen dieser Verordnung keine Anwendung.

§. 23. Gegenwärtige Verordnung findet auf alle diejenigen dienstlichen Reisen und Verwendungen der Beamten Anwendung, welche nach dem 30. April d. J. ihren Anfang nehmen.

12) Verordnung vom 6. Dezember 1880. (CBl. 773.) zu RBeamt.G. §. 51.

Auf Grund des §. 51 des Reichsbeamtengesetzes v. 31. März 1873 hat der Bundesrath in seiner Sitzung v. 18. November d. J. beschlossen, daß den besoldeten Konsularbeamten, welche in außereuropäischen Ländern eine längere als einjährige Verwendung gefunden haben, die daselbst zugebrachte Dienstzeit bei Verwendung auf Inseln der Südsee bei der Pensionirung doppelt in Anrechnung gebracht werde.

13) Regulativ über die Konsulatsprüfung (nicht publicirt, mitgetheilt aus König, Handbuch des Deutschen Konsularwesens S. 39.)

§. 1. Der an das Auswärtige Amt des deutschen Reiches zu richtenden Meldung zur Konsulatsprüfung ist ein ausführliches, in deutscher und in französischer oder englischer Sprache verfaßtes und eigenhändig geschriebenes curriculum vitae beizufügen. Dasselbe muß genaue Angabe über die persönlichen Verhältnisse, den Bildungsgang und die Lebensstellung des Bewerbers enthalten, auch mit Zeugnissen, soweit sie beschafft werden können, belegt sein.

§. 2. Wird dem Gesuche Statt gegeben, so erfolgt die Prüfung durch eine Kommission, deren Zusammensetzung ich mir vorbehalte.

§. 3. Das Examen ist ein schriftliches und ein mündliches, von denen das erstere dem letzteren vorangeht und umfaßt folgende Gegenstände:

A. Sprachen: Außer dem Deutschen, in welchem Klarheit des Ausdrucks und Gewandtheit des Styls erforderlich ist, nach Wahl des Bewerbers, Französisch, Englisch, Spanisch oder Italienisch.

B. Das Konsulatswesen: Die Entwicklung desselben

im Allgemeinen und der deutschen Konsulatseinrichtung im Besonderen; die auf letztere bezüglichen Gesetze und Instruktionen; Rechte und Pflichten der deutschen Konsuln.

C. Geschichte in ihren allgemeinen Grundzügen mit spezieller Berücksichtigung Deutschlands.

D. Geographie und Statistik: Die Hauptländer und Völker der Erde; die Regierungsform in den einzelnen Ländern, ihre Bevölkerung, Produkte, Handel, Industrie, Finanzlage, Kolonien.

E. Jurisprudenz: Das bei den deutschen Konsulaten in Anwendung kommende Prozeß-, Zivil- und Strafrecht; genauere Kenntniß des deutschen Handels- und Wechselrechts und der Seemannsordnung.

F. Staats- und Völkerrecht; insbesondere das internationale Seerecht; die Verfassung des deutschen Reiches; die wichtigsten internationalen Verträge Deutschlands; die Stellung der Ausländer zu dem Staate, in welchem sie ihren Wohnsitz haben (das Fremdenrecht).

G. Nationalökonomie; Entwickelung der Wissenschaft seit A. Smith; Hauptschulen; Ausbildung des deutschen Zollwesens, Kolonialsystem.

H. Handelswissenschaft, insbesondere Waarenkunde; die Absatz- und Bezugsländer des deutschen Handels und der deutschen Industrie; die wichtigsten Handelsstraßen des Weltverkehrs.

§. 4. Der schriftlichen Probearbeiten sind zwei: die eine aus dem Gebiete der praktischen konsularischen Thätigkeit, die andere wissenschaftlicher Natur, diese in deutscher, jene in französischer oder englischer Sprache.

§. 5. Jede der Arbeiten ist in der Regel binnen einer Frist von sechs Wochen unter Hinzufügung der eidesstattlichen Versicherung, daß sie ohne fremde Beihilfe angefertigt ist, abzuliefern.

§. 6. Die Arbeiten werden von der Kommission geprüft. Letztere entscheidet darüber, ob der Kandidat zum mündlichen Examen zu verstatten ist. Wird eine der Arbeiten nicht genügend befunden, so können demselben neue Arbeiten zugetheilt werden. Sind auch diese ungenügend, so kann der Bewerber zur mündlichen Prüfung nicht verstattet werden.

§. 7. Die mündliche Prüfung erfolgt theils in deutscher, theils nach der Wahl des Bewerbers in einer der oben § 3 unter A. bezeichneten fremden Sprachen. Wer die mündliche Prüfung zwei Mal nicht bestanden hat, kann zur Prüfung nicht weiter verstattet werden.

§. 8. Das mündliche Examen kann erlassen werden, wenn nach dem Bildungsgange des Bewerbers in Verbindung mit dem Resultate der schriftlichen Prüfung seine Befähigung für den Konsulatsdienst außer Zweifel gestellt erscheint.

14) Gesetz, betreffend die Eheschließung und die Beurkundung des Personenstandes von Bundesangehörigen im Auslande.

Vom 4. Mai 1870 (B.G.B. 599.)

I. Allgemeine Bestimmungen.

§. 1. Der Bundeskanzler kann einem diplomatischen Vertreter des Bundes für das ganze Gebiet des Staates, bei dessen Hofe oder Regierung derselbe beglaubigt ist, und einem Bundeskonsul für dessen Amtsbezirk die allgemeine Ermächtigung ertheilen, bürgerlich gültige Eheschließungen von Bundesangehörigen vorzunehmen, und die Geburten, Heirathen und Sterbefälle von Bundesangehörigen zu beurkunden.

Dazu Gesetz über die Beurkundung des Personenstandes und die Eheschließung. Vom 6. Februar 1875. (RGB. 23.) §. 85.: „Durch dieses Gesetz werden die Bestimmungen des Gesetzes vom 4. Mai 1870, betreffend die Eheschließung und die Beurkundung des Personenstandes von Reichsangehörigen im Auslande, nicht berührt.

Der Reichskanzler kann einem diplomatischen Vertreter oder einem Konsul des Deutschen Reichs die allgemeine Ermächtigung zur Vornahme von Eheschließungen und zur Beurkundung der Geburten, Heirathen und Sterbefälle, wie für Reichsangehörige, so auch für Schutzgenossen ertheilen. Diese Vorschrift tritt mit dem 1. März 1875 in Kraft."

§. 2. Die zur Eheschließung und zur Beurkundung des Personenstandes ermächtigten Beamten (§. 1.) haben über die Beurkundung von Geburten, Heirathen und Sterbefälle getrennte Register zu führen. Die vorkommenden Fälle sind in protokollarischer Form unter fortlaufender Nummer in die Register einzutragen. Jedes Register wird in zwei gleichlautenden Originalen nach einem Formulare geführt, welches von dem Bundeskanzler vorgeschrieben wird. Das Formular soll für alle Beamten ein übereinstimmendes sein.

Am Jahresschlusse hat der Beamte die Register abzuschließen und das eine Exemplar derselben dem Bundeskanzler einzusenden. Gleichzeitig hat er den Regierungen der einzelnen Bundesstaaten aus den Registern einen Auszug der Fälle mitzutheilen, welche Angehörige derselben betreffen.

Wenn im Laufe des Jahres in ein Register eine Eintragung nicht erfolgt ist, so hat der Beamte eine amtliche Bescheinigung hierüber am Jahresschlusse dem Bundeskanzler einzusenden.

II. Eheschließung und Beurkundung derselben.

§. 3. Der Schließung der Ehe muß das Aufgebot vorangehen. Vor Beginn desselben sind dem Beamten die zur Eingehung einer Ehe nach den Gesetzen der Heimath der Verlobten nothwendigen Erfordernisse als vorhanden nachzuweisen. Insbesondere haben die Verlobten in beglaubigter Form beizubringen:

1) ihre Geburtsurkunden;
2) die zustimmende Erklärung derjenigen Personen, deren Einwilligung nach den Gesetzen der Heimath der Verlobten erforderlich ist.

Der Beamte kann die Beibringung dieser Urkunden erlassen, wenn ihm die Thatsachen, welche durch dieselben festgestellt werden sollen, persönlich bekannt oder auf andere Weise glaubhaft nachgewiesen sind.

Auch kann er von unbedeutenden Abweichungen in den Urkunden, beispielsweise von einer verschiedenen Schreibart der Namen, oder einer Verschiedenheit der Vornamen absehen, wenn in anderer Weise die Identität der Betheiligten festgestellt wird.

Der Beamte ist berechtigt, den Verlobten die eidesstattliche Versicherung über die Richtigkeit der Thatsachen abzunehmen, welche durch die vorliegenden Urkunden oder die sonst beigebrachten Beweismittel ihm nicht als hinreichend festgestellt erscheinen.

§. 4. Das Aufgebot geschieht durch eine Bekanntmachung des Beamten, welche die Vornamen, die Familiennamen, das Alter, den Stand oder das Gewerbe und den Wohnort der Verlobten und ihrer Eltern enthalten muß. Diese Bekanntmachung muß an der Thüre oder an einer in die Augen fallenden Stelle vor oder in der Kanzlei des Beamten eine Woche hindurch ausgehängt bleiben. Erscheint an dem Amtssitze des Beamten eine Zeitung, so ist die Bekanntmachung außerdem einmal darin einzurücken, und die Eheschließung nicht vor Ablauf des dritten Tages von dem Tage an zulässig, an welchem das die Bekanntmachung enthaltende Blatt ausgegeben ist. Unter mehreren an dem bezeichneten Orte erscheinenden Zeitungen hat der Beamte die Wahl.

§. 5. Wenn eine der aufzubietenden Personen innerhalb der letzten sechs Monate ihren Wohnsitz außerhalb des Amtsbereichs (§. 1.) des Beamten gehabt hat, so muß die Bekanntmachung des Aufgebots auch an dem früheren Wohnsitze nach den dort geltenden Vorschriften erfolgen, oder ein gehörig beglaubigtes Zeugniß der Obrigkeit des früheren Wohnortes darüber beigebracht werden, daß daselbst Ehehindernisse in Betreff der einzugehenden Ehe nicht bekannt seien.

§. 6. Der Beamte kann aus besonders dringenden Gründen von dem Aufgebote (§§. 4. und 5.) ganz dispensiren.

§. 7. Die Schließung der Ehe erfolgt in Gegenwart von zwei Zeugen durch die an die Verlobten einzeln und nach einander gerichtete feierliche Frage des Beamten:

ob sie erklären, daß sie die Ehe mit dem gegenwärtigen anderen Theile eingehen wollen,

und durch die bejahende Antwort der Verlobten und durch den hierauf erfolgenden Ausspruch des Beamten,

daß er sie nunmehr kraft des Gesetzes für rechtmäßig verbundene Eheleute erkläre.

§. 8. Die Ehe erlangt mit dem Abschlusse vor dem Beamten bürgerliche Gültigkeit.

§. 9. Die über die geschlossene Ehe in die Register einzutragende Urkunde (Heiraths-Urkunde) muß enthalten:

1) Vor- und Familiennamen, Staatsangehörigkeit, Alter, Stand oder Gewerbe, Geburts- und Wohnort der die Ehe eingehenden Personen;
2) Vor- und Familiennamen, Alter, Stand oder Gewerbe und Wohnort ihrer Eltern;

3) Vor- und Familiennamen, Alter, Stand oder Gewerbe und Wohnort der zugezogenen Zeugen;

4) die auf Befragen des Beamten abgegebene Erklärung der Verlobten, sowie die erfolgte Verkündigung ihrer Verbindung;

5) die Unterschrift der anwesenden Personen.

§. 10. Die vorstehenden Bestimmungen über die Eheschließung (§§. 3—9.) finden auch Anwendung, wenn nicht beide Verlobte, sondern nur einer derselben ein Bundesangehöriger ist.

III. Geburtsurkunden.

§. 11. Die Eintragung der Geburt eines Kindes in die Register kann von dem Beamten nur vorgenommen werden, nachdem sich derselbe durch Vernehmung des Vaters des Kindes oder anderer Personen die Ueberzeugung von der Richtigkeit der einzutragenden Thatsachen verschafft hat.

Diese Eintragung muß enthalten:

1) den Ort, den Tag und die Stunde der Geburt;

2) das Geschlecht des Kindes;

3) die ihm beigelegten Vornamen;

4) Vor- und Familiennamen, Staatsangehörigkeit, Stand oder Gewerbe, sowie den Wohnort der Eltern und zweier bei der Eintragung zuzuziehender Zeugen;

IV. Urkunden über Sterbefälle.

§. 12. Die Eintragung eines Todesfalles in die Register erfolgt auf Grund der Erklärung zweier Zeugen. Sie muß enthalten:

1) Vor- und Familiennamen des Verstorbenen, dessen Staatsangehörigkeit, Alter, Stand oder Gewerbe, Wohn- und Geburtsort;
2) Vor- und Familiennamen seines Ehegatten;
3) Vor- und Familiennamen, Staatsangehörigkeit, Stand oder Gewerbe und Wohnort der Eltern des Verstorbenen;
4) Ort, Tag und Stunde des erfolgten Todes, soweit diese Verhältnisse bekannt sind;
5) Vor- und Familiennamen, Alter, Stand oder Gewerbe und Wohnort der Zeugen, welche die Erklärung abgeben, und, wenn es Verwandte des Verstorbenen sind, den Grad ihrer Verwandtschaft;
6) Unterschrift der Zeugen.

V. Schlußbestimmungen.

§. 13. Insoweit durch die Gesetze eines Bundesstaates den diplomatischen Vertretern und Konsuln in Ansehung der Eheschließungen, sowie der Beurkundung der Geburten, Heirathen und Sterbefälle der Angehörigen dieses Staates von einer besonderen Ermächtigung nicht abhängige oder ausgedehntere Befugnisse, als die im gegenwärtigen Gesetze bestimmten, beigelegt sind oder künftig beigelegt werden, stehen diese Befugnisse für die bezeichneten Angehörigen auch den diplomatischen Vertretern des Bundes und den Bundeskonsuln zu.[1])

§. 14. Auf die Gebühren, welche für die durch das gegenwärtige Gesetz den Beamten des Bundes überwiesenen Geschäfte und insbesondere für die Ausfertigungen und Abschriften aus den Personenstands-Registern zu erheben sind, findet der §. 38 des Bundesgesetzes, betreffend die Organisation der Bundeskonsulate, sowie die Amtsrechte und Pflichten der Bundeskonsuln, vom 8. November 1867. (Bundesgesetzbl. S. 137.) Anwendung.

15) Pro Memoria zu dem G. v. 4. Mai 1870.[2])

Nach §. 1 des Reichsgesetzes vom 4. Mai 1870 (B.G.Bl. 1870 S. 599 ff.) in Verbindung mit §. 85 des Reichsgesetzes vom 6. Februar 1875 (R.G.Bl. 1875 S. 23 ff.) kann der Reichskanzler einem diplomatischen Vertreter des deutschen Reiches für das Gebiet des betreffenden Staats und einem Konsul des deutschen Reiches für dessen Amtsbezirk die allgemeine Ermächtigung ertheilen, bürgerlich gültige Eheschließungen von deutschen Reichsangehörigen und Schutzgenossen vorzunehmen, und die Geburten, Heirathen und Sterbefälle derselben zu beurkunden.

Diese gesetzliche Befugniß wird von der Reichsregierung

[1]) Diese Vorschrift war früher praktisch für badische Staatsangehörige; jetzt ist auch diese Ausnahme beseitigt durch V. d. RK. v. 21. Januar 1876 (nicht publicirt) s. König, Handbuch S. 125.

[2]) König, Handbuch S. 506. f.

als eine subsidiäre behandelt und daher in ihrer Anwendung auf die Fälle eines vorhandenen Bedürfnisses beschränkt.

Von der gedachten Befugniß wird demgemäß für Länder, welche — wie die meisten europäischen Staaten — eine für In- und Ausländer aller Bekenntnisse allgemein und gesetzlich geordnete Form der Eheschließungen und Standesakte besitzen, prinzipiell kein Gebrauch gemacht, da die in den betreffenden Ländern lebenden Deutschen in der durch die Landesgesetze vorgeschriebenen Form, sei diese nun die kirchliche, wie in Rußland, Oesterreich etc., oder die bürgerliche, wie in Frankreich, Italien etc., gemäß der Rechtsregel „locus regit actum" nicht nur für das Land ihres Aufenthalts, sondern auch für Deutschland formell gültige Ehen einzugehen und formell gültige Standesakte vorzunehmen in der Lage sind.

Für Länder dagegen, welche entweder — wie die muhamedanischen und heidnischen — einer für In- und Ausländer aller Konfessionen allgemein geordneten Form der Eheschließungen und Standesakte gänzlich ermangeln, oder solche Rechtsform — wie gewisse Staaten Central- und Süd-Amerikas, sowie Süd-Europas — nur für die Angehörigen bestimmter Konfessionen besitzen, ist allerdings ein Bedürfniß vorhanden, den daselbst lebenden Deutschen, sofern dieselben von der landesgesetzlichen Form keinen Gebrauch machen können, durch Uebertragung standesamtlicher Befugnisse an die diesseitigen Vertreter und Konsuln die Vornahme von Eheschließungen und die Beurkundung des Personenstandes in einer wenigstens für die Heimath gültigen Rechtsform zu ermöglichen. Dagegen werden die von den diesseitigen Vertretern etc. im Auslande auf Grund der ihnen ertheilten Ermächtigung vorgenommenen Eheschließungen und Standesakte von Deutschen für das Land ihres Aufenthalts formelle Rechtsgültigkeit nur dann beanspruchen können, wenn diese Gültigkeit den daselbst lebenden Deutschen durch besondere Rechtstitel (Exterritorialität, Verträge, Gesetze etc.) gesichert ist. Von diesen besonderen Fällen abgesehen, wird es lediglich Sache der Interessenten sein, sofern sie nach Lage der obwaltenden Verhältnisse von der gesandtschaftlichen, beziehungsweise konsularischen Form Gebrauch machen wollen und nicht etwa in die Heimath alsbald zurückzukehren Willens sind, für die Anerkennung ihrer bezüglichen Eheschließungen und Standesakte in dem Lande ihres Aufenthalts selbst Sorge zu tragen und zu diesem Zwecke ihrerseits alle etwa geeigneten Schritte zu thun.

Im Einzelnen ist über die standesamtliche Stellung der diesseitigen Vertreter beziehungsweise Konsuln in den betreffenden Ländern Folgendes zu bemerken:

In China, Siam und Japan, sowie in der Türkei und deren Nebenländern, incl. Tunis, genießen die Deutschen vertragsmäßig in Ansehung ihrer Person und ihres Vermögens Exterritorialität und stehen unter der Gerichtsbarkeit ihrer Konsuln. Näheres hierüber enthält bezüglich Chinas der Freundschafts-, Handels- und Schifffahrtsvertrag vom 2. September 1861 Art. 35—39 (Prß.G.S. 1863 S. 265 ff.), bezüglich Siams der gleiche Vertrag vom 7. Februar 1862 Art. 9. 10. 13. 14. (Prß.G.S. 1864 S. 717 ff.) bezüglich Japans der gleiche Vertrag vom 20. Februar 1869 Art. 5. 6. 7. (B.G.Bl. 1870 S. 1 ff.), endlich bezüglich der Türkei und ihrer Nebenländer der Vertrag vom 22. März 1761 Art. IV. u. V. in Verbindung mit §. 1 des Handelsvertrages vom 20. März 1862. (Prß.G.S. 1863 S. 169 ff.)

Der Konsulargerichtsbarkeit sind in den bezeichneten Ländern nach §. 22 des Konsulargesetzes vom 8. November 1867 (B.G.Bl. 1867 S. 137 ff.) in Verbindung mit §. 4 der Instruktion vom 1. Mai 1872 alle im Konsulatsbezirke wohnende oder sich aufhaltende Reichsangehörigen oder Schutzgenossen unterworfen; und es finden auf dieselben in Ansehung ihrer Person und ihres Vermögens nicht die betreffenden Landesgesetze, sondern die heimathlichen Gesetze Anwendung. Aus dieser rechtlichen Sonderstellung der Deutschen im Orient und in Ostasien folgt, daß dieselben in diesen Ländern, welche — abgesehen von Rumänien — einer für Ausländer geordneten Form der Eheschließung und Standesakte ermangeln, ihre Ehe mit voller bürgerlicher Gültigkeit nicht nur für die Heimath, sondern auch für das Ausland — vor den Gesandten und Konsuln einzugehen und von diesen ihren Personenstand gültig beurkunden zu lassen in der Lage sind.

An diese Länder schließen sich Zanzibar und die Samoa- und Tonga-Inseln, woselbst die Fremden zwar keine förmlich ausgesprochene Exterritorialität genießen, jedoch in Ermangelung jeder geordneten Rechtsform für Eheschließungen und Standesakte lediglich an die Konsuln gewiesen sind.

Es folgen nunmehr die christlichen Länder, in denen mit standesamtlichen Funktionen ausgestattete deutsche Vertreter beziehungsweise Konsuln fungiren.

Zunächst die fünf Freistaaten Central-Amerikas.

In Art. IX des Handels- und Schifffahrtsvertrages zwischen Deutschland und Costa Rica vom 18. Mai 1875 (R.G.Bl. 1877 S. 13 ff.) ist die gegenseitige Anerkennung der Rechtsgültigkeit gesandtschaftlicher und konsularischer Eheschließungen von Deutschen in Costa Rica und umgekehrt ausdrücklich stipulirt.

Die gleiche Bestimmung enthält Art. VIII des Freundschafts-, Handels- und Schifffahrtsvertrages vom 13. Juni 1870 zwischen Deutschland und Salvador (R.G.Bl. 1872 S. 377 ff.) bezüglich aller gemäß den Gesetzen des Heimathlandes geschlossener Ehen.

Für Guatemala erkennt das Gesetz vom 2. Oktober 1873 die von den Fremden nach ihren Landesgesetzen geschlossenen Ehen als rechtsgültig an; auch liegt es in der Absicht, in dem gegenwärtig in der Verhandlung begriffenen Handels- und Schifffahrtsvertrag mit Guatemala die Rechtsgültigkeit gesandtschaftlicher und konsularischer Eheschließungen eines Deutschen in Guatemala und umgekehrt ausdrücklich zu stipuliren.

Gleiche Vertragsverhandlungen sind in Aussicht genommen mit Nicaragua und Honduras, über deren jetzige Ehegesetzgebung nähere Nachrichten fehlen.

Das Gleiche gilt von der dominicanischen Republik. Ecuador, Bolivia und Peru kennen de jure nur die kirchliche Form der Eheschließung für Katholiken und gewähren keinen Modus für Eingehung akatholischer und gemischter Ehen; jedoch ist in allen diesen Ländern die Gültigkeit gesandtschaftlicher und konsularischer Eheschließungen bisher de facto, soviel bekannt, nicht beanstandet worden. In dem gegenwärtig in der Verhandlung begriffenen Handels- etc. Vertrage zwischen Deutschland und Peru ist die ausdrückliche Anerkennung der Rechtsgültigkeit derartiger Eheschließungen in Aussicht genommen.

In der argentinischen Republik und in Brasilien besteht die kirchliche Form der Eheschließung für Katholiken unter sich, desgleichen für Akatholiken unter sich; dagegen fehlt eine rechtliche Form für Eingehung von Mischehen; der gesandtschaftlichen und konsularischen Form wird gesetzliche Gültigkeit nicht beigelegt; die diesseitigen Vertreter beziehungsweise Konsuln sind angewiesen, von der ihnen ertheilten Ermächtigung nur in Ausnahmefällen (Schwierigkeiten der kirchlichen Eheschließung, Mischehen und baldige Rückkehr der Interessenten in die Heimath) Gebrauch zu machen, auch die Nupturienten stets mit geeigneter Belehrung zu versehen.

In Venezuela, Columbien und Haiti besteht zur Zeit für In- und Ausländer die obligatorische Civilehe und die bürgerliche Beurkundung des Personenstandes; jedoch ist die den diesseitigen Vertretern beziehungsweise

Konsuln seiner Zeit ertheilte Ermächtigung mit Rücksicht auf die dortigen Verhältnisse bisher nicht zurückgenommen.

In Griechenland fehlt es an einer geordneten Form der Standesakte; die griechische Regierung findet gegen konsularische Beurkundungen für Ausländer nichts zu erinnern und mißt denselben öffentlichen Glauben bei.

Portugal gewährt den Akatholiken keine Rechtsform für Eheschließungen und Standesakte, erkennt indessen die konsularische Form für Ausländer de facto als gültig an.

Spanien schreibt für Katholiken die kirchliche, für Akatholiken die richterliche Form der Eheschließung vor; Standesakte sind vor die Gemeinderichter gewiesen; dagegen fehlt die Möglichkeit gemischter Ehen, da der erforderliche bischöfliche Dispens nie ertheilt wird. Die Gültigkeit gesandtschaftlicher und konsularischer Eheschließungen ist bisher weder anerkannt noch bestritten.

In anderen Ländern sind diesseitige Vertreter oder Konsuln mit standesamtlichen Befugnissen zur Zeit nicht ausgestattet.

Die Specialvollmacht zu Funktionen gemäß dem G. v. 4. Mai 1870 haben nach officieller Publication vom Januar 1883 z. Z. die deutschen Konsuln an folgenden Orten: Buenos-Ayres (Argentinische Republik), Cochabamba (Bolivia), Rio de Janeiro, Bahia, Maroim, Pernambuco, Rio Grande do Sul (Brasilien), Guatemala, Leon, San José (Central-Amerika), Shanghai, Ningpo, Amoy, Canton, Swatau, Tientsin, Tschifu (China), Bogota, Barranquilla (Columbien), Puerto Plata

(Dominikanische Republik), Guayaquil (Ecuador), Calamata, Corfu, Patras (Griechenland), Hiogo-Osaka, Nagasacki, Yokohama (Japan), Tanger (Marokko), Arequipa, Callao, Tacna (Peru), Lissabon, Porto (Portugal), Funchal (Madeira), Bukarest, Galatz, Jassy (Rumänien), Apia (Samoa), Belgrad (Serbien), Bangkok (Siam), Barcelona, Cadiz (Spanien), Havanna (Cuba), Manila (Philippinen), Alexandrien, Cairo, Port Said, Suez, Beirut, Aleppo, Haiffa, Konstantinopel, Dardanellen, Jerusalem, Jaffa, Serajewo, Smyrna, Sofia, Rustschuk, Tunis (Türkei mit Egypten, Bulgarien, Bosnien, Tunis), Zanzibar (Zanzibar).

16) Instruktion des Reichskanzlers v. 1. März 1871 zu dem Gesetze v. 4. Mai 1870, betreffend die Eheschließung und die Beurkundung des Personenstandes von Bundesangehörigen im Auslande.[1])

Diejenigen diplomatischen Vertreter und Konsuln des deutschen Reiches, welchen auf Grund des hier angeschlossenen Gesetzes vom 4. Mai 1870 (Bundes-Gesetzblatt S. 599) die Befugniß zur Abschließung von Ehen, sowie zur Beurkundung von Geburten, Heirathen und Sterbefällen Bundesangehöriger übertragen wird, sowie die in Abwesenheits- oder sonstigen Verhinderungsfällen zu ihrer Stellvertretung berufenen Personen haben sich, neben den Vorschriften des gedachten Gesetzes, die nachfolgenden Bestimmungen zur Richtschnur zu nehmen.

[1]) König Handb. S. 509—516.

I. Allgemeine Bestimmungen.

§. 1. Jeder zur Eheschließung und zur Beurkundung des Personenstandes ermächtigte Beamte hat drei fest gebundene Register von starkem Papier, das eine für die Heiraths-, das andere für die Geburts-, das dritte für die Sterbefälle anzuschaffen. Dieselben sind, bevor sie in Gebrauch genommen werden, zu foliiren, auf der letzten Seite mit einem Attest über die Zahl der Folien unter Siegel und Unterschrift des Amts zu versehen und in dem Amtslokale an einem besonders gesicherten Orte zu verwahren. In den Registern darf Nichts radirt oder zwischen die Zeilen eingeschaltet werden.

Das nach §. 2 Alinea 2 des Gesetzes dem Reichskanzler jährlich einzureichende zweite Exemplar ist auf dünnerem Papier und auf einzelnen Bogen zu führen. Ist ein Bogen vollgeschrieben, so wird ein zweiter, dritter u. s. w. mittelst eines durch das Amtssiegel zu befestigenden Fadens angeheftet.

§. 2. Der Beamte hat sich zu vergewissern, daß die Personen, deren Geburt oder Sterbefall zu beurkunden ist, Bundesangehörige sind; bei Eheschließungen genügt es nach §. 10 des Gesetzes, daß auch nur einer der Verlobten die Eigenschaft als Bundesangehöriger besitzt. Der Nachweis der Bundesangehörigkeit ist durch schriftliche Urkunden, namentlich durch noch nicht abgelaufene, von der kompetenten Heimathsbehörde ausgestellte Pässe, Heimathsscheine etc., durch konsularische Schutzscheine, Patente etc. zu führen.

§. 3. Die Eintragungen in die Register erfolgen nach der Zeitfolge hinter einander, ohne daß ein Zwischenraum zwischen der vorhergehenden und der unmittelbar darauf folgenden Eintragung gelassen werden darf.

Der Tag der Eintragung selbst, sowie der Tag der Geburt oder des Todesfalles, um den es sich handelt, sind mit Worten, die Namen mit besonders großen, in die Augen fallenden Buchstaben zu schreiben.

§. 4. Da es wesentlich darauf ankommt, daß die Eintragungen in den Registern besonders deutlich und leserlich geschrieben werden, so kann der Beamte die Eintragung unter seiner unmittelbaren Aufsicht durch eine Person, die sich durch eine gute Handschrift auszeichnet, bewerkstelligen lassen; es muß aber jede Eintragung von dem Beamten, von den Zeugen und allen Betheiligten eigenhändig unterschrieben werden. Sind unter den letzteren Personen, welche nicht schreiben können, so ist deren Handzeichen oder, wenn sie auch ein solches zu machen nicht im Stande sind, der Grund hiervon dem Beamten besonders zu beglaubigen.

Als Zeugen dürfen in der Regel nur unbescholtene großjährige Personen zugelassen werden.

§. 5. Die Eintragung in die Register ist nicht als ein bloßer Vermerk über die zu beurkundende Thatsache (Heiraths- Geburts- oder Sterbefall), sondern in Form eines über den ganzen Hergang aufgenommenen vollständigen Protokolls, in der Regel in deutscher Sprache zu bewirken.

Wenn Personen bei der Handlung sich betheiligen,

welche der deutschen Sprache überhaupt nicht oder nicht vollkommen mächtig sind, so hat der Beamte dafür zu sorgen, daß denselben der Inhalt der Verhandlung vollständig zur Kenntniß gebracht werde; es ist in dem Protokoll zu vermerken, daß und in welcher Weise dies geschehen ist.

Unter besonderen Umständen und namentlich wenn der Beamte der deutschen Sprache selbst nicht recht mächtig ist, soll es demselben gestattet sein, sich auch einer anderen Sprache zu bedienen; es ist jedoch in einem solchen Falle dafür zu sorgen, daß diejenigen Personen, welche nicht der gewählten Sprache mächtig sind, von dem Inhalt der Verhandlung vollständig Kenntniß erhalten.

§. 6. Die den Parteien auf ihr Verlangen auszuhändigende Urkunde über die geschlossene Ehe, den Geburts- oder Todesfall ist durch die Ausfertigung der in das betreffende Register eingetragenen bezüglichen Verhandlung unter Siegel und Unterschrift des Beamten in nachstehender Form zu ertheilen:

Nachstehende Verhandlung, welche Blatt . . . Band . . . des bei der deutschen Gesandtschaft (dem deutschen Konsulate etc.) zu . . . . in Gemäßheit des Bundesgesetzes vom 4. Mai 1870 geführten Registers über Eheschließungen (Geburten, Sterbefälle) eingetragen ist, und welche wörtlich, wie folgt lautet:

. . . . . . (hier ist das betreffende Protokoll einzurücken) wird hiermit zu öffentlichem Glauben unter Siegel und Unterschrift der Gesandtschaft (des Konsulats etc.) zu . . . . . . ausgefertigt.

N. N., den . . ten . . . . . . 18 . .

(Amtscharakter und Unterschrift des Beamten.)

(Siegel.)

Gebühr

. . . .

II. Besondere Bestimmungen.

1. Für Eheschließungen.

§. 7. Wenn die Schließung einer Ehe vor dem Beamten beantragt wird, so hat derselbe die Identität und Dispositionsfähigkeit der Interessenten festzustellen und zu prüfen, ob die zur bürgerlichen Gültigkeit einer Ehe nach den Gesetzen der Heimath der Verlobten vorgeschriebenen Bedingungen vorhanden sind.

Eine Uebersicht über die in dieser Beziehung hauptsächlich in Betracht kommenden Gesetze findet sich in der Anlage.

Von der Beibringung der im § 3. des Gesetzes bezeichneten Papiere kann nur unter den im Gesetze erwähnten Umständen abgesehen werden.

Behauptet ein Interessent den Tod der im §. 3 des Gesetzes Alinea I. unter Nr. 2 bezeichneten Personen, so sind die Todtenscheine derselben in beglaubigter Form beizubringen; doch ist es unter besonderen Umständen gestattet, von der Beibringung dieser Papiere ebenfalls abzusehen, wenn der Beamte anderweitig genügende Ueberzeugung von der Richtigkeit der Behauptung gewonnen hat.

§. 8. Ueber den Antrag auf Schließung der Ehe und die angestellten Erörterungen (§. 7) ist eine Verhandlung aufzunehmen.

Hat der Beamte hiernach die Ueberzeugung gewonnen, daß der bürgerlichen Gültigkeit der beabsichtigten Ehe keine Hindernisse entgegenstehen, so ist unter Beachtung des §. 5 des Gesetzes das Aufgebot durch eine Bekanntmachung des Beamten in der deutschen und in der Landessprache nach dem hier folgenden Formular zu bewirken:

Es wird hiermit bekannt gemacht, daß

Der N. N. (Vorname und Familienname), seines Standes (Gewerbes) . . . . . ., geboren in N., . . Jahre alt, wohnhaft in N., Sohn des N. und der N. in N.

und

die N. N. (Vorname und Familienname), geboren in N., . . Jahr alt, wohnhaft in N., Tochter des N. und der N. in N.

beabsichtigen, sich mit einander zu verheirathen, und diese Ehe in Gemäßheit des Bundesgesetzes vom 4. Mai 1870 vor dem unterzeichneten Beamten abzuschließen.

N. N., den . . ten . . . . . . 18 . .

(Amtscharakter und Unterschrift des Beamten.)

(Siegel.)

Affigirt den . . . . . .

Refigirt und zu den Akten den . . . . .

Diese Bekanntmachung muß eine Woche an der Thür oder an einer in die Augen fallenden Stelle vor oder in der Amtskanzlei aushängen, nach Ablauf dieser Frist aber, mit dem Affictions- und Refictionsvermerk versehen, zu der oben bezeichneten Verhandlung genommen werden. Wegen Bekanntmachung in einer Zeitung sind die Bestimmungen des Gesetzes zu beachten.

§. 9. Wohnen die Brautleute in verschiedenen Amtsbereichen, so steht es ihnen frei, darauf anzutragen, daß der Beamte, an welchen sie sich zuerst gewendet haben, nach erlassenem Aufgebote die betreffende Verhandlung mit den dazu gehörigen Urkunden urschriftlich an den Beamten, in dessen Bereich der andere Theil seinen Wohnsitz hat, übersendet. Letzterer hat alsdann auch seinerseits zu prüfen, ob die zur bürgerlichen Gültigkeit der Ehe gesetzlich nothwendigen Erfordernisse vorhanden sind. Findet er hiergegen nichts zu erinnern, so ist das Aufgebot zu veranlassen.

Nach Ablauf der im §. 4 des Gesetzes bestimmten Frist hat er den zuerst gedachten Beamten unter Wiederbeifügung der ihm übersandten Verhandlung mit ihren Anlagen zu benachrichtigen, daß das Aufgebot erfolgt und Einspruch nicht erhoben worden ist. Der Zurückbehaltung einer Abschrift der Verhandlung bedarf es nicht; vielmehr genügt es, wenn über den ganzen Hergang ein Vermerk zu den Akten gebracht wird, aus welchem das Datum der Verhandlung und der Beamte, der sie aufgenommen hat, hervorgehen.

Ein ähnliches Verfahren findet statt, wenn der frühere Wohnsitz einer der aufzubietenden Personen, an welchem nach §. 5 des Gesetzes das Aufgebot zu erfolgen hat, zu dem Amtsbereiche eines anderen Beamten gehört.

§. 10. Eine Dispensation von dem Aufgebote darf nur in besonders dringenden Fällen erfolgen, namentlich bei eintretender plötzlicher Todesgefahr eines der beiden Verlobten, oder wenn dieselben den Bereich des Beamten zu verlassen beabsichtigen und eine Verzögerung der Abreise um die Dauer der Aufgebotsfrist sehr wesentliche Nachtheile für sie herbeiführen würde.

§. 11. Sämmtliche in einem Jahre vorkommende Eheanmeldungs- und Aufgebotsverhandlungen sind, chronologisch geordnet, aktenmäßig zu sammeln und neben den drei Registern aufzubewahren.

§. 12. Werden auf Grund des Aufgebots gegen die beabsichtigte Eheschließung Einwendungen erhoben, so können sich dieselben entweder auf ein dem Beamten bis dahin nicht bekannt gewordenes gesetzliches Ehehinderniß oder auf Privatansprüche Seitens einer dritten

Person gründen. Im ersteren Falle ist, wenn das Hinderniß bescheinigt oder unter Beweis gestellt wird, die Eheschließung so lange zu versagen, bis der Beamte das Hinderniß nach genauer Prüfung für nicht erwiesen befindet, oder bis das Hinderniß gehoben ist. Einsprüche dritter Personen finden überhaupt nur Berücksichtigung, wenn sie sich auf ein älteres förmliches Ehegelöbniß oder auf eine glaubhaft nachgewiesene, unter dem Versprechen der Ehe erfolgte Schwängerung gründen. Gelingt es den Parteien nicht, den Widersprechenden zur Zurücknahme des Widerspruchs — allenfalls gegen Bestellung einer Sicherheit für etwaige im Wege Rechtens zu erstreitende Entschädigung — zu bewegen, oder den Beamten von der Unwirksamkeit des Ehegelöbnisses, beziehungsweise von dem Nichtvorhandensein einer Schwängerung zu überzeugen, so ist die Eheschließung auszusetzen und an den Reichskanzler unter ausführlicher Darlegung des Sachverhältnisses Behufs Ertheilung weiterer Weisung zu berichten.

Sind keine Einwendungen erhoben, oder geben die erhobenen zu keinem Aufschub Veranlassung, so ist mit der Eheschließung zu verfahren.

Die Brautleute müssen persönlich vor dem Beamten erscheinen, welcher zu der Eheschließung ein der Würde der Handlung angemessenes Lokal im Amtsgebäude zu bestimmen hat.

Die Eheschließung selbst erfolgt in der im §. 7 des Gesetzes vorgeschriebenen Weise.

Ueber den ganzen Hergang ist in dem Register für

Heirathen ein Protokoll nach dem folgenden Formular aufzunehmen.

Verhandelt zu N. N. den ersten (zweiten etc.) . . . Achtzehnhundert . . . . .

Vor mir, dem unterzeichneten Beamten, erschienen heute im Amtslokale, bekannt und verfügungsfähig:

1. Der (Vorname und Familienname), seines Standes (Gewerbes) . . . ., Jahre alt, aus . . . . gebürtig, wohnhaft in . . . ., Sohn des . . . . mit der in . . . . (Vor- und Familienname, Alter, Stand oder Gewerbe und Wohnort der Eltern);
2. Die (Vor- und Familienname), ... Jahre alt, aus . . . . gebürtig, wohnhaft in . . . ., Tochter des . . . . und der . . . . in . . . . (wie ad 1);
3. Der N. N. (Vor- und Familienname), ... Jahre alt, seines Standes (Gewerbes) . . . ., aus . . . . gebürtig, wohnhaft in . . . ., als erster Zeuge;
4. Der N. N. etc. (wie ad 3), als zweiter Zeuge;

5. 6. etc. } die sonst noch anwesenden Personen.

Die beiden unter Nr. 1 und 2 aufgeführten Personen, nämlich der p. N. N. und die p. N. N. erklärten, daß es ihre Absicht sei, eine Ehe mit einander einzugehen und dieselbe in der durch das Gesetz vom 4. Mai 1870 vorgeschriebenen Form abzuschließen.

Da die in diesem Gesetze angeordneten Förmlichkeiten erfüllt sind, so richtete ich, der unterzeichnete Beamte, in Gemäßheit des §. 7 des genannten Gesetzes sowohl an den p. N. N., als auch an die p. N. N. einzeln die Frage, ob es ihre ernstliche und gewisse Absicht sei, mit dem gegenwärtigen anderen Theile eine Ehe einzugehen, und forderte sie auf, wenn dies der Fall sei, diese ihre Absicht durch ein lautes und deutliches „Ja" zu bekunden.

Nachdem von beiden Theilen die Bejahung dieser Frage in einer der Aufforderung entsprechenden Weise erfolgt war, so erklärte ich, der unterzeichnete Beamte, den p. N. N. und die p. N. N. kraft des Gesetzes für rechtmäßig verbundene Eheleute.

Diese Verhandlung ist hierauf den Eheleuten, den beiden Zeugen, sowie den übrigen Anwesenden vorgelesen, von denselben genehmigt und eigenhändig unterschrieben worden (mit Ausnahme des des Schreibens unkundigen N. N., welcher die Verhandlung unterkreuzt hat — mit Ausnahme des N. N., welcher, wie hiermit bezeugt wird, an den Händen gelähmt ist und deshalb nicht unterschreiben konnte).

Geschlossen wie oben.

(Unterschriften.)

(Amtscharakter und Unterschrift des Beamten.)

2. Bei Geburten.

§. 13. Die Eintragung der Geburt eines Kindes in das Register für Geburtsfälle erfolgt auf den Antrag des

Vaters, oder bei unehelichen Kindern auf den Antrag der Mutter oder ihrer Angehörigen, unter Beachtung der in §. 11 des Gesetzes enthaltenen Bestimmungen nach dem folgenden Formular:

Verhandelt zu ..... den ersten (zweiten etc.) ..... Achtzehnhundert .....

Vor mir, dem unterzeichneten Beamten, erschien heute im Amtslokale, bekannt und verfügungsfähig;

Der (die etc.) ..... welcher (welche) mir erklärte, daß am ersten etc. ..... Achtzehnhundert und ..... um ... Uhr Vormittags (Nachmittags) dem preußischen (sächsischen etc.) Unterthan .... (Stand oder Gewerbe) N. N. (Vor- und Familienname), wohnhaft in N., von seiner Ehefrau, der früheren mecklenburgischen (sachsen-altenburgischen etc.) Staats-Angehörigen N. N. (Vor- und Familiennamen), wohnhaft in N., ein Kind ..... Geschlechts geboren und diesem Kinde d .. Name .... beigelegt worden sei. (Ist die erklärende Person nicht der Vater oder die Mutter, so ist noch eine Angabe über die Basis der Anzeige, z. B. Auftrag der Eltern, hinzuzufügen.)

Diese von mir aufgenommene Erklärung ist geschehen in Anwesenheit der beiden Zeugen, nämlich:

1. N. N. (Vor- und Familienname, Staatsangehörigkeit, Stand oder Gewerbe, Wohnort.)
2. N. N. (wie ad. 1).

Gegenwärtige Urkunde ist den Erschienenen vorgelesen und von denselben unterzeichnet worden.

Geschlossen wie oben.

(Unterschriften.)

(Amtscharakter und Unterschrift des Beamten.)

§. 14. Als Zeugen sind, wenn sonst keine Bedenken entgegenstehen, wo möglich solche Personen zuzuziehen, welche der Geburt des Kindes, um welches es sich handelt, persönlich beigewohnt haben, und ist in diesem Falle weniger auf Geschlecht und Nationalität der Zeugen, wohl aber unbedingt auf Unbescholtenheit derselben zu sehen.

§. 15. Entstehen Bedenken über die Richtigkeit der Angaben des die Geburt Anmeldenden oder ist die Anzeige länger als drei Tage nach der Geburt verzögert worden, so hat der Beamte durch Vernehmung des Geburtshelfers, der Hebamme oder anderer Personen, welche Auskunft zu ertheilen vermögen, anderweiten Beweis zu erheben, und bis dies geschehen, die Eintragung in das Register auszusetzen.

Die Eintragung ist auch dann auszusetzen, wenn dem Kinde zur Zeit der Anmeldung ein Vorname noch nicht gegeben worden ist.

§. 16. In allen Fällen, wo die Eintragung einer Geburt in das Register ausgesetzt werden muß, ist über die Anmeldung und über die sich an dieselbe knüpfenden weiteren Erörterungen eine Verhandlung aufzunehmen und auf dieselbe bei der später wirklich erfolgenden Eintragung in das Register kurz zu verweisen.

Diese Verhandlungen sind, nach Jahrgängen chronologisch geordnet, aktenmäßig zusammenzufassen und neben den drei Registern aufzubewahren.

3. Für Todesfälle.

§. 17. Die Eintragung eines Todesfalles in das Register für Sterbefälle erfolgt nach folgendem Fomular:

Verhandelt zu .... den ersten (zweiten etc.) .... Achtzehnhundert und .....

Vor mir, dem unterzeichneten Beamten, erschienen heute im Amtslokale

1. der
2. der
..... (Vor- und Familienname, Alter, Stand oder Gewerbe und Wohnort der beiden Zeugen, und wenn es Verwandte des Verstorbenen sind, Grad ihrer Verwandtschaft,)

welche beide übereinstimmend erklärten, daß am ..ten ..... Achtzehnhundert ..... um .. Uhr Nachmittags (Nachts etc.) in N. N. verstorben sei:

Der (die) ..... (Vor- und Familiennamen des Verstorbenen, dessen Staatsangehörigkeit, Alter, Stand oder Gewerbe, Wohn- und Geburtsort), Ehemann (Ehefrau) der (des) ..... (Vor- und Familiennamen des Ehegatten), Sohn (Tochter) des ..... (Vor- und Familiennamen des Ehegatten), Sohn (Tochter) des ..... (Vor- und Familiennamen, Staatsangehörigkeit,

Stand oder Gewerbe und Wohnort der Eltern des Verstorbenen),
worüber gegenwärtige Verhandlung aufgesetzt und nach Vorlesung von den Anzeigenden unterschrieben wurde.

Geschlossen wie oben.

(Unterschriften der Deklaranten.)

(Amtscharakter und Unterschrift des Beamten.)

Hat der verstorbene Abkömmlinge hinterlassen, so sind deren Namen, Alter etc. in das Protokoll aufzunehmen.

§. 18. Als Zeugen sind womöglich solche Personen zuzuziehen, welche entweder dem Hinscheiden des Verstorbenen beigewohnt, oder von dessen Tode zuverlässige Kenntniß erhalten haben.

§. 19. Entstehen Bedenken über die Richtigkeit der Angaben der Zeugen, oder kann nach den besonderen Umständen des Falles der Tod durch Zeugenaussagen nicht füglich festgestellt werden, so bleibt es dem pflichtmäßigen Ermessen der Beamten überlassen, noch anderweitige Erörterungen, namentlich die Vernehmung eines Arztes, welcher den angeblich Verstorbenen in der letzten Krankheit behandelt hat, zu veranlassen oder die Vermittlung der Lokalbehörden anzurufen.

§. 20. In allen Fällen, in welchen die Eintragung des Todesfalls nicht streng nach Vorschrift des §. 12 des Gesetzes oder sofort nach der Anmeldung des Todesfalls hat bewirkt werden können, ist eine Verhandlung aufzunehmen, aus welcher die stattgehabten Erörterungen und namentlich die Nothwendigkeit der Abweichung von der gesetzlichen Regel zu erkennen sind. Alle derartige Verhandlungen sind, chronologisch geordnet, in ein besonderes Aktenstück für jedes Jahr zusammenzufassen und neben den drei Registern aufzubewahren.

§. 21. Für die auf Grund des Gesetzes vom 4. Mai 1870 und dieser Instruktion vorgenommenen Verrichtungen sind provisorisch nachstehende im Einvernehmen mit dem Ausschusse des Bundesraths für Handel und Verkehr festgesetzte Gebühren zu erheben:

1. für die Eintragung in das Register, die vorhergegangenen Verhandlungen und die Ausfertigung der Urkunde
   a) bei Eheschließungen drei Thaler, jedoch können in den Fällen der §§. 9 und 12 der gegenwärtigen Instruktion bis fünf Thaler erhoben werden;
   b) bei Geburten und Sterbefällen ein Thaler. Wenn die Vermögensverhältnisse der Zahlungspflichtigen dies erforderlich erscheinen lassen, erfolgt die Eintragung in das Register incl. der vorhergegangenen Verhandlung gebührenfrei.
2. für die Anfertigung und Bekanntmachung des Aufgebots ein Thaler.

Insertionskosten (§. 4 des Gesetzes), und sonstige baare Auslagen sind besonders zu erstatten.

17) Civilprozeßordnung. Vom 30. Januar 1877.

§. 182. Eine im Auslande zu bewirkende Zustellung erfolgt mittels Ersuchens der zuständigen Behörde des fremden Staates oder des in diesem Staate residirenden Konsuls oder Gesandten des Reichs.

§. 183[2]. . . . . Zustellungen an die Vorsteher der Reichskonsulate erfolgen mittels Ersuchens des Reichskanzlers.

§. 328. Soll die Beweisaufnahme im Ausland erfolgen, so hat der Vorsitzende die zuständige Behörde um Aufnahme des Beweises zu ersuchen.

Kann die Beweisaufnahme durch einen Reichskonsul erfolgen, so ist das Ersuchen an diesen zu richten.

§. 403. Ob eine Urkunde, welche als von einer ausländischen Behörde oder von einer mit öffentlichem Glauben versehenen Person des Auslandes errichtet sich darstellt, ohne näheren Nachweis als echt anzusehen sei, hat das Gericht nach den Umständen des Falles zu ermessen.

Zum Beweis der Echtheit einer solchen Urkunde genügt die Legalisation durch einen Konsul oder Gesandten des Reichs.

Dazu

Gesetz, betreffend die Beglaubigung öffentlicher Urkunden. Vom 1. Mai 1878 (RGB. 89).

§. 2. Zur Annahme der Echtheit einer Urkunde, welche als von einer ausländischen öffentlichen Behörde oder von einer mit öffentlichem Glauben versehenen Person des Auslandes ausgestellt oder aufgenommen sich darstellt, genügt die Legalisation durch einen Konsul oder Gesandten des Reichs.

§. 700. Soll die Zwangsvollstreckung in einem ausländischen Staate erfolgen, dessen Behörden im Wege der Rechtshülfe die Urtheile deutscher Gerichte vollstrecken, so hat auf Antrag des Gläubigers das Prozeßgericht erster Instanz die zuständige Behörde des Auslandes um die Zwangsvollstreckung zu ersuchen.

Kann die Vollstreckung durch einen Reichskonsul erfolgen, so ist das Ersuchen an diesen zu richten.

18) Strafprozeßordnung. Vom 1. Februar 1877.

§. 37. Auf das Verfahren bei Zustellungen finden die Vorschriften der Civilprozeßordnung über Zustellungen entsprechende Anwendung.

19) Gesetz, betreffend die Untersuchung von Seeunfällen. Vom 27. Juli 1877 (RGB. 549).

§. 15. Die deutschen Seemannsämter im Auslande (Konsulate) haben, sobald sie von einem Seeunfalle Kenntniß erlangen, zur vorläufigen Feststellung des Thatbestandes diejenigen Ermittelungen und Beweiserhebungen vorzunehmen, welche keinen Aufschub dulden.[1])

20) V. d. RK. v. 6. Dezember 1875 (CBl. 817) betr. die Thätigkeit der Konsuln in Verlassenschaftssachen.

Nach §. 18 des Konsulatsgesetzes vom 8. November 1867 sind die Kaiserlichen Konsuln unter gewissen

[1]) Vgl. dazu unten Z. 21.

Voraussetzungen berufen, über Gelder, die im Nachlasse eines in ihrem Amtsbezirke verstorbenen Reichs-Angehörigen vorgefunden sind, zu verfügen.

Aus dieser Bestimmung ist mehrfach eine Berechtigung der Konsuln hergeleitet worden, überhaupt für Rechnung und auf Antrag von Privatpersonen Gelder einzuziehen und anzunehmen.

Eine solche Erweiterung der konsularischen Befugnisse entspricht aber weder der Absicht des Gesetzes, noch kann sie wegen der damit verknüpften Folgen als zulässig erachtet werden.

Ew. Wohlgeboren wollen sich daher stets gegenwärtig halten, daß die Kaiserlichen Konsuln in dieser ihrer amtlichen Eigenschaft nicht berechtigt sind, in anderen als den im Gesetze, insbesondere in dem oben in Bezug genommenen §. 18 vorgesehenen Fällen, Gelder für Privatpersonen zu erheben oder in Verwahrung zu nehmen, es sei denn, daß sie vom Auswärtigen Amt, oder von der ihnen unmittelbar vorgesetzten Dienstbehörde ausdrücklich Auftrag dazu erhalten. Liegt ein solcher Auftrag nicht vor, und wird Ew. Wohlgeboren Vermittlung von anderer Seite in der gedachten Weise in Anspruch genommen, so wollen Sie die Antragsteller gefälligst darauf aufmerksam machen, daß Sie Ihre Mitwirkung nicht in amtlicher Eigenschaft, sondern nur privatim eintreten lassen können.

21) V. d. RK. v. 23. November 1877 (CBl. 634) betr. Zeugenvernehmungen der Konsuln bei Seeunfällen.

Mit dem 1. Januar 1878 tritt das Reichsgesetz vom 27. Juli d. J. (s. Reichs-Gesetzblatt Nr. 33 S. 549) in Wirksamkeit, wonach Seeunfälle deutscher Kauffahrteischiffe, und unter gewissen Voraussetzungen auch die Unfälle ausländischer Handelsfahrzeuge vor deutschen Seeämtern zur Untersuchung gezogen werden sollen.

Aus §. 14, §. 15, §. 20, und in Verbindung hiermit aus §. 30, sowie ferner aus §. 28 ergiebt sich, in welchen Beziehungen bei der Ausführung des Gesetzes den Kaiserlichen Konsulaten in ihrer Eigenschaft als deutsche Seemannsämter im Auslande, eine Mitwirkung zufällt.

Hierbei ist Folgendes zu beachten:

1. Die nach §. 14. zu erstattenden Anzeigen über Seeunfälle deutscher Kauffahrteischiffe im Auslande, ebenso wie die aufgenommenen Verhandlungen über die nach §. 15 angestellten Ermittelungen und Beweiserhebungen sind in jedem einzelnen Falle ohne Verzug an das Auswärtige Amt einzureichen, von wo aus dieselben ihrer weiteren Bestimmung zugeführt werden.

2. Bei den in Gemäßheit von §. 15 vorkommenden Ermittelungen und Beweiserhebungen sind die Konsuln befugt, die vernommenen Zeugen und Sachverständigen zu vereidigen, auch wenn der betreffende Konsul im übrigen die in §. 20 des Gesetzes über die Organisation der Konsulate vom 8. November 1867 vorgesehene

Ermächtigung zur Abhörung von Zeugen und zur Abnahme von Eiden nicht besitzt.

Der Schiffer und der Steuermann des Schiffs, dessen Unfall den Gegenstand der konsularischen Ermittelung bildet, dürfen nicht vereidigt werden.

3. Wenn den Konsulaten nach §. 28 die Befugniß zusteht, unter Umständen der Beschwerde des Schiffers oder Steuermanns, welcher durch das Urtheil eines Seeamtes des Befähigungszeugnisses für verlustig erklärt ist, aufschiebende Wirkung bis spätestens zur Ankunft des Beschwerdeführers in einem deutschen Hafen einzuräumen, so ist dies auf solche Fälle zu beziehen, wo anderenfalls, in Ermangelung eines geeigneten Ersatzes, das Schiff ohne Schiffer und Steuermann seine Reise fortsetzen oder seine Rückreise antreten müßte.

Ueber die getroffene Verfügung ist dem Schiffer oder Steuermann zu seiner Legitimation eine Bescheinigung zu ertheilen.

4. In den Fällen, wo bei den Konsulaten nach §. 28 eine Beschwerde gegen das Urtheil eines Seeamts eingelegt oder gerechtfertigt, oder wo dem Schiffer oder Steuermann die Frist zur Rechtfertigung der Beschwerde verlängert worden ist, sind die bezüglichen Schriftstücke ohne Verzug an das Auswärtige Amt einzureichen.

22) Gesetz über das Paßwesen. Vom 12. Oktober 1867 (BGB. 33).

§. 6. Zur Ertheilung von Pässen an Bundes-Angehörige zum Eintritt in das Bundesgebiet sind befugt:

1) die Bundesgesandten und Bundeskonsuln .....

§. 8. Für Pässe und sonstige Reisepapiere darf an Stempelabgaben und Ausfertigungsgebühren zusammen nicht mehr als höchstens Ein Thaler erhoben werden.

Die Gesandten und Konsuln sind befugt, Pässe stempel- und kostenfrei auszustellen. In welchen Fällen dies außerdem statthaft ist, bleibt der Bestimmung der einzelnen Regierungen vorbehalten.

23) V. d. Reichskanzlers vom 1. April 1882 (CBl. 218) betr. die von den Kaiserlichen Konsuln zu gewährenden Unterstützungen.

Zu wiederholten Malen ist das Unterstützungswesen der besonderen Aufmerksamkeit der Kaiserlichen Konsuln anempfohlen und ihnen aufgegeben worden, Geldbeihülfen nur in dringenden Fällen zu gewähren. Die Erlasse haben indeß ihren Zweck so wenig erreicht, daß die Reichskasse allein nicht entlastet, sondern im Gegentheil in immer stärkerem Maaße durch solche Ausgaben in Anspruch genommen ist.

Der Grund liegt zum Theil darin, daß die in der Allgemeinen Dienstinstruktion sowie in besonderen Erlassen enthaltenen Vorschriften nicht genügend beachtet sind, hauptsächlich aber darin, daß der Charakter der staatlichen Unterstützung immer mehr verkannt worden ist. Während eine Beihülfe aus öffentlichen Fonds nur in Fällen wirklicher und unverschuldeter Noth, bei Krankheit, Arbeitsunfähigkeit etc. gewährt werden soll, und vor allem nur an Personen, die der Unterstützung nicht nur bedürftig, sondern auch würdig sind, wird hiervon seitens der Konsuln vielfach in dem Maße abgesehen, daß ihre Beihülfe sich allmälig zu einem Almosengeben gestaltet, und dem Bettelunwesen Vorschub geleistet hat.

Es ist bekannt und ein Gegenstand lauter Klage, daß von Deutschland aus die benachbarten Länder von Schaaren arbeitsscheuer, aller Mittel entblößten Menschen überzogen werden, die lediglich vom Bettel leben. Es sind zumeist diese Vagabonden, welche als „arme deutsche Reisende" die Konsulate brandschatzen, und von der Privatwohlthätigkeit Almosen erpressen. Fast alle Unterstützungen, die im Betrage von einigen Mark von den Kaiserlichen Konsulaten gegeben und dem Auswärtigen Amt in Rechnung gestellt werden, an einzelnen Orten an hunderte von Personen im Jahr, sind solche Almosen, die bei Festhaltung der oben bezeichneten Gesichtspunkte nicht gewährt werden durften. Der Bettel, welcher gesetzlich mit Strafe bedroht ist, wird auf diese Weise gefördert, das Vagabondenthum, welches der Staat zu unterdrücken sich bemüht, und das unserer Nation zur Unehre gereicht, staatlich unterstützt.

Wenn es auch nach Lage der Gesetzgebung nicht möglich ist, die wanderlustigen deutschen Abenteurer an dem Besuch fremder Länder zu verhindern, so haben die staatlichen Organe doch die Aufgabe, dem Unwesen nach Kräften zu steuern, und vor allen Dingen die Pflicht, sich jeder Förderung desselben zu enthalten.

Im Nachstehenden sind die Regeln bezeichnet, nach welchen, abgesehen von den bereits bestehenden

Vorschriften, die Kaiserlichen Konsuln bezüglich der Unterstützung Hülfsbedürftiger künftig zu verfahren haben, und deren strenge Befolgung ich ihnen im Interesse des vorgedachten Zweckes hiermit besonders zur Pflicht mache.

1. Geldunterstützungen dürfen nur an Personen gegeben werden, welche sich durch vollgültige Legitimationspapiere als Reichsangehörige ausweisen.
2. Sie sind nur in Fällen wirklicher und unverschuldeter Noth, insbesondere bei Krankheit oder Arbeitsunfähigkeit, und nur dann zu gewähren, wenn an dem Orte keine Behörden, Anstalten, Vereine ꝛc. vorhanden sind, denen die Unterstützungsbedürftigen zugewiesen werden können.
3. Aus der Konsulatskasse dürfen keine Gelder an Arbeitsfähige gezahlt und überhaupt keine Unterstützungen gewährt werden, welche den Karakter von Almosen haben. Bettler sind der Polizeibehörde des Orts, oder den Zwangsarbeitsanstalten, wo solche existiren, zuzuführen.

   Durch Aushang oder Anschlag vor der Kanzlei ist diese Bestimmung zur öffentlichen Kenntniß zu bringen.
4. Bedürftigen sind Reiseunterstützungen nur behufs der Rückkehr nach Deutschland, niemals zur Reise in entgegengesetzter Richtung zu gewähren; ebenso dürfen ihnen Reiselegitimationen nur zu dem ersteren Zwecke ausgestellt oder visirt werden.

   Ausnahmen sind nur zulässig, wenn der

Reisende glaubhaft nachweist, daß er im Auslande seinen festen Wohnsitz hat.

5. Auf den Legitimationspapieren ist der Betrag der gewährten Unterstützung, sowie ihr Grund und Zweck zu vermerken.

6. Die aus der Konsulatskasse verabreichten Unterstützungen sind in besondere Verzeichnisse nach dem anliegenden Formular einzutragen, und Abschrift der letzteren nebst den vorschriftsmäßigen Quittungen der Empfänger dem Auswärtigen Amt mit der amtlichen Liquidation einzureichen.

7. Die Kaiserlichen Konsuln haben den in demselben Lande und den an der Grenze des Nachbarlandes bestehenden deutschen Konsulaten in kurzen Fristen Listen derjenigen Personen mitzutheilen, welche der Landstreicherei verdächtig sind, und Reiseunterstützungen, Ertheilung von Pässen, Visas ꝛc. erbeten haben.

8. Die von den Konsuln verausgabten Unterstützungsgelder werden ihnen aus der Legationskasse nur erstattet, wenn die früher und vorstehend gegebenen Vorschriften befolgt sind. Auch sind die Konsuln verantwortlich für alle Folgen, die eine Vernachlässigung dieser Bestimmungen nach sich zieht.

Verzeichniß

der im .... Vierteljahr 18.. von dem Kaiserlichen (General-, Vize-) Konsulat zu .... an hülfsbedürftige Deutsche gewährten Unterstützungen.

№	Datum.	Name und Vorname (event. auch der Familienmitglieder).	Stand oder Gewerbe.	Heimathsort bezw. Unterstützungswohnsitz.	kommt von:	geht nach:	Legitimation.	Grund, Zweck und Betrag der Unterstützung.	Bemerkungen.

.... den ..ten ...... 18..

Der Kaiserliche Konsul.

(Unterschrift.)

24) Kais. Ordre v. 28. Sept. 1872, betr. das Verhalten der Commandanten deutscher Kriegsschiffe im Auslande, ergänzt durch Kais. Ordres v. 28. Dez. 1875 u. 7. Jan. 1879 [1]).

§. 6. Der Commandant eines Schiffes ist ein Repräsentant des Kaisers. Abgeschnitten vom unmittelbaren Verkehr mit seinen Vorgesetzten, muß er daher in allen Fällen, welche die vorhandenen Bestimmungen und Instructionen nicht vorsehen können, nach eigenem Ermessen den Umständen entsprechend handeln.

§. 9. Bei der Ankunft in ausländischen Häfen hat der Commandant sich mit den für dieselben geltenden polizeilichen, zollamtlichen und Quarantainevorschriften, mit letzteren womöglich schon im Abgangshafen bekannt zu machen und für ihre allseitige Beachtung zu sorgen. Bei Beantwortung der von den Sanitätsbeamten oder anderen Beamten an ihn gerichteten Fragen muß er mit der größten Aufmerksamkeit und Genauigkeit zu Werke gehen und Mißverständnisse, welche Anlaß zu Beschwerden geben können, zu vermeiden suchen. Vor dem Einlaufen in Binnengewässer, soweit dieselben unter der Oberhoheit auswärtiger Mächte stehen, muß er die Erlaubniß der zuständigen Landesbehörden einholen. In Fällen zwingender Nothwendigkeit, wo diese Genehmigung nicht abgewartet werden kann, muß dieselbe nachträglich beantragt werden.

§. 10. Er hat im Verein mit den Consuln den

[1]) Nach Perels, das internat. öffentl. Seerecht S. 353 ff. Vgl. Marine Ver.B. 1875, 242. 1879, 1.

Angehörigen des Deutschen Reichs und deren Handel, Verkehr und Schifffahrt Schutz zu gewähren und Hülfe zu leisten, dabei aber stets die am Orte geltenden Landesgesetze zu achten und zu befolgen.

§. 12. Die allgemeine Dienstinstruction für die Consuln des Deutschen Reichs vom 6. Juni 1871 dient als Richtschnur für den Verkehr mit den deutschen consularischen Vertretern.

Die staatsrechtliche und politische Verantwortlichkeit für die Folgen eines militärischen Einschreitens der Kaiserlichen Marine, welches ein Kaiserlicher Vertreter veranlaßt, trifft ausschließlich diesen Letzteren. Seine Aufgabe ist es, mit den betreffenden Landesbehörden zu verhandeln sowie namentlich zu prüfen, ob alle friedlichen Mittel zur Verhütung einer Gefahr für Leben, Freiheit oder Eigenthum von Reichsangehörigen erschöpft sind, ob eine ernstliche Gefahr im Verzuge liegen würde, oder ob überhaupt nach Lage der Verhältnisse nur durch Aufwendung materieller Gewalt einer Rechtsverletzung vorgebeugt oder für erlittenen Schaden resp. für Beleidigungen der deutschen Flagge Ersatz oder Genugthuung erwirkt werden kann.

Die Commandanten der Kaiserlichen Kriegsschiffe handeln, insofern sie nicht specielle Instructionen haben, oder nach Lage des concreten Falles der vorherige Verkehr mit einem Kaiserlichen Vertreter möglich ist, nur auf Antrag des letzteren und tragen selbst lediglich die militärische Verantwortlichkeit für die Ausführung einer angenommenen Requisition; sie haben daher ihrerseits die materielle Ausführbarkeit derselben zu prüfen und für die Wahrung der einmal engagirten Ehre der Kaiserlichen Kriegsflagge einzustehen. Es steht ihnen allenfalls frei, ihre etwaigen persönlichen Bedenken gegen auf Verwendung von Gewalt gerichtete Requisition oder ihre Ansicht über die Zweck- oder Unzweckmäßigkeit eines bestimmten Verfahrens dem Kaiserlichen Vertreter gegenüber mündlich oder schriftlich geltend zu machen, um die volle Verantwortlichkeit hierfür von sich abzuweisen: zu einer amtlichen Prüfung und Entscheidung der politischen und rechtlichen Seite der einzelnen Fragen und zur Führung von Verhandlungen darüber mit den Landesbehörden, beziehentlich mit den Häuptern uncivilisirter Völkerschaften sind sie nur da befugt, wo es eine regelmäßige Kaiserliche Vertretung nicht giebt.

Allerhöchste Ordre v. 28. Dezember 1875. (MVBl. S. 242.)

Auf Ihren Vortrag bestimme Ich, daß in der von Mir unterm 28. September 1872 genehmigten Instruction für den Commandanten eines Meiner Schiffe und Fahrzeuge folgender Passus, welcher das wechselseitige Verhältniß Meiner Vertreter im Auslande und Meiner Schiffscommandanten klarstellen und die Grenzen der beiderseitigen Competenz und Verantwortlichkeit bei politischen und militärischen Handlungen vorzeichnen soll, als Ergänzung des § 12 ad alinea 2 aufzunehmen ist.

Bei den von den Kaiserlichen Missionen oder Consulaten an die Commandanten Kaiserlicher Kriegsschiffe zu richtenden Requisitionen gilt als bindender Grundsatz, daß die staatsrechtliche und politische Verantwortlichkeit für die Folgen eines militärischen Einschreitens der Kaiserlichen Marine, welches ein Kaiserlicher Vertreter veranlaßt, ausschließlich diesen letzteren trifft. Es ist daher auch nur seine Aufgabe, mit den betreffenden Landesbehörden zu verhandeln, sowie namentlich zu prüfen, ob alle friedlichen Mittel zur Verhütung einer Gefahr für Leben, Freiheit oder Eigenthum von Reichsangehörigen erschöpft sind, ob eine ernstliche Gefahr im Verzuge liegen würde oder ob überhaupt nach Lage der Verhältnisse nur durch Aufwendung materieller Gewalt einer Rechtsverletzung vorgebeugt, oder für erlittenen Schaden, resp. für Beleidigungen der deutschen Flagge Ersatz und Genugthuung erwirkt werden kann.

Die Commandanten der Kaiserlichen Kriegsschiffe handeln, insofern sie nicht specielle Instructionen haben oder nach Lage des concreten Falls der vorherige Verkehr mit einem Kaiserlichen Vertreter unmöglich ist, nur auf Antrag des letzteren und tragen selbst lediglich die militärische Verantwortlichkeit für die Ausführung einer angenommenen Requisition; sie haben daher ihrerseits die materielle Ausführbarkeit derselben zu prüfen und für die Wahrung der einmal engagirten Ehre der Kaiserlichen Kriegsflagge einzustehen. Es steht ihnen allenfalls frei, ihre etwaigen persönlichen Bedenken gegen auf Verwendung von Gewalt gerichtete Requisition, oder ihre Ansicht über die Zweck- oder Unzweckmäßigkeit eines bestimmten Verfahrens dem Kaiserlichen Vertreter gegenüber mündlich oder schriftlich geltend zu machen, um die volle Verantwortlichkeit hierfür von sich abzuweisen; zu einer amtlichen Prüfung und Entscheidung der politischen und rechtlichen Seite der einzelnen Fragen und zur Führung von Verhandlungen darüber mit den Landesbehörden, beziehentlich mit den Häuptern militärischer Völkerschaften sind sie nur da befugt, wo es eine regelmäßige Kaiserliche Vertretung nicht giebt.

§. 13. Geräth ein Commandant in irgend einen Conflict mit Behörden irgend eines fremden Staates, so hat er dem Consul oder diplomatischen Vertreter des Deutschen Reichs die weitere Verfolgung der Angelegenheit zu übertragen und selbstverständlich an seine vorgesetzte Behörde zu berichten.

§. 14. Wird irgendwie ein augenblickliches Einschreiten durchaus erforderlich, so hat er die Vorschriften des maritimen Völkerrechts in Betracht zu ziehen und bei seinen Maßnahmen nicht außer Acht zu lassen, daß ihm die ganze Verantwortlichkeit für die Folgen verbleibt. — — —

§. 15. Da es im Interesse des Deutschen Reichs liegt, daß die deutschen Vertreter in der Fremde möglichst hoch in Ansehen stehen, so ist es die Aufgabe jedes Commandanten, die denselben zustehenden Ehren voll und in möglichst schöner und reicher Form zu gewähren, wie es das Flaggen- und Salutreglement vorschreibt; ferner ist es seine Pflicht, in möglichster und freiester Uebereinstimmung mit den diplomatischen und consularischen Vertretern zu handeln und den Requisitionen derselben soweit als thunlich nachzukommen. Endlich sind für alle Bedürfnisse des Schiffs die Consuln als gegebene Agenten zu nehmen. Die Liste der in den verschiedenen Ländern und Orten fungirenden deutschen Gesandten, Consuln und Viceconsuln mit ihrem Bereiche findet sich in der Schiffsbücherkiste.

Allerhöchste Ordre v. 7. Januar 1879. (MVBl. S. 1.)

In Ergänzung der Bestimmungen der §§. 12, 13 und 15 der von Mir genehmigten Instruction für Commandanten, bestimme Ich auf Ihren Vortrag als Eingang zu § 15 Nachstehendes: Bei Besuchen fremder Häfen hat der Commandant ohne Zeitverlust mit der am Orte befindlichen Kaiserlichen Vertretung (Botschaft, Gesandtschaft, Consulat) in Verbindung zu treten und derselben über Zweck und muthmaßliche Dauer des Aufenthalts Anzeige zu machen. Der Commandant hat ferner an die Kaiserliche Vertretung in der Landeshauptstadt über Ankunft, Zweck und muthmaßliche Dauer des Aufenthalts in allen denjenigen Fällen Anzeige zu machen, wo es sich nicht lediglich um Ergänzung von Proviant und Vorräthen, sondern um die Lösung bestimmter Aufgaben oder um die Inanspruchnahme der Hülfe, resp. des Beistandes fremder Behörden handelt, auch wenn dadurch ein gegenseitiges Requisitionsverhältniß zwischen der Kaiserlichen Vertretung und dem Schiffscommando nicht bedingt wird.

25) Gesetz, betreffend die Verpflichtung deutscher Kauffahrteischiffe zur Mitnahme hülfsbedürftiger Seeleute. Vom 27. Dezember 1872 (R.G.B. 432).

§. 1. Jedes deutsche Kauffahrteischiff, welches von einem außerdeutschen Hafen nach einem deutschen Hafen oder nach einem Hafen des Kanals, Großbritanniens, des Sundes oder des Kattegats oder nach einem außerdeutschen Hafen der Nordsee oder der Ostsee bestimmt ist, ist verpflichtet, deutsche Seeleute, welche im Auslande sich in hülfsbedürftigem Zustande befinden, behufs ihrer Zurückbeförderung nach Deutschland auf schriftliche Anweisung des Seemannsamtes gegen eine Entschädigung (§. 5) nach seinem Bestimmungshafen mitzunehmen.

In Ansehung ausländischer Seeleute, welche unmittelbar nach einem Dienste auf einem deutschen Kauffahrteischiffe außerhalb Deutschlands sich in einem hülfsbedürftigen Zustande befinden, liegt den nach deren Heimathslande bestimmten deutschen Kauffahrteischiffen eine gleiche Verpflichtung ob.

Zur Erfüllung dieser Verpflichtungen kann der Schiffer vom Seemannsamt zwangsweise angehalten werden.

§. 2. Bieten mehrere Schiffe Gelegenheit zur Mitnahme, so sind die zu befördernden Seeleute durch das Seemannsamt nach Verhältniß der Größe der Schiffe und der Zahl ihrer Mannschaften auf die einzelnen Schiffe zu vertheilen.

§. 3. Die Mitnahme kann verweigert werden:

1) wenn und soweit an Bord kein angemessener Platz für die Mitzunehmenden vorhanden ist;
2) wenn der Mitzunehmende bettlägerig krank oder mit einer syphilitischen oder einer sonstigen, die Gesundheit oder Sicherheit der Mannschaft gefährdenden Krankheit behaftet ist, oder wegen eines Vergehens oder Verbrechens zurückbefördert werden soll;
3) wenn und soweit die Zahl der Mitzunehmenden ein Viertheil der Schiffsmannschaft übersteigt;
4) wenn die Mitnahme nicht mindestens zwei Tage vor dem Zeitpunkt verlangt wird, an welchem das Schiff zum Abgehen fertig ist.

Die Entscheidung über den Grund der Weigerung steht dem Seemannsamt zu.

§. 4. Während der Reise erhält der Mitgenommene Kost und Logis von Seiten des Schiffs. Er ist der Disziplinargewalt des Schiffers unterworfen.

§. 5. Die Entschädigung (§. 1) beträgt, in Ermangelung der Vereinbarung über einen geringeren Satz, für jeden Tag des Aufenthalts an Bord:

1) für einen Schiffer, einen Steuermann, einen Arzt, einen Maschinisten oder den Assistenten eines solchen, einen Proviant- oder Zahlmeister einen Thaler auf Segelschiffen und einen und einen halben Thaler auf Dampfschiffen;
2) für jeden anderen Seemann einen halben

Thaler auf Segelschiffen und zwei Drittel Thaler auf Dampfschiffen.

§. 6. Die Auszahlung der Entschädigung erfolgt im Bestimmungshafen durch das Seemannsamt gegen Auslieferung der wegen der Mitnahme ertheilten Anweisung (§. 1).

§. 7. Der Mitgenommene haftet für die durch die Zurückbeförderung verursachten Aufwendungen.

Die Vorschriften, welche den Rheder oder andere Personen zur Erstattung solcher Aufwendungen verpflichten, werden durch dieses Gesetz nicht berührt.

§. 8. Wer sich der Erfüllung einer ihm nach §. 1 obliegenden Verpflichtung entzieht, wird mit Geldstrafe bis zu fünfzig Thalern oder mit Haft bestraft. Für die Festsetzung der Strafe und für das weitere Verfahren kommen die im §. 101 der Seemannsordnung enthaltenen Vorschriften zur Anwendung.

§. 9. Dieses Gesetz tritt mit dem 1. März 1873 in Kraft.

26) Gesetz, betreffend die Nationalität der Kauffahrteischiffe und ihre Befugniß zur Führung der Bundesflagge. Vom 25. Oktober 1867.

(B.G.B. 35.)

§. 1. Die zum Erwerb durch die Seefahrt bestimmten Schiffe (Kauffahrteischiffe) der Bundesstaaten haben fortan als Nationalflagge ausschließlich die Bundesflagge zu führen (Artikel 54. und 55. der Bundesverfassung).

§. 2. Zur Führung der Bundesflagge sind die Kauffahrteischiffe nur dann berechtigt, wenn sie in dem ausschließlichen Eigenthum solcher Personen sich befinden, welchen das Bundesindigenat (Artikel 3. der Bundesverfassung)[1]) zusteht.

Diesen Personen sind gleich zu achten die im Bundesgebiete errichteten Aktiengesellschaften und Kommanditgesellschaften auf Aktien, in Preußen auch die nach Maaßgabe des Gesetzes vom 27. März 1867. eingetragenen Genossenschaften, sofern diese Gesellschaften und Genossenschaften innerhalb des Bundesgebietes ihren Sitz haben und bei den Kommanditgesellschaften auf Aktien allen persönlich haftenden Mitgliedern das Bundesindigenat zusteht.

§. 3. Für die zur Führung der Bundesflagge befugten Kauffahrteischiffe sind in den an der See belegenen Bundesstaaten Schiffsregister zu führen. Die Landesgesetze bestimmen die Behörden, welche das Schiffsregister zu führen haben.

§. 4. Das Schiffsregister ist öffentlich; die Einsicht desselben ist während der gewöhnlichen Dienststunden einem Jeden gestattet.

§. 5. Ein Schiff kann nur in das Schiffsregister desjenigen Hafens eingetragen werden, von welchem aus die Seefahrt mit ihm betrieben werden soll (Heimathshafen, Registerhafen).

---

[1]) G. v. 1. Juni 1870 über die Erwerbung und den Verlust der Bundes- und Staatsangehörigkeit (BGB. 355).

§. 6. Die Eintragung des Schiffes in das Schiffsregister muß enthalten:

1) den Namen und die Gattung des Schiffes (ob Barke, Brigg u. s. w.);
2) seine Größe und die nach der Größe berechnete Tragfähigkeit;
3) die Zeit und den Ort seiner Erbauung, oder, wenn es die Flagge eines nicht zum Norddeutschen Bunde gehörenden Landes geführt hat, den Thatumstand, wodurch es das Recht, die Bundesflagge zu führen, erlangt hat, und außerdem, wenn thunlich, die Zeit und den Ort der Erbauung;
4) den Heimathshafen;
5) den Namen und die nähere Bezeichnung des Rheders, oder, wenn eine Rhederei besteht, den Namen und die nähere Bezeichnung aller Mitrheder und die Größe der Schiffspart eines Jeden; ist eine Handelsgesellschaft Rheder oder Mitrheder, so sind die Firma und der Ort, an welchem die Gesellschaft ihren Sitz hat, und, wenn die Gesellschaft nicht eine Aktiengesellschaft ist, die Namen und die nähere Bezeichnung aller die Handelsgesellschaft bildenden Gesellschafter einzutragen; bei der Kommanditgesellschaft auf Aktien genügt statt der Eintragung aller Gesellschafter die Eintragung aller persönlich haftenden Gesellschafter;
6) den Rechtsgrund, auf welchem die Erwerbung

des Eigenthums des Schiffes oder der einzelnen Schiffsparten beruht;

7) die Nationalität des Rheders oder der Mitrheder;

8) den Tag der Eintragung des Schiffes.

Ein jedes Schiff wird in das Schiffsregister unter einer besonderen Ordnungsnummer eingetragen.

§. 7. Die Eintragung des Schiffes in das Schiffsregister darf erst geschehen, nachdem das Recht desselben, die Bundesflagge zu führen, und alle in dem §. 6. bezeichneten Thatsachen glaubhaft nachgewiesen sind.

§. 8. Ueber die Eintragung des Schiffes in das Schiffsregister wird von der Registerbehörde eine mit dem Inhalt der Eintragung übereinstimmende Urkunde (Certifikat) ausgefertigt.

Das Certifikat muß außerdem bezeugen, daß die nach §. 7. erforderlichen Nachweisungen geführt sind, sowie, daß das Schiff zur Führung der Bundesflagge befugt sei.

§. 9. Durch das Certifikat wird das Recht des Schiffes, die Bundesflagge zu führen, nachgewiesen.

Zum Nachweis dieses Rechts ist insbesondere ein Seepaß nicht erforderlich.

§. 10. Das Recht, die Bundesflagge zu führen, darf weder vor der Eintragung des Schiffes in das Schiffsregister, noch vor der Ausfertigung des Certifikats ausgeübt werden.

§. 11. Treten in den Thatsachen, welche in dem §. 6. bezeichnet sind, nach der Eintragung Veränderungen ein, so müssen dieselben in das Schiffsregister eingetragen und auf dem Certifikate vermerkt werden.

Im Fall das Schiff untergeht oder das Recht, die Bundesflagge zu führen, verliert, ist das Schiff in dem Schiffsregister zu löschen und das ertheilte Certifikat zurückzuliefern, sofern nicht glaubhaft bescheinigt wird, daß es nicht zurückgeliefert werden könne.

§. 12. Die Thatsachen, welche gemäß §. 11. eine Eintragung oder die Löschung im Schiffsregister erforderlich machen, sind von dem Rheder binnen sechs Wochen nach Ablauf des Tages, an welchem er von ihnen Kenntniß erlangt hat, der Registerbehörde zum Zweck der Verfolgung der Vorschriften des §. 11. anzuzeigen und glaubhaft nachzuweisen, betreffenden Falls unter Zurücklieferung des Certifikats.

Die Verpflichtung zu der Anzeige und Nachweisung liegt ob:

1) wenn eine Rhederei besteht, allen Mitrhedern;
2) wenn eine Aktiengesellschaft Rheder oder Mitrheder ist, für dieselbe allen Mitgliedern des Vorstandes;
3) wenn eine andere Handelsgesellschaft Rheder oder Mitrheder ist, für dieselbe allen persönlich haftenden Gesellschaftern;
4) wenn die Veränderung in einem Eigenthumswechsel besteht, wodurch das Recht des Schiffes, die Bundesflagge zu führen, nicht berührt wird, dem neuen Erwerber des Schiffes oder der Schiffspart.

§. 13. Wenn ein Schiff, welches gemäß der Bestimmung des §. 2. zur Führung der Bundesflagge nicht berechtigt ist, unter der Bundesflagge fährt, so hat der Führer des Schiffes Geldbuße bis zu fünfhundert Thalern oder Gefängnißstrafe bis zu sechs Monaten verwirkt; auch kann auf Konfiskation des Schiffes erkannt werden.

§. 14. Wenn ein Schiff, welches gemäß §. 10. sich der Führung der Bundesflagge enthalten muß, weil die Eintragung in das Schiffsregister oder die Ausfertigung des Schiffscertifikats noch nicht erfolgt ist, unter der Bundesflagge fährt, so hat der Führer des Schiffes Geldbuße bis zu Einhundert Thalern oder verhältnißmäßige Gefängnißstrafe verwirkt, sofern er nicht nachweist, daß der unbefugte Gebrauch der Bundesflagge ohne sein Verschulden geschehen sei.

§. 15. Die im §. 14. angedrohte Strafe hat auch derjenige verwirkt, welcher eine nach den Bestimmungen des §. 12. ihm obliegende Verpflichtung binnen der sechswöchentlichen Frist nicht erfüllt, sofern er nicht beweist, daß er ohne sein Verschulden außer Stande gewesen sei, dieselbe zu erfüllen. Die Strafe tritt nicht ein, wenn vor Ablauf der Frist die Verpflichtung von einem Mitverpflichteten erfüllt ist. Die Strafe wird gegen denjenigen verdoppelt, welcher die Verpflichtung auch binnen sechs Wochen nach Ablauf des Tages, an welchem das ihn verurtheilende Erkenntniß rechtskräftig geworden ist, zu erfüllen versäumt.

§. 16. Wenn ein außerhalb des Bundesgebietes

befindliches fremdes Schiff durch den Uebergang in das Eigenthum einer Person, welcher das Bundesindigenat zusteht, das Recht, die Bundesflagge zu führen, erlangt, so können die Eintragung in das Schiffsregister und das Certifikat durch ein von dem Bundeskonsul, in dessen Bezirk das Schiff zur Zeit des Eigenthumsüberganges sich befindet, über den Erwerb des Rechts, die Bundesflagge zu führen, ertheiltes Attest, jedoch nur für die Dauer eines Jahres seit dem Tage der Ausstellung des Attestes und über dieses Jahr hinaus nur für die Dauer einer durch höhere Gewalt verlängerten Reise, ersetzt werden. So lange Landeskonsulate noch bestehen, ist zur Ausstellung des Attestes auch der Konsul des Bundesstaates befugt, welchem der Erwerber angehört, und in Ermangelung eines solchen Konsuls, sowie in Ermangelung eines Bundeskonsuls, der Konsul eines anderen Bundesstaates (Art. 56. der Bundesverfassung).

§. 17.*) Schiffe von nicht mehr als 50 Kubikmeter Brutto-Raumgehalt sind zur Ausübung des Rechts, die Reichsflagge zu führen, auch ohne Eintragung in das Schiffsregister und Ertheilung des Certifikats befugt.

---

*) Dieser Paragraph ist durch das Gesetz vom 28. Juni 1873 (siehe S. 216) an Stelle des früheren §. 17 gesetzt. Er lautete früher: „Den Landesgesetzen bleibt vorbehalten zu bestimmen, daß und welche kleinere Fahrzeuge (Küstenfahrer u. s. w.) zur Ausübung des Rechts, die Bundesflagge zu führen, auch ohne vorherige Eintragung in das Schiffsregister und Ertheilung des Certifikats befugt seien."

§. 18. Die in Gemäßheit des §. 2. zur Führung der Bundesflagge berechtigten Schiffe, welche in Folge der Vorschrift Artikel 432. ff. des Allgemeinen Deutschen Handelsgesetzbuchs in das Schiffsregister eines Bundesstaates bereits eingetragen und mit Certifikaten Behufs Führung der Landesflagge versehen sind, brauchen zur Ausübung des Rechts, die Bundesflagge zu führen, von Neuem in das Schiffsregister nicht eingetragen und mit neuen Certifikaten nicht versehen zu werden.

§. 19. Die landesgesetzlichen Bestimmungen über die Führung der bisherigen Schiffsregister finden auch auf die nach diesem Gesetze zu führenden Schiffsregister Anwendung, soweit sie mit den Vorschriften desselben sich vertragen, und unbeschadet ihrer späteren Aenderung auf landesgesetzlichem Wege.

§. 20. Gegenwärtiges Gesetz tritt mit dem 1. April 1868. in Wirksamkeit.

Für die Schiffe, welche gegenwärtig die Mecklenburg-Schwerinsche Landesflagge zu führen befugt sind, treten die Vorschriften des §. 2. über die Erfordernisse der Nationalität erst am 1. April 1869. in Geltung.

Anlage: Formular zu Schiffscertifikaten.

(1. Seite.)

Deutsches Reich.

(Wappen.)

Unterscheidungs-Signal:
RWVB.

Schiffs-Certifikat.

Die unterzeichnete Behörde bezeugt hierdurch, daß in das von derselben kraft gesetzlicher Anordnung geführte Schiffsregister das Schiff *Deutschland* unter *Nr. 283* auf Grund glaubhafter Nachweisungen am *15. Dezember 1873* eingetragen ist wie folgt:

1. **Namen des Schiffes:** *„Deutschland".*
2. **Gattung:** *Vollschiff.*
3. **Größe und Ladungsfähigkeit:** *Die nach Ziffer 1 des §. 22 der Schiffsvermessungs-Ordnung aufgenommenen Hauptmaasse sind: Länge 58,08 Meter; Breite = 9,45 Meter; Tiefe = 5,48 Meter.*

Die Vermessung erfolgte auf Grund der Schiffsvermessungs-Ordnung vom 5. Juli 1872 (Reichs-Gesetzblatt S. 270) nach dem *vollständigen* Verfahren und beträgt:

		Kubikmeter.	Britische Register-Tons.
a) Raum unter dem Vermessungs-Deck		1885,4	665,55
b) Räume über dem Vermessungs Deck	*ein Hüttenraum auf dem Hinterdeck*	163,1	57,57
	ein Back-Raum	77,8	27,16
	zwei sonstige Aufbauten-Räume	57,7	20,37
Brutto-Raumgehalt des Schiffes		2184,0	770,95
Hiervon gehen ab die drei Logisräume der Schiffsmannschaft, welche sich in der Hütte auf dem Hinterdeck und in der Back befinden		94,6	33,30
Netto-Raumgehalt des Schiffes		2089,4	737,56

in Worten: *Zwei Tausend und Neun und Achtzig Vier Zehntel* Kubik-Meter, gleich: *Sieben Hundert und Sieben und Dreissig* 56/100 Britischen Register-Tons.

4. **Zeit und Ort der Erbauung:** *1872 und 1873 zu Glückstadt.*
5. **Heimathshafen:** *Hamburg.*

(2. Seite.)

6. Eigenthums-Verhältnisse.

Fortlaufende No.	Namen, nähere Bezeichnung und Nationalität der Rheder.	Schiffsparten.	Erwerbsgrund.

Ueber vorstehende Eintragung wird dieses Certifikat ertheilt und zugleich bezeugt, daß dem Schiffe ..... das Recht, die deutsche Flagge zu führen, nebst allen Rechten, Eigenschaften und Privilegien eines deutschen Schiffes zusteht.

.... den .... 18 ..

....

....

(3. Seite.)

Zu Nummer.	Veränderungen in den eingetragenen Thatsachen.

(4. Seite.)

(Leerer Raum.)

Anmerkung. In denjenigen Gebietstheilen des deutschen Reiches, in welchen das Allgemeine preußische Landrecht gilt, ist diese Seite zur Eintragung von Verpfändungen bestimmt.

26 a) Verordnung, betreffend die Bundesflagge für Kauffahrteischiffe. Vom 25. Oktober 1867. (BGB. 39).

Die Bundesflagge, welche von den Kauffahrteischiffen der Bundesstaaten fortan als Nationalflagge ausschließlich zu führen ist (§. 1. des Gesetzes, betreffend die Nationalität der Kauffahrteischiffe und ihre Befugniß zur Führung der Bundesflagge, vom heutigen Tage), bildet ein längliches Rechteck, bestehend aus drei gleich breiten horizontalen Streifen, von welchen der obere schwarz, der mittlere weiß und der untere roth ist. Das Verhältniß der Höhe der Flagge zur Länge ist wie zwei zu drei. Die Bundesflagge wird von den Schiffen am Heck oder am hinteren Maste — und zwar in der Regel an der Gaffel dieses Mastes, in Ermangelung einer solchen aber am Topp oder im Want — geführt.

Ein besonderes Abzeichen in der Bundesflagge oder einen Wimpel zu führen, ähnlich demjenigen der Kriegsmarine des Norddeutschen Bundes, ist den Kauffahrteischiffen nicht gestattet.

27) Gesetz, betreffend die Registrirung und die Bezeichnung der Kauffahrteischiffe. Vom 28. Juni 1873 (RGB. 184).

§. 1. An Stelle des §. 17 des Gesetzes, betreffend die Nationalität der Kauffahrteischiffe und ihre Befugniß zur Führung der Bundesflagge, vom 25. Oktober 1867 tritt die folgende Bestimmung:

Schiffe von nicht mehr als 50 Kubikmeter-Brutto-Raumgehalt sind zur Ausübung des Rechts, die Reichsflagge zu führen, auch ohne Eintragung in das Schiffsregister und Ertheilung des Certifikats befugt.

§. 2. Die Aenderung des Namens eines in das Schiffsregister eingetragenen Schiffes soll nur aus ganz besonders dringenden Gründen gestattet werden. Sie bedarf der Genehmigung des Reichskanzler-Amts.[1])

§. 3. Jedes in das Schiffsregister eingetragene Schiff muß

1) seinen Namen auf jeder Seite des Bugs und

2) seinen Namen und den Namen des Heimathshafens am Heck

[1]) Jetzt Reichsamt des Innern (A. E. v. 24. Dec. 1879, RGB. 321).

an den festen Theilen in gut sichtbaren und fest angebrachten Schriftzeichen führen.

§. 4. Im Falle einer Zuwiderhandlung gegen die Vorschriften des §. 3 hat der Führer des Schiffes Geldstrafe bis zu einhundertfünfzig Mark oder Haft verwirkt.

§. 5. Dieses Gesetz tritt am 1. Januar 1874 in Kraft.

28) Vorschriften über die Registrirung und die Bezeichnung der Kauffahrteischiffe. Vom 13. November 1873 (RGB. 367).

Auf Grund des Artikels 7 Nr. 2 der Verfassung des Deutschen Reichs hat der Bundesrath behufs Ausführung des Gesetzes, betreffend die Nationalität der Kauffahrteischiffe und ihre Befugniß zur Führung der Bundesflagge, vom 25. Oktober 1867 (Bundes-Gesetzbl. S. 35), sowie des Gesetzes, betreffend die Registrirung und die Bezeichnung der Kauffahrteischiffe, vom 28. Juni 1873 (Reichs-Gesetzbl. S. 184) die nachstehenden

Vorschriften

erlassen:

§. 1. Als „Seefahrt" im Sinne des §. 1 des Gesetzes vom 25. Oktober 1867 (Bundes-Gesetzbl. S. 35) ist in den nachstehend aufgeführten Revieren die Fahrt außerhalb der dabei bezeichneten Grenzen anzusehen;

1) bei Memel

außerhalb der Mündung des Kurischen Haffs,

2) bei Pillau
außerhalb des Pillauer Tiefs,

3) bei Neufahrwasser
außerhalb der Mündung der Weichsel,

4) in der Putziger Wiek
außerhalb Rewa und Heisterneſt,

5) bei Dievenow, Swinemünde und Peenemünde
außerhalb der Mündungen der Dievenow und Swine, sowie außerhalb der nördlichen Spitze der Insel Usedom und der Insel Ruden,

6) bei Rügen
östlich:
außerhalb der Insel Ruden und dem Thiessower Höft,
westlich:
außerhalb Wittower Posthaus und der nördlichen Spitze von Hiddens-Oe, sowie außerhalb des Bock bei Barhöft,

7) bei Wismar
außerhalb Jackelbergs-Riff, Hannibal-Grund, Schweinskötel und Lieps, sowie außerhalb Tarnewitz,

8) auf der Kieler Föhrde
außerhalb Stein bei Labö und Bülk,

9) auf der Eckern Föhrde
außerhalb Nienhof und Bocknis,

10) bei Flensburg, Sonderburg und Apenrade
außerhalb Birknakke und Kekenis-Leuchtthurm,

sowie außerhalb Tundtoft-Nakke und Knuds-hoved,

11) bei Hadersleben
außerhalb Raadhoved, Insel Aarö, Insel Linderum und Orbyhage,

12) bei Husum
außerhalb Nordstrand,

13) auf der Eider
außerhalb Vollerwiek und Hundeknoll,

14) auf der Elbe
außerhalb der westlichen Spitze des hohen Ufers (Dicksand) und der Kugel-Bake bei Döse,

15) auf der Weser
außerhalb Cappel und Langwarden,

16) auf der Jade
außerhalb Langwarden und Schilligshörn,

17) auf der Ems
außerhalb der westlichen Spitze der Wester-marsch (Utlands-Hörn) und Ostpolder Siel.

§. 2. Zu den „zum Erwerb durch die Seefahrt bestimmten Schiffen" im Sinne des §. 1 des Gesetzes vom 25. Oktober 1867 (Bundes-Gesetzbl. S. 35) gehören:

a) die zur großen Seefischerei bestimmten Schiffe und

b) die zum Schleppen anderer Schiffe bestimmten Fahrzeuge, welche Seefahrt betreiben.

§. 3. „Fünfzig Kubikmeter Brutto-Raumgehalt"

im Sinne des §. 1 des Gesetzes vom 28. Juni 1873 (Reichs-Gesetzbl. S. 184) ist zu rechnen:

a) bei Segelschiffen gleich 22 Tonnen zu 1000 Kilogramm,

b) bei Dampfschiffen gleich 15 Tonnen zu 1000 Kilogramm

derjenigen Tragfähigkeit, welche in den vor dem 1. Januar 1873 für deutsche Schiffe ausgefertigten deutschen Meßbriefen aufgeführt ist.

§. 4. Anträge auf Aenderung von Namen der in das Schiffsregister eingetragenen Schiffe sind an die zuständigen Schiffsregister-Behörden zu richten, welche dieselben mit denjenigen Bemerkungen, zu denen die Anträge ihnen etwa Anlaß geben, dem Reichskanzler-Amte [1]) vorzulegen haben.

§. 5. Die nach §. 3 des Gesetzes vom 28. Juni 1873 (Reichs-Gesetzbl. S. 184) von den Schiffen zu führenden Namen sind hell auf dunkelem Grunde in lateinischer Druckschrift von solcher Größe anzubringen, daß

1) die Höhe der kleinsten Buchstaben

bei Schiffen unter 300 Kubikmeter Nettoraumgehalt mindestens 5 Zentimeter,

bei Schiffen von 300 bis 1000 Kubikmeter Nettoraumgehalt mindestens 7,5 Zentimeter,

bei Schiffen von 1000 Kubikmeter Nettoraumgehalt und darüber mindestens 10 Zentimeter, und

---

[1]) S. S. 216[1].

2) die Breite der die Buchstaben bildenden Grundstriche mindestens $1/_5$ der Höhe der Buchstaben beträgt.

Seemannsordnung. Vom 27. Dezember 1872. (RGB. 409).

Erster Abschnitt.

Einleitende Bestimmungen.

§. 1. Die Vorschriften dieses Gesetzes finden auf alle Kauffahrteischiffe (Gesetz vom 25. Oktober 1867 §. 1, Bundesgesetzblatt S. 35) Anwendung, welche das Recht, die Reichsflagge zu führen, ausüben dürfen.

§. 2. Schiffer im Sinne dieses Gesetzes ist der Führer des Schiffes (Schiffskapitän), in Ermangelung oder Verhinderung desselben dessen Stellvertreter.

§. 3. Zur „Schiffsmannschaft“ („Mannschaft“) werden auch die Schiffsoffiziere mit Ausschluß des Schiffers gerechnet, desgleichen ist unter „Schiffsmann“ auch jeder Schiffsoffizier mit Ausnahme des Schiffers zu verstehen.

Personen, welche, ohne zur Schiffsmannschaft zu gehören, auf einem Schiffe als Maschinisten, Aufwärter, oder in anderer Eigenschaft angestellt sind, haben dieselben Rechte und Pflichten, welche in diesem Gesetze in Ansehung der Schiffsmannschaft festgesetzt sind. Es macht hierbei keinen Unterschied, ob sie von dem Schiffer oder von dem Rheder angenommen worden sind.

§. 4. Seemannsämter sind innerhalb des Bundesgebiets die Musterungsbehörden der einzelnen Bundesstaaten und im Auslande die Konsulate des deutschen Reichs.

Die Errichtung der Musterungsbehörden innerhalb des Bundesgebiets steht den Landesregierungen nach Maßgabe der Landesgesetze zu. Die Geschäftsführung derselben unterliegt der Oberaufsicht des Reichs.

Zweiter Abschnitt.

Seefahrtsbücher und Musterung.

§. 5. Niemand darf im Bundesgebiet als Schiffsmann in Dienst treten, bevor er sich über Namen, Heimath und Alter vor einem Seemannsamte ausgewiesen und von demselben ein Seefahrtsbuch ausgefertigt erhalten hat.

Ist der Schiffsmann ein Deutscher, so darf er vor vollendetem vierzehnten Lebensjahr zur Uebernahme von Schiffsdiensten nicht zugelassen werden; auch hat er sich über seine Militärverhältnisse, sowie, wenn er noch der väterlichen Gewalt unterworfen, oder minderjährig ist, über die Genehmigung des Vaters oder Vormundes zur Uebernahme von Schiffsdiensten auszuweisen.

Mit dem Seefahrtsbuch ist dem Schiffsmann zugleich ein Abdruck der Seemannsordnung und des Gesetzes, betreffend die Verpflichtung deutscher Kauffahrteischiffe zur Mitnahme hülfsbedürftiger Seeleute, auszuhändigen.

§. 6. Die väterliche oder vormundschaftliche Genehmigung (§. 5) gilt, sofern ihr eine Einschränkung nicht beigefügt ist, als ein- für allemal ertheilt.

Kraft derselben wird der Minderjährige einem Großjährigen gleichgeachtet, insoweit es sich um den Abschluß von Heuerverträgen, die aus ihnen hervorgehenden Rechte und Pflichten und das gerichtliche Verfahren darüber handelt.

§. 7. Wer bereits ein Seefahrtsbuch ausgefertigt erhalten hat, muß behufs Erlangung eines neuen Seefahrtsbuches das ältere vorlegen oder den Verlust desselben glaubhaft machen. Daß dies geschehen, wird von dem Seemannsamt in dem neuen Seefahrtsbuch vermerkt.

Wird der Verlust glaubhaft gemacht, so ist diesem Vermerke zugleich eine Bescheinigung des Seemannsamtes über die früheren Rang- und Dienstverhältnisse, sowie über die Dauer der Dienstzeit, insoweit der Schiffsmann sich hierüber genügend ausweist, beizufügen.

§. 8. Wer nach Inhalt seines Seefahrtsbuches angemustert ist, darf nicht von neuem angemustert werden, bevor er sich über die Beendigung des früheren Dienstverhältnisses durch den in das Seefahrtsbuch einzutragenden Vermerk (§§. 20, 22) ausgewiesen hat. Kann nach dem Ermessen des Seemannsamtes ein solcher Vermerk nicht beigebracht werden, so dient statt desselben, sobald die Beendigung des Dienstverhältnisses auf andere Art glaubhaft gemacht ist, ein vom Seemannsamt hierüber einzutragender Vermerk im Seefahrtsbuche.

§. 9. Einrichtung und Preis des Seefahrtsbuches bestimmt der Bundesrath. Die Ausfertigung selbst erfolgt kosten- und stempelfrei.

Das Seefahrtsbuch muß über die Militärverhältnisse des Inhabers (§. 5) Auskunft geben.

§. 10. Der Schiffer hat die Musterung (Anmusterung, Abmusterung) der Schiffsmannschaft nach Maßgabe der folgenden Bestimmungen (§§. 11 bis 22) zu veranlassen.

Der Schiffsmann hat sich, wenn nicht ein unabwendbares Hinderniß entgegensteht, zur Musterung zu stellen.

§. 11. Die Anmusterung besteht in der Verlautbarung des mit dem Schiffsmann geschlossenen Heuervertrages vor einem Seemannsamt. Sie muß für die innerhalb des Bundesgebietes liegenden Schiffe unter Vorlegung der Seefahrtsbücher vor Antritt oder Fortsetzung der Reise, für andere Schiffe, sobald ein Seemannsamt angegangen werden kann, erfolgen.

§. 12. Die Anmusterungsverhandlung wird vom Seemannsamt als Musterrolle ausgefertigt. Wenn die zur Schiffsmannschaft eines Schiffs gehörigen Personen nicht gleichzeitig mittelst Einer Verhandlung angemustert werden, so erfolgt die Ausfertigung auf Grund der ersten Verhandlung.

Die Musterrolle muß enthalten: Namen und Nationalität des Schiffs, Namen und Wohnort des Schiffers, Namen, Wohnort und dienstliche Stellung jedes Schiffsmannes, und die Bestimmungen des Heuervertrages, einschließlich etwaiger besonderer Verabredungen. Insbesondere muß aus der Musterrolle erhellen, was dem Schiffsmann für den Tag an Speise und Trank gebührt. Im Uebrigen wird die Einrichtung der Musterrolle vom Bundesrath bestimmt.

§. 13. Wird ein Schiffsmann erst nach Ausfertigung der Musterrolle angemustert, so hat das Seemannsamt eine solche Musterung in die Musterrolle einzutragen.

§. 14. Bei jeder innerhalb des Bundesgebiets erfolgenden Anmusterung wird vom Seemannsamt hierüber und über die Zeit des Dienstantritts ein Vermerk in das Seefahrtsbuch jedes Schiffsmannes eingetragen, welcher zugleich als Ausgangs- oder Seepaß dient. Außerhalb des Bundesgebiets erfolgt eine solche Eintragung nur, wenn das Seefahrtsbuch zu diesem Zweck vorgelegt wird.

Das Seefahrtsbuch ist hiernächst vom Schiffer für die Dauer des Dienstverhältnisses in Verwahrung zu nehmen.

§. 15. Wenn ein angemusterter Schiffsmann durch ein unabwendbares Hinderniß außer Stande gesetzt wird, den Dienst anzutreten, so hat er sich hierüber sobald wie möglich gegen den Schiffer und das Seemannsamt, vor welchem die Musterung erfolgt ist, auszuweisen.

§. 16. Die Abmusterung besteht in der Verlautbarung der Beendigung des Dienstverhältnisses seitens des Schiffers und der aus diesem Verhältniß ausscheidenden Mannschaft. Sie muß, sobald das Dienstverhältniß beendigt ist, erfolgen, und zwar, wenn nicht ein Anderes vereinbart wird, vor dem Seemannsamt desjenigen Hafens, wo das Schiff liegt, und nach Verlust des Schiffs vor demjenigen Seemannsamt, welches zuerst angegangen werden kann.

§. 17. Vor der Abmusterung hat der Schiffer dem abzumusternden Schiffsmann im Seefahrtsbuch die bisherigen Rang- und Dienstverhältnisse und die Dauer der Dienstzeit zu bescheinigen, auf Verlangen auch ein Führungszeugniß zu ertheilen. Das letztere darf in das Seefahrtsbuch nicht eingetragen werden.

§. 18. Die Unterschriften des Schiffers unter der Bescheinigung und dem Zeugniß (§. 17) werden von dem Seemannsamte, vor welchem die Abmusterung stattfindet, kosten- und stempelfrei beglaubigt.

§. 19. Verweigert der Schiffer die Ausstellung des Zeugnisses (§. 17), oder enthält dasselbe Beschuldigungen, deren Richtigkeit der Schiffsmann bestreitet, so hat auf Antrag des letzteren das Seemannsamt den Sachverhalt zu untersuchen und das Ergebniß der Untersuchung dem Schiffsmann zu bescheinigen.

§. 20. Die erfolgte Abmusterung wird vom Seemannsamt in dem Seefahrtsbuche des abgemusterten Schiffsmannes und in der Musterrolle vermerkt.

§. 21. Die Musterrolle ist nach Beendigung derjenigen Reise oder derjenigen Zeit, auf welche die als Musterrolle ausgefertigte Anmusterungsverhandlung (§. 12) sich bezieht, dem Seemannsamt, vor welchem abgemustert wird, zu überliefern.

Letzteres übersendet dieselbe dem Seemannsamt des Heimathshafens.

§. 22. Wenn der Bestand der Mannschaft Aenderungen erfährt, bei welchen eine Musterung (§. 10) nach Maßgabe vorstehender Bestimmungen unausführbar ist, so hat der Schiffer, sobald ein Seemannsamt angegangen werden kann, bei demselben unter Darlegung der Hinderungsgründe die Musterung nachzuholen, oder, sofern auch diese nachträgliche Musterung nicht mehr möglich ist, den Sachverhalt anzuzeigen. Ein Vermerk über die Anzeige ist vom Seemannsamt in die Musterrolle und in die Seefahrtsbücher der betheiligten Schiffsleute einzutragen.

§. 23. Die für die Musterungsverhandlungen, einschließlich der Ausfertigung der Musterrolle, zu erhebenden Kosten fallen dem Rheder zur Last.

Die Bestimmung über die in gleicher Höhe für alle Seemannsämter innerhalb des Bundesgebiets festzustellenden Kosten bleibt dem Bundesrath vorbehalten.

Bis zur Erledigung dieses Vorbehalts steht die Bestimmung über die Höhe der Kosten den Landesregierungen im Verordnungswege zu.

Dritter Abschnitt.

Vertragsverhältniß.

§. 24. Die Gültigkeit des Heuervertrages ist durch schriftliche Abfassung nicht bedingt.

§. 25. Wenn bei dem Abschluß des Heuervertrages die Vereinbarung über den Betrag der Heuer nicht durch ausdrückliche Erklärung getroffen ist, so wird im Zweifel diejenige Heuer als vereinbart angesehen, welche das Seemannsamt des Hafens, in welchem der Schiffsmann angemustert wird, für die daselbst zur Zeit der Anmusterung übliche erklärt.

§. 26. Wenn ein Schiffsmann sich für eine Zeit verheuert, für die er durch einen früher geschlossenen Heuervertrag gebunden ist, so hat der Anspruch auf Erfüllung des zuerst geschlossenen Vertrages den Vorzug.

Hat jedoch eine Anmusterung auf Grund des späteren Vertrages stattgefunden, ohne daß auch auf Grund des ersten Vertrages angemustert ist, so geht jener vor.

§. 27. Wird ein Schiffsmann erst nach Anfertigung der Musterrolle geheuert, so gelten für ihn in Ermangelung anderer Vertragsbestimmungen die nach Inhalt der Musterrolle mit der übrigen Schiffsmannschaft getroffenen Abreden; insbesondere kann er nur dieselbe Heuer fordern, welche nach der Musterrolle den übrigen Schiffsleuten seines Ranges gebührt.

§. 28. Die Verpflichtung des Schiffsmannes, mit seinen Effekten sich an Bord einzufinden und Schiffs=

dienste zu leisten, beginnt, wenn nicht ein Anderes bedungen ist, mit der Anmusterung.

Wenn der Schiffsmann den Dienstantritt länger als vierundzwanzig Stunden verzögert, ist der Schiffer zum Rücktritt von dem Heuervertrage befugt. Die Ansprüche wegen etwaiger Mehrausgaben für einen Ersatzmann und wegen sonstiger aus der Verzögerung erwachsener Schäden werden hierdurch nicht berührt.

§. 29. Den Schiffsmann, welcher nach der Anmusterung dem Antritt oder der Fortsetzung des Dienstes sich entzieht, kann der Schiffer zur Erfüllung seiner Pflicht durch das Seemannsamt zwangsweise anhalten lassen.

Die daraus erwachsenden Kosten hat der Schiffsmann zu ersetzen.

§. 30. Der Schiffsmann ist verpflichtet, in Ansehung des Schiffsdienstes den Anordnungen des Schiffers unweigerlich Gehorsam zu leisten und zu jeder Zeit alle für Schiff und Ladung ihm übertragene Arbeiten zu verrichten.

Er hat diese Verpflichtung zu erfüllen, sowohl an Bord des Schiffs und in dessen Booten, als auch in den Leichterfahrzeugen und auf dem Lande, sowohl unter gewöhnlichen Umständen, als auch unter Havarie.

Ohne Erlaubniß des Schiffers darf er das Schiff bis zur Abmusterung nicht verlassen. Ist ihm eine solche Erlaubniß ertheilt, so muß er zur festgesetzten Zeit, wenn aber keine Zeit festgesetzt ist, noch vor 8 Uhr Abends zurückkehren.

§. 31. Wenn das Schiff in einem Hafen liegt, so ist der Schiffsmann nur in dringenden Fällen schuldig, länger als zehn Stunden täglich zu arbeiten.

§. 32. Bei Seegefahr, besonders bei drohendem Schiffbruch, sowie bei Gewalt und Angriff gegen Schiff oder Ladung hat der Schiffsmann alle befohlene Hülfe zur Erhaltung von Schiff und Ladung unweigerlich zu leisten, und darf ohne Einwilligung des Schiffers, so lange dieser selbst an Bord bleibt, das Schiff nicht verlassen.

Er bleibt verbunden, bei Schiffbruch für Rettung der Personen und ihrer Effekten, sowie für Sicherstellung der Schiffstheile, der Geräthschaften und der Ladung, den Anordnungen des Schiffers gemäß, nach besten Kräften zu sorgen und bei der Bergung gegen Fortbezug der Heuer und der Verpflegung Hülfe zu leisten.

§. 33. Der Schiffsmann ist verpflichtet, auf Verlangen bei der Verklarung mitzuwirken und seine Aussage eidlich zu bestärken.

Dieser Verpflichtung hat er gegen Zahlung der etwa erwachsenden Reise- und Versäumnißkosten nachzukommen, auch wenn der Heuervertrag in Folge eines Verlustes des Schiffs beendigt ist (§. 56).

§. 34. Wird nach Antritt der Reise entdeckt, daß der Schiffsmann, zu dem Dienste, zu welchem er sich verheuert hat, untauglich ist, so ist der Schiffer befugt, den Schiffsmann, mit Ausschluß des Steuermanns, im Range herabzusetzen und seine Heuer verhältnißmäßig zu verringern.

Macht der Schiffer von dieser Befugniß Gebrauch, so hat er die getroffene Anordnung, sobald thunlich, dem Betheiligten zu eröffnen, auch in das Schiffsjournal einzutragen, daß und wann dies geschehen. Vor der Eröffnung und Eintragung tritt die Verringerung der Heuer nicht in Wirksamkeit.

§. 35. Die Heuer ist in Ermangelung einer anderweitigen Abrede vom Zeitpunkte der Anmusterung an zu zahlen.

§. 36. Die Heuer ist dem Schiffsmann, sofern keine andere Vereinbarung getroffen ist, erst nach Beendigung der Reise oder bei der sonstigen Beendigung des Dienstverhältnisses zu zahlen, wenn diese früher erfolgt.

Der Schiffsmann kann jedoch bei Zwischenreisen in dem ersten Hafen, in welchem das Schiff ganz oder zum größeren Theil entlöscht wird, die Auszahlung der Hälfte der bis dahin verdienten Heuer (§. 67) verlangen, sofern bereits sechs Monate seit der Anmusterung verflossen sind. In gleicher Weise ist der Schiffsmann bei Ablauf je weiterer sechs Monate nach der früheren Auszahlung wiederum die Auszahlung der Hälfte der seit der letzten Auszahlung verdienten Heuer zu fordern berechtigt.

§. 37. Ob und inwieweit vor dem Antritt der Reise Vorschußzahlungen auf die Heuer zu leisten oder Handgelder zu zahlen sind, bestimmt in Ermangelung einer Vereinbarung der Ortsgebrauch des Hafens, in welchem der Schiffsmann angemustert wird.

§. 38. Alle Zahlungen an Schiffsleute müssen, wenn nicht ein Anderes vereinbart ist, nach Wahl derselben entweder baar oder mittelst einer auf den Rheder ausgestellten, auf Sicht zahlbaren Anweisung geleistet werden.

§. 39. Vor Antritt der Reise hat der Schiffer ein Abrechnungsbuch anzulegen, in welches alle auf die Heuer geleisteten Vorschuß- und Abschlagszahlungen, sowie die etwa gegebenen Handgelder einzutragen sind. In dem Abrechnungsbuche ist von dem Schiffsmann über den Empfang jeder Zahlung zu quittiren. Auch hat der Schiffer jedem Schiffsmann, der es verlangt, noch ein besonderes Heuerbuch zu übergeben und darin ebenfalls jede auf die Heuer des Inhabers geleistete Zahlung einzutragen.

§. 40. Wenn die Zahl der Mannschaft sich während der Reise vermindert und nicht wieder ergänzt wird, so sind, falls nicht ein Anderes bedungen ist, die dadurch ersparten Heuerbeträge unter die verbleibenden Schiffsleute nach Verhältniß ihrer Heuer zu vertheilen. Ein Anspruch auf die Vertheilung findet jedoch nicht statt, wenn die Verminderung der Mannschaft durch Entweichung herbeigeführt ist und die Effekten des entwichenen Schiffsmannes nicht an Bord zurückgeblieben sind.

Wenn die Zahl der Mannschaft sich während der Reise um mehr als ein Sechstel verringert, so muß der Schiffer dieselbe auf Verlangen der verbleibenden

Schiffsleute ergänzen, sofern die Umstände eine Ergänzung gestatten.

§. 41. In allen Fällen, in welchen ein Schiff länger als zwei Jahre auswärts verweilt, tritt in Ermangelung einer anderweitigen Abrede für den seit zwei Jahren in Dienst befindlichen Schiffsmann eine Erhöhung der Heuer ein, wenn diese nach Zeit bedungen ist.

Diese Erhöhung wird wie folgt bestimmt:

1) der Schiffsjunge tritt mit Beginn des dritten Jahres in die in der Musterrolle bestimmte oder aus derselben als Durchschnittsbetrag sich ergebende Heuer der Leichtmatrosen, und mit Beginn des vierten Jahres in die in der Musterrolle bestimmte Heuer der Vollmatrosen ein;
2) der Leichtmatrose erhält mit Beginn des dritten Jahres die in der Musterrolle bestimmte Heuer der Vollmatrosen und mit Beginn des vierten Jahres ein Fünftel derselben mehr an Heuer;
3) für die übrige Mannschaft steigt die in der Musterrolle angegebene Heuer mit Beginn des dritten Jahres um ein Fünftel und mit Beginn des vierten Jahres um ein ferneres Fünftel ihres ursprünglichen Betrages.

In dem Fall der Ziffer 2 tritt der Leichtmatrose mit Beginn des dritten Jahres in den Rang eines Vollmatrosen ein.

§. 42. Die aus den Dienst- und Heuerverträgen herrührenden Forderungen des Schiffers und der zur

Schiffsmannschaft gehörigen Personen, welche auf einem, nach den Art. 866 und 867 des allgemeinen Deutschen Handelsgesetzbuches, als verschollen anzusehenden Schiffe sich befunden haben, werden fällig mit Ablauf der Verschollenheitsfrist. Das Dienstverhältniß gilt sodann einen halben Monat nach dem Tage für beendet, bis zu welchem die letzte Nachricht über das Schiff reicht.

Der Betrag der Forderungen ist dem Seemannsamt des Heimathshafens zu übergeben, welches die Aushändigung an die Empfangsberechtigten zu vermitteln hat.

§. 43. Dem Schiffsmann gebührt Beköstigung für Rechnung des Schiffs von dem Zeitpunkt des Dienstantritts an. Er darf die verabreichten Speisen und Getränke nur zu seinem eigenen Bedarf verwenden und nichts davon veräußern, vergeuden oder sonst bei Seite bringen.

§. 44. Die Schiffsmannschaft hat an Bord des Schiffs Anspruch auf einen, ihrer Zahl und der Größe des Schiffs entsprechenden, nur für sie und ihre Effekten bestimmten wohlverwahrten und genügend zu lüftenden Logisraum.

Kann dem Schiffsmann in Folge eines Unfalls oder aus anderen Gründen zeitweilig ein Unterkommen auf dem Schiffe nicht gewährt werden, so ist ihm ein anderweitiges angemessenes Unterkommen zu verschaffen.

§. 45. Die dem Schiffsmann für den Tag mindestens zu verabreichenden Speisen und Getränke (§. 43), die Größe und die Einrichtung des Logisraumes (§. 44) und die mindestens mitzunehmenden Heilmittel bestimmen sich im Zweifel nach dem örtlichen Rechte des Heimathshafens.

Der Erlaß näherer Bestimmungen steht den Landesregierungen im Verordnungswege zu.

§. 46. Der Schiffer ist berechtigt, bei ungewöhnlich langer Dauer der Reise, oder wegen eingetretener Unfälle, eine Kürzung der Rationen oder eine Aenderung hinsichtlich der Wahl der Speisen und Getränke eintreten zu lassen.

Er hat im Schiffsjournal zu bemerken, wann, aus welchem Grunde und in welcher Weise eine Kürzung oder Aenderung eingetreten ist.

Wenn dies versäumt ist, oder wenn die vom Schiffer getroffenen Anordnungen sich als ungerechtfertigt oder durch sein Verschulden herbeigeführt erweisen, so gebührt dem Schiffsmann eine den erlittenen Entbehrungen entsprechende Vergütung. Ueber diesen Anspruch entscheidet unter Vorbehalt des Rechtsweges das Seemannsamt, vor welchem abgemustert wird.

§. 47. Wenn ein Schiffsoffizier oder nicht weniger als drei Schiffsleute bei einem Seemannsamte Beschwerde darüber erheben, daß das Schiff, für welches sie angemustert sind, nicht seetüchtig ist, oder daß die Vorräthe, welche das Schiff für den Bedarf der Mannschaft an Speisen und Getränken mit sich führt, ungenügend oder verdorben sind, so hat das Seemannsamt eine Untersuchung des Schiffs, beziehungsweise der Vorräthe zu veranlassen, und deren Ergebniß in das Schiffsjournal einzutragen. Auch hat dasselbe, falls die Beschwerde sich als begründet erweist, für die geeignete Abhülfe Sorge zu tragen.

§. 48. Falls der Schiffsmann nach Antritt des Dienstes erkrankt oder verwundet wird, so trägt der Rheder die Kosten der Verpflegung und Heilung:

1) wenn der Schiffsmann wegen der Krankheit oder Verwundung die Reise nicht antritt, bis zum Ablauf von drei Monaten seit der Erkrankung oder Verwundung;
2) wenn er die Reise antritt und mit dem Schiffe nach einem deutschen Hafen zurückkehrt, bis zum Ablauf von drei Monaten seit der Rückkehr des Schiffs;
3) wenn er die Reise antritt und mit dem Schiffe zurückkehrt, die Rückreise des Schiffs jedoch nicht in einem deutschen Hafen endet, bis zum Ablauf von sechs Monaten seit der Rückkehr des Schiffs;
4) wenn er während der Reise am Lande zurückgelassen werden mußte, bis zum Ablauf von sechs Monaten seit der Weiterreise des Schiffs.

Auch gebührt dem Schiffsmann, falls er nicht mit dem Schiffe nach dem Hafen zurückkehrt, von welchem das Schiff seine Ausreise angetreten hat, freie Zurückbeförderung nach diesem Hafen (§§. 65, 66), oder nach Wahl des Schiffers eine entsprechende Vergütung.

§. 49. Die Heuer bezieht der erkrankte oder verwundete Schiffsmann:

wenn er die Reise nicht antritt, bis zur Einstellung des Dienstes;

wenn er die Reise antritt und mit dem Schiffe zurückkehrt, bis zur Beendigung der Rückreise;
wenn er während der Reise am Lande zurückgelassen werden mußte, bis zu dem Tage, an welchem er das Schiff verläßt.

Ist der Schiffsmann bei der Vertheidigung des Schiffs beschädigt, so hat er überdies auf eine angemessene, erforderlichenfalls von dem Richter zu bestimmende Belohnung Anspruch.

§. 50. Auf den Schiffsmann, welcher die Krankheit oder Verwundung durch eine unerlaubte Handlung sich zugezogen hat, oder mit einer syphilitischen Krankheit behaftet ist, finden die §§. 48 und 49 keine Anwendung.

§. 51. Stirbt der Schiffsmann nach Antritt des Dienstes, so hat der Rheder die bis zum Todestage verdiente Heuer (§. 67) zu zahlen und die Bestattungskosten zu tragen.

Wird der Schiffsmann bei Vertheidigung des Schiffs getödtet, so hat der Rheder überdies eine angemessene, erforderlichenfalls von dem Richter zu bestimmende Belohnung zu entrichten.

§. 52. Ueber jeden nach Antritt des Dienstes eintretenden Todesfall eines Schiffsmannes muß vom Schiffer unter Zuziehung von zwei Schiffsoffizieren oder anderen glaubhaften Personen ein urkundlicher Nachweis beschafft werden. Die Urkunde muß Tag und Stunde des Todes, Vor- und Familiennamen, Geburts- oder Wohnort und Alter des Verstorbenen, sowie die muthmaßliche Ursache des Todes enthalten. Sie ist von dem Schiffer und den zugezogenen Zeugen zu vollziehen.

Soweit der Nachlaß des verstorbenen Schiffsmannes sich an Bord befindet, hat der Schiffer für die Aufzeichnung und Aufbewahrung, sowie erforderlichenfalls für den Verkauf des Nachlasses Sorge zu tragen. Die Aufzeichnung ist unter Zuziehung von zwei Schiffsoffizieren oder anderen glaubhaften Personen vorzunehmen.

Die Nachlaßgegenstände selbst, der etwaige Erlös aus denselben, sowie der etwaige Heuerrückstand sind nebst der erwähnten Aufzeichnung und dem Nachweis über den Todesfall demjenigen Seemannsamt, bei dem es zuerst geschehen kann, zu übergeben. Wenn im Auslande das Seemannsamt aus besonderen Gründen die Uebernahme der Nachlaßgegenstände ablehnt, so hat der Schiffer die Uebergabe bei demjenigen Seemannsamt zu bewirken, bei welchem es anderweit zuerst geschehen kann.

Durch die Vorschriften des ersten und dritten Absatzes werden die auf die Führung der Civilstandsregister bezüglichen Bestimmungen der Landesgesetze nicht berührt. [1])

§. 53. Wenn der Schiffer während der Reise stirbt, ist der Steuermann verpflichtet, für die Beschaffung eines Nachweises über den Todesfall und für den

[1]) An Stelle des 1. und 4. Absatzes sind jetzt getreten die §§. 61—64. 68 des G. v. 6. Febr. 1875 über die Beurkundung des Personenstandes und die Eheschließung (RGB. 23).

Nachlaß nach Maßgabe der vorstehenden Bestimmungen (§. 52) zu sorgen.

§. 54. Der Schiffsmann ist verpflichtet, während der ganzen Reise, einschließlich etwaiger Zwischenreisen, bis zur Beendigung der Rückreise im Dienste zu verbleiben, wenn in dem Heuervertrage nicht ein Anderes bestimmt ist.

Unter Rückreise im Sinne der vorstehenden Bestimmung ist die Reise nach dem Hafen zu verstehen, von welchem das Schiff seine Ausreise angetreten hat. Wenn jedoch das Schiff von einem nicht europäischen Hafen oder von einem Hafen des Schwarzen oder des Azowschen Meeres kommt und dasselbe seine Ausreise von einem deutschen Hafen angetreten hat, so gilt auch jede der nachstehend bezeichneten Reisen als Rückreise, falls der Schiffer spätestens alsbald nach der Ankunft die Reise der Schiffsmannschaft gegenüber für beendigt erklärt:

1) die Reise nach jedem anderen deutschen Hafen,
2) die Reise nach einem außerdeutschen Hafen der Nordsee oder nach einem Hafen des Kanals oder Großbritanniens,
3) sofern das Schiff seine Ausreise von einem Hafen der Ostsee angetreten hat, auch die Reise nach einem außerdeutschen Hafen der Ostsee oder nach einem Hafen des Sundes oder des Kattegats.

Endet die Rückreise nicht in dem Hafen, von welchem das Schiff seine Ausreise angetreten hat, so hat der Schiffsmann Anspruch auf freie Zurückbeförderung (§§. 65, 66) nach diesem Hafen und auf Fortbezug der Heuer während der Reise oder nach seiner Wahl auf eine entsprechende Vergütung.

§. 55. Nach beendigter Reise kann der Schiffsmann seine Entlassung nicht früher verlangen, als bis die Ladung gelöscht, das Schiff gereinigt und im Hafen oder an einem anderen Orte festgemacht, auch die etwa erforderliche Verklarung abgelegt ist.

§. 56. Der Heuervertrag endet, wenn das Schiff durch einen Zufall dem Rheder verloren geht, insbesondere

wenn es verunglückt;

wenn es als reparaturunfähig oder reparaturunwürdig kondemnirt (Art. 444 des allg. Deutschen Handelsgesetzbuchs) und in dem letzteren Falle ohne Verzug öffentlich verkauft wird;

wenn es geraubt wird;

wenn es aufgebracht oder angehalten und für gute Prise erklärt wird.

Dem Schiffsmann gebührt alsdann nicht allein die verdiente Heuer (§. 67), sondern auch freie Zurückbeförderung (§§. 65, 66) nach dem Hafen, von welchem das Schiff seine Ausreise angetreten hat, oder nach Wahl des Schiffers eine entsprechende Vergütung.

§. 57. Der Schiffer kann den Schiffsmann, abgesehen von den in dem Heuervertrage bestimmten Fällen, vor Ablauf der Dienstzeit entlassen:

1) so lange die Reise noch nicht angetreten ist, wenn der Schiffsmann zu dem Dienste, zu welchem er sich verheuert hat, untauglich ist;

2) wenn der Schiffsmann eines groben Dienstvergehens, insbesondere des wiederholten Ungehorsams oder der fortgesetzten Widerspenstigkeit, der Schmuggelei sich schuldig macht;
3) wenn der Schiffsmann des Vergehens des Diebstahls, Betrugs, der Untreue, Unterschlagung, Hehlerei oder Fälschung, oder einer nach dem Strafgesetzbuche mit Zuchthaus bedrohten Handlung sich schuldig macht;
4) wenn der Schiffsmann mit einer syphilitischen Krankheit behaftet ist, oder wenn er durch eine unerlaubte Handlung eine Krankheit oder Verwundung sich zuzieht, welche ihn arbeitsunfähig macht;
5) wenn die Reise, für welche der Schiffsmann geheuert war, wegen Krieg, Embargo oder Blokade oder wegen eines Ausfuhr- oder Einfuhrverbots oder wegen eines anderen, Schiff oder Ladung betreffenden Zufalls nicht angetreten oder fortgesetzt werden kann.

Die Entlassung, sowie der Grund derselben muß, sobald es geschehen kann, dem Schiffsmann angezeigt und in den Fällen der Ziffern 2, 3, 4 in das Schiffsjournal eingetragen werden.

§. 58. Dem Schiffsmann gebührt in den Fällen der Ziffern 1 bis 4 des §. 57 nicht mehr als die verdiente Heuer (§. 67), in den Fällen der Ziffer 5 hat er, wenn er nach Antritt der Reise entlassen wird, nicht allein auf die verdiente Heuer, sondern auch auf freie Zurückbeförderung (§§. 65, 66) nach dem Hafen, von welchem das Schiff seine Ausreise angetreten hat, oder nach Wahl des Schiffers auf eine entsprechende Vergütung Anspruch.

§. 59. Der für eine Reise geheuerte Schiffsmann, welcher aus anderen als aus den in dem §. 57 erwähnten Gründen vor Ablauf des Heuervertrages entlassen wird, behält, wenn die Entlassung vor Antritt der Reise erfolgt, als Entschädigung die etwa empfangenen Hand- und Vorschußgelder, soweit dieselben den üblichen Betrag nicht übersteigen.

Sind Hand- und Vorschußgelder nicht gezahlt, so hat er als Entschädigung die Heuer für einen Monat zu fordern.

Ist die Entlassung erst nach Antritt der Reise erfolgt, so hat er Anspruch auf freie Zurückbeförderung (§§. 65, 66) nach dem Hafen, von welchem das Schiff seine Ausreise angetreten, oder nach Wahl des Schiffers auf eine entsprechende Vergütung. Auch erhält er außer der verdienten Heuer (§. 67) noch die Heuer für zwei oder vier Monate, je nachdem er in einem europäischen (§. 70) oder in einem nichteuropäischen Hafen entlassen ist, jedoch nicht mehr als er erhalten haben würde, wenn er erst nach Beendigung der Reise entlassen worden wäre.

§. 60. Wenn die Vorschrift am Schluß des vorstehenden Paragraphen Anwendung findet, und der Schiffsmann nach Beendigung der Reise in einem deutschen Hafen entlassen worden wäre, so wird, um die ihm außer der verdienten Heuer gebührende Heuer zu bestimmen, die Dauer der Reise eines Segelschiffs gerechnet:

von Häfen:	nach Häfen der Nordsee.	nach Häfen der Ostsee.
	Monaten	
1) der Nordsee bis zum 61. Grade nördlicher Breite und des Englischen Kanals zu	1	1½
2) der Ostsee und der angrenzenden Gewässer zu	1½	1
3) in Europa außerhalb des Englischen Kanals und bis zur Straße von Gibraltar mit Einschluß der Azoren, sowie der Nordsee über den 61. Grad nördlicher Breite hinaus und außerhalb der Nordsee bis zum Nordkap einschließlich zu . .	1½	2
4) des Mittelmeeres, des Schwarzen und Azowschen Meeres zu	2	2
5) in Europa, östlich des Nordkaps zu	2	2
6) der Ostküste Amerikas von Quebeck bis Rio de Janeiro einschließlich zu	2	2½
7) südlich von Rio de Janeiro bis Kap Horn einschließlich zu	2½	3

	nach Häfen	
	der Nordsee.	der Ostsee.
	Monaten	
8) der Westküste Amerikas von Kap Horn bis Panama einschließlich zu	3½	4
9) der Westküste von Afrika nördlich vom Aequator einschließlich der Kanarischen und der Kapverdischen Inseln zu	2	2½
10) südlich vom Aequator bis zum Kap der guten Hoffnung einschließlich zu	2¼	2¾
11) jenseits des Kap der guten Hoffnung, diesseits des Kap Komorin mit Einschluß des Rothen Meeres und des Persischen Golfs zu	3½	4
12) von den sonstigen, vorstehend nicht mit einbegriffenen Häfen zu	4	4

§. 61. Der Schiffsmann kann seine Entlassung fordern:

1) wenn sich der Schiffer einer schweren Verletzung seiner ihm gegen denselben obliegenden Pflichten, insbesondere durch Mißhandlung oder durch grundlose Vorenthaltung von Speise und Trank schuldig macht;

2) wenn das Schiff die Flagge wechselt;
3) wenn nach Beendigung der Ausreise eine Zwischenreise beschlossen, oder wenn eine Zwischenreise beendigt ist, sofern seit dem Dienstantritt zwei oder drei Jahre, je nachdem das Schiff in einem europäischen (§. 70) oder in einem nichteuropäischen Hafen sich befindet, verflossen sind.

Der Wechsel des Rheders oder Schiffers giebt dem Schiffsmann kein Recht, die Entlassung zu fordern.

§. 62. In dem Falle des §. 61 Ziffer 3 kann die Entlassung nicht gefordert werden:

1) wenn der Schiffsmann für eine längere als die daselbst angegebene Zeit sich verheuert hat. Die Verheuerung auf unbestimmte Zeit oder mit der allgemeinen Bestimmung, daß nach Beendigung der Ausreise der Dienst für alle Reisen, welche noch beschlossen werden möchten, fortzusetzen sei, wird als Verheuerung auf solche Zeit nicht angesehen;
2) sobald die Rückreise angeordnet ist.

§. 63. Der Schiffsmann hat in den Fällen der Ziffern 1 und 2 des §. 61 dieselben Ansprüche, welche für den Fall des §. 59 bestimmt sind; in dem Falle der Ziffer 3 gebührt ihm nicht mehr, als die verdiente Heuer (§. 67).

§. 64. Im Auslande darf der Schiffsmann, welcher seine Entlassung fordert, außer in dem Falle eines Flaggenwechsels, nicht ohne Genehmigung eines Seemannsamtes (§. 105) den Dienst verlassen.

§. 65. Wenn nach den Bestimmungen dieses Gesetzes ein Anspruch auf freie Zurückbeförderung begründet ist, so umfaßt derselbe auch den Unterhalt während der Reise.

§. 66. Dem Anspruche auf freie Zurückbeförderung wird genügt, wenn dem Schiffsmann, welcher arbeitsfähig ist, mit Genehmigung des Seemannsamtes ein seiner früheren Stellung entsprechender und durch angemessene Heuer zu vergütender Dienst auf einem deutschen Kauffahrteischiffe nachgewiesen wird, welches nach dem Hafen, von welchem das Schiff seine Ausreise angetreten hat, oder einem demselben nahe belegenen Hafen geht; letzteren Falls unter Gewährung der entsprechenden Vergütung für die weitere freie Zurückbeförderung (§. 65) bis zum Hafen, von welchem das Schiff seine Ausreise angetreten hat.

Ist der Schiffsmann kein Deutscher, so wird ein Schiff seiner Nationalität einem deutschen Schiffe gleichgeachtet.

§. 67. In den Fällen der §§. 36, 51, 56, 58, 59 und 63 wird die verdiente Heuer, sofern die Heuer nicht zeitweise, sondern in Bausch und Bogen für die ganze Reise bedungen ist, mit Rücksicht auf den vollen Heuerbetrag nach Verhältniß der geleisteten Dienste, sowie des etwa zurückgelegten Theils der Reise bestimmt. Zur Ermittelung der in den §§. 59 und 60 erwähnten Heuer für einzelne Monate wird die durchschnittliche Dauer der Reise einschließlich der Ladungs- und Löschungszeit unter Berücksichtigung der Beschaffenheit des Schiffs in Ansatz gebracht und danach die Heuer für die einzelnen Monate berechnet.

§. 68. Der Rheder haftet für die Forderungen des Schiffers und der zur Schiffsmannschaft gehörigen Personen aus den Dienst- und Heuerverträgen nicht nur mit Schiff und Fracht, sondern persönlich.

Diese Bestimmung tritt an die Stelle des Artikels 453 des Allgemeinen deutschen Handelsgesetzbuchs.

§. 69. Der dem Schiffsmann als Lohn zugestandene Theil an der Fracht oder am Gewinn wird als Heuer im Sinne dieses Gesetzes nicht angesehen.

§. 70. In den Fällen der §§. 59 und 61 sind den europäischen Häfen die nicht europäischen Häfen des Mittelländischen, Schwarzen und Azowschen Meeres gleichzustellen.

§. 71. Der Schiffer darf einen Schiffsmann im Auslande nicht ohne Genehmigung des Seemannsamtes zurücklassen. Wenn für den Fall der Zurücklassung eine Hülfsbedürftigkeit des Schiffsmannes zu besorgen ist, so kann die Ertheilung der Genehmigung davon abhängig gemacht werden, daß der Schiffer gegen den Eintritt der Hülfsbedürftigkeit für einen Zeitraum bis zu drei Monaten Sicherstellung leistet.

Die Bestimmungen des §. 103 werden hierdurch nicht berührt.

Vierter Abschnitt.

Disziplinar-Bestimmungen.

§. 72. Der Schiffsmann ist der Disziplinargewalt des Schiffers unterworfen.

Dieselbe beginnt mit dem Antritt des Dienstes und erlischt mit dessen Beendigung.

§. 73. Der Schiffsmann ist verpflichtet, sich stets nüchtern zu halten und gegen Jedermann ein angemessenes und friedfertiges Betragen zu beobachten.

Dem Schiffer und seinen sonstigen Vorgesetzten hat er mit Achtung zu begegnen und ihren dienstlichen Befehlen unweigerlich Folge zu leisten.

§. 74. Der Schiffsmann hat dem Schiffer auf Verlangen wahrheitsgemäß und vollständig mitzutheilen, was ihm über die den Schiffsdienst betreffenden Angelegenheiten bekannt ist.

§. 75. Der Schiffsmann darf ohne Erlaubniß des Schiffers keine Güter an Bord bringen oder bringen lassen. Für die gegen dieses Verbot beförderten eigenen oder fremden Güter muß er die höchste am Abladungsorte zur Abladungszeit für solche Reisen und Güter bedungene Fracht erstatten, unbeschadet der Verpflichtung zum Ersatz eines erweislich höheren Schadens.

Der Schiffer ist auch befugt, die Güter über Bord zu werfen, wenn dieselben Schiff oder Ladung gefährden.

§. 76. Die Bestimmungen des §. 75 finden ebenfalls Anwendung, wenn der Schiffsmann ohne Erlaubniß des Schiffers Branntwein oder andere geistige Getränke oder mehr an Tabak, als er zu seinem Gebrauche auf der beabsichtigten Reise bedarf, an Bord bringt oder bringen läßt.

Die gegen dieses Verbot mitgenommenen geistigen Getränke und Tabak verfallen dem Schiffe.

§. 77. Die auf Grund der Bestimmungen der §§. 75 und 76 getroffenen Anordnungen des Schiffers sind, sobald es geschehen kann, in das Schiffsjournal einzutragen.

§. 78. Wenn das Schiff in einem Hafen liegt, so ist der Schiffer befugt, die Effekten der Schiffsleute zur Verhütung einer Entweichung bis zur Abreise des Schiffs in Verwahrung zu nehmen.

§. 79. Der Schiffer ist befugt, alle zur Aufrechterhaltung der Ordnung und zur Sicherung der Regelmäßigkeit des Dienstes erforderlichen Maßregeln zu ergreifen. Zu diesem Zwecke darf er namentlich auch herkömmliche Erschwerungen des Dienstes oder mäßige Schmälerung der Kost, letztere jedoch auf höchstens drei Tage, als Strafe eintreten lassen. Geldbuße, körperliche Züchtigung oder Einsperrung darf er als Strafe nicht verhängen.

Bei einer Widersetzlichkeit oder bei beharrlichem Ungehorsam ist der Schiffer zur Anwendung aller Mittel befugt, welche erforderlich sind, um seinen Befehlen Gehorsam zu verschaffen. Er darf gegen die Betheiligten die geeigneten Sicherungsmaßregeln ergreifen und sie nöthigenfalls während der Reise fesseln.

Jeder Schiffsmann muß dem Schiffer auf Erfordern Beistand zur Aufrechthaltung der Ordnung sowie zur Abwendung oder Unterdrückung einer Widersetzlichkeit leisten.

Im Auslande hat der Schiffer in dringenden Fällen die Kommandanten der ihm zugänglichen Fahrzeuge der Kriegsmarine des Reichs um Beistand zur Aufrechthaltung der Disziplin anzugehen.

§. 80. Jede vom Schiffer in Gemäßheit der Bestimmungen des §. 79 getroffene Verfügung ist mit Angabe der Veranlassung, sobald es geschehen kann, in das Schiffsjournal einzutragen.

Fünfter Abschnitt.

Strafbestimmungen.

§. 81. Ein Schiffsmann, welcher nach Abschluß des Heuervertrages sich verborgen hält, um sich dem Antritte des Dienstes zu entziehen, wird mit Geldstrafe bis zu zwanzig Thalern gestraft. Die Verfolgung tritt nur auf Antrag ein.

Wenn ein Schiffsmann, um sich der Fortsetzung des Dienstes zu entziehen, entläuft oder sich verborgen hält, so tritt Geldstrafe bis zu Einhundert Thalern oder Gefängnißstrafe bis zu drei Monaten ein. Die Verfolgung tritt nur auf Antrag ein.

Ein Schiffsmann, welcher mit der Heuer entläuft oder sich verborgen hält, um sich dem übernommenen Dienste zu entziehen, wird mit der im §. 298 des Strafgesetzbuchs angedrohten Gefängnißstrafe bis zu Einem Jahre belegt.

§. 82. In den Fällen der beiden letzten Absätze des §. 81 verliert der Schiffsmann, wenn er vor Abgang des Schiffes weder zur Fortsetzung des Dienstes freiwillig zurückkehrt, noch zwangsweise zurückgebracht wird, den Anspruch auf die bis dahin verdiente Heuer. Die Heuer und, sofern diese nicht ausreicht, auch die Effekten können zur Deckung der Schadensansprüche des Rheders aus dem Heuer- oder Dienstvertrage in Anspruch genommen werden; soweit die Heuer hierzu nicht erforderlich ist, wird mit ihr nach Maßgabe des §. 107 verfahren.

§. 83. Hat der Schiffsmann sich dem Dienste in einem der Fälle des §. 61, 1 und 3 ohne Genehmigung des Seemannsamtes (§. 64) entzogen, so tritt Geldstrafe bis zum Betrage einer Monatsheuer ein.

§. 84. Mit Geldstrafe bis zum Betrage einer Monatsheuer wird ein Schiffsmann bestraft, welcher sich einer gröblichen Verletzung seiner Dienstpflichten schuldig macht.

Als Verletzung der Dienstpflicht in diesem Sinne wird insbesondere angesehen:

Nachlässigkeit im Wachdienste;

Ungehorsam gegen den Dienstbefehl eines Vorgesetzten;

ungebührliches Betragen gegen Vorgesetzte, gegen andere Mitglieder der Schiffsmannschaft oder gegen Reisende;

Verlassen des Schiffes ohne Erlaubniß oder Ausbleiben über die festgesetzte Zeit;

Wegbringen eigener oder fremder Sachen von Bord des Schiffes und an Bord bringen oder an Bord bringen lassen von Gütern oder sonstigen Gegenständen ohne Erlaubniß;

eigenmächtige Zulassung fremder Personen an Bord und Gestattung des Anlegens von Fahrzeugen an das Schiff;

Trunkenheit im Schiffsdienste;

Vergeudung, unbefugte Veräußerung oder bei Seite bringen von Proviant.

Gegen Schiffsoffiziere kann die Strafe bis auf den Betrag einer zweimonatlichen Heuer erhöht werden.

Wenn die Heuer nicht zeitweise bedungen ist, so wird die Strafe auf einen nach dem Ermessen des Seemannsamtes der Monatsheuer entsprechenden Geldbetrag bestimmt.

Die Verfolgung tritt nur auf Antrag ein. Der Antrag ist bis zur Abmusterung zulässig.

§. 85. Der Schiffer hat jede Verletzung der Dienstpflicht (§. 84), sobald es geschehen kann, mit genauer Angabe des Sachverhaltes in das Schiffsjournal einzutragen und, wenn thunlich, dem Schiffsmann von dem Inhalt der Eintragung unter ausdrücklicher Hinweisung auf die Strafandrohung des §. 84 Mittheilung zu machen.

Unterbleibt die Mittheilung, so sind die Gründe der Unterlassung im Journal anzugeben. Ist die Eintragung versäumt, so tritt keine Verfolgung ein.

§. 86. Ein Schiffsmann, welcher den wiederholten Befehlen des Schiffers oder eines anderen Vorgesetzten den schuldigen Gehorsam verweigert, wird mit Gefängniß bis zu drei Monaten oder mit Geldstrafe bis zu Einhundert Thalern bestraft.

§. 87. Wenn zwei oder mehrere zur Schiffsmannschaft gehörige Personen dem Schiffer oder einem anderen Vorgesetzten den schuldigen Gehorsam auf Verabredung gemeinschaftlich verweigern, so tritt gegen jeden Betheiligten Gefängnißstrafe bis zu Einem Jahre ein. Der Rädelsführer wird mit Gefängniß bis zu drei Jahren bestraft.

Sind mildernde Umstände vorhanden, so kann auf Geldstrafe bis zu zweihundert Thalern erkannt werden. Der Rädelsführer wird mit Gefängniß bis zu zwei Jahren bestraft.

§. 88. Ein Schiffsmann, welcher zwei oder mehrere zur Schiffsmannschaft gehörige Personen zur Begehung einer nach den §§. 87 und 91 strafbaren Handlung auffordert, ist gleich dem Anstifter zu bestrafen, wenn die Aufforderung die strafbare Handlung oder einen strafbaren Versuch derselben zur Folge gehabt hat.

Ist die Aufforderung ohne Erfolg geblieben, so tritt im Falle des §. 87 Geldstrafe bis zu Einhundert

Thalern, im Falle des §. 91 Geldstrafe bis zu zweihundert Thalern oder Gefängnißstrafe bis zu Einem Jahre ein.

§. 89. Ein Schiffsmann, welcher es unternimmt, den Schiffer oder einen andern Vorgesetzten durch Gewalt oder durch Bedrohung mit Gewalt, oder durch Verweigerung der Dienste zur Vornahme oder zur Unterlassung einer dienstlichen Verrichtung zu nöthigen, wird mit Gefängniß bis zu zwei Jahren bestraft. Sind mildernde Umstände vorhanden, so kann auf Geldstrafe bis zu zweihundert Thalern erkannt werden.

§. 90. Dieselben Strafbestimmungen (§. 89) finden auf den Schiffsmann Anwendung, welcher es unternimmt, dem Schiffer oder einem anderen Vorgesetzten durch Gewalt oder durch Bedrohung mit Gewalt Widerstand zu leisten oder den Schiffer oder einen anderen Vorgesetzten thätlich anzugreifen.

§. 91. Wenn eine der in den §§. 89, 90 bezeichneten Handlungen von mehreren Schiffsleuten auf Verabredung gemeinschaftlich begangen wird, so kann die Strafe bis auf das Doppelte des angedrohten Höchstbetrages erhöht werden.

Der Rädelsführer, sowie diejenigen, welche gegen den Schiffer oder gegen einen anderen Vorgesetzten Gewaltthätigkeiten verüben, werden mit Zuchthaus bis zu fünf Jahren oder mit Gefängniß von gleicher Dauer bestraft; auch kann auf Zulässigkeit von Polizeiaufsicht erkannt werden. Sind mildernde Umstände vorhanden, so tritt Gefängnißstrafe nicht unter drei Monaten ein.

§. 92. Ein Schiffsmann, welcher solchen Befehlen des Schiffers oder eines andern Vorgesetzten den Gehorsam verweigert, welche sich auf die Abwehr oder auf die Unterdrückung der in den §§. 89, 90 bezeichneten Handlungen beziehen, ist als Gehülfe zu bestrafen.

§. 93. Mit Geldstrafe bis zu zwanzig Thalern oder mit Haft bis zu vierzehn Tagen wird bestraft ein Schiffsmann, welcher

1) bei Verhandlungen, die sich auf Ertheilung eines Seefahrtsbuches, auf eine Eintragung in dasselbe oder auf eine Musterung beziehen, wahre Thatsachen entstellt oder unterdrückt oder falsche vorspiegelt, um ein Seemannsamt zu täuschen;
2) es unterläßt, sich gemäß §. 10 zur Musterung zu stellen;
3) im Falle eines dem Dienstantritt entgegenstehenden Hindernisses unterläßt, sich hierüber gemäß §. 15 gegen das Seemannsamt auszuweisen.

Durch die Bestimmung der Ziffer 1 wird die Vorschrift des §. 271 des Strafgesetzbuchs nicht berührt.

§. 94. Wer wider besseres Wissen eine auf unwahre Behauptungen gestützte Beschwerde über Seeuntüchtigkeit des Schiffs oder Mangelhaftigkeit des Proviants bei einem Seemannsamte vorbringt und auf Grund dieser Behauptungen eine Untersuchung veranlaßt, wird mit Gefängniß bis zu drei Monaten bestraft.

Wer leichtfertig eine auf unwahre Behauptungen gestützte Beschwerde über Seeuntüchtigkeit des Schiffs oder Mangelhaftigkeit des Proviants bei einem Seemannsamte vorbringt und auf Grund dieser Behauptungen eine Untersuchung veranlaßt, wird mit Geldstrafe bis zu Einhundert Thalern bestraft.

§. 95. Die Verhängung einer in diesem Abschnitte oder durch sonstige strafgesetzliche Bestimmungen angedrohten Strafe wird dadurch nicht ausgeschlossen, daß der Schuldige aus Anlaß der ihm zur Last gelegten That bereits disziplinarisch bestraft worden ist. Jedoch kann eine erlittene Disziplinarstrafe, sowohl in dem Strafbescheide des Seemannsamtes (§. 101), wie in dem gerichtlichen Strafurtheil bei Abmessung der Strafe berücksichtigt werden.

§. 96. Der Schiffer oder sonstige Vorgesetzte, welcher einem Schiffsmann gegenüber seine Disziplinargewalt mißbraucht, wird mit Geldstrafe bis zu dreihundert Thalern oder mit Gefängniß bis zu Einem Jahre bestraft.

§. 97. Der Schiffer, welcher seine Verpflichtung, für die gehörige Verproviantirung des Schiffes zu sorgen, vorsätzlich nicht erfüllt, wird mit Gefängniß bestraft, neben welchem auf Geldstrafe bis zu fünfhundert Thalern, sowie auf Verlust der bürgerlichen Ehrenrechte erkannt werden kann.

Hat der Schiffer die Erfüllung der Verpflichtung fahrlässiger Weise unterlassen, so ist, wenn in Folge dessen der Schiffsmannschaft die gebührende Kost nicht gewährt werden kann, auf Geldstrafe bis zu zweihundert

Thalern oder Gefängniß bis zu Einem Jahre zu erkennen.

§. 98. Mit Geldstrafe bis zu Einhundert Thalern, mit Haft oder mit Gefängniß bis zu drei Monaten wird ein Schiffer bestraft, welcher einen Schiffsmann im Auslande ohne Genehmigung des Seemannsamtes zurückläßt (§. 71).

§. 99. Mit Geldstrafe bis zu fünfzig Thalern oder mit Haft wird bestraft ein Schiffer, welcher

1) den ihm in Ansehung der Musterung obliegenden Verpflichtungen nicht genügt (§. 10);
2) bei Verhandlungen, welche sich auf eine Musterung oder eine Eintragung in ein Seefahrtsbuch beziehen, wahre Thatsachen entstellt oder unterdrückt, oder falsche vorspiegelt, um ein Seemannsamt zu täuschen;
3) bei Todesfällen die Beschaffung und Uebergabe des vorgeschriebenen Nachweises unterläßt oder die ihm obliegende Fürsorge für den Nachlaß verabsäumt (§§. 52, 53);
4) eine der in den §§. 77 und 80 vorgeschriebenen Eintragungen in das Schiffsjournal unterläßt;
5) den ihm bei Vergehen und Verbrechen nach §§. 102 und 103 obliegenden Verpflichtungen nicht genügt;
6) dem Schiffsmann ohne dringenden Grund die Gelegenheit versagt, die Entscheidung des Seemannsamtes nachzusuchen (§§. 105, 106);

7) einem Schiffsmann grundlos Speise oder Trank vorenthält;

8) es unterläßt, dafür Sorge zu tragen, daß ein Exemplar dieses Gesetzes, sowie der maßgebenden Vorschriften über Kost und Logis im Volkslogis zugänglich ist (§. 108).

Durch die Bestimmung der Ziffer 2 wird die Vorschrift des §. 271 des Strafgesetzbuchs nicht berührt.

§. 100. Die Bestimmungen der §§. 81—99 finden auch dann Anwendung, wenn die strafbaren Handlungen außerhalb des Bundesgebietes begangen sind.

Die Verjährung der Strafverfolgung beginnt in diesem Falle erst mit dem Tage, an welchem das Schiff, dem der Thäter zur Zeit der Begehung angehörte, zuerst ein Seemannsamt erreicht.

§. 101. In den Fällen der §§. 81 Abs. 1, 84, 93, 99 erfolgt die Untersuchung und Entscheidung durch das Seemannsamt. Dasselbe hat den Angeschuldigten verantwortlich zu vernehmen und den Thatbestand summarisch festzustellen. Eine Vereidigung von Zeugen findet nicht statt. Nach Abschluß der Untersuchung ist ein mit Gründen versehener Bescheid zu ertheilen, welcher dem Angeschuldigten im Falle seiner Anwesenheit zu verkünden, im Falle seiner Abwesenheit in Ausfertigung zuzustellen ist. Wird eine Strafe festgesetzt, so ist die Dauer der für den Fall des Unvermögens an Stelle der Geldstrafe tretenden Haft zu bestimmen.

Gegen den Bescheid kann der Beschuldigte innerhalb einer zehntägigen Frist von der Verkündigung oder der

Zustellung ab auf gerichtliche Entscheidung antragen. Der Antrag ist bei dem Seemannsamt zu Protokoll oder schriftlich anzubringen.

Hat das Seemannsamt seinen Sitz im Auslande, so ist für das weitere Verfahren dasjenige Gericht örtlich zuständig, in dessen Bezirk der Heimathshafen und in Ermangelung eines solchen derjenige deutsche Hafen belegen ist, welchen das Schiff nach der Straffestsetzung zuerst erreicht.

Der Bescheid des Seemannsamtes ist in Betreff der Beitreibung der Geldstrafe vorläufig vollstreckbar.

§. **102.** Begeht ein Schiffsmann, während das Schiff sich auf der See oder im Auslande befindet, ein Vergehen oder Verbrechen, so hat der Schiffer unter Zuziehung von Schiffsoffizieren und anderen glaubhaften Personen alles dasjenige genau aufzuzeichnen was auf den Beweis der That und auf deren Bestrafung Einfluß haben kann. Insbesondere ist in den Fällen der Tödtung oder schweren Körperverletzung die Beschaffenheit der Wunden genau zu beschreiben, auch zu vermerken, wie lange der Verletzte etwa noch gelebt hat, ob und welche Heilmittel angewendet sind und welche Nahrung der Verletzte zu sich genommen hat.

§. **103.** Der Schiffer ist ermächtigt, jederzeit die Effekten der Schiffsleute, welche der Betheiligung an einer strafbaren Handlung verdächtig sind, zu durchsuchen.

Der Schiffer ist ferner ermächtigt, denjenigen Schiffsmann, der sich einer mit schwerer Strafe bedrohten

Handlung (§. 57 Ziffer 3) schuldig macht, festzunehmen. Er ist hierzu verpflichtet, wenn das Entweichen des Thäters zu besorgen steht.

Der Thäter ist unter Mittheilung der aufgenommenen Verhandlungen an dasjenige Seemannsamt, bei welchem es zuerst geschehen kann, abzuliefern. Wenn im Auslande das Seemannsamt aus besonderen Gründen die Uebernahme ablehnt, so hat der Schiffer die Ablieferung bei demjenigen Seemannsamt zu bewirken, bei welchem es anderweit zuerst geschehen kann.

In dringenden Fällen ist der Schiffer, wenn im Auslande ein Seemannsamt nicht rechtzeitig angegangen werden kann, ermächtigt, den Thäter der fremden Behörde behufs dessen Uebermittelung an die zuständige Behörde des Heimathshafens zu übergeben. Hiervon hat er bei demjenigen Seemannsamt, bei welchem es zuerst geschehen kann, Anzeige zu machen.

Sechster Abschnitt.

Allgemeine Bestimmungen.

§. 104. Jedes Seemannsamt ist verpflichtet, die gütliche Ausgleichung der zu seiner Kenntniß gebrachten, zwischen dem Schiffer und dem Schiffsmanne bestehenden Streitigkeiten zu versuchen. Insbesondere hat das Seemannsamt, vor welchem die Abmusterung des Schiffsmannes erfolgt, hinsichtlich solcher Streitigkeiten einen Güteversuch zu veranstalten.

§. 105. Der Schiffsmann darf den Schiffer vor einem fremden Gericht nicht belangen. Handelt er dieser Bestimmung zuwider, so ist er nicht allein für den daraus entstehenden Schaden verantwortlich, sondern er wird außerdem der bis dahin verdienten Heuer verlustig.

Er kann in Fällen, die keinen Aufschub leiden, die vorläufige Entscheidung des Seemannsamtes nachsuchen. Die Gelegenheit hierzu darf der Schiffer ohne dringenden Grund nicht versagen.

Jeder Theil hat die Entscheidung des Seemannsamtes einstweilen zu befolgen, vorbehaltlich der Befugniß, nach Beendigung der Reise seine Rechte vor der zuständigen Behörde geltend zu machen.

Im Falle eines Zwangsverkaufs des Schiffes finden die Bestimmungen des ersten Absatzes auf die Geltendmachung der Forderungen des Schiffsmanns aus dem Dienst- oder Heuervertrage keine Anwendung.

§. 106. Im Inlande wird der Streit zwischen dem Schiffer und dem Schiffsmann, welcher nach der Anmusterung über den Antritt oder die Fortsetzung des Dienstes entsteht, von dem Seemannsamt unter Vorbehalt des Rechtsweges entschieden. Die Entscheidung des Seemannsamtes ist vorläufig vollstreckbar.

§. 107. Die nach den Bestimmungen des V. Abschnittes festgesetzten oder erkannten Geldstrafen fließen der Seemannskasse und in Ermangelung einer solchen der Orts-Armenkasse des Heimathshafens des Schiffes, welchem der Thäter zur Zeit der Begehung der strafbaren Handlung angehörte, zu, insofern sie nicht im Wege der Landesgesetzgebung zu anderen ähnlichen Zwecken bestimmt werden.

§. 108. Ein Exemplar dieses Gesetzes, sowie der für das Schiff über Kost und Logis geltenden Vorschriften (§. 45), muß im Volkslogis zur jederzeitigen Einsicht der Schiffsleute vorhanden sein.

§. 109. Die Anwendung der §§. 5 bis 23 und der §§. 48 bis 52 auf kleinere Fahrzeuge (Küstenfahrer u. s. w.) kann durch Bestimmung der Landesregierungen im Verordnungswege ausgeschlossen werden.

§. 110. Dieses Gesetz tritt mit dem 1. März 1873 in Kraft. Mit demselben Tage tritt der vierte Titel des fünften Buchs des allgemeinen Deutschen Handelsgesetzbuchs außer Kraft.

§. 111. Wenn in anderen Gesetzen auf Bestimmungen verwiesen wird, welche durch dieses Gesetz außer Kraft gesetzt sind, so treten die entsprechenden Bestimmungen des letzteren an die Stelle des ersteren.

30) Gesetz, betreffend die Schiffsmeldungen bei den Konsulaten des Deutschen Reichs. Vom 25. März 1880 (RGB. 181).

§. 1. Der Führer eines deutschen Kauffahrteischiffes ist verpflichtet, die Ankunft des Schiffes in einem zu dem Amtsbezirke eines deutschen Konsulats gehörigen Hafen und den Abgang des Schiffes aus einem solchen Hafen dem Konsul mündlich oder schriftlich zu melden.

Die Meldung der Ankunft hat innerhalb der beiden nächstfolgenden Tage, die Meldung des Abgangs vor der Abfahrt des Schiffes zu geschehen.

§. 2. Die Meldungen sind nicht erforderlich, wenn das Schiff den Hafen nur angelaufen hat, um

1. auf Wind oder Gezeit zu warten,
2. den Bedarf an Proviant, Wasser oder Ausrüstungsmaterial zu ergänzen,
3. Lootsen einzunehmen oder abzusetzen,
4. Personen oder Ladung einzunehmen oder abzusetzen, sofern der hiermit verbundene Aufenthalt nicht länger als 48 Stunden währt,
5. Briefe oder Orders in Empfang zu nehmen oder abzusenden,
6. etwaigen Polizei-, Zoll- oder anderen am Orte bestehenden Vorschriften nachzukommen.

§. 3. Die näheren Bestimmungen zur Ausführung dieses Gesetzes werden durch Kaiserliche Verordnung erlassen. Die Verordnung bestimmt insbesondere die Punkte, über welche der Schiffsführer dem Konsul bei der Meldung Auskunft zu ertheilen hat.

§. 4. Der Schiffsführer, welcher den Vorschriften dieses Gesetzes zuwider es unterläßt, die Ankunft oder den Abgang des Schiffes rechtzeitig zu melden, wird mit Geldstrafe bis zu zweihundert Mark bestraft.

Die gleiche Strafe trifft den Schiffsführer, welcher eine den Bestimmungen der Kaiserlichen Verordnung (§. 3) nicht entsprechende Meldung der Aufforderung des Konsuls ungeachtet zu vervollständigen unterläßt.

31) Verordnung, betreffend die Schiffsmeldungen bei den Konsulaten des Deutschen Reichs. Vom 28. Juli 1880 (RGB. 183).

§. 1. Bei der dem Schiffsführer eines deutschen Kauffahrteischiffes nach der Ankunft des Schiffes in einem außerdeutschen Hafen obliegenden Meldung ist dem zuständigen deutschen Konsul anzuzeigen:

1. der Name, das Unterscheidungssignal, der Heimathshafen, die Gattung und der Nettoraumgehalt des Schiffes,
2. der Name und der Wohnort des Eigenthümers oder des Korrespondentrheders des Schiffes,
3. der Ort und der Tag der Ausfertigung des Schiffscertifikats oder des Flaggenattestes des Schiffes,
4. der Ort und der Tag der Ausfertigung der Musterrolle, sofern dieselbe nicht vorgelegt wird, sowie die Zahl der Schiffsmannschaft,
5. die Zahl der mit dem Schiffe angekommenen Passagiere,
6. ob das Schiff mit Ballast oder mit Ladung angekommen ist, letzterenfalls unter summarischer Bezeichnung der Ladungsgegenstände,
7. der Ort und der Tag des Reiseantritts und der Tag der Ankunft im Hafen,
8. ob bezw. welche Häfen von dem Schiffe während der Reise angelaufen worden sind,

9. die Adresse desjenigen, welcher die Klarirungsgeschäfte des Schiffes am Orte besorgt.

Den unter 1 bis 3 geforderten Anzeigen kann auch durch Vorlegung des Schiffscertifikats oder des Flaggenattestes genügt werden.

§. 2. Hat der Konsul in dem Hafen, welchen das Schiff besucht, seinen Wohnsitz, so ist bei der Anmeldung auch die Musterrolle der Mannschaft des Schiffes vorzulegen. Dieselbe wird von dem Konsul aufbewahrt.

§. 3. Bei der Abmeldung ist anzuzeigen:

1. der Bestimmungsort des Schiffes,
2. ob das Schiff mit Ballast oder mit Ladung abgeht, letzterenfalls unter summarischer Bezeichnung der Ladungsgegenstände,
3. der Tag der Ausklarirung.

§. 4. Erfolgt die Meldung schriftlich, so ist dieselbe von dem Führer des Schiffes zu unterschreiben.

§. 5. Genügt der Inhalt der Meldung dem Konsul nicht, so hat der Schiffsführer dieselbe auf ergangene Aufforderung nach Maßgabe der obigen Bestimmungen baldthunlichst zu vervollständigen.

32) Gesetz über die Konsulargerichtsbarkeit. Vom 10. Juli 1879 (RGB. 197).

I. Allgemeine Bestimmungen.

§. 1. Die Konsulargerichtsbarkeit wird in den Ländern ausgeübt, in welchen ihre Ausübung durch Herkommen oder durch Staatsvertrag gestattet ist.[1])

[1]) S. die Angaben dieser Länder unten S. 279.

Der Konsulargerichtsbarkeit sind die in den Konsulargerichtsbezirken wohnenden oder sich aufhaltenden Reichsangehörigen und Schutzgenossen unterworfen.

§. 2. Die Konsulargerichtsbezirke werden von dem Reichskanzler nach Vernehmung des Ausschusses des Bundesraths für Handel und Verkehr bestimmt.

§. 3. In Betreff des bürgerlichen Rechts ist anzunehmen, daß in den Konsulargerichtsbezirken die Reichsgesetze, das preußische Allgemeine Landrecht und die das bürgerliche Recht betreffenden allgemeinen Gesetze derjenigen preußischen Landestheile, in welchen das Allgemeine Landrecht Gesetzeskraft hat, gelten.

In Handelssachen kommt zunächst das in dem Konsulargerichtsbezirke geltende Handelsgewohnheitsrecht zur Anwendung.

§. 4. In Betreff des Strafrechts ist anzunehmen, daß in den Konsulargerichtsbezirken das Strafgesetzbuch für das Deutsche Reich und die sonstigen Strafbestimmungen der Reichsgesetze gelten.

Die in den Konsulargerichtsbezirken geltenden Strafgesetze der Landesregierungen bleiben außer Anwendung, insofern nicht durch Staatsverträge oder Herkommen etwas Anderes bestimmt ist.

Der Konsul ist befugt, für seinen Gerichtsbezirk oder einen Theil desselben polizeiliche Vorschriften mit verbindlicher Kraft für die seiner Gerichtsbarkeit unterworfenen Personen zu erlassen und die Nichtbefolgung derselben mit Geldstrafen bis zum Betrage von einhundertfünfzig Mark zu bedrohen. Diese Vorschriften sind sofort in Abschrift dem Reichskanzler mitzutheilen.

Der Reichskanzler ist befugt, die von dem Konsul erlassenen polizeilichen Vorschriften aufzuheben.

Die Verkündung der polizeilichen Vorschriften sowie die Verkündung der Aufhebung derselben erfolgt in der für konsularische Bekanntmachungen ortsüblichen Weise, jedenfalls durch Anheftung an die Gerichtstafel.

§. 5. Die Konsulargerichtsbarkeit wird durch den Konsul (§. 2 des Gesetzes, betreffend die Organisation der Bundeskonsulate, vom 8. November 1867 — Bundes-Gesetzbl. S. 137 —) und durch das Konsulargericht ausgeübt.

Der Konsul ist zur Ausübung der Gerichtsbarkeit befugt, wenn er dazu von dem Reichskanzler ermächtigt ist.

Der Reichskanzler kann neben dem Konsul, sowie an Stelle desselben einem anderen Beamten die Befugnisse des Konsuls bei Ausübung der Gerichtsbarkeit übertragen.

§. 6. Das Konsulargericht besteht aus dem Konsul als Vorsitzenden und zwei Beisitzern, insoweit dieses Gesetz nicht die Zuziehung von vier Beisitzern vorschreibt.

Den Beisitzern steht ein unbeschränktes Stimmrecht zu.

§. 7. Der Konsul ernennt für die Dauer eines jeden Jahres aus den achtbaren Gerichtseingesessenen oder in Ermangelung solcher aus sonstigen achtbaren

Einwohnern seines Bezirks vier Beisitzer und mindestens zwei Stellvertreter.

§. 8. Die Beeidigung der Beisitzer erfolgt bei ihrer ersten Dienstleistung in öffentlicher Sitzung. Sie gilt für die Dauer des Geschäftsjahres. Der Vorsitzende richtet an die zu Beeidigenden die Worte: „Sie schwören bei Gott dem Allmächtigen und Allwissenden, die Pflichten eines Beisitzers des deutschen Konsulargerichts getreulich zu erfüllen und Ihre Stimme nach bestem Wissen und Gewissen abzugeben."

Die Beisitzer leisten den Eid, indem Jeder einzeln, unter Erhebung der rechten Hand, die Worte spricht: „Ich schwöre es, so wahr mir Gott helfe." Ist ein Beisitzer Mitglied einer Religionsgesellschaft, welcher das Gesetz den Gebrauch gewisser Betheuerungsformeln an Stelle des Eides gestattet, so wird die Abgabe einer Erklärung unter der Betheuerungsformel dieser Religionsgesellschaft der Eidesleistung gleich geachtet. Ueber die Beeidigung wird ein Protokoll aufgenommen.

§. 9. Ist die Zuziehung von vier Beisitzern in den Fällen, in welchen sie durch dieses Gesetz vorgeschrieben ist, nicht ausführbar, so genügt die Zuziehung von zwei Beisitzern.

Ist in bürgerlichen Rechtsstreitigkeiten die Zuziehung von zwei Beisitzern nicht ausführbar, so tritt an die Stelle des Konsulargerichts der Konsul.

Die Gründe, aus welchen die Zuziehung von Beisitzern nicht ausführbar, müssen in dem Sitzungsprotokoll bemerkt werden.

§. 10. Der Konsul hat die Personen zu bestimmen, welche die Verrichtungen der Gerichtsschreiber und der Gerichtsvollzieher (Zustellungs- und Vollstreckungsbeamten) auszuüben haben. Sofern diese Personen nicht bereits den Diensteid als Konsulatsbeamte abgelegt haben, sind sie vor ihrem Amtsantritte auf die Erfüllung der Obliegenheiten des ihnen übertragenen Amtes eidlich zu verpflichten.

Das Verzeichniß der Gerichtsvollzieher ist in der für konsularische Bekanntmachungen ortsüblichen Weise, jedenfalls durch Anheftung an die Gerichtstafel bekannt zu machen.

§. 11. Der Konsul hat die Personen, welche zur Ausübung der Rechtsanwaltschaft zuzulassen sind, zu bestimmen. Die Zulassung ist widerruflich.

Gegen die Verfügung des Konsuls, durch welche der Antrag einer Person auf Zulassung zur Ausübung der Rechtsanwaltschaft abgelehnt oder die Zulassung zurückgenommen wird, findet Beschwerde an den Reichskanzler statt.

Das Verzeichniß der zur Ausübung der Rechtsanwaltschaft zugelassenen Personen ist in der für konsularische Bekanntmachungen ortsüblichen Weise, jedenfalls durch Anheftung an die Gerichtstafel bekannt zu machen.

§. 12. Soweit dieses Gesetz nicht abweichende Vorschriften enthält, ist für die durch das Gerichtsverfassungsgesetz und die Konkursordnung den Amtsgerichten zugewiesenen Sachen der Konsul, für die den Schöffengerichten, sowie für die den Landgerichten in erster Instanz zugewiesenen Sachen das Konsulargericht zuständig.

In den zu der streitigen Gerichtsbarkeit nicht gehörenden Angelegenheiten, welche in den im §. 3 Absatz 1 bezeichneten preußischen Landestheilen in erster Instanz zur Zuständigkeit der Amtsgerichte oder der Landgerichte gehören, ist der Konsul zuständig.

§. 13. Die Vorschriften der Titel 13 bis 16 des Gerichtsverfassungsgesetzes finden auf die Ausübung der streitigen Gerichtsbarkeit mit der Maßgabe entsprechende Anwendung, daß die im §. 183 vorgesehene Frist zwei Wochen beträgt.

II. Verfahren in bürgerlichen Rechtsstreitigkeiten und in Konkurssachen.

§. 14. Auf bürgerliche Rechtsstreitigkeiten und auf Konkurssachen finden die Civilprozeßordnung und die Konkursordnung nebst ihren Einführungsgesetzen, sowie die landesgesetzlichen Vorschriften, welche für die im §. 3 Absatz 1 bezeichneten preußischen Landestheile zur Ausführung jener Reichsgesetze erlassen oder neben denselben in Geltung sind, nach Maßgabe der folgenden Bestimmungen entsprechende Anwendung.

§. 15. Das Verfahren in bürgerlichen Rechtsstreitigkeiten vor dem Konsul sowie vor dem Konsulargerichte regelt sich nach den Bestimmungen der Civilprozeßordnung über das Verfahren vor den Amtsgerichten mit der Maßgabe, daß auch die Vorschriften der §§. 313 bis 319 der Civilprozeßordnung Anwendung finden.

§. 16. In den vor das Konsulargericht gehörenden Sachen nehmen die Beisitzer nur an der mündlichen Verhandlung sowie an den im Laufe oder auf Grund derselben ergehenden Entscheidungen Theil.

§. 17. Die Verrichtungen der Staatsanwaltschaft werden in Ehesachen im Falle des §. 585, sowie in Entmündigungssachen in den Fällen der §§. 607, 620 Absatz 4, 624 Absatz 3, 626 Absatz 3 der Civilprozeßordnung vom Konsul einer der zur Ausübung der Rechtsanwaltschaft zugelassenen Personen oder in Ermangelung solcher einem anderen achtbaren Gerichtseingesessenen übertragen.

Im Uebrigen findet eine Mitwirkung der Staatsanwaltschaft nicht statt.

§. 18. In den zur Zuständigkeit des Konsuls gehörenden bürgerlichen Rechtsstreitigkeiten (§. 12 Absatz 1) finden, sofern der Werth des Streitgegenstandes die Summe von dreihundert Mark nicht übersteigt, Rechtsmittel nicht statt.

Im Uebrigen ist in den vor dem Konsul oder dem Konsulargerichte verhandelten bürgerlichen Rechtsstreitigkeiten sowie in Konkurssachen zur Verhandlung und Entscheidung über die Rechtsmittel der Beschwerde und der Berufung das Reichsgericht zuständig.

Gegen die Entscheidungen des Reichsgerichts findet ein weiteres Rechtsmittel nicht statt.

§. 19. Die Vorschrift des §. 540 Absatz 3 der Civilprozeßordnung findet keine Anwendung, wenn die angegriffene Verfügung vom Konsul erlassen ist.

§. 20. Das Rechtsmittel der Berufung wird bei dem Konsul eingelegt. Die Einlegung erfolgt durch Einreichung der Berufungsschrift. Auf die Einlegung findet die Vorschrift des §. 74 Absatz 1 der Civilprozeßordnung keine Anwendung. Der Konsul hat eine Abschrift der Berufungsschrift der Gegenpartei von Amtswegen in Gemäßheit des §. 164 der Civilprozeßordnung zustellen zu lassen und die Prozeßakten dem Berufungsgerichte zu übersenden.

Das letztere hat den Termin zur mündlichen Verhandlung von Amtswegen zu bestimmen und den Parteien bekannt zu machen.

Die Bekanntmachung des Termins erfolgt an den für die Berufungsinstanz bestellten und dem Reichsgerichte durch Vermittelung des Konsuls oder durch die Partei selbst rechtzeitig benannten Prozeßbevollmächtigten oder Zustellungsbevollmächtigten, in Ermangelung eines solchen an die Partei selbst.

Die Fristbestimmungen in den §§. 481, 484 der Civilprozeßordnung bemessen sich nach dem Zeitpunkte der Bekanntmachung des Termins an den Berufungsbeklagten.

III. Verfahren in Strafsachen.

§. 21. Auf Strafsachen finden die Vorschriften der Strafprozeßordnung und des Einführungsgesetzes zu derselben nach Maßgabe der folgenden Bestimmungen entsprechende Anwendung.

§. 22. Der Konsul übt die Verrichtungen des Amtsrichters und des Vorsitzenden der Strafkammer aus.

§. 23. Auf die Zuziehung der Beisitzer findet die Vorschrift des §. 30 des Gerichtsverfassungsgesetzes entsprechende Anwendung.

§. 24. Eine Mitwirkung der Staatsanwaltschaft findet nicht statt.

Die Zustellungen, die Vollstreckung von Beschlüssen und Verfügungen sowie die Strafvollstreckung werden durch den Konsul veranlaßt.

§. 25. Soweit nach der Strafprozeßordnung die Staatsanwaltschaft wegen einer gerichtlich strafbaren und verfolgbaren Handlung einzuschreiten hat, ist der Konsul hierzu von Amtswegen verpflichtet. Er hat insbesondere die der Staatsanwaltschaft im vorbereitenden Verfahren obliegenden Ermittelungen anzustellen.

§. 26. Eine Voruntersuchung findet nicht statt.

Die Bestimmungen des §. 126 der Strafprozeßordnung bleiben außer Anwendung.

Die Beeidigung eines Zeugen im vorbereitenden Verfahren ist auch aus den im §. 65 Absatz 2 der Strafprozeßordnung bezeichneten Gründen zulässig.

§. 27. An die Stelle der öffentlichen Klage tritt in den Fällen, in welchen nicht sofort das Hauptverfahren eröffnet wird, die Verfügung des Konsuls über die Einleitung des Strafverfahrens gegen den Beschuldigten. Diese Verfügung hat die dem Angeschuldigten zur Last gelegte That unter Hervorhebung ihrer gesetzlichen

Merkmale und des anzuwendenden Strafgesetzes zu bezeichnen.

Der Beschluß, durch welchen das Hauptverfahren eröffnet wird, hat auch die Beweismittel anzugeben.

§. 28. In der Hauptverhandlung sind vier Beisitzer zuzuziehen, wenn der Beschluß über die Eröffnung des Hauptverfahrens ein Verbrechen oder ein Vergehen zum Gegenstande hat, welches weder zur Zuständigkeit der Schöffengerichte, noch zu den in den §§. 74, 75 des Gerichtsverfassungsgesetzes bezeichneten Handlungen gehört.

§. 29. Den Umfang der Beweisaufnahme bestimmt das Gericht, ohne hierbei durch Anträge, Verzichte oder frühere Beschlüsse gebunden zu sein.

§. 30. In das Protokoll über die Hauptverhandlung sind die wesentlichen Ergebnisse der Vernehmungen aufzunehmen.

§. 31. Ist die strafbare Handlung ein zur Zuständigkeit des Reichsgerichts oder der Schwurgerichte gehöriges Verbrechen, so hat der Konsul die zur Strafverfolgung erforderlichen Sicherheitsmaßregeln zu treffen, sowie die Untersuchungshandlungen, in Ansehung deren Gefahr im Verzug obwaltet oder die Voraussetzungen des §. 65 Absatz 2 der Strafprozeßordnung vorliegen, vorzunehmen und demnächst die Akten der Staatsanwaltschaft bei dem zuständigen Gerichte des Inlands, im Falle des §. 9 Absatz 1 Satz 2 der Strafprozeßordnung dem Ober-Reichsanwalt zu übersenden.

§. 32. In den Fällen der §§. 45, 449 der Strafprozeßordnung beträgt die Frist zwei Wochen.

§. 33. Gegen die in Strafsachen wegen Uebertretungen erlassenen Entscheidungen sind Rechtsmittel nicht zulässig.

§. 34. In anderen Strafsachen findet gegen die Urtheile des Konsulargerichts das Rechtsmittel der Berufung statt.

§. 35. Ueber Beschwerden gegen Entscheidungen des Konsuls entscheidet das Konsulargericht. Die Bestimmung des §. 23 Absatz 1 der Strafprozeßordnung findet hierbei keine Anwendung.

In den Fällen des §. 353 der Strafprozeßordnung ist der Konsul zur Abänderung seiner durch Beschwerde angefochtenen Entscheidung befugt.

§. 36. Zur Verhandlung und Entscheidung über das Rechtsmittel der Beschwerde gegen die Entscheidungen des Konsulargerichts sowie über das Rechtsmittel der Berufung ist das Reichsgericht zuständig.

Gegen die Entscheidungen des Reichsgerichts findet ein weiteres Rechtsmittel nicht statt.

§. 37. In den Fällen der §§. 353, 355, 358, 360 der Strafprozeßordnung beträgt die Frist zwei Wochen.

§. 38. Die Frist zur Anfechtung einer Entscheidung beginnt für den Nebenkläger im Falle des §. 439 der Strafprozeßordnung mit der Bekanntmachung der Entscheidung an den Beschuldigten.

§. 39. Der Konsul kann Zeugen und Sachverständige, welche zur Rechtfertigung der Berufung benannt sind, vernehmen und beeidigen, wenn die Voraussetzungen des §. 65 Absatz 2 der Strafprozeßordnung vorliegen. Die Protokolle über diese Vernehmungen sind demnächst dem Ober-Reichsanwalt zu übersenden. Die Vorschriften der §§. 223, 250 Absatz 2 der Strafprozeßordnung finden entsprechende Anwendung.

§. 40. Der Angeklagte kann in der Hauptverhandlung vor dem Berufungsgericht erscheinen oder sich durch einen mit schriftlicher Vollmacht versehenen Vertheidiger vertreten lassen.

Der nicht auf freiem Fuße befindliche Angeklagte hat keinen Anspruch auf Anwesenheit.

Insoweit der Angeklagte die Berufung eingelegt hat, ist über dieselbe auch dann zu verhandeln, wenn weder der Angeklagte noch ein Vertreter desselben erschienen ist.

Im Uebrigen finden die im dritten Abschnitt des dritten Buchs der Strafprozeßordnung gegebenen Vorschriften Anwendung.

§. 41. Die Wiederaufnahme eines durch rechtskräftiges Urtheil geschlossenen Verfahrens kann von Amtswegen erfolgen.

§. 42. In Strafsachen, in welchen der Konsul oder das Konsulargericht in erster Instanz erkannt hat, steht das Begnadigungsrecht dem Kaiser zu.

IV. Verfahren in den Angelegenheiten, welche zu der streitigen Gerichtsbarkeit nicht gehören.

§. 43. In den durch §. 12 Absatz 2 der Zuständigkeit des Konsuls zugewiesenen Angelegenheiten bestimmt sich das Verfahren nach den für die im §. 3 Absatz 1 bezeichneten preußischen Landestheile geltenden Vorschriften, insoweit diese Vorschriften nicht Einrichtungen und Verhältnisse voraussetzen, welche in den Konsulargerichtsbezirken fehlen.

Für die Verhandlung und Entscheidung über die nach Maßgabe der bezeichneten Vorschriften gegen die Entscheidungen des Konsuls zulässigen Rechtsmittel ist das Reichsgericht zuständig.

V. Schlußbestimmungen.

§. 44. In den Rechtssachen, auf welche die Civilprozeßordnung, die Strafprozeßordnung oder die Konkursordnung Anwendung findet, gelten das Gerichtskostengesetz und die Gebührenordnungen für Gerichtsvollzieher, für Zeugen und Sachverständige, sowie für Rechtsanwälte. In den Angelegenheiten, welche zu der streitigen Gerichtsbarkeit nicht gehören, sind in Betreff des Gebührenwesens, soweit reichsgesetzliche Vorschriften nicht bestehen, die Bestimmungen der in den im §. 3 Absatz 1 bezeichneten preußischen Landestheilen geltenden Landesgesetze maßgebend.

Soweit die Gebühren der Rechtsanwälte durch Ortsgebrauch geregelt sind, kommt dieser zunächst zur Anwendung.

§. 45. Die Einrückung einer öffentlichen Bekanntmachung in den Reichs-Anzeiger ist nicht erforderlich.

§. 46. Geldstrafen fließen zur Reichskasse.

§. 47. Neue Gesetze erlangen, soweit nicht reichsgesetzlich etwas Anderes bestimmt wird, in den Konsulargerichtsbezirken nach Ablauf von vier Monaten, von dem Tage an gerechnet, an welchem das betreffende Stück des Reichs-Gesetzblatts oder der preußischen Gesetzsammlung in Berlin ausgegeben worden ist, verbindliche Kraft.

§. 48. Dieses Gesetz tritt für alle Konsulargerichtsbezirke gleichzeitig mit dem Gerichtsverfassungsgesetz in Kraft. Mit demselben Zeitpunkte werden die Bestimmungen der §§. 22 bis 24 des Konsulargesetzes vom 8. November 1867 (Bundes-Gesetzbl. S. 137) und die Zusatzbestimmung des §. 3 des Gesetzes vom 22. April 1871 (Bundes-Gesetzbl. S. 87) aufgehoben.

§. 49. Die Militärgerichtsbarkeit wird durch dieses Gesetz nicht berührt.

§. 50. Soweit die am Tage des Inkrafttretens des Gesetzes anhängigen Rechtssachen nach den bisherigen Gesetzen zu erledigen sind, tritt an die Stelle des Appellationsgerichts in Stettin das Reichsgericht. Die an dem bezeichneten Tage bei dem Appellationsgericht in Stettin anhängigen Sachen gehen in der prozessualischen Lage, in welcher sie sich befinden, auf das Reichsgericht über. Auf die Entscheidungen des Reichsgerichts findet die Bestimmung des §. 18 Absatz 3 und des §. 36 Absatz 2 Anwendung.

§. 51. Der Reichskanzler hat die zur Ausführung des Gesetzes erforderlichen Anordnungen zu erlassen.

Deutsche Konsulargerichtsbarkeit besteht in China, Japan, Samoa, Siam, der Türkei; in Persien ist dieselbe vertragsmäßig zugesichert, aber bis jetzt nicht eingerichtet. Die Gerichtsbezirke sind:

I. China: Shanghai, Amoy, Kanton, Tientsin;
II. Japan: Hiogo-Osaka, Yokohama;
III. Samoa: Apia;
IV. Siam: Bangkok;
V. Türkei: Alexandrien, Kairo, Beirut, Konstantinopel, Dardanellen, Jerusalem, Smyrna, Sofia.

33) Gesetz, betreffend die Einschränkung der Gerichtsbarkeit der deutschen Konsuln in Egypten. Vom 30. März 1874 (RGB. 23).

Einziger Artikel.

Die den Konsuln des Deutschen Reichs in Egypten zustehende Gerichtsbarkeit kann durch eine mit Zustimmung des Bundesraths zu erlassende Kaiserliche Verordnung eingeschränkt oder aufgehoben werden.

Die Dauer der Einschränkung oder Aufhebung soll jedoch den Zeitraum von fünf Jahren nicht übersteigen.

34) Gesetz, betreffend die Konsulargerichtsbarkeit in Egypten. Vom 5. Juni 1880 (RGB. 145).

Die in dem Gesetze .... vom 30. März 1874 .... (s. S. 279) enthaltene Zeitbeschränkung wird aufgehoben.

35) Verordnung, betreffend die Einschränkung der Gerichtsbarkeit der deutschen Konsuln in Egypten. Vom 23. Dezember 1875 (RGB. 381).

§. 1. Die den Konsuln des Deutschen Reichs in Egypten zustehende Gerichtsbarkeit wird aufgehoben:

1. für bürgerliche Rechtsstreitigkeiten, in welchen nicht beide Parteien deutsche Reichsangehörige oder Schutzgenossen sind;
2. für bürgerliche Rechtsstreitigkeiten, in welchen eine in Egypten belegene unbewegliche Sache oder ein Recht auf eine solche Sache den Gegenstand des Streites bildet.

§. 2. Statusfragen bleiben der Gerichtsbarkeit der Konsuln vorbehalten, auch wenn sie in den vorbezeichneten Streitigkeiten — §. 1 — zu entscheiden sind.

§. 3. Die den Konsuln zustehende Gerichtsbarkeit in Strafsachen wird aufgehoben:

1. für Uebertretungen;
2. für Verbrechen oder Vergehen, welche unmittelbar gegen die Richter, die Geschworenen oder die sonstigen Beamten der von der egyptischen Regierung eingesetzten neuen Landesgerichte, während sie in der Ausübung ihres Amtes begriffen

sind oder in Beziehung auf ihren Beruf begangen werden, und zwar:

a) Schmähungen durch Geberden, Worte oder Drohungen,

b) Verleumdungen und Beleidigungen, wenn sie in Gegenwart des betreffenden Richters, Geschworenen oder sonstigen Beamten der neuen Landesgerichte oder innerhalb der Geschäftsräume des Gerichts begangen, oder mittelst öffentlicher Anschläge, Schriften, Druckschriften, Abbildungen oder Darstellungen verbreitet worden sind,

c) Thätlichkeiten gegen ihre Person, insbesondere Mißhandlungen, Körperverletzungen und vorsätzliche Tödtung mit oder ohne Ueberlegung,

d) Thätlichkeiten oder Drohungen, verübt, um eine der gedachten Personen zur Vornahme einer pflichtwidrigen oder ungesetzlichen Handlung oder zur Unterlassung einer pflichtmäßigen oder gesetzlichen Handlung zu nöthigen,

e) Mißbrauch der Amtsgewalt seitens eines öffentlichen Beamten zum Zweck einer derartigen Nöthigung,

f) Versuch unmittelbarer Bestechung einer der gedachten Personen,

g) Beeinflussung eines Richters zu Gunsten einer Partei seitens eines öffentlichen Beamten;

3. für Verbrechen und Vergehen, welche in der bestimmten Absicht begangen werden, die Voll=

strekkung von Urtheilen oder Verfügungen der gedachten Gerichte zu verhindern, und zwar:

a) thätlicher Angriff oder gewaltsamer Widerstand gegen Gerichtsmitglieder in Ausübung ihres Berufs, oder gegen Beamte der neuen Landesgerichte während der rechtmäßigen Vornahme von Amtshandlungen zur Vollstreckung von Urtheilen und Verfügungen der Gerichte, oder gegen Beamte oder Mannschaften der bewaffneten Macht, welche berufen sind, bei der Vollstreckung Hülfe zu leisten,

b) Mißbrauch der Amtsgewalt seitens eines öffentlichen Beamten zur Verhinderung der Vollstreckung,

c) Entwendung gerichtlicher Aktenstücke zu demselben Zweck,

d) Verletzung gerichtlich angelegter Siegel, vorsätzliches Beiseiteschaffen von Sachen, welche in Folge einer gerichtlichen Verfügung oder eines Urtheils in Beschlag genommen worden sind,

e) Entweichung von Gefangenen, welche sich in Folge einer gerichtlichen Verfügung oder eines Urtheils in Haft befinden, und Handlungen, welche eine solche Entweichung unmittelbar herbeigeführt haben,

f) Verheimlichung solcher Gefangenen nach ihrer Entweichung;

4. für Verbrechen und Vergehen, welche von einem

unter deutschem Schutze stehenden Richter, Geschworenen oder sonstigen Beamten der neuen Landesgerichte in Ausübung seines Berufs oder in Folge Mißbrauchs seiner Amtsgewalt begangen werden.

Außer denjenigen gemeinen Verbrechen und Vergehen, welche von einer der bezeichneten Personen unter solchen Umständen begangen werden können, gehören hierzu nachstehende besondere Verbrechen und Vergehen:

a) pflichtwidrige Entscheidung zu Gunsten oder zum Nachtheil einer Partei,
b) Bestechung,
c) unterlassene Anzeige einer versuchten Bestechung,
d) Justizverweigerung,
e) unerlaubte Gewalt gegen Privatpersonen,
f) Eindringen in die Wohnung eines Andern ohne Beobachtung der gesetzlichen Vorschriften,
g) Erpressung,
h) Unterschlagung öffentlicher Gelder,
i) ungesetzliche Verhaftung,
k) Fälschung von Urtheilen und Aktenstücken.

Die Konsulargerichtsbarkeit bleibt auch für die vorstehend unter Ziffer 2 und 3 aufgeführten Verbrechen und Vergehen bestehen, sofern der durch dieselben verletzte Beamte der neuen Landesgerichte die Bestrafung des Thäters bei dem Konsulargericht in Antrag bringt.

§. 4. Die deutschen Reichsangehörigen und Schutzgenossen in Egypten sind vom Tage des Inkrafttretens dieser Verordnung ab in allen durch §§. 1 und 2 der Konsulargerichtsbarkeit entzogenen Angelegenheiten der Gerichtsbarkeit der neuen Landesgerichte unterworfen.

Das Gleiche findet statt hinsichtlich der Bestrafung von Zeugen, welche ohne gesetzlichen Grund die Ablegung eines Zeugnisses oder dessen Beeidigung vor den neuen Landesgerichten verweigern und hinsichtlich der Bestrafung von Geschworenen oder Beisitzern dieser Gerichte, welche ohne genügende Entschuldigung ihren Obliegenheiten sich entziehen.

Bei den Verhandlungen vor diesen Gerichten findet eine Assistenz durch den Konsul oder dessen Vertreter nicht statt.

§. 5. Hinsichtlich der Konsuln, ihrer Familienangehörigen, der in ihrem Dienst befindlichen Personen und der ihnen unterstellten Beamten mit Einschluß der Familienangehörigen dieser Beamten, sowie hinsichtlich der Wohnungen dieser Personen, ferner hinsichtlich der deutschen evangelischen Kirche in Alexandrien, der deutschen evangelischen Kirche in Kairo, der deutschen Schule in Alexandrien, der deutschen Schule in Kairo und des deutschen evangelischen Hospitals in Alexandrien, soweit diese Kirchen und Anstalten als Korporationen in Betracht kommen, bleiben die bisherigen Gerichtsbarkeitsverhältnisse unverändert.

§. 6. Besteht zwischen dem Konsul und dem Landesgericht eine Meinungsverschiedenheit darüber, ob eine strafbare Handlung zu denjenigen gehört, für welche nach §§. 2 und 3 die Landesgerichte zuständig sind, so entscheidet darüber ein Kompetenzhof, welcher aus zwei von dem Konsul zu bezeichnenden fremden Konsuln und zwei von dem Präsidenten des Appellhofes in Alexandrien zu ernennenden richterlichen Beamten der gemischten Gerichte gebildet wird. Die Entscheidung dieses Kompetenzhofes ist endgültig.

§. 7. Diese Verordnung tritt am 1. Januar 1876 auf die Dauer von 5 Jahren in Kraft.

Bürgerliche Rechtsstreitigkeiten und Strafsachen, welche an dem genannten Tage bei den Konsulargerichten anhängig sind, werden von diesen vollständig erledigt, auch wenn sie nach den Bestimmungen der §§. 1 und 2 zur Zuständigkeit der neuen Landesgerichte gehören würden.

Die anhängigen bürgerlichen Rechtsstreitigkeiten können auf den übereinstimmenden Antrag der Parteien den neuen Landesgerichten übertragen werden.

36) Verordnung, betreffend die Konsulargerichtsbarkeit in Egypten. Vom 23. Dezember 1880 (RGB. 192).

Die im §. 7 Absatz 1 Unserer Verordnung ..... vom 23. Dezember ..... 1875 (s. S. 280) enthaltene Beschränkung der Geltungsdauer dieser Verordnung wird aufgehoben.

37) Gesetz, betreffend die Konsulargerichtsbarkeit in Bosnien und in der Herzegowina. Vom 7. Juni 1880 (RGB. 146).

Die dem Konsul des Deutschen Reichs in Serajewo für Bosnien und die Herzegowina zustehende Gerichtsbarkeit kann mit Zustimmung des Bundesraths durch Kaiserliche Verordnung eingeschränkt oder außer Uebung gesetzt werden.

38) Verordnung, betreffend die Konsulargerichtsbarkeit in Bosnien und in der Herzegowina. Vom 23. Dezember 1880 (RGB. 191).

§. 1. Die dem Konsul des Deutschen Reichs in Serajewo für Bosnien und die Herzegowina zustehende Gerichtsbarkeit wird vom 1. Januar 1881 ab mit der Maßgabe außer Uebung gesetzt, daß die deutschen Reichsangehörigen und Schutzgenossen in Bosnien und in der Herzegowina von diesem Tage ab der Gerichtsbarkeit der von Seiner Majestät dem Kaiser von Oesterreich, apostolischen König von Ungarn, in den genannten Landestheilen eingesetzten Gerichte unterworfen sind.

Bei den Verhandlungen vor diesen Gerichten findet eine Assistenz durch den Konsul oder dessen Vertreter nicht statt.

§. 2. Die am 1. Januar 1881 bei dem Konsulargerichte anhängigen bürgerlichen Rechtsstreitigkeiten und Strafsachen werden von diesem nach den bisherigen Vorschriften erledigt.

Anhängige bürgerliche Rechtsstreitigkeiten können jedoch auf den übereinstimmenden Antrag der Parteien an die von Seiner Majestät dem Kaiser von Oesterreich, apostolischen König von Ungarn, eingesetzten Gerichte abgegeben werden.

39) Gesetz, betreffend die Konsulargerichtsbarkeit in Tunis. Vom 27. Juli 1883 (R.G.B. 83, 263)[1].

Die dem Konsul des Deutschen Reichs in Tunis für die Regentschaft Tunis zustehende Gerichtsbarkeit kann mit Zustimmung des Bundesraths durch Kaiserliche Verordnung eingeschränkt oder außer Uebung gesetzt werden.

40) Instruktion, betreffend die Ertheilung des von den Kaiserlich deutschen Konsularbehörden zu gewährenden Schutzes im türkischen Reiche mit Einschluß von Egypten, Rumänien und Serbien, sowie in China und Japan. Vom 1. Mai 1872.[2][3]

§. 1. Die Schutzgenossen zerfallen in:

1. Reichsangehörige,
2. Angehörige solcher Staaten, welchen durch Staatsverträge oder sonstige Verabredungen mit dem deutschen Reiche oder einem der zu demselben gehörigen Staaten der Schutz der deutschen Konsularbehörden für ihre Nationalen zugesagt ist,

[1]) Die vorbehaltene Kaiserliche Verordnung ist bis jetzt nicht ergangen.

[2]) Nicht publicirt, entnommen aus: König, Handbuch des Deutschen Konsularwesens. Zweite Ausgabe. S. 470 ff.

[3]) Vgl. hierher die Instruktion zur Ausführung des Gesetzes über die Konsulargerichtsbarkeit zum §. 1 (S. 15).

3. Personen, welche, ohne ein bestimmtes Anrecht auf den deutschen Schutz zu haben, denselben vergünstigungsweise erhalten (de facto Unterthanen).

§. 2. Die Reichsangehörigen welche in dem Konsularbezirke wohnen, sind verpflichtet, unter dem deutschen Schutz zu stehen. Die im §. 1 No. 2 und 3 bezeichneten Personen werden nur auf ihren Antrag in den Schutz aufgenommen.

§. 3. Als de facto Unterthanen können den deutschen Schutz erhalten:

1. Personen, welche einem der zu dem Reiche gehörigen Staaten angehört haben, desgleichen Abkömmlinge solcher Personen;
2. Deutsche, welche den Schutz nicht auf Grund von Staatsverträgen in Anspruch nehmen können;
3. die Dragomans, Kawassen, Jassakdschis und sonstigen Unterbeamten der Gesandtschaften und der Konsularbehörden;
4. Familien der unter No. 3 bezeichneten Personen, desgleichen Individuen, welche früher ein solches Amt bekleidet haben.

§. 4. Der Schutz wird in dem durch Gesetze, Verträge und Herkommen begründeten Umfange sämmtlichen Schutzgenossen gleichmäßig gewährt.

Türkische etc. Unterthanen, welche die deutsche Reichsangehörigkeit erworben, haben den Landesbehörden gegenüber auf den Schutz der Kaiserlichen Konsulate so lange keinen Anspruch, als sie nicht aus ihrem ursprünglichen Unterthanenverbande entlassen sind.

§. 5. In jedem Konsularamte ist über sämmtliche, dauernd in dem Konsularbezirk anwesenden Schutzgenossen ein Verzeichniß (Matrikel) nach dem Formular Anlage A. zu führen.

§. 6. Die Eintragung der Schutzgenossen in die Matrikel erfolgt unter fortlaufender Nummer. Bei jedem Schutzgenossen sind dessen im Konsularbezirke als Schutzgenossen sich aufhaltenden Eltern, Ehegatten und Kinder unter Bezugnahme auf deren besondere Nummern namhaft zu machen.

§. 7. Zur Herbeiführung der Eintragung sind die erforderlichen Legitimationspapiere (Paß, Wanderbuch, Geburtsschein, Trauschein, Naturalisationsurkunden etc.) dem Konsul zu übergeben, beziehungsweise in einer nach den Verhältnissen zu bemessenden Frist zu beschaffen.

Bei Prüfung der Papiere ist mit der größten Vorsicht zu verfahren, um fremdartige Elemente fernzuhalten. Pässe, welche nicht von den zuständigen inländischen Behörden ausgestellt sind, sind für sich allein zur Führung der Legitimation nicht hinreichend.

§. 8. Ueber die erfolgte Eintragung in die Matrikel erhält der Schutzgenosse eine vom Konsul nach dem Formular Anlage B. für das laufende Kalenderjahr in deutscher und französischer Sprache auszufertigende Bescheinigung (Schutzschein) gegen Entrichtung der tarifmäßigen Gebühr.

An Stelle der französischen kann auch eine andere Sprache angewendet werden, sofern letztere im Konsularbezirk als allgemeiner verständlich erscheint.

§. 9. Für Ehefrauen genügt deren Verzeichnung auf den Schutzscheinen ihrer Ehemänner und für minderjährige noch unter väterlicher Gewalt stehende Kinder deren Verzeichnung auf den Schutzscheinen ihrer Väter.

Die Ertheilung getrennter Schutzscheine an solche Personen erfolgt nur, wenn die Verzeichnung auf den Schutzscheinen der Ehemänner, beziehungsweise Väter, wegen Abwesenheit derselben oder aus anderen Gründen nicht herbeizuführen ist.

§. 10. Reichsangehörige, welche in dem Konsulatsbezirk ihren dauernden Wohnsitz nehmen, haben ihre Eintragung in die Matrikel innerhalb der ersten drei Monate ihres dortigen Aufenthalts zu erwirken oder unter Angabe der Gründe, aus welchen dies ausnahmsweise nicht erreichbar ist, die Ausstellung provisorischer Schutzscheine zu beantragen.

Sämmtliche Schutzgenossen haben im Monat Januar jedesmal für das laufende Kalenderjahr die Erneuerung der Schutzscheine gegen Entrichtung der tarifmäßigen Gebühren zu veranlassen. Ausnahmen in Betreff dieses Termins sind nur aus Gründen lokaler Verhältnisse zu gestatten.

§. 11. Den Vorschriften der §§. 7 und 10 haben

für alle bevormundeten Personen deren Vormünder (Kuratoren) Genüge zu leisten.

§. 12. Wenn für gesetzlich zu bevormundende Personen noch kein Vormund (Kurator) bestellt ist, so ist der Konsul in Bezug auf die Reichsangehörigen verpflichtet, in Bezug auf andere Schutzgenossen befugt, von Amtswegen, allenfalls unter Zuordnung eines anderweitigen Vertreters dafür zu sorgen, daß im Interesse derselben den Vorschriften der §§. 7 und 10 Genüge geschehe.

§. 13. Die im §. 3 Nr. 1 und 2 bezeichneten Personen können nur nach vorhergehender, oder, wenn Gefahr im Verzuge obwaltet, mit nachträglicher Genehmigung des diplomatischen Vertreters des Reiches in den Schutz aufgenommen werden.

Die Genehmigung ist in jedem einzelnen Falle auf den Antrag der Betheiligten von dem Konsul besonders nachzusuchen.

Bei der Aufnahme der in §. 3 Nr. 1 bezeichneten Personen ist besonders darauf zu achten, ob die Aufzunehmenden in der That die deutsche Nationalität noch bewahrt haben, was an der Sprache, deren sie sich bedienen, und an ihren sonstigen Verhältnissen leicht zu erkennen sein wird.

Dem an die Kaiserliche Mission zu richtenden Antrag auf Genehmigung der Aufnahme sind die zur Orientirung in dieser Richtung nothwendigen Notizen beizufügen.

§. 14. Die im §. 3 Nr. 3 genannten Beamten

genießen für ihre Person und während der Dauer ihres Amtes den deutschen Schutz, sofern ihre Anstellung, wenn sie Landesunterthanen sind, gemäß den mit der Landesregierung getroffenen Vereinbarungen erfolgt ist. Sind sie Unterthanen einer anderen fremden Macht, so müssen sie Seitens dieser letzteren die Genehmigung zum Eintritt in den Schutzverband beibringen.

§. 15. Soll ausnahmsweise der Schutz auf die Familie der Beamten und über die Amtsdauer hinaus erstreckt werden, so kann dies nur mit Genehmigung der Kaiserlichen Mission und unter Zustimmung der nationalen Behörde geschehen.

§. 16. Die Eintragung der Beamten in die Matrikel und ihre Fortführung in derselben erfolgt auf ihren Antrag, ohne daß es der Beibringung besonderer Dokumente bedarf.

Schutzscheine werden ihnen nur auf Verlangen und alsdann unentgeltlich ausgefertigt.

§. 17. Personen, welche nicht Reichsangehörige sind und unter einem anderen fremdländischen Schutze stehen, oder sich ausdrücklich unter den Schutz der Lokalbehörde gestellt haben, können, so lange dies Verhältniß dauert, in den deutschen Schutz nicht aufgenommen werden.

Auch nach Auflösung des Verhältnisses haben sie, bevor ihre Aufnahme erfolgen kann, durch ein Attest der früheren Schutzbehörde nachzuweisen, daß sie die sämmtlichen schwebenden Rechtsangelegenheiten erledigt haben.

§. 18. Die Eigenschaft als Schutzgenosse endet:

1. durch den Tod des Schutzgenossen;
2. durch Uebertritt desselben zum Islam;
3. durch Verlassen des Konsularbezirks, sofern nicht anzunehmen ist, daß die Abwesenheit eine blos vorübergehende sein soll;
4. bei einer Schutzgenossin durch Verheirathung mit einem nicht zum Schutzverbande gehörigen Mann;
5. für die im §. 1 Nr. 1 und 2 aufgeführten Schutzgenossen durch Verlust ihrer Nationalität, sofern sie nicht nach §. 1 Nr. 3 im Schutz verbleiben;
6. für die im §. 1 Nr. 2 aufgeführten Schutzgenossen durch Errichtung einer konsularischen Behörde ihres Landes;
7. für die im §. 3 Nr. 3 aufgeführten Schutzgenossen durch Verlust ihres Amtes, sofern sie nicht nach §. 3 Nr. 4 im Schutze verbleiben;
8. für die im §. 1 Nr. 2 und 3 aufgeführten Schutzgenossen auf ihren Antrag, sofern sie nicht noch Verbindlichkeiten zu erfüllen haben, insbesondere bei schwebenden Rechtsangelegenheiten betheiligt sind;
9. Schutzgenossen, welche nicht Reichsangehörige sind, können, wenn sie durch bescholtenen, mit Vergehen oder Verbrechen befleckten Lebenswandel oder durch wiederholte Nichterfüllung ihrer Pflichten gegen die Schutzbehörde sich des Schutzes unwürdig machen, von dem Konsul der Eigenschaft als Schutzgenosse für verlustig erklärt wer-

den. Gegen die Entscheidung des Konsuls steht dem Betroffenen innerhalb zehn Tagen der Rekurs an die Kaiserliche Mission zu. Bis deren Entscheidung erfolgt, ist der Schutz zu versagen.

§. 19. Die Löschung in der Matrikel erfolgt, sobald das Schutzverhältniß einer Person in Gemäßheit des §. 18 beendet ist.*)

§. 20. Im Februar jeden Jahres hat der Konsul der Kaiserlichen Mission über die Führung der Matrikel Bericht zu erstatten und in demselben sämmtliche in der Zwischenzeit vorgekommenen Veränderungen anzuführen. Im Fall die Aufnahme neuer Schutzgenossen stattgefunden hat, sind die Legitimationspapiere genau anzugeben, auf Grund deren dieselbe erfolgt ist.

§. 21. Personen, welche an sich zur Aufnahme in den Schutzverband geeignet erscheinen, sich aber nur vorübergehend im Konsularbezirke aufhalten, werden nicht in die Matrikel eingetragen. Es können ihnen aber auf ihr Verlangen für die Dauer ihres Aufenthalts unter Eintragung in eine besondere Liste provisorische Schutzscheine nach dem Formular Anlage C. in deutscher und französischer Sprache ertheilt werden.

An Stelle der französischen kann auch eine andere Sprache angewendet werden, sofern letztere in dem Konsularbezirke allgemeiner verständlich erscheint.

---

*) Der frühere Schlußsatz dieses Paragraphen ist durch einen Erlaß des Auswärtigen Amts vom 5. November 1872 obsolet geworden.

§. 22. Ebenso ist der Konsul befugt, für Personen, welche die erforderlichen Legitimationspapiere noch nicht beschafft haben, dergleichen provisorische Schutzscheine auszustellen, sofern diese Personen, nach den sonst eingezogenen Erkundigungen, ihm als zur Aufnahme in den Schutzverband voraussichtlich geeignet erscheinen.

§. 23. Personen der im §. 1 Nr. 1 und 2 bezeichneten Kategorien, welche im Konsularbezirk weder wohnen noch sich aufhalten, können dennoch ihre im Konsulatsbezirke vorkommenden Angelegenheiten unter dem Schutze des Konsuls selbst oder durch Bevollmächtigte betreiben. Die Eintragung in die Matrikel, sowie die Ertheilung und Erneuerung von Schutzscheinen finden in diesem Falle nicht Statt.

Der Konsul hat in jedem Falle über die Zulässigkeit des verlangten Schutzes zu entscheiden.

Anlage A.

Ueber die Form, in welcher die Matrikel zu führen ist, sind allgemeine Bestimmungen nicht ergangen. Nur für die deutschen Konsulate im Pfortengebiete, Japan und China ist das hier folgende Schema vorgeschrieben:

Laufende Nummer.	Vor- und Zuname.	Stand oder Gewerbe.	Religion.	Geburtszeit.	Geburtsort.	Wohnort.	Aufenthaltsort.	Staatsangehörigkeit.	Nachweis der Schutzberechtigung.	Angabe der			Tag der Eintragung.	Tag der		der Löschung		Bemerkungen.
										Eltern.	Ehegatten.	Kinder.		Ertheilung des Schutzscheines.	Erneuerung des Schutzscheines.	Tag	Veranlassung	

Im Wesentlichen wird dieses Formular auch bei Konsulaten in andern Ländern anzuwenden sein. Jedenfalls muß es so eingerichtet werden, daß die nach Vorschrift der Allgemeinen Dienst-Instruktion aufzunehmenden Auskünfte darin Platz finden. Es sollen eingetragen werden: Vor- und Zuname des Betreffenden und seiner Familienangehörigen, Stand oder Gewerbe, Religion, Tag und Ort der Geburt, Wohnort, auch soll in der Matrikel bemerkt werden, durch welche Dokumente die einzelnen Angaben erwiesen worden sind.

Das Auswärtige Amt hat wiederholt seine Vermittelung zur Beschaffung von Titel- und Einlagebogen zu den Matrikeln eintreten lassen. Die Kosten solcher Formulare tragen Wahlkonsuln selbst, während sie für Berufskonsulate auf die Legationskasse übernommen werden.

Die Eintragung erfolgt zweckmäßig unter fortlaufender Nummer. Zur Erleichterung des Auffindens der einzelnen Namen wird bei umfangreicheren Matrikeln ein besonderes alphabetisches Namenverzeichniß, welches auf die Matrikelnummer verweist, anzulegen sein. Die Matrikel selbst nach den Buchstaben des Alphabets zu führen, dürfte nicht zweckmäßig sein.

Anlage B.

(Wappen.)

No. | No.

Kaiserlich deutsches Generalkonsulat. / Konsulat. / Vizekonsulat.

Consulat Général / Consulat / Vice-Consulat de l'Empire allemand.

Schutzschein:

Signalement.	Der
Alter:	
Statur:	
Haar:	gebürtig aus
Stirn:	
Augenbrauen:	wohnhaft zu
Augen:	
Nase:	ist in der Matrikel des Kaiserlich deutschen Generalkonsulats (Konsulats, Vizekonsulats) als Schutzgenosse eingetragen.
Mund:	
Bart:	
Kinn:	
Gesichtsfarbe:	
Besondere Kennzeichen:	Zur Urkund dessen ist ihm der gegenwärtige Schutzschein gültig bis zum 18 ertheilt worden.

Unterschrift des Inhabers:

den 18

Der Generalkonsul.
(Siegel.) Der Konsul.
Der Vizekonsul.

Patente de Protection.

Signalement.	Le Sieur
Age:	
Taille:	
Cheveux:	né à
Front:	
Sourcils:	
Yeux:	demeurant à
Nez:	
Bouche:	est inscrit comme protégé de l'Empire allemand dans la Matricule de ce Consulat Général (Consulat, Vice-Consulat).
Barbe:	
Menton:	
Teint:	
Signes particuliers:	En foi de quoi la présente Patente de protection lui a été délivrée valable jusqu'au 18

Signature du porteur:

le 18

Le Consul-Général.
Le Consul.
Le Vice-Consul.

Anlage C.

(Wappen.)

Kaiserlich deutsches Generalkonsulat. / Konsulat. / Vizekonsulat.	Consulat Général / Consulat / Vice-Consulat de l'Empire allemand.
Vorläufiger Schutzschein	**Patente de Protection provisoire.**
gültig bis zum	valable jusqu'au
für	pour
Vor- und Zuname:	Nom et prénom:
Stand und Gewerbe:	Profession:
Alter:	Age:
Statur:	Taille:
Haar:	Cheveux:
Stirn:	Front:
Augenbrauen:	Sourcils:
Augen:	Yeux:
Nase:	Nez:
Mund:	Bouche:
Bart:	Barbe:
Kinn:	Menton:
Gesichtsfarbe:	Teint:
Besondere Kennzeichen:	Signes particuliers:
Unterschrift des Inhabers:	Signature du porteur:
den 18	le 18
(Siegel.) Der Generalkonsul. / Der Konsul. / Der Vizekonsul.	Le Consul Général. / Le Consul. / Le Vice-Consul.

41) Instruktion zur Ausführung des Gesetzes über die Konsulargerichtsbarkeit vom 10. Juli 1879 (CBl. 575).

Zur Ausführung des Gesetzes über die Konsulargerichtsbarkeit vom 10. Juli 1879 wird Folgendes bestimmt:

Zum §. 1.

Als Schutzgenossen im Sinne dieses Gesetzes gelten diejenigen Personen, welche zwar keine Reichsangehörige sind, aber unter deutschem Schutze stehen, sogenannte Schutzgenossen im engeren Sinne. Vgl. die Instruktion, betreffend die Ertheilung des von den Kaiserlich deutschen Konsularbehörden zu gewährenden Schutzes im türkischen Reiche rc., vom 1. Mai 1872, deren Bestimmungen hiermit auf alle Länder ausgedehnt werden, in welchen die Konsulargerichtsbarkeit ausgeübt wird. Die Schutzgenossen unterliegen den Bestimmungen des Gesetzes in gleicher Art, wie die Reichsangehörigen, insoweit nicht Staatsverträge eine Ausnahme bedingen.

Zum §. 4.

Die von den Konsuln erlassenen polizeilichen Vorschriften sind in Ländern, wo ein Kaiserlicher Gesandter beglaubigt ist, auch dem letzteren abschriftlich mitzutheilen. Der Gesandte hat den Inhalt dieser Verordnungen vom politischen Standpunkte aus zu prüfen und über etwanige Bedenken dem Reichskanzler Bericht zu erstatten.

Die Verkündigung der polizeilichen Vorschriften wird in den meisten Fällen durch Einrückung in eine am Sitze des Konsulats erscheinende Zeitung geschehen können. Wo dies nicht angängig ist und eine andere Form für konsularische Bekanntmachungen nach Ortsgebrauch nicht besteht, genügt die Anheftung an die Gerichtstafel.

Zu §. 5.

Die Zuweisung eines Gerichtsbezirks gilt, vorbehaltlich der nachfolgenden Bestimmungen, als die von dem Reichskanzler dem Konsul ertheilte Ermächtigung zur Ausübung der Gerichtsbarkeit. Ebenso gilt ein durch Anordnung des Reichskanzlers zur allgemeinen Vertretung des Konsuls berufener Beamter gleichzeitig als zur Ausübung der Gerichtsbarkeit ermächtigt.

Die im §. 5 Absatz 3 vorgesehene Uebertragung der richterlichen Befugnisse des Konsuls auf einen anderen Beamten erfolgt durch besondere Anordnung des Reichskanzlers. Jedoch sind die zur Ausübung der Gerichtsbarkeit befugten Konsuln ermächtigt, Beamten ihres Konsulats, welche zum inländischen Richteramte befähigt sind, die Erledigung einzelner zur Zuständigkeit des Konsuls (§. 12 des Gesetzes) gehörenden richterlichen Geschäfte zu übertragen. Diese Ermächtigung erstreckt sich nicht auf die Urtheilsfällung, die Entscheidung über Durchsuchungen, Beschlagnahmen und Verhaftungen, sowie auf die in den §§. 7, 8, 10, 11 des Gesetzes bezeichneten Geschäfte.

Wenn seitens des Reichskanzlers neben dem Konsul einem anderen Beamten die Befugnisse bei Ausübung der Gerichtsbarkeit übertragen werden, so führt der Vorsteher des Konsulats die allgemeine Dienstaufsicht. Derselbe bestimmt in Ermangelung einer besonderen Anordnung des Reichskanzlers, in welcher Weise die richterlichen Geschäfte zu vertheilen sind. Von der Geschäftsvertheilung ist dem Reichskanzler Anzeige zu erstatten.

Werden in Gemäßheit der vorstehenden Bestimmungen Handlungen der Gerichtsbarkeit durch einen anderen Beamten als den ständigen Vorsteher des Konsulats vorgenommen, so ist dieser Beamte in den betreffenden Schriftstücken, als an Stelle des Konsuls handelnd, zu bezeichnen.

Zu den §§. 7—9.

Die auf Ernennung und Beeidigung der Beisitzer und deren Stellvertreter sich beziehenden Verhandlungen und Protokolle sind zu besonderen Akten zu nehmen.

Die Konsuln haben Namen, Stand und Staatsangehörigkeit der von ihnen ernannten Beisitzer und Stellvertreter dem Reichskanzler anzuzeigen.

Zum §. 10.

1. Gerichtsschreiber.

Als Gerichtsschreiber ist ein Beamter des Konsulats, oder falls dies nicht ausführbar, eine sonstige hierzu geeignete Person, welche an dem Orte, wo der Konsul seinen Amtssitz hat, wohnen muß, unter Vorbehalt des Widerrufs zu bestellen. Von der Bestellung ist dem Reichskanzler Anzeige zu machen.

Der Konsul kann in einzelnen Fällen, insbesondere bei Behinderung des nach Vorschrift des Absatz 1 bestellten Gerichtsschreibers, die Verrichtungen desselben einer anderen Person übertragen.

Der für Personen, welche nicht den Diensteid als Konsulatsbeamte abgelegt haben, im §. 10 des Gesetzes vorgesehene Eid ist dahin zu leisten:

„Ich schwöre bei Gott dem Allmächtigen und Allwissenden, die Pflichten eines Gerichtsschreibers getreulich zu erfüllen, so wahr mir Gott helfe."

2. Gerichtsvollzieher.

Ein Gerichtsvollzieher ist jedenfalls an dem Orte, wo der mit Ausübung der Gerichtsbarkeit beauftragte Konsul seinen Amtssitz hat, zu bestellen. Derselbe ist aus den Beamten des Konsulats oder aus den sonst für den Gerichtsvollzieherdienst geeigneten Personen zu wählen.

Die Anstellung erfolgt unter Vorbehalt des Widerrufs. In gleicher Weise können, soweit dies erforderlich erscheint, in den Amtssitzen der übrigen zu dem Konsulargerichtsbezirke gehörigen Konsulate Gerichtsvollzieher bestellt werden. Das Verzeichniß der Gerichtsvollzieher ist dem Reichskanzler einzureichen. Demselben ist auch von jeder Veränderung in dem Verzeichnisse Anzeige zu machen.

Der Konsul ist befugt, nach seinem Ermessen in einzelnen Fällen die Verrichtungen des Zustellungsbeamten oder des Vollstreckungsbeamten anderen Personen zu übertragen. Soweit es sich hierbei um Geschäfte der Zwangsvollstreckung handelt, ist die Auswahl in erster Linie auf die Beamten der zum Gerichtsbezirke gehörigen Konsulate zu richten.

Der durch §. 10 für Personen, welche nicht den Diensteid als Konsularbeamte abgelegt haben, vorgeschriebene Eid ist dahin zu leisten:

„Ich schwöre bei Gott dem Allmächtigen und Allwissenden, die Obliegenheiten eines Gerichtsvollziehers getreulich zu erfüllen, so wahr mir Gott helfe."

Um die Abnahme des Eides kann der mit der Ausübung der Gerichtsbarkeit beauftragte Konsul den Vorsteher eines anderen zu seinem Gerichtsbezirke gehörigen Konsulats ersuchen Der im §. 20 des Konsulargesetzes vom 8. November 1867 vorgesehenen besonderen Ermächtigung bedarf es in diesem Falle nicht. Das über die Beeidigung aufgenommene Protokoll ist dem ersuchenden Konsul zu übersenden.

Der Konsul führt die Dienstaufsicht über die zur Wahrnehmung des Gerichtsvollzieherdienstes berufenen Personen. Demselben liegt insbesondere ob, durch Erlaß von Geschäftsanweisungen für die ordnungsmäßige Ausführung der den Gerichtsvollziehern ertheilten Aufträge Sorge zu tragen. Der Konsul hat darüber zu wachen, daß in den im Gerichtsverfassungsgesetz für das Deutsche Reich §. 156 bezeichneten Fällen der Gerichtsvollzieher sich der Ausübung seines Amtes enthält.

Der Konsul hat den Personen, welche Verrichtungen der Gerichtsvollzieher auszuüben haben, zu ihrer Legitimation eine mit dem Konsulatssiegel versehene Bestallungs-Urkunde einzuhändigen.

Zum §. 11.

Die Konsuln haben ein Verzeichniß der von ihnen zur Ausübung der Rechtsanwaltschaft zugelassenen Personen zu führen. Die Eintragungen, sowie die Löschungen in dem Verzeichnisse sind dem Reichskanzler anzuzeigen. Ueber die Bedingungen der Zulassung derartiger Personen lassen sich bestimmte Vorschriften nicht geben. Selbstverständlich wird nicht die für inländische Rechtsanwälte vorgeschriebene Befähigung verlangt werden können. Auch der Besitz der Reichsangehörigkeit ist nicht erforderlich. Wo geeignete Personen mit juristischer Vorbildung nicht vorhanden sind, können die Konsuln unter Umständen auch aus anderen Berufsklassen zuverlässige Personen, welche die nöthige Geschäftskenntniß besitzen, zur Ausübung der Rechtsanwaltschaft zulassen. Eine Beeidigung der Rechtsanwälte findet nicht statt.

Zu den §§. 18, 20, 36, 43 Absatz 2.

Die Schreiben, mittelst welcher Akten dem Reichsgericht oder dem Ober-Reichsanwalt übersendet werden, sind dem Reichskanzler zur Weiterbeförderung zu überreichen. In derselben Weise erfolgt die Rücksendung der Akten an den Konsul.

Zum §. 21.

Soweit nach der Vorschrift des §. 420 der Strafprozeßordnung vor Erhebung der Privatklage wegen Beleidigungen nachgewiesen werden muß, daß die Sühne erfolglos versucht worden, ist für diesen Vergleichsversuch der Vorsteher des Konsulats, in dessen Bezirke der Beschuldigte wohnt, zuständig, ohne Unterschied, ob er zur Ausübung der Gerichtsbarkeit befugt ist oder nicht.

Erscheint der Beschuldigte in dem zur Sühneverhandlung bestimmten Termine nicht, so wird angenommen, daß er sich auf die Sühneverhandlung nicht einlassen wolle.

Eine Bescheinigung über die Erfolglosigkeit der Sühneverhandlung kann nur ertheilt werden, wenn der Antragsteller im Termin erschienen ist.

Kommt im Termin ein Vergleich zu Stande, so ist derselbe zu Protokoll festzustellen.

Zum §. 24 Absatz 2.

Die von Amtswegen angeordneten Zustellungen in Strafsachen an Beschuldigte, welche sich nicht auf freiem Fuße befinden, können durch den Gerichtsschreiber vorgenommen werden.

Für das Vorverfahren in Strafsachen und für das Verfahren bei der Strafvollstreckung bedarf es für den Nachweis der Zustellung nicht:

1. der Uebergabe einer Abschrift der Zustellungsurkunde an den Empfänger,
2. der Bezeichnung des Auftraggebers in der Zustellungsurkunde.

Zum §. 31.

Wie der Transport eines verhafteten Beschuldigten in das Inland auszuführen sei, ist nach den Umständen zu ermessen. In Zweifelsfällen ist die Weisung des Reichskanzlers einzuholen.

Zum §. 44.

Soweit gebührenpflichtige Geschäfte von besoldeten Beamten der Konsulate vorgenommen werden, sind die Gebühren zur Reichskasse einzuziehen. Diese Vorschrift gilt auch für die Gerichtsvollzieher-Gebühren.

In allen anderen Fällen hat der betreffende Beamte die Gebühren für sich zu erheben.

In den Rechtssachen, auf welche die Reichs-Prozeßgesetze Anwendung finden, kommen lediglich die im Anschluß an diese Gesetze ergangenen Gebührenordnungen zur Anwendung und es ist daher hier ein Zurückgreifen auf die Sätze des Tarifs vom 1. Juli 1872 (Reichs-Gesetzbl. S. 245 ff.) ausgeschlossen.

Was die Gebühren in Angelegenheiten der nichtstreitigen Gerichtsbarkeit anbelangt, so ist durch §. 44 des Gesetzes über die Konsulargerichtsbarkeit das Reichsgesetz, betreffend die Gebühren und Kosten bei den Konsulaten des Deutschen Reichs, vom 1. Juli 1872 (Reichs-Gesetzbl. S. 245 ff.) und insbesondere der §. 8

desselben, aufrecht, erhalten worden. Hiernach kommen in diesen Angelegenheiten in erster Linie die Sätze des Tarifs vom 1. Juli 1872, in Ermangelung solcher die Bestimmungen des preußischen Tarifs vom 24. Oktober 1865 und nur insoweit, als es sich um Geschäfte handelt, für welche keiner dieser Tarife Ansätze enthält, die Bestimmungen zur Anwendung, welche in denjenigen preußischen Landestheilen gelten, in denen das Allgemeine Landrecht Gesetzeskraft hat.

In den Rechtssachen, welche aus den Konsulargerichtsbezirken an das Reichsgericht gelangen, findet die Dienstweisung, betreffend die Einziehung und Verrechnung der für die Geschäfte des Reichsgerichts in Ansatz kommenden Kosten, vom 21. Juni 1879 (Central-Blatt für das Deutsche Reich S. 473 ff.) mit der Maßgabe Anwendung, daß die Kostenrechnungen (§. 2 der Dienstweisung) seitens der Gerichtsschreiberei des Reichsgerichts dem Bureau des Auswärtigen Amts vorzulegen sind, welches die Einziehung der Kosten durch den Konsul und die Uebersendung des eingegangenen Betrags an die Ober-Postkasse zu Leipzig bewirken wird.

Schlußbestimmung.

Jeder mit Gerichtsbarkeit versehene Konsul hat am Schlusse des Geschäftsjahres eine Geschäftsübersicht nach dem als Anlage beigefügten Formular dem Reichskanzler einzureichen.

Ueber diejenigen am 1. Oktober 1879 anhängigen Rechtssachen, welche nach den bisherigen Gesetzen zu erledigen sind, ist am Schlusse des Geschäftsjahres eine besondere, nach Maßgabe des seither gebrauchten Formulars aufgestellte Geschäftsübersicht vorzulegen.

Das Geschäftsjahr ist das Kalenderjahr. Der Zeitraum vom 1. Oktober 1879 bis 31. Dezember 1880 gilt als erstes Geschäftsjahr.

Uebersicht
der
richterlichen Geschäfte bei dem Konsul zu . . . .
für das Jahr . . . .

I. Bürgerliche Rechtsstreitigkeiten.*)

Nummer.	Nähere Bezeichnung der Rechtsstreitigkeiten.	waren anhängig: aus den Vorjahren.	waren anhängig: diesjährige.	Zusammen.	davon: sind beendigt.	davon: bleiben anhängig.	Von den zur Zuständigkeit des Konsulargerichts gehörenden Rechtsstreitigkeiten sind auf Grund des §. 9 Abs. 2 des Gesetzes vom 10. Juli 1879 ohne Zuziehung von Beisitzern erledigt.
1.	Zur Zuständigkeit des Konsuls gehörende Rechtsstreitigkeiten	. . .	. . .	. .	. . .	. . .	
2.	Ehesachen	. . .	. . .	. .	. . .	. . .	. . . .
3.	Sonstige zur Zuständigkeit des Konsulargerichts gehörende Rechtsstreitigkeiten	. . .	. . .	. .	. . .	. . .	. . . .
	Zusammen	. . .	. . .	. .	. . .	. . .	

*) In diese Uebersicht gehören alle Civilprozeß-Angelegenheiten, für welche nicht das Vollstreckungsgericht als solches zuständig ist. Ausgeschlossen bleiben die Sühne- und Mahnsachen.

II. Vollstreckungsverfahren.

Nummer.	Nähere Bezeichnung der Rechtsangelegenheiten.	waren anhängig: aus den Vorjahren.	waren anhängig: diesjährige.	Zusammen.	davon: sind beendigt.	davon: bleiben anhängig.
1.	Vertheilungsverfahren	. . .	. . .	. . .	. . .	. . .
2.	Zwangsvollstreckungen in das unbewegliche Vermögen	. . .	. . .	. . .	. . .	. . .
3.	Andere Anträge auf Zwangsvollstreckung .	. . .	. . .	. . .	. . .	. . .
	Zusammen	. . .	. . .	. . .	. . .	. . .

III. Konkurssachen.

Aus den Vorjahren.	Eröffnungs-Beschlüsse im Jahre 18..	Zusammen.	davon: sind beendet.	davon: bleiben anhängig.

IV. Strafsachen.

Nummer.	Nähere Bezeichnung der Strafsachen.	waren anhängig: aus den Vorjahren.	waren anhängig: diesjährige.	Zusammen.	davon: sind beendigt.	davon: bleiben anhängig.	Von den Strafsachen Nr. 1 wurden auf Grund des §. 9 Abs. 1 des Gesetzes vom 10. Juli 1879 unter Zuziehung von zwei Beisitzern erledigt.	Von den Strafsachen Nr. 2 wurden durch Strafbefehl erledigt.
1.	Strafsachen, in welchen zur Hauptverhandlung vier Beisitzer zuzuziehen sind (§. 28 des Gesetzes vom 10. Juli 1879)	. . .	. . .	. . .	. . .	. . .	. . . .	. . . .
2.	Sonstige Strafsachen	. . .	. . .	. . .	. . .	. . .	. . . .	. . . .
	Zusammen	. . .	. . .	. . .	. . .	. . .	. . . .	. . . .

V. Vormundschaften und Pflegschaften.			VI. Erbtheilungen außer den vormundschaftlichen.			VII. Fälle der vorläufigen Verwahrung (§. 70 der Hinterlegungsordnung vom 14. März 1879) und der Hinterlegung (§. 87 der Hinterlegungsordnung)			VIII. Handlungen der freiwilligen Gerichtsbarkeit sind überhaupt im Jahre 18 . . vorgenommen worden.
waren zu führen.	davon sind		waren zu führen.	davon sind		1.	2.	3.	
	beendigt.	anhängig geblieben.		beendigt.	anhängig geblieben.	Zahl und Gesammtwerth der vorhandenen Geldmassen.	Zahl der vorhandenen Massen, welche aus Werthpapieren auf Inhaber, aus Werthpapieren auf Namen, auf welche die Zahlung dem Inhaber geleistet werden kann, oder aus Kostbarkeiten bestehen.	Zahl der vorhandenen Massen, welche aus sonstigen Gegenständen bestehen.	

42) Nachtrag zu der Instruktion zur Ausführung des Gesetzes über die Konsulargerichtsbarkeit v. 4. Februar 1882 (CBl. 111).

An Stelle der Schlußbestimmung der zur Ausführung des Gesetzes über die Konsulargerichtsbarkeit vom 10. Juli 1879 erlassenen Instruktion vom 10. September 1879 (Central-Blatt für das Deutsche Reich 1879 S. 575) tritt vom 1. Januar 1882 ab folgende Bestimmung:

Jeder mit Gerichtsbarkeit versehene Konsul hat dem Reichskanzler einzureichen:

1. am Schlusse des Geschäftsjahres eine Geschäftsübersicht nach dem als Anlage A. beigefügten Formulare;
2. am Schlusse des Quartals die nach Maßgabe der als Anlage B. beigefügten, durch Bundesraths-Beschluß vom 5. Dezember 1881 festgesetzten Bestimmungen ausgefüllten Zählkarten über die im Laufe des Quartals rechtskräftig erledigten Strafsachen wegen Verbrechen und Vergehen gegen Reichsgesetze.

Das Geschäftsjahr ist das Kalenderjahr.

Anlage A.

Uebersicht der gerichtlichen Geschäfte in dem Bezirke des Konsulargerichts zu . . . . während des Geschäftsjahres 18 . .

I. Geschäfte der streitigen Gerichtsbarkeit.

A. Civilsachen.

I. Bürgerliche Rechtsstreitigkeiten.

a) Zahl der Sachen:

Es sind im laufenden Jahre anhängig geworden:	Zahl.	Bemerkungen.
1. Sühnesachen		
darunter Ehesachen.		
2. Mahnsachen		
3. Ordentliche Prozesse [1])		
4. Urkundenprozesse		
darunter Wechselprozesse.		
5. Prozesse in Ehesachen [2])		
6. Entmündigungssachen		
7. Prozesse in Entmündigungssachen [3]) .		

[1]) Einschließlich der im ordentlichen Verfahren anhängig gebliebenen Urkundenprozesse (§. 563 C.P.O.).

[2]) Der Begriff der Ehesachen bestimmt sich nach §§. 568, 592 C.P.O. Demnach sind z. B. Rechtsstreitigkeiten über Regulirung des sog. Interimistikums hier nicht zu zählen.

[3]) D. h. Klagen wegen Anfechtung des Entmündigungsbeschlusses oder wegen Wiederaufhebung der Entmündigung (§§. 605, 620, 624, 626 C.P.O.)

	Zahl.	Bemerkungen.
8. Aufgebotsverfahren		
9. Arreste und einstweilige Verfügungen[4])		
10. Anträge außerhalb eines bei dem Gericht anhängigen Rechtsstreites[5]) . .		
11. Vertheilungsverfahren[6])		
12. Zwangsversteigerungen von Gegenständen des unbeweglichen Vermögens		
13. Zwangsverwaltungen[7])		
14. Andere Anträge, betreffend Zwangsvollstreckung		
b) Mündliche Verhandlungen:[8]) Zahl der mündlichen Verhand-		

[4]) a. Mehrere Anträge auf Anordnung eines Arrestes oder einer einstweiligen Verfügung, welche sich auf dieselbe Hauptsache beziehen, werden mehrfach gezählt.

b. Es sind auch diejenigen Sachen hier zu zählen, in welchen der Antrag auf Anordnung eines Arrestes oder einer einstweiligen Verfügung zurückgewiesen ist.

[5]) Ausschließlich der Rechtshülfesachen, welche in dieser Uebersicht überhaupt nicht darzustellen sind.

[6]) Betreffend bewegliches Vermögen, insofern das Verfahren nicht (wie beim Konkurse, der Zwangsvollstreckung in unbewegliches Vermögen, welche bewegliche Gegenstände mit umfaßt), den Theil eines anderen selbständigen Verfahrens bildet.

[7]) Z. B. Administration, Sequestration, Revenüen-Beschlagnahme.

[8]) Termine, in welchen lediglich Entscheidungen verkündet worden sind, sowie andere Termine, welche ohne mündliche Verhandlung erledigt worden sind, werden nicht mitgezählt.

	Zahl.	Bemerkungen.
lungen in Sachen, welche anhängig geworden sind:		
a. in früheren Jahren . . .		
b. im laufenden Jahre . . .		
a. und b. zusammen .		
darunter kontradiktorische Verhandlungen		
c) Einzelheiten:		
1. Unter den im laufenden Jahre anhängig gewordenen Prozeßsachen (oben a zu 3, 4, 5, 7, 9) gehörten zur Zuständigkeit:		
a. des Konsuls		
b. des Konsulargerichts . .		
2. Es fanden mündliche Verhandlungen statt:		
a. vor dem Konsul		
b. vor dem Konsulargericht .		
Unter den Fällen zu 2a befanden sich solche, in welchen der Konsul nach §. 9 Abs. 2 des Gesetzes vom 10. Juli 1879 an Stelle des Konsulargerichts getreten war . . .		

	Zahl.	Bemerkungen.
II. Konkurssachen.		
1. Es waren anhängig:[9])		
überjährige		
diesjährige		
zusammen .		
Davon sind beendet		
Es bleiben unbeendet		
überjährige . . .		
diesjährige		
zusammen .		
2. Konkursverfahren sind beendet:		
a. durch Zurückweisung des Antrags auf Konkurseröffnung .		
b. durch Schlußvertheilung . .		
c. durch Zwangsvergleich . .		
d. auf andere Art		
a. bis d. zusammen . .		

[9]) Als anhängig ist ein Konkursverfahren zu betrachten, sobald der Antrag auf Eröffnung desselben gestellt ist. Es sind daher auch hier diejenigen Fälle mitzuzählen, in welchen der Antrag auf Konkurseröffnung zurückgewiesen worden ist, beziehungsweise in welchen über diesen Antrag noch kein Beschluß gefaßt worden ist.

B. Strafsachen.

a) Zahl der Sachen:	waren anhängig:			davon sind beendet:						bleiben unbeendet:			Zahl.	Bemerkungen.
				in der ersten Instanz				in der Berufungs-Instanz						
	überjährige.	diesjährige.	zusammen.	durch Strafbefehl.	durch Zurückweisung der Privatklage.	durch Urtheil.	auf andere Art.		zusammen.	überjährige.	diesjährige.	zusammen.		
1. Privatklagesachen				—									—	
2. Strafbefehle [10])					—									
3. Hauptverfahren in anderen Strafsachen, für welche das Konsulargericht zuständig war in der Besetzung mit:														
a. zwei Beisitzern				—	—								—	
b. vier Beisitzern [11])				—	—								—	

[10]) Strafsachen, in welchen ein Strafbefehl vom Konsul erlassen ist, werden lediglich unter Nr. 2 gezählt. Hat der Strafbefehl die Wirkung eines rechtskräftigen Urtheils erlangt (§. 450 St.P.O.), so ist von den die Beendigung darstellenden Längsspalten die Spalte „durch Strafbefehl" zur Zählung des Falles bestimmt; anderenfalls erfolgt die Zählung in der zutreffenden anderen, die Beendigung darstellenden Längsspalte. Verfahren, welche durch Einsprüche gegen Strafbefehle veranlaßt werden, sind demnach unter Nr. 3 nicht zu zählen, sondern nur unter Nr. 2.

[11]) a. Dafür, ob eine Strafsache unter Buchstabe a oder Buchstabe b zu zählen ist, kommt lediglich die Vorschrift des

	waren anhängig:			davon sind beendet:						bleiben unbeendet:			Zahl.	Bemerkungen.
				in der ersten Instanz.				in der Berufungs-Instanz.						
	überjährige.	diesjährige.	zusammen.	durch Strafbefehl.	durch Zurückweisung der Privatklage.	durch Urtheil.	auf andere Art.		zusammen.	überjährige.	diesjährige.	zusammen.		
4) Einzelne richterliche Anordnungen [12])														
5) Beschwerden gegen Entscheidungen des Konsuls (§. 35 des Gesetzes vom 10. Juli 1879)														

---

§. 28 des Gesetzes vom 10. Juli 1879 in Betracht. Unter Buchstabe a gehören auch die Fälle, in welchen nach §. 211 St.P.O. der Konsul allein verhandelt und entscheidet, unter Buchstabe b auch die Fälle, in welchen auf Grund des §. 9 Abs. 1 a. a. O. nur zwei Beisitzer zugezogen sind.

b. Bei Zusammenhang einer unter Buchstabe a fallenden Strafsache mit einer unter Buchstabe b gehörigen ist die Sache nur einmal (bei Buchstabe b) zu zählen.

[12]) ausschließlich der Rechtshülfesachen, welche in dieser Uebersicht überhaupt nicht darzustellen sind.

	Zahl.	Bemerkungen.
b) Hauptverhandlungen:		
1. Zahl der Hauptverhandlungen:		
a. vor dem Konsul[13]) . .		
b. vor dem Konsulargerichte in der Besetzung mit zwei Beisitzern .		
c. mit vier " "		
a) bis c) zusammen . .		
2. Zahl der ergangenen Urtheile:		
3. Durch die ergangenen Urtheile erster Instanz sind Personen:		
a. verurtheilt		
darunter durch Urtheile des Konsulargerichts[14])		
b. freigesprochen		
darunter durch Urtheile des Konsulargerichts[14])		
c) Einzelheiten:		
1. Von der Gesammtzahl der durch Entscheidung erledigten Beschwerden gegen Entscheidungen des Konsuls (s. oben Buchstabe a Nr. 5) sind:		
a. für begründet erklärt . .		
b. für unbegründet erklärt .		

[13]) in den Fällen des §. 211 St.P.O.

[14]) im Gegensatze zu den nur vom Konsul ohne Zuziehung von Beisitzern erlassenen Urtheilen (Anm. 13).

	Zahl.	Bemerkungen.
2. Unter den Hauptverhandlungen zu Buchstabe b Nr. 1 b befanden sich solche, zu denen die Zuziehung von vier Beisitzern auf Grund des §. 9 Absatz 1 des Gesetzes vom 10. Juli 1879 unterlassen war.		

II. Geschäfte der nicht streitigen Gerichtsbarkeit.

A. Vormundschaften und Pflegschaften.			B. Erbtheilungen außer den vormundschaftlichen.			C. Fälle der vorläufigen Verwahrung (§. 70 der Hinterlegungsordnung vom 14. März 1879) und der Hinterlegung (§. 87 der Hinterlegungsordnung).			D. Handlungen der freiwilligen Gerichtsbarkeit sind überhaupt im Jahre 18.. vorgenommen worden.
waren zu führen.	davon sind		waren zu führen.	davon sind		1.	2.	3.	
	beendigt.	anhängig geblieben.		beendigt.	anhängig geblieben.	Zahl und Gesammtwerth der vorhandenen Geldmassen.	Zahl der vorhandenen Massen, welche aus Werthpapieren auf Inhaber, aus Werthpapieren auf Namen, auf welche die Zahlung dem Inhaber geleistet werden kann, oder aus Kostbarkeiten bestehen.	Zahl der vorhandenen Massen, welche aus sonstigen Gegenständen bestehen.	

Anlage B.

Bestimmungen,

betreffend

die Herstellung einer Statistik der rechtskräftig erledigten Strafsachen wegen Verbrechen und Vergehen gegen Reichsgesetze.

§. 1. Die Herstellung der Statistik der rechtskräftig erledigten Strafsachen wegen Verbrechen und Vergehen gegen Reichsgesetze erfolgt durch Ausfüllung von Zählkarten nach dem anliegenden Muster. Zuwiderhandlungen gegen die Vorschriften über die Erhebung öffentlicher Abgaben und Gefälle sind ausgeschlossen.

Für männliche Angeklagte sind weiße, für weibliche blaue Zählkarten zu verwenden.

Die Zählkarten-Formulare werden den Landesjustizverwaltungen durch das Reichs-Justizamt nach Maßgabe des Bedarfs unentgeltlich geliefert.

§. 2. Für jedes Urtheil oder jeden Strafbefehl ist nach Eintritt der Rechtskraft, und zwar für jeden einzelnen Angeklagten, eine Zählkarte auszufüllen.

Auf die in Folge einer Wiederaufnahme des Verfahrens ergangenen Entscheidungen ist Rücksicht nicht zu nehmen.

§. 3. Auf jeder Zählkarte ist oben links das Aktenzeichen, oben rechts die laufende Nummer für das

Kalenderjahr zu vermerken. Die laufenden Nummern gelten für sämmtliche Angeklagte ohne Unterscheidung der Geschlechter.

§. 4. Die in einem Kalenderquartal ausgefüllten Zählkarten über die bei den Amtsgerichten und dem Landgerichte anhängig gewesenen Strafsachen sind bei der Staatsanwaltschaft des Landgerichts zu sammeln. Von der letzteren werden sie bis spätestens zum Schlusse des auf das Quartal folgenden Monats dem Kaiserlichen Statistischen Amt — Berlin W., Lützowufer 7/8 — eingesendet. Dieselben sind nach den Gerichten gesondert und nach der Reihenfolge der laufenden Nummern geordnet zu verpacken und jedes einzelne Packet mit der Aufschrift zu versehen.

„Amtsgericht ..... Landgerichtsbezirk .....“

oder

„Landgericht .....“

„Zählkarten (.... Stück) für das ..te Kalenderquartal 18..“.

Das Sammelpacket erhält die Aufschrift:

„Zählkarten des Landgerichtsbezirks ...... für das ..te Kalenderquartal 18.. (.... Einzelpackete).“

Die Einsendung der Zählkarten in denjenigen Sachen, in welchen das Reichsgericht in erster und letzter Instanz zuständig ist, erfolgt in entsprechender Weise durch den Ober-Reichsanwalt.

Die Mittheilung der Zählkarten in den bei den

Konsulargerichten erledigten Sachen erfolgt durch das Auswärtige Amt.

Wenn bei einem Gerichte innerhalb eines Quartals keine Zählkarte ausgefüllt ist, wird eine Fehlanzeige erstattet und auf gleichem Wege dem Kaiserlichen Statistischen Amt mitgetheilt.

§. 5. Die Landesregierungen werden die Staatsanwaltschaften bei den Landgerichten anweisen, Rückfragen, welche das Kaiserliche Statistische Amt wegen der Zählkarten oder ihres Inhalts unmittelbar an dieselben richtet, ungesäumt zu erledigen.

§. 6. Die Einsendung der Zählkarten (§. 4), sowie der in §. 5 bezeichnete Schriftwechsel erfolgt unter der Bezeichnung „Reichsdienstsache" portofrei.

§. 7. Die vorstehenden Bestimmungen treten mit dem 1. Januar 1882 in Kraft.

(Bei der nebenstehenden Zählkarte für männliche Angeklagte bildet Seite 327 die Vorderseite, Seite 328. 329 die Rückseite.)

Aktenzeichen .... (Laufende Nummer der Zählkarte im Kalenderjahre)

Zählkarte für männliche Angeklagte.

Beim **Landgericht, Amtsgericht** (das nicht Zutreffende ist zu durchstreichen) zu ________

im Bezirk des **Oberlandesgerichts** zu ________

im ___ten Quartale des Kalenderjahres 18__.

1. **Vor- und Familienname** des Angeklagten: ________
2. **Geburtstag** und **Geburtsjahr**: geboren den ___ten ______ 18__
3. **Wohnort**, belegen in welchem Kreise oder entsprechenden Verwaltungsbezirk (Stadtkreise bezw. Stadtbezirke sind als solche zu bezeichnen)? ______; in welchem Staat? ________
   (Liegt der Wohnort außerhalb des Deutschen Reichs, so genügt die Angabe des fremden Staats.)
4. Für Ausländer (Nichtdeutsche) **Heimathsstaat**: ________
5. **Religionsbekenntniß**: ________
6. **Familienstand**, ob ledig, verheirathet, verwittwet, geschieden, auf Lebenszeit gerichtlich getrennt (das Zutreffende zu unterstreichen).
7. **Stand, Beruf, Erwerbs- oder Nahrungszweig,** sowie **Arbeits- oder Dienstverhältniß** im Beruf (die **Art** des Hauptberufs, der Haupt-Erwerbsthätigkeit oder Beschäftigung oder der Haupt-Einkommens- oder Nahrungsquelle ist genau anzugeben; sofern durch die Angabe das **Arbeits- oder Dienstverhältniß** im Beruf nicht schon bezeichnet wird, unter Hinzufügung dieses Verhältnisses, ob nämlich Inhaber, Handwerksmeister, Geschäftsleiter oder Gehülfe, Geselle, Lehrling, Fabrikarbeiter, Kommis u. s. w.):
   ____

   Für Minderjährige ohne eigenen Beruf: Beruf der Eltern:
   ____

Bemerkungen, auch betreffs der Angaben auf der Rückseite: ________

____

____

8. **Strafbare Handlung(en).**

Art der strafbaren Handlung(en), zu bezeichnen nach der Urtheilsformel bezw. dem Strafbefehl, mit Hinweis auf den oder die entsprechenden Paragraphen des Reichs-Strafgesetzbuches, bezw. bei Verbrechen oder Vergehen gegen andere Reichsgesetze auf diese Gesetze. Im Falle der Idealkonkurrenz (§. 73 Str.-G.-B.) ist nur die Handlung gegen das zur Anwendung gebrachte Strafgesetz zu zählen; stehen mehrere strafbare Handlungen in Frage, so sind dieselben einzeln unter einander aufzuführen, gleichartige Handlungen jedoch nur unter einem Buchstaben mit Angabe ihrer Gesammtzahl. — Versuch ist als solcher zu bezeichnen.	Der nebenbezeichneten strafbaren Handlung(en) (zu a), b), c) u. s. w. je besonders) Ort, belegen (vergl. zu Ziffer 3)		Zeit (wenn nicht genau bekannt, ungefähre Zeit)		
	in welchem Kreise u. s. w.?	in welchem Staate?	Tag	Monat	Jahr
a)					
b)					
c)					
d)					
e)					

9. Rechtskräftiges Urtheil, bezw. Strafbefehl.

A. Bezüglich jeder der zu Ziffer 8 benannten strafbaren Handlungen

und zwar zu:	anzugeben ob: verurtheilt? Ja oder Nein	Verfahren eingestellt? Ja oder Nein	frei- gesprochen? Ja oder Nein
a)			
b)			
c)			
d)			
e)			

B. Erkannte Strafe (Gesammtstrafe. — Bei a), d) und f) bezw. durch „Ja" zu beantworten).

a) Todesstrafe?

b) Freiheitsstrafe, und zwar:	Zeitdauer der Strafe: Jahre *)	Monate	Wochen	Tage
Zuchthaus . .				
Gefängniß . .				
Festung				
Haft				
c) Ehrverlust . .				

d) Zulässigkeit der Polizeiaufsicht?

e) Geldstrafe: Wie viel Mark? f) Verweis?

*) Bei lebenslänglicher Freiheitsstrafe sind statt der Zahl der Jahre die Buchstaben l l einzuschreiben.

10. **Vorbestrafungen des Verurtheilten** wegen Verbrechen und Vergehen gegen Reichsgesetze (§. 1 der Bestimmungen). (Wenn rückfällig nach §§. 244, 250[5], 261, 264 des Reichs-Strafgesetzbuches, so sind die Nummern der betreffenden Paragraphen hier so viel mal zu unterstreichen, wie Bestrafungen stattgefunden haben):

durch wie viele Entscheidungen?

von welcher Dauer die letztverbüßte Freiheitsstrafe? wann war die Strafe abgebüßt?

Datum: Name des ausfüllenden Beamten:

(Bei der nebenstehenden Zählkarte für **weibliche** Angeklagte bildet Seite 331 die **Vorderseite**, Seite 332. 333 die **Rückseite**.)

Aktenzeichen ....   (Laufende Nummer der Zählkarte im Kalenderjahr) [redacted]

Zählkarte für weibliche Angeklagte.

Beim **Landgericht, Amtsgericht** (das nicht Zutreffende ist zu durchstreichen) zu

im Bezirk des **Oberlandesgerichts** zu

im ten Quartale des Kalenderjahres 18 .

1. **Vor- und Familienname** der Angeklagten:
2. **Geburtstag** und **Geburtsjahr:** geboren den ten 18
3. **Wohnort,** belegen in welchem Kreise oder entsprechenden Verwaltungsbezirk (Stadtkreise bezw. Stadtbezirke sind als solche zu bezeichnen)? ; in welchem Staat?

   (Liegt der Wohnort außerhalb des Deutschen Reichs, so genügt die Angabe des fremden Staats.)
4. Für Ausländerinnen (Nichtdeutsche) **Heimathsstaat:**
5. **Religionsbekenntniß:**
6. **Familienstand,** ob ledig, verheirathet, verwittwet, geschieden, auf Lebenszeit gerichtlich getrennt (das Zutreffende zu unterstreichen).
7. **Stand, Beruf, Erwerbs-** oder **Nahrungszweig,** sowie **Arbeits-** oder **Dienstverhältniß** im Beruf (die **Art** des Hauptberufs, der Haupt-Erwerbsthätigkeit oder Beschäftigung oder der Haupt-Einkommens- oder Nahrungsquelle ist genau anzugeben; sofern durch die Angabe das **Arbeits-** oder **Dienstverhältniß** im **Beruf** nicht schon bezeichnet wird, unter Hinzufügung dieses Verhältnisses, ob nämlich Inhaberin oder Leiterin des Geschäfts oder Gehülfin, Fabrikarbeiterin, Ladenmädchen u. s. w.):

Für Minderjährige ohne eigenen Beruf: Beruf der Eltern:	Für Frauen ohne eigenen Beruf: Beruf des Mannes:

Bemerkungen, auch betreffs der Angaben auf der Rückseite:

8. **Strafbare Handlung(en).**

Art der strafbaren Handlung(en), zu bezeichnen nach der Urtheilsformel bezw. dem Strafbefehl, mit Hinweis auf den oder die entsprechenden Paragraphen des Reichs-Strafgesetzbuches, bezw. bei Verbrechen oder Vergehen gegen andere Reichsgesetze auf diese Gesetze. Im Falle der Idealkonkurrenz (§. 73 Str.-G.-B.) ist nur die Handlung gegen das zur Anwendung gebrachte Strafgesetz zu zählen; stehen mehrere strafbare Handlungen in Frage, so sind dieselben einzeln unter einander aufzuführen, gleichartige Handlungen jedoch nur unter einem Buchstaben mit Angabe ihrer Gesammtzahl. — Versuch ist als solcher zu bezeichnen.	Der nebenbezeichneten strafbaren Handlung(en) (zu a), b), c) u. s. w. je besonders) Ort, belegen in welchem Kreise u. s. w.? (vergl. zu Ziffer 3)	Ort, belegen in welchem Staate?	Zeit (wenn nicht genau bekannt, ungefähre Zeit) Tag	Monat	Jahr
a)					
b)					
c)					
d)					
e)					

9. Rechtskräftiges Urtheil, bezw. Strafbefehl.

A. Bezüglich jeder der zu Ziffer 8 benannten strafbaren Handlungen

und zwar zu:	anzugeben ob: verurtheilt? Ja oder Nein	Verfahren eingestellt? Ja oder Nein	frei-gesprochen? Ja oder Nein
a)			
b)			
c)			
d)			
e)			

B. Erkannte Strafe (Gesammtstrafe. — Bei a), d) und f) bezw. durch „Ja" zu beantworten).

a) Todesstrafe?

b) Freiheitsstrafe, und zwar:	Zeitdauer der Strafe: Jahre*)	Monate	Wochen	Tage
Zuchthaus . .				
Gefängniß . .				
Festung				
Haft				
c) Ehrverlust . . .				

d) Zulässigkeit der Polizeiaufsicht?

e) Geldstrafe: Wie viel Mark? f) Verweis?

*) Bei lebenslänglicher Freiheitsstrafe sind statt der Zahl der Jahre die Buchstaben l l einzuschreiben.

10. **Vorbestrafungen der Verurtheilten** wegen Verbrechen und Vergehen gegen Reichsgesetze (§. 1 der Bestimmungen). (Wenn rückfällig nach §§. 244, 250^{a}, 261, 264 des Reichs-Strafgesetzbuches, so sind die Nummern der betreffenden Paragraphen hier so viel mal zu unterstreichen, wie Bestrafungen stattgefunden haben):

durch wie viele Entscheidungen?

von welcher Dauer die letztverbüßte Freiheitsstrafe? wann war die Strafe abgebüßt?

Datum: Name des ausfüllenden Beamten:

43) Gesetz, betreffend die Gebühren und Kosten bei den Konsulaten des Deutschen Reichs. Vom 1. Juli 1872 (R.G.B. 245).

§. 1. Bei den Konsulaten des Deutschen Reichs sollen die Gebühren und Kosten nach dem diesem Gesetze angehängten Tarif und den folgenden näheren Bestimmungen erhoben werden.

§. 2. Die in dem Tarif festgesetzten Gebühren dürfen von Berufskonsuln und von solchen Wahlkonsuln, welche auf Grund des §. 10 des Gesetzes vom 8. November 1867, betreffend die Organisation der Bundeskonsulate, sowie die Amtsrechte und Pflichten der Bundeskonsuln, Erstattung dienstlicher Ausgaben aus Reichsmitteln beanspruchen, nur im Falle der Dürftigkeit der Betheiligten erlassen werden.

Die unter Nr. 2, 7, 8, 15, 17, 20, 21, 22, 27, 31 und 34 des Tarifs aufgeführten Amtshandlungen müssen im Falle der Dürftigkeit der Betheiligten gebührenfrei verrichtet werden.

§. 3. Sind die Gebühren nach dem Werthe des Gegenstandes zu berechnen, so wird derselbe durch das Kapital und die rückständigen Zinsen bestimmt. Läßt der Gegenstand eine Schätzung nach Geld nicht zu, so erfolgt der Gebührenansatz nach dem Werthe von 500 Thalern, jedoch ist bei unbedeutenden Gegenständen der für die Amtshandlung bestimmte niedrigste Gebührensatz zur Anwendung zu bringen.

§. 4. Wird die Amtsthätigkeit des Konsuls in Anspruch genommen, das Gesuch aber vor vollständiger

Aufnahme der Verhandlung zurückgezogen, oder der Abschluß des Geschäfts von Seiten der Parteien vereitelt, so wird die Hälfte der betreffenden Tarifsätze erhoben.

Für die bloße Aufnahme von Anträgen sind keine Gebühren zu erheben.

§. 5. Ist ein Dokument oder eine Verhandlung in verschiedenen Sprachen aufgenommen, so werden die Sätze des Tarifs um die Hälfte erhöht.

§. 6. Baare Auslagen (z. B. Gebühren der Zeugen, Rechtsbeistände, Sachverständigen oder Dolmetscher, an dritte Personen gezahlte Provisionen, Insertionskosten, Portokosten, Transportkosten bei Amtsgeschäften außerhalb des Konsulats, Lagergebühren u. s. w.) werden besonders erstattet.

§. 7. Wahlkonsuln können für dienstlich verausgabte Gelder ortsübliche Zinsen berechnen, auch für Geschäfte, welche außerhalb des Kreises ihrer amtlichen Wirksamkeit liegen, die ortsübliche Vergütung beanspruchen.

§. 8. Für die mit Gerichtsbarkeit versehenen Konsuln bleibt der dem Gesetze vom 29. Juni 1865 über die Gerichtsbarkeit der preußischen Konsuln angehängte Tarif v. 24. Oktober 1865 insoweit in Kraft, als es sich um Amtsgeschäfte handelt, für welche der gegenwärtige Tarif keine Ansätze enthält.*)

*) Die Gerichtskosten bei den Konsulaten bestimmen sich jetzt, soweit „ordentliche streitige Gerichtsbarkeit" in Frage steht, nach dem Gerichtskostengesetz vom 18. Juni 1878 (RGB. 141) nebst der Novelle vom 29. Juni 1881 (RGB. 178), dazu den beiden Gebührenordnungen für Gerichtsvollzieher vom 24. Juni 1878 (RGB. 166) und für Zeugen

§. 9. Beschwerden über den Ansatz der Gebühren und Kosten sind bei dem Reichskanzler (Auswärtiges Amt) anzubringen.

§. 10. Der provisorische Gebührentarif vom 15. März 1868 wird aufgehoben.

§. 11. Dieses Gesetz tritt am 1. Oktober 1872 in Kraft.

Tarif.

№	Bezeichnung des Amtsgeschäfts.	Gebühren der Konsulate in Europa excl. der Türkei nebst Vasallenstaaten. Thlr.	Sgr.	außerhalb Europa sowie in der Türkei nebst Vasallenstaaten. Thlr.	Sgr.
1.	Abschriften: für jede auch nur angefangene Folioseite, außer den Gebühren für eine etwaige Beglaubigung, an Schreibgebühren	—	3	—	5
	Bei Abschriften oder Ausfertigungen von Schriftstücken, deren Mittheilung durch den gewöhnlichen Geschäftsgang bedingt ist, wird für den ersten Bogen keine Schreibgebühr entrichtet.				
2.	Atteste (s. auch Schiffssachen):				
	a) für Ausstellung eines Attestes (Bescheinigung, Certifikat) . . .	2	—	3	—
	für mehrere, dieselbe Sache betreffende Atteste, nicht über . .	8	—	12	—

und Sachverständige vom 30. Juni 1878 (RGB. 173), endlich für Rechtsanwälte vom 7. Juli 1879 (RGB. 176).

№	Bezeichnung des Amtsgeschäfts.	Gebühren der Konsulate in Europa excl. der Türkei nebst Vasallenstaaten. Thlr.	Sgr.	außerhalb Europa sowie in der Türkei nebst Vasallenstaaten. Thlr.	Sgr.
	b) für Ausstellung eines Lebensattestes	2	—	3	—
	Ist dasselbe zur Erhebung von Renten und Pensionen bestimmt, so ist die Gebühr bei geringeren Beträgen auf 10 Sgr. zu ermäßigen.				
3.	Aufbewahrung, Erhebung, Auszahlung, Ueberweisung von Geldern oder Werthsachen, außer den sonstigen Gebühren für besondere Amtshandlungen:				
	von dem Betrage bis 500 Thlr. von je 10 Thlrn.	—	3	—	5
	doch nicht unter	1	—	2	—
	von dem Mehrbetrage bis 1000 Thlr. von je 50 Thlrn. . . .	—	$7^1/_2$	—	10
	von dem Mehrbetrage von je 100 Thlrn.	—	$7^1/_2$	—	10
4.	Aufgebot, eheliches	1	—	2	—
5.	Ausfertigungen, wie Abschriften. (Nr. 1.)				
6.	Beglaubigung:				
	a) einer Uebersetzung	2	—	4	—
	Für Anfertigung der Uebersetzung selbst können, in Ermangelung anderweiten Uebereinkommens, die ortsüblichen Sätze beansprucht werden.				
	b) einer Abschrift	1	15	2	15

№	Bezeichnung des Amtsgeschäfts.	Gebühren der Konsulate in Europa excl. der Türkei nebst Vasallenstaaten. Thlr.	Sgr.	außerhalb Europa sowie in der Türkei nebst Vasallenstaaten. Thlr.	Sgr.
	c) der Unterschrift einer Privatperson	2	—	3	—
	Die Gebühren unter a. b. und c. sind nach Beschaffenheit des Falles auf ein Dritttheil zu ermäßigen.				
7.	Behändigung eines Schriftstücks, nebst Ausstellung eines Insinuations-Dokumentes	1	15	2	15
8.	Behändigung resp. Uebermittelung eines Schriftstücks, ohne Ausstellung eines Insinuations-Dokumentes .	—	15	1	—
9.	Bergung:				
	Mitwirkung bei Rettungs- und Bergungsmaßregeln bei Schiffsunfällen: nach Umfang der Arbeit	5—50	—	10—100	—
10.	Bodmerei:				
	Feststellung der Nothwendigkeit eines Bodmereigeschäfts . . .	4	—	8	—
	Civilstandsakta, s. Geburten, Sterbefälle, Eheschließung.				
11.	Diäten:				
	Nimmt ein Geschäft die dienstliche Thätigkeit außerhalb des Amtslokals in Anspruch, so sind, außer den betreffenden Gebühren, Diäten zu entrichten und zwar:				
	für den Konsul:				
	für die erste Stunde	1	—	2	—

№	Bezeichnung des Amtsgeschäfts.	Gebühren der Konsulate in Europa excl. der Türkei nebst Vasallenstaaten. Thlr.	Sgr.	außerhalb Europa sowie in der Türkei nebst Vasallenstaaten. Thlr.	Sgr.
	für jede folgende auch nur angefangene Stunde	—	15	1	—
	für den Kanzler, Sekretair, Protokollführer:				
	für die erste Stunde . . .	—	15	1	—
	für jede folgende Stunde . .	—	$7^1/_2$	—	15
	Dauert das Geschäft länger als 6 Stunden, so wird pro Tag entrichtet:				
	für den Konsul	5	—	10	—
	für den Kanzler rc. . . .	2	15	5	—
	Diese Nebenkosten sind in den Fällen Nr. 9, 12, 19, 33 nicht zu entrichten.				
12.	Desertion:				
	Mitwirkung bei Verfolgung eines desertirten Seemanns der Handelsmarine, einschließlich der Assistenz bei Gerichtsverhandlungen	2	—	4	—
13.	Dispache:				
	Aufmachung einer Dispache, nach Umfang der Arbeit	5—50	—	10—100	—
14.	Eheschließung, umfassend die Eintragung in die Register, die vorangegangene Verhandlung und die Ausfertigung der Urkunde . . .	3	—	6	—
	In den Fällen der §§. 9 und 12 der Instruktion vom 4. Mai				

№	Bezeichnung des Amtsgeschäfts.	Gebühren der Konsulate in Europa excl. der Türkei nebst Vasallenstaaten. Thlr.	Sgr.	außerhalb Europa sowie in der Türkei nebst Vasallenstaaten. Thlr.	Sgr.
	1871, betreffend die Eheschließung ꝛc. von Bundesangehörigen im Auslande, kann die Gebühr erhöht werden auf	5	—	8	—
15.	Eid, Abnahme eines Parteieneides	2	—	3	—
16.	Entscheidung, provisorische, von Streitigkeiten zwischen Schiffer und Mannschaft	3	—	6	—
	Wird die Klage vor der Entscheidung zurückgenommen oder die Sache durch Vergleich erledigt .	2	—	4	—
	Expedition von Schiffen, s. Schiffssachen.				
17.	Geburten:				
	Beurkundung derselben, umfassend die Eintragung in die Register, die vorangegangene Verhandlung und die Ausfertigung der Urkunde	1	—	2	—
	Gelderhebung und Aufbewahrung, s. Aufbewahrung.				
18.	Gesundheitspaß:				
	a) Ausstellung eines Gesundheitspasses	2	—	3	—
	b) Visa	1	—	2	—
19.	Haverei:				
	Besichtigung des Schiffes bei Havereifällen, behufs Ermittelung des Schadens	3	—	5	—

№	Bezeichnung des Amtsgeschäfts.	Gebühren der Konsulate in Europa excl. der Türkei nebst Vasallenstaaten. Thlr.	Sgr.	außerhalb Europa sowie in der Türkei nebst Vasallenstaaten. Thlr.	Sgr.
	Dauert das Geschäft länger als eine Stunde, für jede weitere auch nur angefangene Stunde .	1	—	2	—
	Insinuations-Dokument, s. Behändigung.				
	Inventar, s. Nachlaßsachen.				
20.	Legalisation von Urkunden, die im Amtsbezirke ausgestellt oder beglaubigt sind	1	15	2	15
	Nach Beschaffenheit des Falles sind diese Gebühren auf ein Drittheil zu ermäßigen.				
21.	Matrikel, Eintragung in dieselbe .	1	—	2	—
22.	Matrikelschein (Patent)	1	—	2	—
23.	Musterrolle:				
	a) Ausfertigung einer neuen Musterrolle	4	—	6	—
	b) Abänderung der Musterrolle: .				
	für jede An- und Abmusterung	—	20	1	—
	Werden mehrere An- und Abmusterungen in demselben Akte vollzogen, so wird für die zweite und jede folgende die Hälfte der vorstehenden Sätze entrichtet;				
	für jede sonstige Abänderung .	2	—	3	—
	Zu 23. Für Aufnahme des vorangehenden Heuervertrages wird keine besondere Gebühr entrichtet.				

№	Bezeichnung des Amtsgeschäfts.	Gebühren der Konsulate in Europa excl. der Türkei Thlr.	Sgr.	außerhalb Europa sowie in der Türkei nebst Vasallenstaaten. Thlr.	Sgr.
24.	Nachlaßsachen:				
	a) Inventarisirung, Sicherstellung (einschließlich der Siegelung) und Aufbewahrung eines Nachlasses: von dem Betrage bis 500 Thlr. (1½ pCt.) (2 pCt.) doch nicht unter	2	—	3	—
	von dem Mehrbetrage (1 pCt.) (1½ pCt.) doch nie über	15	—	25	—
	b) Veräußerung eines Nachlasses: von dem Erlöse von je 1 Thlr.	—	1	—	1½
	doch nicht unter	2	—	3	—
	c) Vornahme einer Siegelung allein	2		4	—
25.	Notariatsakte, Aufnahme eines Notariatsaktes (s. auch Beglaubigung und Protest): von dem Betrage bis 500 Thlr. (1 pCt.) (1½ pCt.) doch nicht unter	2	—	3	—
	von dem Mehrbetrage (½ pCt.) (1 pCt.) doch nie über	10	—	15	—
26.	Oeffentliche Verkäufe: von dem Erlöse von je 1 Thlr.	—	1	—	1½
	doch nicht unter	2	—	3	—
27.	Paß (s. auch Gesundheitspaß):				

№	Bezeichnung des Amtsgeschäfts.	Gebühren der Konsulate in Europa excl. der Türkei nebst Vasallenstaaten. Thlr.	Sgr.	außerhalb Europa sowie in der Türkei nebst Vasallenstaaten. Thlr.	Sgr.
	a) Ausstellung eines Reisepasses . .	1	—	2	—
	b) Visa desselben	—	15	1	—
	Patent, s. Matrikelschein.				
28.	Protest, Aufnahme eines Protestes .	2	—	3	—
29.	Schiedsspruch: Abgabe eines Schiedsspruchs:				
	Bei einem Gegenstande von einem Werthe bis 100 Thlr. von je 1 Thlr.	—	1	—	1½
	doch nicht unter	2	—	3	—
	von dem Mehrbetrage bis 500 Thlr. von je 50 Thlr.	—	15	1	—
	von dem Mehrbetrage bis 1,000 Thlr. von je 100 Thlr.	—	15	1	—
	von dem Mehrbetrage bis 20,000 Thlr. von je 500 Thlr.	1	—	2	—
	von dem Mehrbetrage von je 1,000 Thlr.	1	—	2	—
30.	Schiffssachen:				
	a) Ausstellung eines interimistischen Schiffscertifikats	4	—	8	—
	(Sonstige Certifikate in Schiffssachen nach Pos. Nr. 2.)				
	b) Expedition eines Schiffes:				
	für jede Tonne (à 2000 Pfd.) .	—	¼	—	½
	doch nicht unter	—	5	—	10
	Anm. Die Gebühr wird entrichtet für: Attestirung der Schiffsmeldung und Abmeldung, Auf-				

№	Bezeichnung des Amtsgeschäfts.	Gebühren der Konsulate in Europa excl. der Türkei nebst Vasallenstaaten.		außerhalb Europa sowie in der Türkei nebst Vasallenstaaten.	
		Thlr.	Sgr.	Thlr.	Sgr.
	bewahrung und Bescheinigung der Schiffspapiere, Ertheilung von Auskunft an Schiffer und Mannschaft, sowie sonstige Dienstleistungen im Interesse derselben, für welche keine besonderen Gebühren angesetzt sind. Schiffe, welche in demselben Kalenderjahre denselben Hafen wieder besuchen, zahlen bei der zweiten und jeder folgenden Fahrt die Hälfte des tarifmäßigen Satzes, doch nicht unter 5 resp. 10 Sgr. und in demselben Kalenderjahre nicht mehr als das Vierfache des tarifmäßigen Satzes. Schiffe, welche in den Hafen zum Zweck der Löschung einlaufen, jedoch wegen erhaltener anderweitiger Bestimmung ohne vorgenommene Löschung wieder absegeln, oder welche wegen Sturm, Haverei, Kriegsgefahr rc. in den Hafen als Nothhafen einlaufen, zahlen				

№	Bezeichnung des Amtsgeschäfts.	Gebühren der Konsulate in Europa excl. der Türkei nebst Vasallenstaaten. Thlr.	Sgr.	außerhalb Europa sowie in der Türkei nebst Vasallenstaaten. Thlr.	Sgr.
	die Hälfte des tarifmäßigen Satzes, doch nicht unter 5 resp. 10 Sgr.				
	In den Fällen, wo nach §. 31 der Dienstinstruktion vom 6. Juni 1871 eine Meldung nicht nöthig ist, sowie von Schiffen, welche in den Hafen nur mit Ballast einkommen und mit Ballast wieder von dort ausgehen, sind Gebühren nur insoweit zu entrichten, als die Amtsthätigkeit des Konsuls besonders in Anspruch genommen wird.				
	c) Feststellung der Nothwendigkeit eines Schiffsverkaufs	4	—	8	—
	Siegelungen, s. Nachlaßsachen.				
31.	Sterbefälle: Beurkundung von Sterbefällen, umfassend die Eintragung in die Register, die vorangegangene Verhandlung, und die Ausfertigung der Urkunde	1	—	2	—
	Uebersetzung, s. Beglaubigung.				
32.	Vergleich: Vermittelung eines Vergleichs	2	—	4	—

№	Bezeichnung des Amtsgeschäfts.	Gebühren der Konsulate in Europa excl. der Türkei — Thlr.	Sgr.	außerhalb Europa sowie in der Türkei nebst Vasallenstaaten — Thlr.	Sgr.
33.	Verklarung: Aufnahme einer Verklarung	3	—	5	—
	Dauert das Geschäft länger als eine Stunde, für jede weitere auch nur angefangene Stunde	1	—	2	—
	Visa, s. Paß und Gesundheitspaß.				
34.	Zeugenvernehmung, für jeden Zeugen	2	—	3	—

44) Gerichtsverfassungsgesetz. Vom 27. Januar 1877. (RGB. 41).

§. 21. Die im Deutschen Reiche angestellten Konsuln sind der inländischen Gerichtsbarkeit unterworfen, sofern nicht in Verträgen des Deutschen Reichs mit anderen Mächten Vereinbarungen über die Befreiung der Konsuln von der inländischen Gerichtsbarkeit getroffen sind.

45) Preußische Denkschrift über die Rechtsverhältnisse der fremden Konsuln (König, Handb. S. 23 ff.).

Es fehlen zur Zeit Bestimmungen über die den fremden Konsuln in Deutschland allgemein und abgesehen von Verträgen zustehenden Vorrechte. Von Reichswegen ist darüber Nichts festgesetzt, die Stellung der fremden

Konsuln richtet sich daher nach der Gesetzgebung der einzelnen Bundesstaaten. Ueber die in Preußen den fremden Konsularbeamten eingeräumten Befugnisse äußert sich eine, als Anhang zu der früheren preußischen Allgemeinen Dienst-Instruktion abgedruckte Denkschrift wie folgt:

„Was die persönlichen Immunitäten betrifft, so ist unter vorausgesetzter Reciprocitätsbeobachtung angenommen, daß solche fremde Konsularbeamte, welche nicht im diesseitigen Unterthanenverbande stehen, wenn und inwieweit sie sich diesseits auf ihr Amt als Konsul beschränken und keinerlei Gewerbe oder Handel treiben, auch kein Grundstück erwerben, von persönlichen Leistungen und direkten Abgaben an Staat und Kommune, desgleichen von militärischer Einquartierung, ganz frei zu lassen sind. Freiheit von indirekten Abgaben steht ihnen aber nicht zu; sie haben daher auch bei Ankunft in den diesseitigen Staaten, abgesehen von der allgemeinen Zollfreiheit des Reisegeräths, keinen Anspruch auf Exemtion von Eingangszöllen. Im Fall eines diesseitigen Handel- und Gewerbetriebes oder bei Erwerbung eines diesseitigen Grundstücks kommen die betreffenden Abgaben und Leistungen zur Erhebung.

Die persönlichen Immunitäten der aus der Zahl der diesseitigen Unterthanen gewählten fremden Konsularbeamten in Preußen bestehen dagegen nur darin, daß dieselben sich durch Substitute oder Geldentschädigung von persönlichen Leistungen an Staat und Kommune, mit Ausnahme des Königlichen Militärdienstes frei machen können, und daß ihnen bei militärischer Einquartierung der zur Führung des Amts und zur Aufbewahrung des Archivs erforderliche Wohnungsraum nicht geschmälert werden darf. Im Uebrigen wird hinsichtlich der diesseitigen Unterthanspflichten durch die Zulassung zu fremden Konsulardiensten nichts geändert. Es gilt dies namentlich auch in Bezug auf die allgemeine Militärpflichtigkeit. Daher kann solchen diesseitigen Unterthanen, welche noch zum wirklichen Dienst im stehenden Heere verpflichtet sind, die Annahme eines fremden Konsularpostens überhaupt nicht gestattet werden. Beschränkt sich die Militärpflichtigkeit eines zu fremdem Konsulardienst erwählten diesseitigen Unterthans auf die Stellung in der Reserve oder auf das Landwehrverhältniß, so wird ihm von der Königlichen Regierung, falls keine anderen Bedenken obwalten, das Exequatur zwar bewilligt, jedoch nur mit dem ausdrücklichen Vorbehalt der ferneren Erfüllung seiner Militärpflichten. Desgleichen befreit die Zulassung zu fremden Konsularposten nicht von dem Dienst als Geschworner. Die Stellung als richterliches Mitglied eines Handelsgerichts ist mit fremdem Konsulardienst nicht vereinbar.[1])

In Bezug auf den Gerichtsstand der in Preußen angestellten Konsularbeamten, abgesehen von eigentlichen Dienstverhältnissen, wird Folgendes bemerkt:

---

[1]) Vgl. jetzt GVG. §§. 24 ff. 109 ff.

Für Civilsachen und Sachen der freiwilligen Gerichtsbarkeit sind die fremden Konsularbeamten in Preußen ohne weiteren persönlichen Unterschied im Allgemeinen den diesseitigen Gerichten unterworfen, mögen sie preußische Unterthanen sein oder nicht, in welchem letzteren Fall sie diesseits zunächst wie andere fremde Unterthanen behandelt werden, welche innerhalb der Königlichen Staaten einen bestimmten Wohnsitz genommen haben. Es macht auch keinen Unterschied, ob das Rechtsgeschäft, aus welchem geklagt wird, im Inlande oder im Auslande eingegangen ist; desgleichen ob der Gläubiger für seine Person dem Inlande oder dem Auslande angehört. Dabei erkennt aber die Königliche Regierung das frühere heimathliche Civilforum des fremden Unterthanen, der auf diesseitigem Gebiete eine fremde Konsularstelle bekleidet, als noch fortbestehend an, soweit darauf unbeschadet den diesseitigen Jurisdiktionsbefugnissen gleichzeitig Anspruch gemacht werden kann. Es kann mithin ein doppelter persönlicher Gerichtsstand begründet sein, bei welchem der Gläubiger die Wahl hat.

Hinsichtlich der Kriminalsachen gilt dagegen die Regel, daß solche fremde Konsularbeamte, welche sich nicht in dem preußischen Unterthansverbande befinden, sobald sie diesseits weder Handel noch Gewerbe treiben, auch kein Grundstück besitzen, von der diesseitigen Gerichtsbarkeit ausgenommen sind, und daß daher ein in diese Kategorie fallender Verbrecher an diejenige Regierung, in deren Konsulardienst er steht.

Behufs der Untersuchung und Bestrafung zu überlassen sein würde.*) Diese Exemtion würde sich indessen immer nicht auf solche strafgesetzlich verbotene Handlungen erstrecken können, durch welche die eigenen diesseitigen Staatsrechte unmittelbar verletzt werden, insgleichen nicht auf solche Fälle, wo das Interesse der öffentlichen Ordnung und Sicherheit es erheischt, den Schuldigen sofort zur Verantwortung zu ziehen.

Die dem diesseitigen Unterthansverbande angehörenden fremden Konsularbeamten stehen im Allgemeinen auch hinsichtlich der Strafsachen ausschließlich unter der diesseitigen Gerichtsbarkeit. Desgleichen würde die diesseitige Kriminalgerichtsbarkeit bei solchen nicht dem diesseitigen Unterthansverbande angehörenden fremden Konsularbeamten Platz greifen, deren diesseitige Beziehungen sich nicht auf das Amt als Konsul beschränken.

Was noch insbesondere die Frage wegen der diesseitigen Verhaftung eines fremden Konsularbeamten betrifft, so ist es, und zwar ohne Unterschied, ob ein Verbrechen dazu Anlaß giebt, oder ein Privatverhältniß, wie letzteres bei dem Civilschuldenarrest obwaltet, unter der Voraussetzung sonstiger gesetzlicher Begründung, an und für sich unbenommen, eine Maaßregel dieser Art eintreten zu lassen, gleichviel welchem Staate der zu verhaftende Konsularbeamte als Unterthan angehört. Doch ist vorbehalten, der betreffenden fremden Regierung

*) Anders nach §. 21 des Gerichtsverfassungsgesetzes.

vorkommenden Falls davon Nachricht zu geben, damit dieselbe wegen der anderweitigen Vertretung des Konsulardienstes ihre Maaßregel treffen könne.

Eine ähnliche Kommunikation ist auch außer dem Fall der Verhaftung für vorbehalten zu erachten, sobald es sich um die Einleitung eines diesseitigen Kriminalverfahrens gegen einen in den Königlichen Staaten angestellten fremden Konsularbeamten handeln sollte.

Uebrigens würde die in den preußischen Gesetzen zunächst für den Civilpersonalarrest allgemein vorgeschriebene Beobachtung von Schonung gegen Fremde von einigem Rang auch einem Consul missus zu Theil werden. Abgesehen von dieser Schonung bei Verhaftungen können sich aber die fremden Konsularbeamten in den Königlichen Staaten, soweit sie der diesseitigen Gerichtsbarkeit unterworfen sind, den Formen, welche für die Ausübung derselben allgemein vorgeschrieben sind, weder in Kriminal- noch in Civilsachen entziehen."

46) Gesetz, betreffend die Quartierleistung für die bewaffnete Macht während des Friedenszustandes. Vom 25. Juni 1868 (BGB. 523).

§. 2. Für die bewaffnete Macht sind während des Friedenszustandes an Wohnungs- und sonstigen Gelassen auf Erfordern zu gewähren:

— — — — — — — — — — — — — — — — —

§. 4. — — — — — —

Befreit hievon sind nur:

2) die Wohnungen der Gesandten und des Gesandtschaftspersonals fremder Mächte; ferner, in Voraussetzung der Gegenseitigkeit, die Wohnungen der Berufskonsuln fremder Mächte, sofern sie Angehörige des entsendenden Staates sind und in ihrem Wohnort kein Gewerbe betreiben oder keine Grundstücke besitzen; — — —

III. Die Konsularverträge und die konsularrechtlichen Bestimmungen der Handelsverträge.

47) Konsular-Konvention mit den Niederlanden v. $\frac{\text{16. Juni 1856}}{\text{11. Jan. 1872}}$ (RGB. 1872, 67).

Uebersetzung.*)

Deklaration v. 11. Januar 1872.

Nachdem Seine Majestät der Deutsche Kaiser erklärt haben, daß die konsularischen Agenten des Norddeutschen Bundes in den niederländischen Kolonien durch solche des Deutschen Reichs ersetzt worden sind, und gleichzeitig den Wunsch zu erkennen gegeben haben, auf die konsularischen Agenten des gedachten Reichs die Bestimmungen der zwischen Preußen und den Niederlanden am 16. Juni 1856 abgeschlossenen Konsular-Konvention anwendbar zu machen,

*) Der offizielle Text ist französisch, die Uebersetzung hat jedoch für das Deutsche Reich Gesetzeskraft.

und nachdem Seine Majestät der König der Niederlande Sich bereit erklärt haben, diesem Antrage Folge zu geben, sind die Unterzeichneten, zu diesem Behufe mit gehöriger Ermächtigung versehen, dahin übereingekommen, daß von dem Tage der Unterzeichnung der gegenwärtigen Deklaration an gerechnet die Bestimmungen der oben genannten Konvention anwendbar sein sollen auf die Generalkonsuln, Konsuln, Vizekonsuln und Konsularagenten des Deutschen Reichs, und daß die Worte „des Deutschen Reichs" und „Deutsches Reich" an Stelle der Worte „Preußisch" und „Preußen" überall da gesetzt werden sollen, wo diese letzteren Ausdrücke sich in der obengenannten Konvention vorfinden.

Uebereinkunft zwischen Preußen und den Niederlanden wegen der Zulassung preußischer Konsuln in den niederländischen Kolonien, d. d. Haag, den 16. Juni 1856.

Seine Majestät der König der Niederlande, von dem Wunsche geleitet, die zwischen dem Königreiche Preußen und dem Königreiche der Niederlande bestehenden Bande der Freundschaft enger zu befestigen, und dem unter den beiderseitigen Staaten in einer so glücklichen Weise stattfindenden Handelsverkehr die größtmöglichste Entwickelung zu sichern, haben zur Erreichung dieses Zieles, in Erfüllung eines von der Regierung Sr. Majestät des Königs von Preußen kundgegebenen Wunsches, eingewilligt, in den wichtigsten Häfen der niederländischen Kolonien preußische Konsuln zuzulassen, jedoch unter dem

Vorbehalt des Abschlusses einer besonderen Uebereinkunft, durch welche die Rechte, Pflichten und Freiheiten solcher Konsuln klar und bestimmt festgestellt würden.

Zu dem Ende haben zu Bevollmächtigten ernannt: — — —

welche Bevollmächtigte, nachdem sie sich ihre Vollmachten gegenseitig mitgetheilt und dieselben in guter und gehöriger Form befunden haben, über nachstehende Artikel übereingekommen sind:

Art. 1. In sämmtlichen Häfen der niederländischen überseeischen Besitzungen oder Kolonien, welche den Schiffen aller Nationen offen stehen, sollen preußische Generalkonsuln, Konsuln, Vizekonsuln und Konsularagenten zugelassen werden.

Art. 2. Die preußischen Generalkonsuln, Konsuln, Vizekonsuln und Konsularagenten gelten als Handelsagenten zum Schutz des Seehandels ihrer Nationalen in den Häfen ihres Konsularbezirks.

Sie sind sowohl der bürgerlichen als der Strafgesetzgebung des Landes, wo sie ihren Sitz haben, unterworfen, soweit nicht die gegenwärtige Uebereinkunft hiervon Ausnahmen zu ihren Gunsten feststellt.

Art. 3. Um zur Ausübung ihrer Amtsverrichtungen zugelassen zu werden und in den Genuß der damit verbundenen Freiheiten einzutreten, haben die preußischen Generalkonsuln, Konsuln und Vizekonsuln der Regierung Sr. Majestät des Königs der Niederlande ein in gehöriger Form ausgestelltes Ernennungspatent vorzuweisen. Nach hierauf erlangtem Exequatur, welches sobald wie möglich mit der Gegenzeichnung des Gouverneurs der Kolonie zu versehen ist, haben die gedachten Konsularbeamten aller Grade ein Anrecht auf den Schutz des Gouvernements und auf den Beistand der Ortsbehörden hinsichtlich der freien Ausübung ihrer Amtsverrichtungen.

Bei Ertheilung des Exequaturs behält sich das Gouvernement vor, dasselbe, unter Angabe der Beweggründe, wieder zurückzunehmen oder durch den Gouverneur der Kolonie zurücknehmen zu lassen.

Art. 4. Die Generalkonsuln, Konsuln und Vizekonsuln sind befugt, über der Eingangsthür ihres Hauses das Wappenschild ihrer Regierung mit der Inschrift „Preußisches Konsulat oder Vizekonsulat" anzubringen.

Es versteht sich jedoch von selbst, daß dieses äußerliche Abzeichen niemals so angesehen werden darf, als ob es ein Asylrecht begründe, oder als ob es das Haus und dessen Bewohner den Maßregeln der Landesgerichte entziehen könne.

Art. 5. Im Uebrigen ist angenommen, daß die das Konsulatsgeschäft betreffenden Archive und Urkunden gegen jegliche Untersuchung geschützt sein sollen, und daß es keiner Behörde und keinem Beamten zustehen soll, in irgend einer Weise und unter irgend einem Vorwande gegen dieselben eine Nachforschung, Durchsicht oder Beschlagnahme zu verhängen.

Art. 6. Die Generalkonsuln, Konsuln, Vizekonsuln und Konsularagenten sind mit keinem diplomatischen Charakter bekleidet.

Jeder an die niederländische Regierung zu richtende Antrag muß durch die Vermittelung des im Haag residirenden diplomatischen Agenten geschehen. Bei Ermangelung eines solchen Agenten und in dringenden Fällen kann der Generalkonsul, Konsul oder Vizekonsul selbst den Antrag bei dem Gouverneur der Kolonie einbringen, jedoch unter Nachweisung der Dringlichkeit und mit Auseinandersetzung der Gründe, weshalb der Antrag nicht zunächst bei den unteren Behörden eingebracht werden könne, oder wenn derselbe zuvor bei diesen Behörden eingebracht worden, mit Darlegung der bisherigen Erfolglosigkeit.

Art. 7. Die Generalkonsuln und Konsuln dürfen in den im Artikel 1 erwähnten Häfen Konsularagenten ernennen.

Die Konsularagenten können ohne Unterschied entweder preußische oder niederländische oder jedes andern Landes Staatsangehörige sein, welche in dem Hafen, für den sie ernannt werden sollen, ihren Wohnsitz haben oder nach den Bestimmungen der Ortsgesetze zur Niederlassung zugelassen werden können.

Diese Konsularagenten, zu deren Ernennung die Genehmigung des Gouverneurs der Kolonie einzuholen ist, erhalten ihr Diplom von dem Konsul, unter dessen Weisungen sie berufen sind zu fungiren.

Der Gouverneur der Kolonie kann den Konsularagenten die erwähnte Genehmigung jedenfalls auch wieder entziehen, wird jedoch alsdann dem Generalkonsul oder Konsul die Gründe einer solchen Maßregel mittheilen.

Art. 8. Die von den Konsularbeamten aller Grade ausgestellten oder visirten Pässe überheben keineswegs der Nothwendigkeit, sich mit allen durch die Ortsgesetze erforderten Papieren zu versehen, um in den Kolonien zu reisen oder sich niederzulassen. Dem Gouverneur der Kolonie bleibt das Recht vorbehalten, einem Paßinhaber den Aufenthalt in der Kolonie zu versagen oder die Ausweisung desselben anzuordnen.

Art. 9. Wenn ein preußisches Schiff an den Küsten einer niederländischen Kolonie verunglückt, so hat der an dem Orte des Schiffbruches oder der Bergung anwesende Generalkonsul, Konsul, Vizekonsul oder Konsularagent, in Abwesenheit oder im Einvernehmen mit dem Kapitain, alle für die Rettung des Schiffes, der Ladung und allen sonstigen Zubehörs erforderlichen und geeigneten Schritte zu thun.

Bei Abwesenheit des Generalkonsuls, Konsuls, Vizekonsuls oder Konsularagenten werden die niederländischen Behörden des Orts, wo der Schiffbruch stattgefunden hat, die durch die Gesetze der Kolonie vorgeschriebenen Maßregeln ergreifen.

Art. 10. Die Generalkonsuln, Konsuln, Vizekonsuln und Konsularagenten können, insoweit die Auslieferung von entwichenen Seeleuten preußischer Handels- oder Kriegsschiffe vertragsmäßig stipulirt ist, die Hülfe der Ortsbehörden zum Behufe der Anhaltung, Festnahme und gefänglichen Verwahrung solcher Deserteure in Anspruch nehmen. Sie haben sich zu dem Ende an die zuständigen Beamten zu wenden und die gedachten Deserteure schriftlich zu reklamiren, wobei sie durch die Schiffsregister, Musterrollen oder andere authentische Dokumente nachzuweisen haben, daß die reklamirten Personen zu der Besatzung des Schiffes gehören.

Auf eine in solcher Weise begründete Reklamation soll die Auslieferung bewilligt werden, sofern nicht das betreffende Individuum Unterthan des Staats ist, an den die Reklamation ergeht.

Die Ortsbehörden sollen gehalten sein, ihre ganze Amtsgewalt aufzubieten, um die Verhaftung der Deserteure herbeizuführen.

Die so angehaltenen Deserteure sollen den gedachten Konsularbeamten zur Verfügung gestellt werden und auf Antrag und Kosten der Reklamanten in einem öffentlichen Gefängniß verwahrt bleiben können, um demnächst an Bord des Schiffes, zu welchem sie gehören, oder irgend eines andern Schiffes derselben Nation gebracht zu werden. Falls sie aber nicht innerhalb dreier Monate, von dem Tage ihrer Verhaftung an gerechnet, zurückgenommen sind, so sollen sie auf freien Fuß gesetzt werden und wegen derselben Ursache nicht von Neuem angehalten werden können.

Uebrigens versteht es sich, daß, wenn der Deserteur irgend ein Verbrechen, Vergehen oder eine Uebertretung begangen hat, seine Auslieferung ausgesetzt bleiben kann, bis der mit der Sache beschäftigte Gerichtshof sein Urtheil gefällt hat und dasselbe zur Vollstreckung gekommen ist.

Art. 11. Wenn ein preußischer Unterthan mit Tode abgeht, ohne daß bekannte Erben oder Testamentsvollstrecker vorhanden sind, so werden die niederländischen Behörden, welche nach den Gesetzen der Kolonie die Verwaltung des Nachlasses zu besorgen haben, den Konsularbeamten davon Nachricht geben, um den Betheiligten die erforderlichen Mittheilungen zukommen zu lassen.

Art. 12. Die Generalkonsuln, Konsuln, Vizekonsuln und Konsularagenten haben in dieser Eigenschaft, soweit es die preußischen Gesetze gestatten, das Recht, bei Streitigkeiten zwischen den Kapitains und Mannschaften preußischer Schiffe zu Schiedsrichtern bestellt zu werden, und zwar ohne Dazwischenkunft der Ortsbehörden, vorausgesetzt, daß nicht durch das Benehmen des Kapitains oder der Mannschaft die Ruhe und Ordnung des Landes gestört worden, oder daß die Generalkonsuln, Konsuln, Vizekonsuln und Konsularagenten sich nicht selbst veranlaßt gefunden haben, den Beistand der gedachten Behörden anzurufen, um ihre Entscheidungen zur Vollstreckung zu bringen oder ihr Ansehen aufrecht zu erhalten.

Uebrigens versteht es sich, daß dieser besondere Urtheils- oder Schiedsspruch den streitenden Parteien nicht das Recht entziehen kann, nach der Rückkehr bei den Gerichten ihres eigenen Landes dagegen zu appelliren, sofern ihnen nach den Gesetzen des letzteren ein solches Recht zusteht.

Art. 13. Diejenigen Generalkonsuln, Konsuln, Vizekonsuln und Konsularagenten, welche nicht niederländische Unterthanen sind und in dem Augenblick ihrer Ernennung auch nicht in dem Königreich der Niederlande oder dessen Kolonien ansässig sind und welche außer dem Konsulatsdienst keinerlei Amts-, Gewerbe- oder Handelsgeschäft betreiben, sind frei von militairischer Einquartierung, Personensteuer und jeder sonstigen Art von persönlichen Abgaben an Staat oder Kommune, soweit auch den niederländischen Generalkonsuln, Konsuln und Vizekonsuln in den preußischen Staaten dieselben Vergünstigungen bewilligt sind. Diese Befreiung kann sich niemals auf Zollabgaben oder andere indirekte oder dingliche Abgaben erstrecken.

Diejenigen Generalkonsuln, Konsuln, Vizekonsuln und Konsularagenten, welche zwar nicht ein anerkanntes niederländisches Geburts- oder Unterthanenrecht besitzen, die aber neben ihrem Konsulatsdienst irgend ein Gewerbe- oder Handelsgeschäft betreiben, sind zur Tragung und Zahlung der Lasten, Auflagen und Steuern gleich den niederländischen Unterthanen und andern Einwohnern verpflichtet.

Die aus der Zahl der niederländischen Unterthanen gewählten Generalkonsuln, Konsuln, Vizekonsuln und Konsularagenten endlich, denen gestattet worden ist, Konsulatsgeschäfte für die preußische Regierung zu übernehmen, bleiben allen Auflagen und Steuern, von welcher Natur sie auch sein mögen, unterworfen.

Art. 14. Den preußischen Generalkonsuln, Konsuln, Vizekonsuln und Konsularagenten sollen auch alle andern Vorrechte, Vergünstigungen und Freiheiten in den niederländischen Kolonien zukommen, welche etwa noch in der Folge den in gleichem Range stehenden Agenten der meistbegünstigten Nation bewilligt werden könnten.

Art. 15. Es soll jedem der jetzt oder in Zukunft an dem Deutschen Zollverein Theil nehmenden Staaten freistehen, sich den Abreden der gegenwärtigen Uebereinkunft anzuschließen.[1])

Art. 16. Die gegenwärtige Uebereinkunft gilt für die Dauer von fünf Jahren, von dem Austausche der Ratifikationen an gerechnet, welcher Austausch binnen zwei Monaten oder wenn thunlich früher stattfinden soll.

Falls keiner der beiden kontrahirenden Theile zwölf Monate vor dem Ablaufe der bezeichneten fünfjährigen Frist seine Absicht kund gethan haben sollte, die Uebereinkunft außer Wirksamkeit treten zu lassen, so soll dieselbe noch ferner ein Jahr lang nach dem Tage der Aufkündigung von Seiten des einen oder andern Theils in Kraft bleiben.

Deß zur Urkunde haben die beiderseitigen Bevollmächtigten die gegenwärtige Uebereinkunft unterzeichnet und mit ihren Siegeln versehen.

48) Konsular-Vertrag mit Italien v. $\frac{\text{21. Dez. 1868}}{\text{7. Febr. 1872}}$ (BGB. 1869, 113; RGB. 1872, 134).

Seine Majestät der Deutsche Kaiser, König von Preußen, im Namen des Deutschen Reichs, einerseits

[1]) Jetzt gegenstandslos s. oben S. 353 f.

und Seine Majestät der König von Italien, andererseits, von dem Wunsche geleitet, die Befugnisse, Rechte, Privilegien und Immunitäten der konsularischen Agenten in den beiderseitigen Gebieten der vertragenden Theile festzustellen, haben beschlossen, einen Vertrag zu diesem Zwecke abzuschließen, und zu Allerhöchstihren Bevollmächtigten ernannt: — — —
welche über die folgenden Artikel übereingekommen sind:

Art. 1. Die Bestimmungen des zwischen dem Norddeutschen Bunde und Italien am 21. Dezember 1868 abgeschlossenen Konsularvertrages sollen auf die konsularischen Agenten des Deutschen Reichs in Italien und auf die konsularischen Agenten Italiens im Gebiete des Deutschen Reichs dergestalt Anwendung finden, daß die gedachten konsularischen Agenten alle Befugnisse haben und aller Rechte, Immunitäten und Privilegien theilhaftig werden sollen, welche in dem gedachten Vertrage zu Gunsten der konsularischen Agenten der vertragenden Theile stipulirt sind. Es wird ferner verabredet, daß alle in dem gedachten Vertrage enthaltenen Stipulationen als in Gültigkeit und Rechtskraft zwischen dem Deutschen Reiche und Italien betrachtet werden sollen.

Art. 2. Der gegenwärtige Vertrag wird ratifizirt und die Ratifikations-Urkunden werden zu Berlin binnen einer Frist von drei Monaten ausgewechselt werden.

Zu Urkund dessen haben die beiderseitigen Bevollmächtigten den gegenwärtigen Vertrag unterzeichnet und denselben mit ihren Siegeln versehen.

Der vorgedachte Konsular-Vertrag zwischen dem Norddeutschen Bunde und Italien. Vom 21. Dezember 1868 (B.G.B. 1869, 113) lautet:

Seine Majestät der König von Preußen, im Namen des Norddeutschen Bundes einerseits, und

Seine Majestät der König von Italien andererseits, haben Behufs Ausdehnung und Förderung der Handels- und Schiffahrtsbeziehungen zwischen dem Norddeutschen Bunde und Italien übereinstimmend für nützlich erachtet, die Rechte, Privilegien, Immunitäten und Verpflichtungen der beiderseitigen konsularischen Agenten in ausgedehnter und bestimmter Weise grundsätzlich zu regeln und beschlossen, einen Konsular-Vertrag abzuschließen.

Demgemäß haben zu Ihren Bevollmächtigten ernannt, — —
welche nach Mittheilung ihrer in guter und gehöriger Form befundenen Vollmachten über nachstehende Artikel übereingekommen sind.

Art. 1. Jeder der Hohen kontrahirenden Theile kann in den Häfen, Städten und Plätzen des Gebiets des andern Theils Generalkonsuln, Konsuln, Vizekonsuln und Konsular-Agenten bestellen. Es bleibt beiden Theilen das Recht vorbehalten, einzelne Oertlichkeiten, welche Sie für angemessen erachten, auszunehmen, jedoch muß dieser Vorbehalt gleichmäßig gegen alle andern Mächte in Anwendung gebracht werden.

Art. 2. Die Generalkonsuln, Konsuln, Vizekonsuln und Konsular-Agenten werden nach Vorweisung ihrer Bestallungen in Gemäßheit der in beiden Ländern geltenden Bestimmungen und Förmlichkeiten gegenseitig zugelassen und anerkannt werden.

Das zur freien Ausübung der Amtsthätigkeit der gedachten Konsularbeamten erforderliche Exequatur wird kostenfrei ertheilt werden und nach Vorweisung des Exequatur wird die obere Behörde ihres Amtssitzes unverzüglich die erforderlichen Maaßregeln treffen, damit sie ihre Amtspflichten erfüllen können und des Genusses aller ihnen gebührenden Befreiungen, Rechte, Immunitäten, Ehren und Privilegien theilhaftig werden.

Art. 3. Die Berufs-Konsuln (consules missi) sind befreit von Militair-Einquartierung und Militair-Steuern, sowie von direkten, Personal-, Mobiliar- oder Luxussteuern, mögen solche vom Staat oder Kommunen auferlegt sein, ausgenommen wenn sie unbewegliches Eigenthum besitzen, Handel oder Gewerbe treiben, in welchem Falle sie denselben Abgaben, Lasten und Auflagen, wie die Nationalen unterworfen sind.

Sie genießen der persönlichen Immunität, ausgenommen wenn strafbare Handlungen vorliegen, welche nach der Landesgesetzgebung als Verbrechen angesehen werden.

Art. 4. Gegen Wahl-Konsuln (consules electi) darf der Personal-Arrest nur in Handelssachen, nicht in Civilsachen, verhängt werden.

Art. 5. Die Generalkonsuln, Konsuln, Vizekonsuln und Konsular-Agenten können über dem äußern

Eingange ihres Amtslokals das Nationalwappen mit der Umschrift: Konsulat oder Vizekonsulat oder Konsular-Agentur des Norddeutschen Bundes — Italiens anbringen.

Auch können sie die Nationalflagge an Tagen öffentlicher Festlichkeiten, sowie bei andern üblichen Gelegenheiten von ihrem Hause wehen lassen, ausgenommen wenn die gedachten Konsularbeamten in der Hauptstadt ihren Sitz haben, wo sich eine Botschaft oder Gesandtschaft ihres Landes befindet.

Es ist ihnen gleichfalls gestattet, ihre Nationalflagge auf dem Boote zu führen, dessen sie sich bei dienstlichen Fahrten im Hafen bedienen.

Art. 6. Die Konsulats-Archive sind jederzeit unverletzlich und die Landesbehörden können unter keinem Vorwande die zu den Archiven gehörigen Dienstpapiere einsehen oder mit Beschlag belegen. Die Dienstpapiere müssen stets von den das kaufmännische Geschäft oder das Gewerbe der resp. Konsularbeamten betreffenden Büchern und Papieren gesondert sein.

Art. 7. In Verhinderungs- und Abwesenheitsfällen, desgleichen wenn ein Generalkonsul, Konsul, Vizekonsul oder Konsular-Agent stirbt, sind die Konsular-Eleven, Kanzler und Sekretaire, sofern sie als solche den betreffenden Behörden bereits präsentirt sind, ohne Weiteres je nach der Rangstufe, welche sie bekleiden, befugt, interimistisch die konsularischen Amtsbefugnisse auszuüben, ohne daß die Ortsbehörden ihnen Hindernisse in den Weg legen könnten.

Vielmehr müssen letztere denselben Beistand und Schutz gewähren und ihnen während ihrer interimistischen Amtswirksamkeit den Genuß aller Befreiungen, Rechte, Immunitäten und Privilegien zu Theil werden lassen, welche in dem gegenwärtigen Vertrage den beiderseitigen Konsularbeamten eingeräumt sind.

Art. 8. Die Generalkonsuln und Konsuln können, vorbehaltlich der Zustimmung der Landesregierung, Vizekonsuln oder Konsular-Agenten in allen Städten, Häfen und Plätzen ihres Amtsbezirks ernennen.

Diese Agenten können ohne Unterschied aus Angehörigen beider Länder oder aus Angehörigen dritter Staaten gewählt werden. Sie erhalten ein Patent Seitens des Konsuls, welcher sie ernannt hat und auf dessen Weisung sie ihre Funktionen auszuüben haben.

Die in der gegenwärtigen Konvention verabredeten Privilegien und Immunitäten stehen auch ihnen zu. Doch sollen die von Generalkonsuln oder Konsuln ernannten Vizekonsuln und Konsular-Agenten derjenigen Befreiungen und Immunitäten nicht theilhaftig werden, von denen der Artikel 3 handelt.

Art. 9. Die Generalkonsuln, Konsuln, Vizekonsuln und Konsular-Agenten können sich in Ausübung der ihnen zustehenden Amtsbefugnisse an die Behörden ihres Amtsbezirks wenden, um wegen Zuwiderhandlung gegen die zwischen beiden Ländern bestehenden Traktate oder Konventionen, oder wegen irgend einer ihren Staatsangehörigen zur Beschwerde gereichenden Beeinträchtigung Einspruch zu erheben.

Wenn die Behörden ihres Bezirks auf ihre Reklamationen nicht eingehen, so können sie sich in Ermangelung eines diplomatischen Vertreters ihres Landes an die Central-Regierung des Landes, in welchem sie ihren Amtssitz haben, wenden.

Art. 10. Die Generalkonsuln, Konsuln, Vizekonsuln oder Konsular-Agenten beider Länder, ingleichen ihre Kanzler, können, soweit sie nach den Gesetzen ihres Landes dazu befugt sind,

1. in ihren Kanzleien, in der Wohnung der Betheiligten und am Bord der Nationalschiffe diejenigen Erklärungen entgegennehmen, welche die Schiffsführer, die Schiffsmannschaft und die Schiffspassagiere, Handeltreibende und sonstige Angehörige ihres Landes abzugeben haben;
2. Notariatsurkunden, sowohl über einseitige Rechtsgeschäfte, einschließlich letztwilliger Verfügungen, von Angehörigen ihres Landes, als auch über Verträge aufnehmen, welche zwischen einem oder mehreren ihrer Nationalen und anderen Personen des Landes, in welchem sie residiren, geschlossen werden, ingleichen selbst über Verträge, welche ausschließlich Angehörige des Landes ihrer Residenz betreffen, soweit solche Verträge sich auf Grundstücke beziehen, welche im Lande des instrumentirenden Konsuls oder Konsularbeamten belegen sind. Die von den gedachten Beamten vorschriftsmäßig beglaubigten und mit ihrem Amtssiegel versehenen Abschriften dieser

Urkunden oder Auszüge aus denselben sollen vor Gericht und außergerichtlich sowohl in Norddeutschland, als in Italien in gleicher Weise wie die Originale Glauben und dieselbe Kraft und Gültigkeit haben, als wenn sie von Notaren oder anderen öffentlichen Beamten des einen oder des andern Landes aufgenommen wären, vorausgesetzt, daß diese Urkunden in derjenigen Form aufgenommen worden sind, welche die Gesetze des Staats, dem die Konsuln, Vizekonsuln oder Konsular-Agenten angehören, vorschreiben und vorausgesetzt, daß demnächst bezüglich des Stempels, der Registrirung und aller andern Formalitäten die betreffenden Bestimmungen des Landes, in welchem der Akt zur Ausführung kommen soll, erfüllt sind.

Wenn die Aechtheit eines in der Kanzlei der beiderseitigen Konsuln ausgefertigten Dokumentes in Zweifel gezogen wird, so sind die betheiligten Personen auf ihr Verlangen berechtigt, die Original-Verhandlung einzusehen, auch bei der Kollationirung, wenn diese erforderlich erscheint, gegenwärtig zu sein.

Artikel 11. Wenn ein Angehöriger einer der kontrahirenden Theile in dem Gebiete des andern Theils stirbt, so sollen die Landesbehörden dem Generalkonsul, Konsul, Vizekonsul oder Konsular-Agenten, in dessen Amtsbezirke der Todesfall vorkommt, sofort Nachricht geben.

Ihrerseits müssen letztere, wenn der Todesfall zuerst zu ihrer Kenntniß kommt, die Landesbehörden benachrichtigen.

Wenn ein Italiener in Norddeutschland oder ein Norddeutscher in Italien stirbt, ohne eine letztwillige Verfügung errichtet oder einen Testamentsexekutor bestellt zu haben, oder wenn die gesetzlichen oder Testaments-Erben minderjährig, ihren Angelegenheiten vorzustehen unfähig oder abwesend sind, oder wenn die ernannten Testamentsexekutoren nicht an demjenigen Orte, wo die Erbschaft eröffnet wird, anwesend sind, so haben die Generalkonsuln, Konsuln, Vizekonsuln und Konsular-Agenten des Theils, welchem der Erblasser angehörte, das Recht, folgende Amtshandlungen successive vorzunehmen:

1. Von Amtswegen oder auf Antrag der betheiligten Parteien alle Mobilien und Papiere des Verstorbenen zu versiegeln; sie müssen jedoch der kompetenten Lokalbehörde Nachricht geben und diese kann, wenn die Landesgesetze es vorschreiben, bei der Siegelung gegenwärtig sein, auch ihre eigenen Siegel mit anlegen.

   Diese und die vom Konsularbeamten angelegten Siegel dürfen ohne Mitwirkung der Lokalbehörden nicht abgenommen werden.

   Sollte jedoch die Lokalbehörde, auf die von dem Konsul an sie gerichtete Einladung, dem Abnehmen der beiderseitigen Siegel beizuwohnen, innerhalb 48 Stunden vom Empfange der Benachrichtigung an gerechnet sich nicht einfinden, so kann der gedachte Beamte allein zur Wiederaufsiegelung schreiten.

2. Sie können alle Nachlaßgegenstände inventarisiren und zwar in Gegenwart der Lokalbehörde, wenn diese auf die obenerwähnte Benachrichtigung ihre Mitwirkung für erforderlich hält.

Die Lokalbehörde hat alle in ihrer Gegenwart aufgenommenen Protokolle mit zu unterschreiben, ohne daß sie für ihre amtliche Mitwirkung irgend welche Kosten liquidiren könnte.

3. Sie können alle beweglichen Nachlaß-Effekten, welche dem Verderben ausgesetzt oder schwer aufzubewahren sind, sowie Ernten oder Effekten, zu deren Veräußerung sich eine günstige Gelegenheit bietet, öffentlich verkaufen.

4. Sie sind befugt, die inventarisirten Nachlaßeffekten und Gelder in Verwahrung zu nehmen, desgleichen den Betrag der von ihnen einkassirten Nachlaßforderungen und erhobenen Zinsen.

Wenn auf die unter der folgenden Nummer erwähnte Aufforderung sich Landesangehörige oder Angehörige eines dritten Staates als Betheiligte bei dem Intestat- oder testamentarischen Nachlasse melden, so ist die Lokalbehörde befugt, über die Deposition der zur Deckung der bezüglichen Forderungen nöthigen Gelder oder Effekten zu befinden.

5. Sie sind befugt, in den öffentlichen Blättern des Orts, erforderlichen Falls auch der Heimath des Erblassers, den Todesfall bekannt zu machen und die etwaigen Nachlaßgläubiger aufzufordern, innerhalb der in den Landesgesetzen vorgeschriebenen Frist ihre Forderungen anzumelden und zu bescheinigen.

Wenn sich Erbschaftsgläubiger melden, so sind sie, wenn genügende Mittel vorhanden sind, innerhalb 14 Tagen nach Vollendung des Inventars zu befriedigen. Sind keine Mittel vorhanden, so findet die Befriedigung nach dem in geeignetster Weise herbeizuführenden Eingange derselben statt.

Wenn die beiderseitigen Konsuln die Bezahlung der Nachlaßschulden wegen angeblicher Insufficienz des Nachlasses ganz oder theilweise verweigern, so können die Gläubiger, wenn sie es für vortheilhaft halten, bei dem kompetenten Lokalgerichte auf Befriedigung klagen, beziehungsweise bei der zuständigen Behörde den Antrag stellen, den Konkurs zu eröffnen.

Sobald die Konkurseröffnung in der, in beiden Ländern gesetzlich vorgeschriebenen Weise erfolgt ist, müssen die Konsuln oder Vizekonsuln dem Gerichte, beziehungsweise den Syndicis (Verwaltern) alle zum Nachlaß gehörigen Dokumente, Effekten und Werthe sofort ausfolgen, wobei den gedachten Konsularbeamten obliegt, das Interesse der abwesenden, minderjährigen oder handlungsunfähigen Erben wahrzunehmen.

In allen Fällen können die Generalkonsuln, Konsuln und Vizekonsuln den Nachlaß oder den Erlös desselben den gesetzlichen Erben oder ihren Bevollmächtigten erst sechs Monate nach dem Tage, an welchem der Todesfall in den Blättern bekannt gemacht worden ist, aushändigen.

6. Sie können den Nachlaß verwalten und liquidiren, oder durch einen Bevollmächtigten unter ihrer Verantwortlichkeit verwalten und liquidiren lassen, ohne daß die Ortsbehörden sich einmischen dürfen, es sei denn, daß Landesangehörige oder Angehörige eines dritten Staates Ansprüche gegen den Nachlaß geltend machen, in welchem Falle die Generalkonsuln, Konsuln, Vizekonsuln oder Konsular-Agenten nicht das Recht der Entscheidung haben, wenn Schwierigkeiten namentlich aus Reklamationen entstehen, die zu Streit zwischen den Betheiligten Anlaß geben, vielmehr steht den kompetenten Landesgerichten die Entscheidung bezüglich solcher Ansprüche zu.

Die gedachten Konsularbeamten fahren jedoch fort, als Vertreter des testamentarischen oder Intestat-Nachlasses zu handeln, d. h. sie behalten inzwischen die Verwaltung und das Recht, den Nachlaß endgültig zu liquidiren, ingleichen das Recht, die Nachlaßgegenstände unter Beobachtung der oben vorgeschriebenen Fristen zu verkaufen, sie haben auch die Interessen der Erben wahrzunehmen und sind befugt, zur Vertretung der Rechte derselben vor den Gerichten Advokaten zu bevollmächtigen. Selbstverständlich müssen sie den Gerichten alle Papiere und Dokumente vorlegen, durch welche die der Entscheidung derselben vorliegende Frage aufgeklärt werden kann.

Nach gefällter Entscheidung müssen die Generalkonsuln, Konsuln, Vizekonsuln oder Konsular-Agenten dieselbe vollstrecken, wenn sie nicht Berufung eingelegt haben, auch haben sie das Recht, die etwa bis zur Entscheidung des Streits unterbrochene Liquidation fortzusetzen.

7. Sie können eintretenden Falls eine Vormundschaft und Kuratel, den Gesetzen ihres Landes entsprechend, einleiten.

Art. 12. Wenn ein Italiener in Norddeutschland oder ein Norddeutscher in Italien an einem Orte stirbt, wo keine Konsularbehörde seiner Nation vorhanden ist, so hat die zuständige Lokalbehörde nach den Landesgesetzen zur Inventarisirung der Effekten und zur Liquidirung des Nachlasses zu schreiten und der betreffenden Botschaft oder Gesandtschaft oder der dem Nachlaßorte nächsten Konsulatsbehörde binnen kürzester Frist von dem Ergebniß ihrer Amtshandlungen Nachricht zu geben.

Sobald jedoch der, dem Orte, wo der Nachlaß eröffnet ist, nächste Konsularbeamte selbst oder durch einen Delegirten sich einfindet, hat die Mitwirkung der Lokalbehörde sich nach den Bestimmungen des Artikel 11. der gegenwärtigen Konvention zu richten.

Art. 13. Den Generalkonsuln, Konsuln, Vizekonsuln und Konsular-Agenten der beiden Theile steht ausschließlich die Inventarisirung und jede andere zur Konservirung der Verlassenschaft erforderliche Maßregel zu, wenn es sich um den Nachlaß von Schiffsleuten und Schiffspassagieren ihrer Nation handelt, mögen dieselben am Lande oder an Bord von Nationalschiffen, während der Reise oder im Bestimmungshafen gestorben sein.

Art. 14. Die Generalkonsuln, Konsuln, Vizekonsuln und Konsular-Agenten können sich an Bord der Nationalschiffe begeben oder einen Delegirten an Bord schicken, sobald dieselben zum freien Verkehr (Praktika) zugelassen sind, um Kapitain und Mannschaft zu vernehmen, die Schiffspapiere einzusehen, die Aussagen über ihre Reise und ihren Bestimmungsort und die Zwischenfälle während der Reise entgegenzunehmen, die Ladungsverzeichnisse (Manifeste) anzufertigen, die Expedition ihrer Schiffe zu fördern und mit ihnen vor den Gerichts- oder Verwaltungsbehörden des Landes zu erscheinen, um ihnen bei den Angelegenheiten, welche sie betreiben, oder bei den Anträgen, welche sie zu stellen haben, als Dolmetscher und Agenten zu dienen.

Die Gerichtsbeamten und die Beamten und Beauftragten der Zollämter dürfen niemals an Bord der Handelsschiffe ein Untersuchungsverfahren vornehmen, ohne zuvor der Konsularbehörde derjenigen Nation, welcher diese Schiffe angehören, Behufs ihrer etwaigen Gegenwart Nachricht gegeben zu haben.

Ebenso müssen die gedachten Konsularbeamten Behufs ihrer Anwesenheit rechtzeitig von den Erklärungen benachrichtigt werden, welche die Kapitaine und Schiffsmannschaft vor den Gerichten und Behörden des Orts abzugeben haben, damit jedes Mißverständniß und jeder Irrthum, welche einer geordneten Rechtspflege Eintrag thun könnten, vermieden wird.

Die Benachrichtigung, welche zu diesem Behufe den Konsuln, Vizekonsuln oder Konsular-Agenten zugefertigt wird, muß eine genaue Angabe der Stunde enthalten und wenn diese sich nicht selbst oder durch einen Delegirten einfinden, so wird in ihrer Abwesenheit vorgegangen.

Art. 15. Hinsichtlich der Hafenpolizei, des Ladens und Ausladens der Schiffe, sowie hinsichtlich der Sicherung von Waaren, Gütern und Effekten kommen die Landesgesetze, Statuten und Reglements zur Anwendung.

Den Generalkonsuln, Konsuln, Vizekonsuln oder Konsular-Agenten steht ausschließlich die Aufrechterhaltung der inneren Ordnung an Bord ihrer nationalen Handelsschiffe zu. Sie haben demgemäß allein Streitigkeiten jeder Art zwischen Kapitain, Schiffsoffizieren und Matrosen zu schlichten, insbesondere Streitigkeiten, welche sich auf die Heuer und die Erfüllung sonstiger Vertragsbestimmungen beziehen.

Die Lokalbehörden dürfen nur dann einschreiten, wenn die am Bord der Schiffe vorkommenden Unordnungen der Art sind, daß die Ruhe oder öffentliche Ordnung am Lande oder im Hafen dadurch gestört wird, oder wenn ein Landesangehöriger oder eine nicht zur Schiffsmannschaft gehörige Person betheiligt ist.

In allen andern Fällen haben die gedachten Behörden sich darauf zu beschränken, den Konsuln, Vizekonsuln und Konsular-Agenten auf Verlangen Beistand zu gewähren, wenn diese zur Verhaftung einer in die Musterrolle eingetragenen Person schreiten zu müssen glauben, um dieselbe an Bord zurückzuführen oder in vorläufiger Haft zu halten.

Art. 16. Die Generalkonsuln, Konsuln, Vizekonsuln und Konsular-Agenten können diejenigen Seeleute und andere zur Mannschaft gehörige Personen, welche vom Bord der Handels- und Kriegsschiffe ihrer Nation auf das Gebiet des andern Theils entwichen sind, verhaften und an Bord oder in ihre Heimath zurücksenden lassen.

Zu diesem Zwecke haben sie sich schriftlich an die kompetente Lokalbehörde zu wenden und durch die Schiffsregister oder Musterrollen, oder, wenn das Schiff schon abgegangen sein sollte, durch beglaubigte Abschriften oder Auszüge aus diesen Dokumenten nachzuweisen, daß die reklamirten Personen wirklich zur Schiffsmannschaft gehört haben.

Auf einen in dieser Art begründeten Antrag darf die Auslieferung der Deserteure nicht verweigert werden.

Auch soll den gedachten Konsularbeamten jeder Beistand und jede Hülfe Behufs Aufsuchung und Verhaftung solcher Deserteure gewährt werden, letztere sollen auf den Antrag und auf Kosten der Konsularbehörde in die Ortsgefängnisse abgeführt und daselbst in Gewahrsam gehalten werden, bis diese Gelegenheit zur Heimsendung findet.

Diese Gefangenhaltung darf nicht länger als drei Monate dauern. Nach Ablauf dieser Frist und nach drei Tage vorher erfolgter Benachrichtigung des Konsuls wird der Verhaftete in Freiheit gesetzt, ohne aus demselben Grunde wieder verhaftet werden zu können.

Wenn der Deserteur am Lande eine strafbare Handlung begangen hat, so kann die Lokalbehörde die Auslieferung beanstanden, bis das Gericht die Entscheidung gefällt hat und diese vollständig vollstreckt worden ist.

Die Hohen kontrahirenden Theile sind darüber einverstanden, daß Seeleute und andere Personen der Mannschaft, welche Unterthanen des Landes sind, in welchem die Desertion stattfindet, von den Bestimmungen dieses Vertrages ausgenommen sind.

Art. 17. Falls nicht Verabredungen zwischen Rhedern, Befrachtern und Versicherern entgegenstehen, werden die während der Fahrt der Schiffe beider Theile erlittenen Havereien, sei es, daß die Schiffe in die betreffenden Häfen freiwillig oder als Nothhafner einlaufen, von den Generalkonsuln, Konsuln, Vizekonsuln der betreffenden Nation regulirt. Sollten jedoch Landesunterthanen oder Unterthanen einer dritten Macht betheiligt sein, so müssen ebenso wie in Ermangelung einer gütlichen Einigung zwischen allen Betheiligten die Havereien von den Ortsbehörden regulirt werden.

Art. 18. Wenn ein Regierungsschiff oder ein Schiff eines Angehörigen eines der Hohen kontrahirenden Theile an den Küsten des andern Theils Schiffbruch leidet oder strandet, so sollen die Behörden den Generalkonsul, Konsul, Vizekonsul oder Konsular-Agenten des Bezirks, oder, wenn ein solcher nicht vorhanden ist, den, dem Orte des Unfalls nächsten Generalkonsul, Konsul, Vizekonsul oder Konsular-Agenten davon benachrichtigen.

Alle Rettungsmaaßregeln bezüglich Italienischer, in den Norddeutschen Territorialgewässern gescheiterter oder gestrandeter Schiffe sollen nach Maaßgabe der Landesgesetze erfolgen und umgekehrt sollen alle Rettungsmaaßregeln in Bezug auf Deutsche, in den Italienischen Territorialgewässern gescheiterte oder gestrandete Schiffe in Gemäßheit der Landesgesetze erfolgen.

Die Konsularbehörden haben in beiden Ländern nur einzuschreiten, um die auf die Ausbesserung und Neu-Verproviantirung oder, eintretenden Falls, auf den Verkauf des an der Küste gestrandeten oder gescheiterten Schiffs bezüglichen Maaßregeln zu überwachen.

Für die Intervention der Landesbehörden dürfen keine andern Kosten erhoben werden, als solche, welche in gleichem Falle die Nationalschiffe zu entrichten haben.

Ist die Nationalität eines verunglückten Schiffs zweifelhaft, so sind die Lokalbehörden ausschließlich für alle, in dem gegenwärtigen Artikel vorgesehenen Maaßregeln zuständig.

Art. 19. Die beiderseitigen Generalkonsuln, Konsuln, Vizekonsuln und Konsular-Agenten, ingleichen die Angestellten bei den Konsulaten sollen in beiden Ländern aller Befreiungen, Vorrechte, Immunitäten und Privilegien theilhaftig werden, welche den Beamten gleichen Grades der meistbegünstigten Nation zustehen.

Art. 20. Der gegenwärtige Vertrag soll sofort nach Auswechselung der Ratifikationen in Kraft treten und bis zum 30. Juni 1875. Gültigkeit haben. Wenn ein Jahr vor Ablauf dieses Zeitraums keiner der Hohen kontrahirenden Theile dem andern seine Absicht kund giebt, die Wirksamkeit des Vertrags aufhören zu lassen, so bleibt derselbe bis ein Jahr nach erfolgter, an keine Frist gebundener Aufkündigung in Kraft.

Art. 21. Der gegenwärtige Vertrag soll von beiden Hohen kontrahirenden Theilen ratifizirt und es sollen die Ratifikationen innerhalb vier Monaten nach dem Vertragsabschlusse in Berlin ausgewechselt werden.

Zu Urkund dessen haben die beiderseitigen Bevollmächtigten gegenwärtigen Vertrag in doppelter Ausfertigung unterzeichnet und besiegelt.

49) Konsular-Konvention mit Spanien vom $\frac{\text{22. Febr. 1870}}{\text{12. Jan. 1872}}$ (BGB. 1870, 99, RGB. 1872, 211).

Seine Majestät der Deutsche Kaiser, König von Preußen, im Namen des Deutschen Reichs, einerseits, und Seine Majestät der König von Spanien, andererseits, von dem Wunsche geleitet, die Befugnisse, Rechte, Privilegien und Immunitäten der konsularischen Agenten in den beiderseitigen Gebieten der vertragenden Theile näher zu bestimmen, haben beschlossen, zu diesem Zwecke einen Vertrag abzuschließen, und zu Ihren Bevollmächtigten ernannt, — —

welche nach Austausch ihrer in guter und gehöriger Form befundenen gegenseitigen Vollmachten über nachstehende Artikel übereingekommen sind:

Artikel 1. Die Bestimmungen des zwischen dem Norddeutschen Bunde und Spanien am 22. Februar 1870 abgeschlossenen Konsular-Vertrages sollen auf die konsularischen Agenten des Deutschen Reichs in Spanien und auf die konsularischen Agenten Spaniens im Gebiete des Deutschen Reichs dergestalt Anwendung finden, daß die gedachten konsularischen Agenten alle Befugnisse haben und aller Rechte, Immunitäten und Privilegien theilhaftig werden sollen, welche in dem gedachten Vertrage zu Gunsten der konsularischen Agenten der vertragenden Theile stipulirt sind. Es wird ferner verabredet, daß alle in dem gedachten Vertrage enthaltenen Stipulationen als in Gültigkeit und Rechtskraft zwischen dem Deutschen Reiche und Spanien betrachtet werden sollen.

Artikel 2. Der gegenwärtige Vertrag wird ratifizirt, und die Ratifikations-Urkunden werden zu Madrid binnen einer Frist von zwei Monaten ausgewechselt werden.

Zu Urkund dessen haben die beiderseitigen Bevollmächtigten den gegenwärtigen Vertrag unterzeichnet und denselben mit ihren Siegeln versehen.

(Uebersetzung.) Konsular-Vertrag zwischen dem Norddeutschen Bunde und Spanien. Vom 22. Februar 1870.

Seine Majestät der König von Preußen im Namen des Norddeutschen Bundes einerseits, und

Seine Hoheit der Regent der Spanischen Nation, kraft des Willens der souverainen Cortes, andererseits, von dem Wunsche geleitet, die Befugnisse der konsularischen Agenten in möglichst ausgedehnter und bestimmter Weise zu regeln, sind übereingekommen, eine diesen Gegenstand umfassende besondere Konvention abzuschließen und haben zu diesem Zwecke zu Ihren Bevollmächtigten ernannt, — —

welche nach Mittheilung ihrer in guter und gehöriger Form befundenen Vollmachten über nachstehende Artikel übereingekommen sind.

Artikel 1. Jeder der Hohen kontrahirenden Theile kann in den Häfen, Städten und Plätzen des Gebiets des anderen Theils Generalkonsuln, Konsuln und Vizekonsuln oder Konsularagenten bestellen. Es bleibt beiden Theilen das Recht vorbehalten, einzelne Oertlichkeiten, welche Sie für angemessen erachten, auszunehmen. Jedoch darf dieser Vorbehalt nur dann gegen einen der Hohen kontrahirenden Theile geltend gemacht werden, wenn er gleichmäßig gegen alle anderen Mächte geltend gemacht wird.

Artikel 2. Die Generalkonsuln, Konsuln und Vizekonsuln müssen, damit sie als solche zugelassen und anerkannt werden, ihre Bestallungen vorlegen, auf deren Vorlegung ihnen das Exequatur kostenfrei und in Gemäßheit der in beiden Ländern geltenden Förmlichkeiten ertheilt wird.

Gegen Vorlegung des Exequatur wird die obere Behörde des Departements der Provinz oder des Kreises, in welchem die genannten Agenten ihren Amtssitz haben, den übrigen Landesbehörden die erforderlichen Weisungen ertheilen, damit dieselben überall in ihrem Amtsbezirk bei Ausübung ihrer amtlichen Befugnisse geschützt und damit ihnen alle durch gegenwärtige Konvention gewährten Befreiungen, Rechte, Immunitäten und Privilegien gesichert werden.

Artikel 3. Die Berufskonsuln (consules missi), welche Angehörige des vertragenden Theiles sind, der sie ernannt hat, sollen von der Militair-Einquartierung, sowie von jeder öffentlichen Last oder Dienst befreit sein, mögen diese einen munizipalen oder einen anderen Karakter haben.

Ebenso sollen sie von den direkten, Personal-, Mobiliar- oder Luxussteuern befreit sein, mögen solche vom Staat oder von Kommunen auferlegt sein. Wenn die gedachten Agenten jedoch Handel oder ein Gewerbe betreiben oder Grundbesitz haben, so werden sie in Betreff der allgemeinen Lasten und Abgaben als Angehörige des Landes angesehen, welchem sie angehören.

Artikel 4. Die Berufskonsuln (consules missi),

welche Angehörige des vertragenden Theils sind, der sie ernannt hat, sollen der persönlichen Immunität genießen und nur im Falle von Verbrechen verhaftet resp. ins Gefängniß gesetzt werden dürfen.

Für diejenigen Konsuln, welche Angehörige des Landes sind, in welchem sie ihren Amtssitz haben, oder welche Handelsgeschäfte betreiben, soll die persönliche Immunität sich nur auf solche Schulden und Civilverbindlichkeiten erstrecken, welche nicht auf die von ihnen oder ihren Bevollmächtigten betriebenen Handelsgeschäfte Bezug haben.

Artikel 5. Die Generalkonsuln, Konsuln und Vizekonsuln können über dem äußern Eingange ihres Amtslokals das Nationalwappen mit der Umschrift: „Konsulat oder Vizekonsulat von ....." anbringen.

Auch können sie die Nationalflagge an Tagen öffentlicher, religiöser oder nationaler Festlichkeiten, sowie bei andern üblichen Gelegenheiten von ihrem Hause wehen lassen, jedoch findet die Ausübung dieses doppelten Vorrechts nicht statt, wenn die gedachten Beamten in einer Stadt ihren Sitz haben, wo sich eine Botschaft oder Gesandtschaft ihres Landes befindet.

Es ist ihnen gleichfalls gestattet, ihre Nationalflagge auf dem Boote zu führen, dessen sie sich bei dienstlichen Fahrten im Hafen bedienen.

Artikel 6. Die Konsulats-Archive sind jederzeit unverletzlich und die Landesbehörden können unter keinem Vorwande die zu den Archiven gehörigen Dienstpapiere einsehen oder mit Beschlag belegen. Die Dienstpapiere müssen stets von den das kaufmännische Geschäft oder das Gewerbe der resp. Konsuln oder Vizekonsuln betreffenden Büchern und Papieren gesondert sein.

Artikel 7. In Verhinderungs-, Abwesenheits- oder Todesfällen von Generalkonsuln, Konsuln oder Vizekonsuln sind die Konsulareleven, Kanzler und Sekretaire, sofern sie als solche den betreffenden Behörden bereits präsentirt sind, ohne Weiteres je nach der Rangstufe, welche sie bekleiden, befugt, interimistisch die konsularischen Amtsbefugnisse auszuüben, ohne daß die Ortsbehörden ihnen Hindernisse in den Weg legen könnten. Vielmehr müssen letztere denselben Beistand und Schutz gewähren und ihnen während ihrer interimistischen Amtswirksamkeit den Genuß aller Befreiungen, Rechte, Immunitäten und Privilegien zu Theil werden lassen, welche in der gegenwärtigen Konvention den beiderseitigen Konsularbeamten eingeräumt sind.

Artikel 8. Die Generalkonsuln und Konsuln können, vorbehaltlich der Zustimmung der Landesregierung, Vizekonsuln oder Konsularagenten in allen Städten, Häfen und Plätzen ihres Amtsbezirks ernennen.

Diese Agenten können ohne Unterschied aus Angehörigen beider Länder oder aus Angehörigen dritter Staaten gewählt werden. Sie erhalten ein Patent Seitens des Konsuls, welcher sie ernannt hat und auf dessen Weisung sie ihre Funktionen auszuüben haben. Die in der gegenwärtigen Konvention verabredeten Privilegien und Immunitäten stehen vorbehaltlich der in den Art. 3. und 4. vorgesehenen Ausnahmen auch ihnen zu.

Artikel 9. Die Generalkonsuln, Konsuln, Vizekonsuln oder Konsularagenten können sich an die Behörden ihres Amtsbezirks wenden, um wegen Zuwiderhandlung gegen die zwischen beiden Ländern bestehenden Verträge oder Konventionen, oder wegen irgend einer ihren Staatsangehörigen zur Beschwerde gereichenden Beeinträchtigung Einspruch zu erheben. Wenn die Behörden ihres Bezirks auf ihre Reklamation nicht eingehen, oder wenn die von diesen getroffenen Anordnungen ihnen nicht genügend erscheinen, so können sie sich, in Ermangelung eines diplomatischen Vertreters ihres Landes, an die Centralregierung des Landes wenden, in welchem sie ihren Amtssitz haben.

Artikel 10. Die Generalkonsuln, Konsuln, Vizekonsuln oder Konsularagenten beider Länder, ingleichen ihre Kanzler können, soweit sie nach den Gesetzen ihres Landes dazu befugt sind:

1) in ihren Kanzleien, in der Wohnung der Betheiligten und am Bord der Nationalschiffe diejenigen Erklärungen entgegennehmen, welche die Schiffsführer, die Schiffsmannschaft und die Schiffspassagiere, Handeltreibende und sonstige Angehörige ihres Landes abzugeben haben;
2) Notariatsurkunden über letztwillige Verfügungen, sowie über andere notarielle Rechtsgeschäfte von Angehörigen ihres Landes aufnehmen, auch wenn diese Rechtsgeschäfte die Errichtung einer Hypo-

thek auf Grundstücken zum Gegenstande haben, welche im Lande des instrumentirenden Konsuls oder Konsularagenten belegen sind;

3) in ihren Kanzleien alle Verträge aufnehmen, welche zwischen einem oder mehreren ihrer Landsleute und anderen, dem Lande, in welchem sie ihren Amtssitz haben, angehörenden Personen abgeschlossen werden, ingleichen alle Verträge, welche, obwohl sie ein ausschließliches Interesse für die Angehörigen des Landes haben, in welchem sie abgeschlossen sind, sich beziehen auf Vermögen, welches belegen, oder auf ein Geschäft, welches zu verhandeln ist an irgend einem Punkte des Gebietes der Nation, welcher der instrumentirende Konsul oder Vizekonsul angehört.

Die von dem gedachten Beamten vorschriftsmäßig beglaubigten und mit dem Amtssiegel des Konsulats oder Vizekonsulats versehenen Abschriften dieser Urkunden oder Auszüge aus denselben sollen vor Gericht und außergerichtlich sowohl in Norddeutschland, als im Staatsgebiete von Spanien Glauben und dieselbe Kraft und Gültigkeit haben, als wenn sie von Notaren oder anderen öffentlichen Beamten des einen oder des anderen Landes aufgenommen wären, vorausgesetzt, daß diese Urkunden in derjenigen Form aufgenommen worden sind, welche die Gesetze des Landes, dem die Konsuln und Vizekonsuln angehören, vorschreiben und vorausgesetzt, daß demnächst bezüglich des Stempels, der Registrirung und aller anderen Formalitäten die betreffenden Bestimmungen des Landes, im welchem der Akt zur Ausführung kommen soll, erfüllt sind.

Wenn die Aechtheit eines in der Kanzlei der beiderseitigen Konsuln ausgefertigten Dokuments in Zweifel gezogen wird, so darf den betheiligten Personen auf ihr Verlangen die Vergleichung mit dem Original nicht versagt werden, und sie können, wenn sie es für angemessen halten, bei dieser Kollationirung gegenwärtig sein.

Artikel 11. Wenn ein Angehöriger einer der kontrahirenden Theile in dem Gebiete des andern Theils stirbt, so sollen die Landesbehörden dem Generalkonsul, Konsul, Vizekonsul oder Konsularagenten, in dessen Amtsbezirke der Todesfall vorkommt, sofort Nachricht geben. Ihrerseits müssen letztere, wenn der Todesfall zuerst zu ihrer Kenntniß kommt, die Landesbehörden benachrichtigen.

Wenn ein Deutscher in Spanien oder ein Spanier in Norddeutschland stirbt, ohne eine letztwillige Verfügung errichtet oder einen Testaments-Exekutor bestellt zu haben, oder wenn die gesetzlichen oder Testaments-Erben minderjährig, ihren Angelegenheiten vorzustehen unfähig oder abwesend sind, oder wenn die ernannten Testaments-Exekutoren nicht an demjenigen Orte, wo die Erbschaft eröffnet wird, anwesend sind, so haben die Generalkonsuln, Konsuln, Vizekonsuln und Konsularagenten des Theils, welchem der Erblasser angehörte, das Recht, folgende Amtshandlungen successive vorzunehmen:

1) Von Amtswegen oder auf Antrag der betheiligten Parteien alle Effekten, Mobilien und Papiere des Verstorbenen zu versiegeln, sie müssen jedoch der kompetenten Lokalbehörde Nachricht geben und diese kann bei der Siegelung gegenwärtig sein, auch ihre eigenen Siegel mit anlegen.

Diese und die vom Konsularbeamten angelegten Siegel dürfen ohne Mitwirkung der Lokalbehörde nicht abgenommen werden.

Sollte jedoch die Lokalbehörde, auf die von dem Konsul oder Vizekonsul an sie gerichtete Einladung, dem Abnehmen der beiderseitigen Siegel beizuwohnen, innerhalb 48 Stunden vom Empfange der Benachrichtigung an gerechnet, sich nicht einfinden, so kann der gedachte Beamte allein zur Wiederaufsiegelung schreiten.

2) Sie können alle Nachlaßgegenstände inventarisiren und zwar in Gegenwart der Lokalbehörde, wenn diese auf die oben erwähnte Benachrichtigung ihre Mitwirkung für erforderlich hält.

Die Lokalbehörde hat alle in ihrer Gegenwart aufgenommenen Protokolle mit zu unterschreiben, ohne daß sie für ihre amtliche Mitwirkung bei diesen Verhandlungen irgend welche Kosten liquidiren könnte.

3) Sie können die öffentliche Versteigerung aller beweglichen Nachlaßeffekten, welche dem Verderben ausgesetzt oder schwer aufzubewahren sind, sowie

der Ernten oder Effekten, zu deren Veräußerung sich eine günstige Gelegenheit bietet, anordnen.

4) Sie sind befugt, die inventarisirten Nachlaßeffekten und Gelder, desgleichen den Betrag der von ihnen einkassirten Nachlaßforderungen und erhobenen Zinsen an einem sicheren Orte in dem Konsulatsgebäude oder in der Wohnung eines Kaufmanns, welchem der Konsul oder Vizekonsul Vertrauen schenkt, niederzulegen. Diese Niederlegung muß in dem einen oder andern Fall in Uebereinstimmung mit der Lokalbehörde, welche bei den früheren Anordnungen mitgewirkt hat, stattfinden, sofern auf die unter der folgenden Nummer erwähnte Aufforderung sich Landesangehörige oder Angehörige eines dritten Staates als Betheiligte bei dem Intestat- oder testamentarischen Nachlasse melden.

5) Sie sind befugt, in den öffentlichen Blättern des Orts, erforderlichen Falls auch der Heimath des Erblassers, die etwaigen Nachlaßgläubiger zur Vorlegung der über ihre Forderungen sprechenden, gehörig beglaubigten Urkunden innerhalb der in den Landesgesetzen vorgeschriebenen Frist zu berufen.

Wenn sich Erbschaftsgläubiger melden, so sind sie, wenn genügende Mittel vorhanden sind, innerhalb vierzehn Tagen nach Vollendung des Inventars zu befriedigen. Sind keine Mittel vorhanden, so findet die Befriedigung nach dem in geeignetster Weise herbeizuführenden Eingange derselben statt, oder endlich innerhalb der zwischen den Konsuln und der Mehrheit der Gläubiger vereinbarten Frist.

Wenn die beiderseitigen Konsuln die Bezahlung der Nachlaßschulden wegen angeblicher Insuffizienz des Nachlasses ganz oder theilweise verweigern, so können die Gläubiger, wenn sie es für vortheilhaft halten, bei dem kompetenten Lokalgerichte die Eröffnung des Konkurses beantragen (en concurso necesario de acreedores).

Sobald die Konkurseröffnung in der in beiden Ländern gesetzlich vorgeschriebenen Weise erfolgt ist, müssen die Konsuln oder Vizekonsuln dem Gerichte, beziehungsweise den Syndicis des Konkurses alle zum Nachlaß gehörigen Dokumente, Effekten und Werthe sofort ausfolgen, wobei den gedachten Konsularbeamten obliegt, das Interesse der abwesenden, minderjährigen oder handlungsunfähigen Erben wahrzunehmen.

6) Sie können den Nachlaß verwalten und liquidiren oder durch einen Bevollmächtigten unter ihrer Verantwortlichkeit verwalten und liquidiren lassen, ohne daß die Ortsbehörden sich einmischen dürfen, es sei denn, daß Landesangehörige oder Angehörige eines dritten Staates Ansprüche an den Nachlaß geltend machen, in welchem Falle die Generalkonsuln, Konsuln, Vizekonsuln oder Konsularagenten nicht das Recht der Entscheidung

haben, wenn Schwierigkeiten namentlich aus Reklamationen entstehen, die zu Streit zwischen den Betheiligten Anlaß geben, vielmehr steht den kompetenten Landesgerichten die Entscheidung bezüglich solcher Ansprüche zu.

Die gedachten Konsularbeamten fahren jedoch fort, als Vertreter des testamentarischen oder Intestat-Nachlasses zu handeln, d. h. sie behalten inzwischen die Verwaltung und das Recht, den Nachlaß endgültig zu liquidiren, ingleichen das Recht, die Nachlaßgegenstände unter Beobachtung der oben vorgeschriebenen Formen zu verkaufen, sie haben auch die Interessen der Erben wahrzunehmen und sind befugt, zur Vertretung der Rechte derselben vor den Gerichten Advokaten zu bevollmächtigen. Selbstverständlich müssen sie den Gerichten alle Papiere und Dokumente übergeben, durch welche die der Entscheidung derselben vorliegende Frage aufgeklärt werden kann.

Nach gefällter Entscheidung müssen die Generalkonsuln, Konsuln, Vizekonsuln oder Konsularagenten dieselbe vollstrecken, wenn sie nicht Berufung eingelegt haben, auch haben sie das Recht, die etwa bis zur Entscheidung des Streits unterbrochene Liquidation fortzusetzen.

7) Sie können den Nachlaß oder den Erlös desselben den gesetzlichen Erben oder deren Bevollmächtigten sechs Monate nach dem Tage, an

welchem der Todesfall in den öffentlichen Blättern bekannt gemacht worden ist, aushändigen.

8) Sie können eintretenden Falls eine Vormundschaft und Kuratel, den Gesetzen ihres Landes entsprechend, einleiten.

Artikel 12. Wenn ein Deutscher in Spanien oder ein Spanier in Norddeutschland an einem Orte stirbt, wo keine Konsularbehörde seiner Nation vorhanden ist, so hat die zuständige Lokalbehörde nach den Landesgesetzen zur Inventarisirung der Effekten und zur Liquidirung des Nachlasses zu schreiten und der betreffenden Botschaft oder Gesandtschaft oder dem dem Nachlaßorte nächsten Konsulat oder Vizekonsulat binnen kürzester Frist von dem Ergebniß ihrer Amtshandlungen Nachricht zu geben.

Sobald jedoch der dem Orte, wo der Nachlaß eröffnet ist, nächste Konsularbeamte selbst oder durch einen Delegirten sich einfindet, hat die Mitwirkung der Lokalbehörde sich nach den Bestimmungen des Art. 11. der gegenwärtigen Konvention zu richten.

Artikel 13. Den Generalkonsuln, Konsuln, Vizekonsuln und Konsularagenten der beiden Theile steht ausschließlich die Inventarisirung und jede andere zur Konservirung der Verlassenschaft erforderliche Maaßregel zu, wenn es sich um den Nachlaß von Schiffsleuten und Schiffspassagieren ihrer Nation handelt, mögen dieselben am Lande oder an Bord von Nationalschiffen, während der Reise oder im Bestimmungshafen gestorben sein.

Artikel 14. Die Generalkonsuln, Konsuln, Vizekonsuln und Konsularagenten können sich an Bord der Nationalschiffe begeben oder einen Delegirten an Bord schicken, sobald dieselben zum freien Verkehr zugelassen sind, um Kapitain und Mannschaft zu vernehmen, die Schiffspapiere einzusehen, die Aussagen über ihre Reise und ihren Bestimmungsort und die Zwischenfälle während der Reise entgegenzunehmen, die Ladungsverzeichnisse (Manifeste) anzufertigen, die Expedition ihrer Schiffe zu fördern und mit ihnen vor den Gerichts- oder Verwaltungsbehörden des Landes zu erscheinen, um ihnen bei den Angelegenheiten, welche sie betreiben, oder bei den Anträgen, welche sie zu stellen haben, als Dolmetscher und Agenten zu dienen.

Die Gerichtsbeamten und die Beamten und Beauftragten der Zollämter dürfen niemals an Bord der Handelsschiffe ein Untersuchungsverfahren vornehmen, ohne von dem Konsul oder Vizekonsul derjenigen Nation, welcher diese Schiffe angehören, oder deren Bevollmächtigten begleitet zu sein.

Ebenso müssen die gedachten Konsularbeamten Behufs ihrer Anwesenheit rechtzeitig von den Erklärungen benachrichtigt werden, welche die Kapitaine und Schiffsmannschaft vor den Gerichten und Behörden des Orts abzugeben haben, damit jedes Mißverständniß und jeder Irrthum, welche einer geordneten Rechtspflege Eintrag thun könnten, vermieden wird.

Die Benachrichtigung, welche zu diesem Behufe den Konsuln und Vizekonsuln zugefertigt wird, muß eine genaue Angabe der Stunde enthalten und wenn diese sich nicht selbst oder durch einen Delegirten einfinden, so wird in ihrer Abwesenheit vorgegangen.

Artikel 15. Hinsichtlich der Hafenpolizei, des Ladens und Ausladens der Schiffe, sowie hinsichtlich der Sicherung von Waaren, Gütern und Effekten kommen die Landesgesetze, Statuten und Reglements zur Anwendung.

Den Generalkonsuln, Konsuln, Vizekonsuln oder Konsularagenten steht ausschließlich die Aufrechterhaltung der inneren Ordnung an Bord ihrer nationalen Handelsschiffe zu. Sie haben demgemäß allein Streitigkeiten jeder Art zwischen Kapitain, Schiffsoffizieren und Matrosen zu schlichten, insbesondere Streitigkeiten, welche sich auf die Heuer und die Erfüllung sonstiger Vertragsbestimmungen beziehen.

Die Lokalbehörden dürfen nur dann einschreiten, wenn die am Bord der Schiffe vorkommenden Unordnungen der Art sind, daß die Ruhe oder öffentliche Ordnung am Lande oder im Hafen dadurch gestört wird, oder wenn ein Landesangehöriger oder eine nicht zur Schiffsmannschaft gehörige Person betheiligt ist.

In allen andern Fällen haben die gedachten Behörden sich darauf zu beschränken, den Konsuln und Vizekonsuln auf Verlangen Beistand zu gewähren, wenn diese zur Verhaftung einer in die Musterrolle eingetragenen Person schreiten zu müssen glauben, um dieselbe zu verhaften und ins Gefängniß abzuführen.

Artikel 16. Die Generalkonsuln, Konsuln, Vizekonsuln und Konsularagenten können diejenigen Seeleute und andere zur Mannschaft gehörige Personen, welche vom Bord der Handelsschiffe ihrer Nation auf das Gebiet des anderen Theils entwichen sind, verhaften und an Bord oder in ihre Heimath zurücksenden lassen.

Zu diesem Zwecke haben sie sich schriftlich an die kompetente Lokalbehörde zu wenden und durch die Schiffsregister oder Musterrollen, oder, wenn das Schiff schon abgegangen sein sollte, durch beglaubigte Abschriften dieser Dokumente nachzuweisen, daß die reklamirten Personen wirklich zur Schiffsmannschaft gehört haben. Auf einen in dieser Art begründeten Antrag darf die Auslieferung der Deserteure nicht verweigert werden. Auch soll den gedachten Konsularbeamten jeder Beistand und jede Hülfe Behufs Aufsuchung und Verhaftung solcher Deserteure gewährt werden, letztere sollen auf den Antrag und auf Kosten des Konsuls oder Vizekonsuls in die Ortsgefängnisse abgeführt und daselbst in Gewahrsam gehalten werden, bis dieser Gelegenheit zur Heimsendung findet.

Diese Gefangenhaltung darf nicht länger als drei Monate dauern. Nach Ablauf dieser Frist und nach drei Tage vorher erfolgter Benachrichtigung des Konsuls wird der Verhaftete in Freiheit gesetzt, ohne aus demselben Grunde wieder verhaftet werden zu können.

Wenn der Deserteur am Lande eine strafbare Handlung begangen hat, so kann die Lokalbehörde die Auslieferung beanstanden, bis das Gericht die Entscheidung gefällt hat und diese vollständig vollstreckt worden ist.

Die Hohen kontrahirenden Theile sind darüber einverstanden', daß Seeleute und andere Personen der Mannschaft, welche Unterthanen des Landes sind, in welchem die Desertion stattfindet, von den Bestimmungen dieses Vertrages ausgenommen sind.

Artikel 17. Falls nicht Verabredungen zwischen Rhedern, Befrachtern und Versicherern entgegenstehen, werden die während der Fahrt der Schiffe beider Theile erlittenen Havereien, sei es, daß die Schiffe in die betreffenden Häfen freiwillig oder als Nothhafen einlaufen, von den Generalkonsuln, Konsuln oder Vizekonsuln der betreffenden Nation regulirt. Sollten jedoch Landes-Unterthanen oder Unterthanen einer dritten Macht betheiligt sein, so müssen, ebenso wie in Ermangelung einer gütlichen Einigung zwischen allen Betheiligten, die Havereien von den Ortsbehörden regulirt werden.

Artikel 18. Wenn ein Regierungsschiff oder ein Schiff eines Angehörigen eines der Hohen kontrahirenden Theile an den Küsten des andern Theils Schiffbruch leidet oder strandet, so sollen die Behörden den Generalkonsul, Konsul, Vizekonsul oder Konsularagenten des Bezirks, oder, wenn ein solcher nicht vorhanden ist, den dem Orte des Unfalls nächsten Generalkonsul, Konsul, Vizekonsul oder Konsularagenten davon benachrichtigen.

Alle Rettungsmaaßregeln bezüglich Deutscher, in den Spanischen Territorialgewässern gescheiterter oder gestrandeter Schiffe sollen nach Maaßgabe der Landesgesetze erfolgen und umgekehrt sollen alle Rettungsmaaßregeln in Bezug auf Spanische, in den Norddeutschen Territorialgewässern gescheiterte oder gestrandete Schiffe in Gemäßheit der Landesgesetze erfolgen.

Die Konsularbehörden haben in beiden Ländern nur einzuschreiten, um die auf die Ausbesserung und Neu-Verproviantirung oder, eintretenden Falls, auf den Verkauf des an der Küste gestrandeten oder gescheiterten Schiffs bezüglichen Maaßregeln zu überwachen.

Für die Intervention der Landesbehörden dürfen keine anderen Kosten erhoben werden, als solche, welche durch die Bergung und die Aufbewahrung der geretteten Gegenstände veranlaßt sind, sowie diejenigen, welche in gleichem Falle die Nationalschiffe zu entrichten haben.

Die Hohen vertragenden Theile sind außerdem dahin übereingekommen, daß die geborgenen Waaren und Effekten keiner Zollabgabe unterliegen sollen, es sei denn, daß sie in den inneren Verbrauch übergehen sollen.

Artikel 19. Alle Bestimmungen des gegenwärtigen Vertrages sollen in dem ganzen Gebiet des Norddeutschen Bundes und in dem ganzen Gebiet von Spanien, einschließlich der überseeischen Spanischen Besitzungen, anwendbar und ausführbar sein; in den zuletzt erwähnten Besitzungen jedoch unter den Vorbehalten, welche die besondere Verwaltungseinrichtung derselben mit sich bringt.

Artikel 20. Die beiderseitigen Generalkonsuln, Konsuln, Vizekonsuln und Konsularagenten, ingleichen die Konsulatskanzler, Sekretaire, Eleven und Attachés sollen in beiden Ländern aller Befreiungen, Vorrechte, Immunitäten und Privilegien theilhaftig werden, welche den Beamten gleichen Grades der meist begünstigten Nationen zustehen.

Artikel 21. Der gegenwärtige Vertrag soll zehn Jahre, vom Tage der Auswechselung der Ratifikationen an gerechnet, Gültigkeit haben. Wenn ein Jahr vor Ablauf dieses Zeitraums keiner der Hohen kontrahirenden Theile dem andern seine Absicht kund giebt, die Wirksamkeit des Vertrages aufhören zu lassen, so bleibt derselbe für beide Theile bis ein Jahr nach erfolgter, an keine Frist gebundener Aufkündigung in Kraft.

Artikel 22. Der gegenwärtige Vertrag soll von beiden Hohen kontrahirenden Theilen bestätigt und ratifizirt und es sollen die Ratifikationen innerhalb zwei Monaten oder wo möglich noch früher in Madrid ausgewechselt werden.

Zu Urkund dessen haben die beiderseitigen Bevollmächtigten gegenwärtigen Vertrag unterzeichnet und besiegelt.

50) Konsular-Konvention mit den Vereinigten Staaten von Amerika. Vom 11. Dezember 1871. (RGB. 1872, 95).

Seine Majestät der Deutsche Kaiser, König von Preußen, im Namen des Deutschen Reichs, und der Präsident der Vereinigten Staaten von Amerika, von dem Wunsche geleitet, die Rechte, Privilegien, Immunitäten und Verpflichtungen der beiderseitigen konsularischen Agenten festzustellen, sind übereingekommen, einen Konsular-Vertrag abzuschließen, und haben zu diesem Behufe zu Ihren Bevollmächtigten ernannt, — — welche die folgenden Artikel vereinbart und unterzeichnet haben:

Art. 1. Jeder der vertragenden Theile willigt ein, General-Konsuln, Konsuln, Vize-Konsuln und Konsular-Agenten des anderen Theils in allen seinen Häfen, Städten und Plätzen zuzulassen, mit Ausnahme derjenigen Orte, wo es nicht angemessen erscheinen sollte, solche Beamte anzuerkennen. Dieser Vorbehalt soll jedoch auf keinen der vertragenden Theile angewendet werden, ohne jeder anderen Macht gegenüber ebenfalls Anwendung zu finden.

Art. 2. Die General-Konsuln, Konsuln, Vize-Konsuln oder Konsular-Agenten sollen nach Vorlegung ihrer mit Beobachtung der in ihren bezüglichen Ländern bestehenden Förmlichkeiten ausgefertigten Bestallung gegenseitig zugelassen und anerkannt werden. Das zur Ausübung ihrer Amtsverrichtungen erforderliche Exequatur soll ihnen kostenfrei ertheilt werden und nach Vorweisung dieser Urkunde sollen dieselben sofort und unbeanstandet von den Landesbehörden in den Häfen, Städten und Plätzen ihres Amtssitzes und Amtsbezirks, dieselben seien Bundes-, Staats- oder Gemeinde-Behörden, Gerichts- oder Verwaltungs-Behörden, zum Genusse der ihnen gegenseitig zugesicherten Vorrechte zugelassen werden. Die das Exequatur ertheilende Regierung behält sich das Recht vor, dieses Exequatur zurückzunehmen und zwar unter Darlegung der Gründe, aus denen sie für angemessen erachtet hat, so zu handeln.

Art. 3. Die resp. General-Konsuln, Konsuln, Vize-Konsuln oder Konsular-Agenten sowohl als deren Kanzler und Sekretaire sollen in beiden Ländern alle Vorrechte, Befreiungen und Immunitäten genießen, welche den Beamten desselben Ranges der meistbegünstigten Nation bewilligt sind oder in Zukunft bewilligt werden. Konsular-Beamte, welche nicht Angehörige des Landes sind, wo sie beglaubigt sind, sollen in dem Lande, wo sie ihren Sitz haben, persönliche Immunität von Verhaftung oder Gefangenhaltung genießen, ausgenommen im Falle von Verbrechen; sie sollen ferner von Militair-Einquartierung und Kontributionen, von Waffendiensten aller Art und von anderen öffentlichen Dienstleistungen, sowie von allen direkten oder persönlichen oder Luxus-Abgaben, Leistungen und Beiträgen, dieselben seien Bundes-, Staats- oder Gemeinde-Abgaben, frei sein. Wenn aber die gedachten Konsular-Beamten in dem Lande, wo sie ihren Amtssitz haben, Grundeigenthümer sind oder werden, oder Handelsgeschäfte betreiben, so sollen sie denselben Abgaben und Auflagen und demselben gerichtlichen Verfahren unterworfen sein, wie die Grundbesitzer oder Kaufleute, welche Angehörige des Landes sind. Unter keinen Umständen jedoch soll das Einkommen von ihrem Amte irgend einer Abgabe unterliegen. Konsular-Beamte, welche kaufmännische Geschäfte betreiben, sollen nicht auf ihre Konsular-Vorrechte sich berufen dürfen, um sich ihren kaufmännischen Verbindlichkeiten zu entziehen. Konsular-Beamte jedweden Karakters sollen in keinem Falle in der Ausübung ihrer amtlichen Verrichtungen weiter gestört werden, als zur Handhabung der Landesgesetze unvermeidlich ist.

Art. 4. General-Konsuln, Konsuln, Vize-Konsuln und Konsular-Agenten können über dem äußeren Eingange ihrer Amtsräume oder ihrer Wohnungen das Wappen ihrer Nation mit einer ihr Amt bezeichnenden Inschrift anbringen. Auch dürfen sie die Flagge ihres Landes auf dem Konsulats-Gebäude aufziehen, ausgenommen in solchen Plätzen, wo sich eine Gesandtschaft ihres Landes befindet.

Desgleichen können sie ihre Flagge auf jedem Fahrzeuge aufziehen, dessen sie sich im Hafen bei Ausübung ihrer Dienstverrichtungen bedienen.

Art. 5. Die Konsular-Archive sollen jeder Zeit unverletzlich sein und unter keinem Vorwande soll es den Landesbehörden erlaubt sein, die Papiere, welche zu diesen Archiven gehören, zu durchsuchen oder mit Beschlag zu belegen. Betreibt ein Konsular-Beamter nebenbei Geschäfte, so sollen die auf das Konsulat bezüglichen Papiere unter abgesondertem Verschluß aufbewahrt werden.

Die Amtsräume und Wohnungen der Berufskonsuln (consules missi), welche nicht Angehörige des Landes sind, wo sie ihren Sitz haben, sollen jederzeit unverletzlich sein. Die Landesbehörden sollen, soweit es sich nicht um Verfolgung von Verbrechen handelt, unter keinem Vorwande dort eindringen. In keinem Falle dürfen sie die daselbst niedergelegten Papiere durchsuchen oder in Beschlag nehmen. Unter keinen Umständen dürfen diese Amtsräume oder Wohnungen als Asylorte benutzt werden.

Art. 6. Im Falle des Todes, der Verhinderung oder Abwesenheit der General-Konsuln, Konsuln, Vize-Konsuln und Konsular-Agenten dürfen deren Kanzler oder Sekretaire, wenn ihr amtlicher Karakter zuvor zur Kenntniß der betreffenden deutschen oder amerikanischen Behörden gebracht worden ist, zeitweilig deren Amtsverrichtungen ausüben, und sie sollen während dieser Amtsführung alle Rechte, Vorrechte und Immunitäten genießen, welche durch diese Uebereinkunft den Titularen zugesichert sind.

Art. 7. Die General-Konsuln und Konsuln sollen mit Genehmigung ihrer resp. Regierungen Vize-Konsuln und Konsular-Agenten in den Städten, Häfen und Plätzen innerhalb ihres Konsular-Bezirks bestellen dürfen. Diese Beamten können Angehörige Deutschlands oder der Vereinigten Staaten oder eines anderen Landes sein. Es soll ihnen von dem Konsul, der sie bestellt und unter dessen Befehlen sie zu fungiren haben, oder von der Regierung des Landes, welche derselbe vertritt, eine Bestallung ertheilt werden. Sie sollen die in dieser Uebereinkunft zu Gunsten der Konsular-

Beamten bedungenen Vorrechte genießen, vorbehaltlich der in Artikel 3 aufgeführten Ausnahmen.

Art. 8. General-Konsuln, Konsuln, Vize-Konsuln und Konsular-Agenten sollen das Recht haben, behufs der Abhülfe irgend einer Verletzung der zwischen beiden Ländern bestehenden Verträge und Uebereinkünfte oder des Völkerrechts, an die in ihrem Amtsbezirke fungirenden Behörden des bezüglichen Landes, dieselben seien Bundes- oder Landes-Behörden, Gerichts- oder Verwaltungs-Behörden, sich zu wenden, Auskunft von den gedachten Behörden zu verlangen und an dieselben Anträge zum Schutz der Rechte und Interessen ihrer Landsleute zu richten, insbesondere in Fällen der Abwesenheit dieser letzteren, in welchen Fällen die Konsuln u. s. w. als die gesetzlichen Vertreter der Abwesenden angesehen werden sollen. Falls ein solches Ansuchen die gebührende Beachtung nicht fände, sollen die vorgedachten Konsular-Beamten, falls ein diplomatischer Vertreter ihres Landes nicht anwesend sein sollte, sich unmittelbar an die Regierung des Landes, wo sie ihren Sitz haben, wenden dürfen.

Art. 9. General-Konsuln, Konsuln, Vize-Konsuln oder Konsular-Agenten der beiden Länder oder deren Kanzler sollen, soweit sie nach den Gesetzen und Verordnungen ihres Landes dazu befugt sind, das Recht haben,

1) in ihren Amtsräumen oder Wohnungen, in den Wohnungen der Betheiligten oder am Bord der Nationalschiffe die Erklärungen der Schiffs-

führer, der Schiffsmannschaften, der Schiffspassagiere, von Kaufleuten oder sonstigen Angehörigen ihres Landes entgegenzunehmen;

2) einseitige Rechtsgeschäfte und letztwillige Verfügungen ihrer Landsleute, imgleichen Verträge, welche zwischen Angehörigen ihres eigenen Landes, sowie zwischen diesen und Angehörigen oder anderen Einwohnern des Landes ihres Amtssitzes geschlossen werden, aufzunehmen und zu beglaubigen; nicht minder alle Verträge zwischen Personen der letzteren Kategorie, soweit solche Verträge auf ein im Gebiete der Nation, von welcher die gedachten Konsular-Beamten bestellt sind, belegenes Grundeigenthum oder auf ein daselbst abzuschließendes Geschäft sich beziehen.

Alle solche Verträge und andere Urkunden, sowie Abschriften und Uebersetzungen davon sollen, wenn sie von dem General-Konsul, Konsul, Vize-Konsul oder Konsular-Agenten gehörig beglaubigt und mit dessen Amtssiegel versehen sind, von den öffentlichen Beamten und den Gerichtshöfen als öffentliche Urkunden beziehungsweise als beglaubigte Uebersetzungen oder Abschriften angesehen werden, und sie sollen dieselbe Kraft und Wirkung haben, als wenn sie von den kompetenten öffentlichen Beamten des einen oder des anderen der beiden Länder aufgenommen oder beglaubigt wären.

Artikel 10. Im Falle, daß ein Angehöriger des Deutschen Reichs in den Vereinigten Staaten, oder daß ein Angehöriger der Vereinigten Staaten im Deutschen

Reiche sterben sollte, ohne in dem Lande seines Ablebens bekannte Erben oder von ihm ernannte Testamentsvollstrecker zu hinterlassen, so sollen die kompetenten Landesbehörden den nächsten Konsular-Beamten der Nation, welcher der Verstorbene angehörte, von diesem Umstande alsbald in Kenntniß setzen, damit die erforderliche Benachrichtigung den betheiligten Parteien unverzüglich übermittelt werde.

Der gedachte Konsular-Beamte soll das Recht haben, persönlich oder durch einen Beauftragten bei allen Amtshandlungen für die abwesenden Erben oder Gläubiger aufzutreten, bis diese einen Bevollmächtigten ernannt haben.

In allen Erbfällen sollen die Angehörigen eines jeden der kontrahirenden Theile in dem Gebiete des anderen Theiles nur diejenigen Abgaben entrichten, welche sie entrichten müßten, wenn sie Angehörige desjenigen Landes wären, in welchem der Nachlaß sich befindet oder die gerichtliche Verwaltung desselben stattfindet.

Art. 11. Den General-Konsuln, Konsuln, Vize-Konsuln und Konsular-Agenten der beiden Länder steht ausschließlich die Inventarisirung und Sicherstellung der Güter und Gegenstände jeder Art zu, welche von Schiffsleuten oder Schiffspassagieren auf Schiffen ihrer Nationalität hinterlassen sind, sei es, daß diese Personen am Bord der Schiffe oder am Lande, während der Fahrt oder im Bestimmungs-Hafen sterben.

Art. 12. Die General-Konsuln, Konsuln, Vize-

Konsuln und Konsular-Agenten können sich in Person an Bord der zum freien Verkehr zugelassenen Schiffe ihrer Nationalität begeben oder einen Bevollmächtigten an Bord schicken, um die Offiziere und Mannschaften zu vernehmen, die Schiffspapiere einzusehen, die Erklärungen über ihre Reise, ihren Bestimmungsort und die Zwischenfälle während der Reise entgegenzunehmen, Ladungsverzeichnisse (Manifeste) aufzunehmen, den Eingang und die Klarirung ihrer Schiffe zu fördern, endlich mit den gedachten Offizieren und Mannschaften vor den Gerichts- oder Verwaltungsbehörden des Landes zu erscheinen, um ihnen als Dolmetscher oder Agenten zu dienen.

Die Gerichtsbehörden und Zollbeamten dürfen in keinem Falle zur Besichtigung oder Durchsuchung von Handelsschiffen schreiten, ohne den Konsular-Beamten der Nation, welcher die gedachten Schiffe angehören, behufs ihrer etwaigen Gegenwart vorher Nachricht gegeben zu haben.

Ebenso müssen die gedachten Konsular-Beamten behufs ihrer Anwesenheit rechtzeitig benachrichtigt werden, wenn die Offiziere oder zur Schiffsmannschaft gehörige Personen vor den Gerichten oder Behörden des Orts Aussagen oder Erklärungen abzugeben haben, damit jedes Mißverständniß und jeder Irrthum, welche einer geordneten Rechtspflege Eintrag thun könnten, vermieden wird. Die bezügliche Mittheilung an die Konsuln, Vize-Konsuln oder Konsular-Agenten soll die für das Verfahren bestimmte Stunde enthalten. Beim

Nichterscheinen der gedachten Beamten oder ihrer Vertreter kann in ihrer Abwesenheit in der Sache vorgegangen werden.

Art. 13. Den General-Konsuln, Konsuln, Vize-Konsuln oder Konsular-Agenten steht ausschließlich die Aufrechterhaltung der inneren Ordnung an Bord ihrer nationalen Handelsschiffe zu. Sie haben demgemäß Streitigkeiten jeder Art, sei es auf hoher See, sei es im Hafen, zwischen den Schiffsführern, Offizieren und Matrosen zu schlichten, insbesondere Streitigkeiten, welche sich auf die Heuer und die Erfüllung sonstiger Vertragsbestimmungen beziehen. Weder ein Gerichtshof noch eine andere Behörde soll unter irgend einem Vorwande sich in solche Streitigkeiten mischen dürfen, außer in Fällen, wenn die an Bord vorfallenden Streitigkeiten der Art sind, daß dadurch die Ruhe und öffentliche Ordnung im Hafen oder am Lande gestört wird, oder wenn andere Personen, als die Offiziere und Mannschaften des Schiffes an den Unordnungen betheiligt sind.

Mit Ausnahme der vorgedachten Fälle sollen die Landesbehörden sich darauf beschränken, den Konsuln wirksame Hülfe zu leisten, wenn diese darum nachsuchen, um diejenigen Personen zu verhaften und gefangen zu halten, deren Name in der Schiffsrolle eingetragen ist und deren Festhaltung jene für erforderlich erachten. Diese Personen sollen auf eine schriftliche, an die Landesbehörden gerichtete und von einem beglaubigten Auszuge aus dem Schiffsregister oder der Musterrolle begleitete Aufforderung verhaftet und während der ganzen Zeit ihres Aufenthalts im Hafen zur Verfügung der Konsuln festgehalten werden. Ihre Freilassung soll nur in Folge eines Ersuchsschreibens der gedachten Konsuln erfolgen.

Die Kosten der Verhaftung und der Festhaltung dieser Personen sollen von den Konsuln getragen werden.

Art. **14.** Die General-Konsuln, Konsuln, Vize-Konsuln oder Konsular-Agenten können die Offiziere, Matrosen und alle anderen zur Mannschaft der Kriegs- oder Handelsschiffe ihrer Nationalität gehörigen Personen, welche der Desertion von den gedachten Schiffen schuldig oder angeklagt sind, festnehmen lassen, um dieselben an Bord oder in ihre Heimath zu senden.

Zu diesem Zweck sollen die deutschen Konsuln in den Vereinigten Staaten an die Gerichte oder Behörden des Bundes, des Staats oder der Gemeinde und die Konsuln der Vereinigten Staaten in Deutschland an irgend eine der kompetenten Behörden bezüglich der Deserteure ein Ersuchsschreiben richten, begleitet von einem amtlichen Auszuge aus dem Schiffsregister und der Musterrolle oder von anderen amtlichen Urkunden, welche geeignet sind, zu beweisen, daß die Leute, deren Auslieferung sie verlangen, zu der gedachten Schiffsmannschaft gehören. Auf ein dergestalt begründetes Ersuchen und ohne daß es einer Beeidigung von Seiten der Konsuln bedarf, sollen die Deserteure (vorausgesetzt, daß dieselben weder zur Zeit ihrer Einschiffung, noch zur Zeit ihrer Ankunft im Hafen Angehörige des Landes sind, wo das Auslieferungs-Verlangen gestellt wird) an die Konsuln ausgeliefert werden. Jede Hülfe und jeder Schutz soll denselben gewährt werden bei der Verfolgung, Ergreifung und Festhaltung der Deserteure, welche in die Gefängnisse des Landes gebracht und dort auf Ersuchen und auf Kosten der Konsuln so lange festgehalten werden sollen, bis die gedachten Konsuln eine Gelegenheit zu ihrer Fortsendung gefunden haben werden.

Wenn jedoch eine solche Gelegenheit innerhalb eines Zeitraums von 3 Monaten, vom Tage der Gefangennahme an gerechnet, sich nicht finden sollte, so werden die Deserteure freigelassen und aus dem nämlichen Grunde nicht wieder festgenommen werden.

Art. 15. Falls nicht Verabredungen zwischen Rhedern, Befrachtern und Versicherern entgegenstehen, werden alle während der Fahrt der Schiffe beider Länder erlittenen Havereien, sei es, daß die Schiffe in den Hafen freiwillig oder als Nothhafner einlaufen, von den General-Konsuln, Konsuln, Vize-Konsuln und Konsular-Agenten der betreffenden Länder regulirt. Sollten jedoch Landesunterthanen oder Angehörige einer dritten Macht bei der Sache betheiligt sein, so müssen in Ermangelung einer gütlichen Einigung zwischen allen Betheiligten die Havereien von den Landesbehörden regulirt werden.

Art. 16. Wenn ein Regierungsschiff oder ein Schiff eines Angehörigen eines der vertragenden Theile an der Küste des andern Theiles Schiffbruch leidet oder strandet, so sollen die Lokalbehörden den General-Konsul, Konsul, Vize-Konsul oder Konsular-Agenten des Bezirks, oder wenn ein solcher nicht vorhanden ist, den dem Orte des Unfalls nächsten General-Konsul, Konsul, Vize-Konsul oder Konsular-Agenten davon benachrichtigen.

Alle Rettungsmaßregeln bezüglich amerikanischer in den Territorial-Gewässern des Deutschen Reichs gescheiterter oder gestrandeter Schiffe sollen nach Maßgabe der deutschen Gesetze erfolgen, und umgekehrt sollen alle Rettungsmaßregeln in Bezug auf deutsche in den Territorial-Gewässern der Vereinigten Staaten gescheiterte oder gestrandete Schiffe in Gemäßheit der Gesetze der Vereinigten Staaten erfolgen.

Die Konsular-Behörden haben in beiden Ländern nur einzuschreiten, um die auf Ausbesserung oder Neuverproviantirung, oder eintretenden Falls auf den Verkauf des gescheiterten oder gestrandeten Schiffes bezüglichen Maßregeln zu überwachen.

Für das Einschreiten der Landesbehörden dürfen keine anderen Kosten erhoben werden, als solche, welche in gleichem Falle die Nationalschiffe zu entrichten haben.

Ist die Nationalität eines verunglückten Schiffes zweifelhaft, so sind die Landesbehörden ausschließlich für alle in dem gegenwärtigen Artikel vorgesehenen Maßregeln zuständig.

Alle Waaren und Güter, welche nicht zum Verbrauche in dem Lande, in welchem der Schiffbruch stattfindet, bestimmt sind, sollen frei von jeder Abgabe sein.

Art. 17. In Betreff der Bezeichnung oder Etikettirung der Waaren oder deren Verpackung, der Muster und der Fabrik- oder Handelszeichen sollen die Angehörigen Deutschlands in den Vereinigten Staaten von Amerika, und die Amerikaner in Deutschland denselben Schutz, wie die Inländer, genießen.

Art. 18. Die gegenwärtige Uebereinkunft soll für die Dauer von zehn Jahren, vom Tage des Austausches der Ratifikationen an gerechnet, Gültigkeit haben. Die Ratifikationen sollen innerhalb sechs Monaten in Berlin ausgewechselt werden.

Wenn keine der Parteien zwölf Monate vor dem Ablauf des gedachten Zeitraums von zehn Jahren ihre Absicht kund giebt, diese Uebereinkunft nicht zu erneuern, so soll dieselbe ein Jahr länger in Kraft bleiben, und so fort von Jahr zu Jahr bis zum Ablauf eines Jahres nach dem Tage, an welchem eine der Parteien der anderen eine solche Absicht kund gegeben haben wird.

Zu Urkund dessen haben die Bevollmächtigten diese Uebereinkunft unterzeichnet und besiegelt.

Protokoll vom 29. April 1872 über den Austausch der Ratifikations-Urkunden zu der vorbezeichneten Konvention. (R.G.B. 1872, 107).

Die Unterzeichneten waren heute zusammengetreten, um den Austausch der Ratifikationen der am 11. Dezember 1871 unterzeichneten Konsular-Konvention zwischen Deutschland und den Vereinigten Staaten von Amerika zu bewirken.

Bevor zu diesem Akte geschritten wurde, erklärte der Unterzeichnete, außerordentliche Gesandte und bevollmächtigte Minister der Vereinigten Staaten von Amerika:

1) daß nach der ihm von seiner Regierung, nach Vernehmung und mit Zustimmung des Senats ertheilten Instruktion der in dem englischen Texte der Artikel III. und IX. gebrauchte Ausdruck „property“ nur in der Bedeutung von „real estate“ gemeint und verstanden sei;
2) daß nach den Gesetzen und der Verfassung der Vereinigten Staaten der Artikel X. nicht bloß auf Personen männlichen Geschlechts, sondern auch auf Personen weiblichen Geschlechts Anwendung finde.

Nachdem der unterzeichnete Präsident des Reichskanzler-Amts sein Einverständniß mit dieser Erklärung ausgesprochen hatte, wurden die in guter und gehöriger Form befundenen Ratifikations-Urkunden ausgetauscht und gegenwärtiges Protokoll in doppelter Ausfertigung vollzogen.

51) Konsular-Vertrag mit Rußland. Vom $\frac{\text{8. Dezember}}{\text{26. November}}$ 1874 (RGB. 1875, 145)[1].

Seine Majestät der Deutsche Kaiser, König von Preußen, und Seine Majestät der Kaiser aller Reußen,

[1] Vgl. die Staatsverträge mit Rußland d. d. Paris 30. März 1856 (Pr. G.S. Nr. 36) S. 12 und d. d. London 13. März 1871 (R.G.B. 1871, S. 104).

von dem Wunsche geleitet, die wechselseitigen Rechte, Privilegien und Immunitäten der Generalkonsuln, Konsuln, Vizekonsuln und Konsularagenten, Kanzler oder Sekretäre, ingleichen die amtlichen Befugnisse derselben und die Verpflichtungen zu regeln, welchen sie beziehungsweise in Deutschland und in Rußland unterworfen sein sollen, haben beschlossen, eine Konsularkonvention abzuschließen und zu diesem Behufe zu Ihren Bevollmächtigten ernannt, — —

welche, nach Mittheilung ihrer in guter und gehöriger Form befundenen Vollmachten, über nachstehende Artikel übereingekommen sind:

Artikel 1. Jeder der hohen kontrahirenden Theile kann in den Häfen oder Handelsplätzen des Gebiets des andern Theils, einschließlich der überseeischen Besitzungen und der Kolonien, Generalkonsuln, Konsuln, Vizekonsuln oder Konsularagenten bestellen. Beide Theile behalten sich jedoch das Recht vor, einzelne Orte zu bezeichnen, welche auszunehmen sie für angemessen erachten, wobei vorausgesetzt wird, daß dieser Vorbehalt gleichmäßig allen Mächten gegenüber Anwendung findet.

Die Generalkonsuln, Konsuln, Vizekonsuln und Konsularagenten treten ihre Thätigkeit an, sobald sie von der Regierung des Landes, in welchem ihnen ihr amtlicher Wohnort angewiesen ist, in den dort üblichen Formen zugelassen und anerkannt worden sind.

Artikel 2. Die Generalkonsuln, Konsuln und ihre Kanzler oder Sekretäre, ingleichen die Vizekonsuln oder Konsularagenten, welche Angehörige des Staates sind, der sie ernannt, sollen von der Militär-Einquartierung und den Militärlasten überhaupt, von den direkten, Personal-, Mobiliar- und Luxussteuern befreit sein, mögen solche vom Staat oder von den Kommunen auferlegt sein.

Wenn sie jedoch Grundbesitz haben, Handel oder Gewerbe betreiben, so sind sie denselben Taxen, Auflagen und Steuern unterworfen, wie andere Privatleute.

Sie dürfen weder verhaftet, noch gefänglich eingezogen werden, ausgenommen für solche Handlungen, welche nach der Gesetzgebung eines jeden der beiden Staaten vor das Geschworenengericht gehören. Sind sie Handeltreibende, so soll die Schuldhaft gegen sie nur wegen Verbindlichkeiten aus Handelsgeschäften, nicht aber wegen sonstiger Civilverbindlichkeiten verhängt werden dürfen.

Artikel 3. Die Generalkonsuln, Konsuln und ihre Kanzler, ingleichen die Vizekonsuln und Konsularagenten sind verbunden, vor Gericht Zeugniß abzulegen, wenn die Landesgerichte solches für erforderlich halten. Doch soll die Gerichtsbehörde in diesem Falle sie mittelst amtlichen Schreibens ersuchen, vor ihr zu erscheinen.

Für den Fall der Behinderung der gedachten Beamten durch Dienstgeschäfte oder Krankheit soll, jedoch nur in bürgerlichen Rechtsstreitigkeiten, die Gerichtsbehörde sich in ihre Wohnung begeben, um sie mündlich zu vernehmen oder unter Beobachtung der einem jeden der beiden Staaten eigenthümlichen Förmlichkeiten ihr schriftliches Zeugniß verlangen.

Die gedachten Beamten haben dem Verlangen der Behörde in der ihnen bezeichneten Frist zu entsprechen und derselben ihre Aussage schriftlich, mit ihrer Unterschrift und ihrem amtlichen Siegel versehen, zuzustellen.

Artikel 4. Die Generalkonsuln, Konsuln, Vizekonsuln und Konsularagenten können über der äußeren Eingangsthür des Konsulats oder Vizekonsulats das Nationalwappen mit der Umschrift: „Konsulat, Vizekonsulat oder Konsularagentur von . . . . ." anbringen.

Auch können sie in den Seeplätzen die Nationalflagge auf dem Konsulatsgebäude, sowie auf dem Boote aufziehen, dessen sie sich bei dienstlichen Fahrten im Hafen bedienen.

Selbstverständlich sollen diese äußeren Abzeichen niemals so aufgefaßt werden, als begründeten sie ein Asylrecht, sondern sie sollen vorzugsweise dazu dienen, den betreffenden Seeleuten oder Landesangehörigen das Konsulatsgebäude kenntlich zu machen.

Artikel 5. Die Konsulatsarchive sind jederzeit unverletzlich und die Landesbehörden dürfen unter keinem Vorwande und in keinem Falle die zu den Archiven gehörigen Dienstpapiere einsehen oder mit Beschlag belegen.

Die Dienstpapiere müssen stets von den das kaufmännische Geschäft oder das Gewerbe der resp. Konsuln, Vizekonsuln oder Konsularagenten betreffenden Büchern und Papieren vollständig gesondert sein.

Artikel 6. In Behinderungs-, Abwesenheits- oder Todesfällen der Generalkonsuln, Konsuln oder Vizekonsuln sollen die Kanzler und Sekretäre, sofern sie in dieser Eigenschaft den betreffenden Behörden bereits vorgestellt sind, von Rechtswegen befugt sein, interimistisch die konsularischen Amtsbefugnisse auszuüben und sie sollen während dieser Zeit die Freiheiten und Privilegien genießen, welche nach der gegenwärtigen Konvention damit verbunden sind.

Artikel 7. Die Generalkonsuln und Konsuln können, vorbehaltlich der Zustimmung der Landesregierung, Vizekonsuln oder Konsularagenten in allen Städten, Häfen und Plätzen ihres Amtsbezirks ernennen.

Diese Agenten können ohne Unterschied aus Angehörigen beider Länder oder dritter Staaten gewählt werden. Sie erhalten ein Patent seitens des Konsuls, welcher sie ernannt hat und auf dessen Weisung sie ihre Funktionen auszuüben haben. Die in der gegenwärtigen Konvention verabredeten Privilegien und Befreiungen stehen vorbehaltlich der in den Artikeln 2 und 3 vorgesehenen Ausnahmen auch ihnen zu. Es versteht sich daher insbesondere, daß, wenn ein in einem Hafen oder einer Stadt eines der beiden Länder bestellter Konsul oder Konsularagent aus den Angehörigen dieses Landes erwählt wird, dieser Konsul oder Agent, nach wie vor, als Angehöriger der Nation betrachtet wird, der er angehört, und daß er folgeweise den Gesetzen und Bestimmungen unterworfen bleibt, welche an dem Orte seiner Residenz für die Landesangehörigen maßgebend sind. Doch soll dadurch die Ausübung seiner Amtsbefugnisse in keiner Weise gehindert, noch die Unverletzlichkeit der Konsulatsarchive gefährdet werden.

Artikel 8. Die Generalkonsuln, Konsuln und Vizekonsuln oder Konsularagenten beider Länder können in Ausübung der ihnen zuertheilten Amtsbefugnisse sich an die Behörden ihres Amtsbezirks wenden, um gegen jede Verletzung der zwischen beiden Ländern bestehenden Verträge oder Konventionen, und gegen jede ihren Nationalen zur Beschwerde gereichende Beeinträchtigung Einspruch zu erheben. Wenn diese Behörden auf ihre Reklamationen nicht eingehen, so können sie, in Ermangelung eines diplomatischen Vertreters ihres Landes, sich an die Zentralregierung des Landes wenden, in welchem sie ihren Amtssitz haben.

Artikel 9. Die Generalkonsuln, Konsuln und ihre Kanzler, ingleichen die Vizekonsuln und Konsularagenten beider Länder, haben das Recht, in ihren Kanzleien, in der Wohnung der Betheiligten und am Bord der Schiffe ihrer Nation diejenigen Erklärungen aufzunehmen, welche die Schiffsführer, die Schiffsmannschaft und die Schiffspassagiere, Handeltreibende und sonstige Angehörige ihres Landes abzugeben haben.

Sie sind außerdem befugt, als Notare und nach den Gesetzen ihres Landes aufzunehmen:

1) letztwillige Verfügungen von Angehörigen ihres Landes und alle anderen, dieselben betreffenden Notariatsakte einschließlich Verträge jeder Art. Wenn diese Verträge aber die Bestellung einer Hypothek oder ein anderes Rechtsgeschäft über Grundstücke zum Gegenstande haben, welche in dem Lande belegen sind, wo der Konsul seinen Amtssitz hat, so müssen sie in der Form und nach Maßgabe der besonderen Bestimmungen, welche die Gesetze dieses Landes vorschreiben, abgefaßt sein;
2) alle Verträge, welche zwischen einem oder mehreren ihrer Nationalen und anderen, dem Lande, in welchem sie ihren Amtssitz haben, angehörenden Personen abgeschlossen werden, und sogar solche Verträge, welche nur zwischen Angehörigen dieses letzteren Landes abgeschlossen werden, vorausgesetzt, daß diese Verträge sich ausschließlich auf Vermögensstücke beziehen, welche im Gebiet der Nation, welcher der instrumentirende Konsul oder Agent angehört, belegen sind, oder auf Geschäfte, welche dort zu verhandeln sind. Ebenso können sie jede Art von Verhandlungen und Dokumenten, die von Behörden oder Beamten ihres Landes ausgegangen sind, übersetzen und beglaubigen.

Alle vorerwähnten Urkunden, ingleichen die Abschriften, Auszüge oder Uebersetzungen solcher Urkunden sollen, wenn sie durch die gedachten Beamten vorschriftsmäßig beglaubigt und mit dem Amtssiegel des Konsulats oder Vizekonsulats versehen sind, in jedem der beiden Länder dieselbe Kraft und Gültigkeit haben, als wenn sie von einem Notar oder anderen öffentlichen oder ministeriellen in dem einen oder dem andern der beiden Staaten zuständigen Beamten aufgenommen wären, vorausgesetzt, daß bezüglich des Stempels, der Registrirung oder jeder andern Taxe oder Auflage die Bestimmungen des Landes, in welchem der Akt zur Ausführung kommen soll, erfüllt sind.

Artikel 10. Die Generalkonsuln, Konsuln und Vizekonsuln oder Konsularagenten können sich persönlich an Bord der Nationalschiffe begeben oder Vertreter an Bord derselben schicken, sobald die Schiffe zum freien Verkehr zugelassen sind; sie können Kapitän und Mannschaft vernehmen, die Schiffspapiere prüfen, die Aussagen über ihre Reise und ihren Bestimmungsort und die Zwischenfälle während der Reise entgegennehmen, die Ladungsverzeichnisse (Manifeste) anfertigen, die Expedition ihrer Schiffe fördern und mit ihnen vor den Gerichts- oder Verwaltungsbehörden des Landes erscheinen, um ihnen bei den Angelegenheiten, welche sie betreiben, oder bei den Anträgen, welche sie zu stellen haben, als Dolmetscher und Agenten zu dienen, ausgenommen in den von den Handelsgesetzen beider Länder vorgesehenen Fällen, an deren Anordnungen durch die gegenwärtige Vertragsbestimmung nichts geändert wird.

Die Gerichtsbeamten wie die Beamten und Agenten

der Zollämter des Landes dürfen in den Häfen, wo ein Konsul oder Konsularagent eines der beiden respektiven Staaten seinen Amtssitz hat, an Bord von Handelsschiffen keine anderen Untersuchungen oder Besichtigungen, als die gewöhnlichen zollamtlichen Besichtigungen, vornehmen, ohne zuvor dem gedachten Konsul oder Agenten Nachricht gegeben zu haben, damit dieselben der Besichtigung beiwohnen können.

Die Einladung, welche zu diesem Behufe an die Konsuln, Vizekonsuln oder Konsularagenten zu richten ist, muß eine genaue Angabe der Stunde enthalten, und wenn dieselben es unterlassen, sich persönlich einzufinden oder sich durch einen Delegirten vertreten zu lassen, so soll in ihrer Abwesenheit vorgegangen werden.

Der gegenwärtige Artikel findet selbstverständlich keine Anwendung auf die Maßregeln, welche von den Lokalbehörden nach Maßgabe der Vorschriften über das Zoll- und Gesundheitswesen getroffen werden. Die hierauf bezüglichen Bestimmungen kommen nach wie vor ohne Mitwirkung der Konsularbehörden zur Anwendung.

Artikel 11. Hinsichtlich der Hafenpolizei, des Ladens und Ausladens der Schiffe, sowie hinsichtlich der Sicherung von Waaren, Gütern und Effekten, kommen die Landesgesetze, Statuten und Reglements in Anwendung. Den Konsuln und Vizekonsuln oder Konsularagenten steht ausschließlich die Aufrechterhaltung der inneren Ordnung an Bord ihrer nationalen

Schiffe zu. Sie haben demgemäß allein Streitigkeiten jeder Art zwischen Kapitän, Schiffsoffizieren und Matrosen zu schlichten, insbesondere Streitigkeiten, welche sich auf die Heuer und die Erfüllung gegenseitiger Verpflichtungen beziehen.

Die Lokalbehörden dürfen nur dann einschreiten, wenn die am Bord der Schiffe vorkommenden Unordnungen der Art sind, daß die Ruhe oder öffentliche Ordnung am Lande oder im Hafen dadurch gestört wird, oder wenn ein Landesangehöriger oder eine nicht zur Schiffsmannschaft gehörige Person betheiligt ist.

In allen anderen Fällen haben die gedachten Behörden sich darauf zu beschränken, den Konsuln und Vizekonsuln oder Konsularagenten auf Verlangen Beistand zu gewähren, wenn diese Beamten es für nothwendig erachten sollten, daß eine in die Musterrolle eingetragene Person verhaftet und an Bord zurückgeführt, oder in der Haft behalten werde. Wenn die Verhaftung aufrecht erhalten werden soll, so haben die gedachten Beamten in möglichst kurzer Frist davon den zuständigen Gerichtsbehörden eine amtliche Mittheilung zu machen.

Artikel 12. Die Generalkonsuln, Konsuln, Vizekonsuln oder Konsularagenten können diejenigen Seeleute und andere, aus irgend einem Grunde zur Mannschaft der Schiffe ihrer Nation gehörige Personen, deren Desertion auf dem Gebiete des einen der hohen vertragenden Theile selbst stattgefunden hat, verhaften und an Bord oder in ihre Heimath zurücksenden lassen.

Zu diesem Zwecke haben sie sich schriftlich an die zuständigen Beamten zu wenden und durch Vorlegung der Schiffsregister oder Musterrollen oder anderer amtlicher Schriftstücke, oder, wenn das Schiff schon abgegangen sein sollte, durch Vorlegung einer beglaubigten Abschrift dieser Dokumente nachzuweisen, daß die reklamirten Personen wirklich zur Schiffsmannschaft gehört haben. Auf einen in dieser Art begründeten Antrag darf die Auslieferung der Deserteure nicht verweigert werden.

Auch soll den gedachten Konsularbehörden jeder Beistand und jede Hülfe behufs Aufsuchung und Verhaftung solcher Deserteure gewährt werden; letztere sollen auf schriftlichen Antrag und auf Kosten der Konsularbehörde so lange in Gewahrsam gehalten werden, bis sie an Bord des Schiffes, zu dem sie gehören, zurückgebracht werden, oder bis sich eine Gelegenheit findet, sie heimzusenden.

Sollte jedoch diese Gelegenheit innerhalb zweier Monate, vom Tage der Verhaftung an gerechnet, sich nicht darbieten, oder sollten die Kosten der Gefangenhaltung nicht regelmäßig berichtigt werden, so sollen die gedachten Deserteure in Freiheit gesetzt werden, ohne aus demselben Grunde wieder verhaftet werden zu können.

Sollte der Deserteur am Lande ein Verbrechen oder ein Vergehen begangen haben, so kann die Lokalbehörde die Auslieferung aussetzen, bis das Gericht die Entscheidung gefällt hat und diese vollständig vollstreckt worden ist.

Die hohen vertragenden Theile sind darüber einverstanden, daß Seeleute oder andere Personen der Mannschaft, welche Angehörige des Landes sind, in welchem die Desertion stattfindet, von den Bestimmungen dieses Vertrages ausgenommen sind.

Artikel 13. Falls nicht Verabredungen zwischen Rhedern, Befrachtern und Versicherern entgegenstehen, werden die von Schiffen beider Länder in See erlittenen Havereien, sei es, daß die Schiffe in die betreffenden Häfen freiwillig oder als Nothhafen einlaufen, jederzeit von den Generalkonsuln, Konsuln, Vizekonsuln oder Konsularagenten ihrer Nation regulirt.

Sollten jedoch Angehörige des Landes, in welchem die gedachten Beamten ihren Sitz haben, oder Angehörige einer dritten Macht bei der Haverei betheiligt sein, so muß dieselbe in Ermangelung einer gütlichen Einigung zwischen allen Betheiligten von der Lokalbehörde regulirt werden.

Artikel 14. Wenn ein Regierungsschiff oder ein Schiff eines Angehörigen eines der hohen vertragenden Theile an den Küsten des andern Theils Schiffbruch leidet oder strandet, so sollen die Lokalbehörden den dem Orte des Unfalls nächsten Generalkonsul, Konsul, Vizekonsul oder Konsularagenten so schleunig als möglich davon benachrichtigen.

Alle Rettungsmaßregeln bezüglich deutscher in den russischen Territorialgewässern gescheiterter oder gestrandeter Schiffe sollen nach Maßgabe der Landesgesetze erfolgen, und umgekehrt sollen alle Rettungsmaßregeln in Bezug auf russische, in den deutschen Territorialgewässern gescheiterte oder gestrandete Schiffe in Gemäßheit der Landesgesetze erfolgen.

Der Generalkonsul, Konsul, Vizekonsul oder Konsularagent hat in beiden Ländern nur einzuschreiten, um die auf die Ausbesserung und Neu-Verproviantirung oder eintretendenfalls auf den Verkauf der an der Küste gestrandeten oder gescheiterten Schiffe, sowie der geretteten Waaren oder sonstigen Ladung bezüglichen Maßregeln zu überwachen.

Für die Intervention der Lokalbehörden bei der Bergung dürfen keine andere Kosten erhoben werden, als solche, welche durch die Vornahme der Bergung und Aufbewahrung der geretteten Gegenstände nothwendigerweise veranlaßt sind, sowie diejenigen, welche in gleichem Falle die nationalen Schiffe zu entrichten haben. Bestehen Zweifel über die Nationalität eines gescheiterten oder gestrandeten Schiffes, so sind alle vorstehend erwähnten Maßregeln ausschließlich von den Lokalbehörden zu ergreifen.

Artikel 15. Die Generalkonsuln, Konsuln und ihre Kanzler oder Sekretäre, ingleichen die Vizekonsuln und Konsularagenten sollen in beiden Staaten und ihren bezüglichen Besitzungen aller Befreiungen, Vorrechte, Immunitäten und Privilegien theilhaftig sein, welche den Beamten gleichen Grades der meistbegünstigten Nation zustehen.

Artikel 16. Der gegenwärtige Vertrag soll zehn Jahre, vom Tage der Auswechselung der Ratifikationen an gerechnet, Gültigkeit haben.

Wenn ein Jahr vor Ablauf dieses Zeitraums keiner der hohen vertragenden Theile dem andern seine Absicht kund giebt, die Wirksamkeit des Vertrages aufhören zu lassen, so bleibt derselbe noch ein Jahr, von dem Tage an gerechnet, wo einer oder der andere der hohen vertragenden Theile ihn gekündigt hat, in Kraft.

Artikel 17. Der gegenwärtige Vertrag soll ratifizirt und es sollen die Ratifikationen in St. Petersburg so bald als möglich ausgewechselt werden.

Derselbe tritt einen Monat nach Auswechselung der Ratifikationen in Kraft.

Zu Urkund dessen haben die beiderseitigen Bevollmächtigten den gegenwärtigen Vertrag unterzeichnet und ihre Siegel beigedrückt.

52) Konvention mit Rußland über die Regulirung von Hinterlassenschaften. Vom $\frac{12.\ \text{November}}{31.\ \text{Oktober}}$ 1874. (RGB. 1875, 136.)

Seine Majestät der Deutsche Kaiser, König von Preußen, und Seine Majestät der Kaiser aller Reußen, von dem Wunsche geleitet, die Rechte der beiderseitigen Staatsangehörigen und die Befugnisse der Gerichts- und Konsularbehörden beider Länder in Betreff der

Erbschaften festzustellen, welche in einem der beiden Staaten von Angehörigen des anderen Staates hinterlassen werden, haben beschlossen, zu diesem Zwecke eine besondere Konvention abzuschließen und haben demgemäß zu ihren Bevollmächtigten ernannt, — —

welche, nach Mittheilung ihrer in guter und gehöriger Form befundenen Vollmachten, über nachstehende Artikel übereingekommen sind:

Artikel 1. Wenn ein Deutscher in Rußland oder ein Russe in Deutschland stirbt, sei es, daß er in dem Lande ansässig war oder sich dort nur vorübergehend aufhielt, so sollen die zuständigen Behörden des Sterbeorts verpflichtet sein, in Betreff des beweglichen oder unbeweglichen Vermögens des Verstorbenen dieselben Sicherungsmaßregeln zu treffen, welche nach den Landesgesetzen rücksichtlich der Hinterlassenschaften der Landesangehörigen getroffen werden müssen, vorbehaltlich der in den nachfolgenden Artikeln vereinbarten Bestimmungen.

Artikel 2. Wenn der Todesfall sich an einem Orte, wo ein Generalkonsul, Konsul oder Vizekonsul von der Nation des Verstorbenen residirt, oder wenigstens in der Nähe dieses Ortes ereignet, so sollen die Lokalbehörden der Konsularbehörde davon unverzüglich Nachricht geben, damit mit Anlegung der beiderseitigen Siegel an alle Effekten, Mobilien und Papiere des Verstorbenen gemeinschaftlich vorgegangen werden könne.

In gleicher Weise muß die Konsularbehörde, wenn

sie zuerst von dem Todesfall Kenntniß erhält, die Lokalbehörden mit Nachricht versehen.

Sollte die unverzügliche Anlegung der Siegel nothwendig erscheinen und dieselbe aus irgend einem Grunde nicht gemeinschaftlich erfolgen können, so soll die Lokalbehörde ohne Mitwirkung der Konsularbehörde, und umgekehrt (diese ohne Mitwirkung jener), befugt sein, zuerst die Siegel anzulegen, vorbehaltlich der Benachrichtigung derjenigen Behörde, welche nicht mitgewirkt hat und welcher freisteht, demnächst ihr Siegel dem bereits angelegten Siegel hinzuzufügen.

Der Generalkonsul, Konsul oder Vizekonsul soll befugt sein, hierbei in Person oder durch einen Vertreter, dessen Wahl ihm freisteht, zu verfahren. Im letzteren Falle muß der Vertreter im Besitze eines von der Konsularbehörde ausgestellten, mit dem Konsulatssiegel versehenen Schriftstückes sein, welches den amtlichen Karakter seiner Person nachweist.

Die angelegten Siegel dürfen ohne Mitwirkung der Lokalbehörde und der Konsularbehörde, oder des Vertreters der letzteren, nicht abgenommen werden.

In derselben Weise soll bei Aufstellung des Inventars aller beweglichen oder unbeweglichen Güter, Effekten und Werthgegenstände des Verstorbenen verfahren werden.

Sollte jedoch auf eine von der Lokalbehörde an die Konsularbehörde, oder umgekehrt von der Konsularbehörde an die Lokalbehörde ergangene Einladung, der Abnahme der, einseitigen oder beiderseitigen, Siegel und der Aufstellung des Inventars beizuwohnen, diejenige Behörde, an welche die Einladung gerichtet ist, innerhalb achtundvierzig Stunden vom Empfange der Benachrichtigung an gerechnet, sich nicht eingefunden haben, so kann die andere Behörde allein zu den gedachten Amtshandlungen schreiten.

Artikel 3. Die zuständigen Behörden erlassen die durch die Landesgesetze vorgeschriebenen Bekanntmachungen bezüglich der Eröffnung des Nachlasses und der Berufung der Erben oder Gläubiger unbeschadet der Bekanntmachungen, welche in gleicher Weise von der Konsularbehörde erlassen werden können.

Artikel 4. Sobald das Inventar nach den Bestimmungen des Artikels 2 aufgestellt ist, soll die zuständige Behörde der Konsularbehörde auf schriftlichen Antrag derselben und nach Maßgabe dieses Inventars alles bewegliche Gut, aus welchem die Hinterlassenschaft besteht, Urkunden, Werthsachen, Forderungen, Papiere, sowie das etwa vorhandene Testament aushändigen.

Die Konsularbehörde kann alsdann alle beweglichen Nachlaßgegenstände, welche dem Verderben ausgesetzt sind, sowie diejenigen, deren Aufbewahrung in natura dem Nachlaß erhebliche Kosten verursachen würde, öffentlich versteigern lassen. Sie ist jedoch in diesem Falle verpflichtet, sich an die Lokalbehörde zu wenden, damit der Verkauf in den von den Landesgesetzen vorgeschriebenen Formen erfolge.

Artikel 5. Die Konsularbehörde hat die inventarisirten Effekten und Werthgegenstände, den Betrag der eingezogenen Forderungen und erhaltenen Einkünfte, sowie den Erlös aus dem etwa stattgehabten Verkauf der Mobilien als ein den Landesgesetzen unterliegendes Depositum in Verwahrung zu behalten, bis zum Ablauf von sechs Monaten von dem Tage der letzten Bekanntmachung an gerechnet, welche die Lokalbehörde hinsichtlich der Eröffnung des Nachlasses erlassen hat, oder, falls die Lokalbehörde keine Bekanntmachung erlassen hat, bis zum Ablauf von acht Monaten von dem Todestage an gerechnet.

Die Konsularbehörde ist jedoch befugt, die Kosten der letzten Krankheit und der Beerdigung des Verstorbenen, den Lohn der Dienstboten, Miethszins, Gerichts- und Konsulatskosten und Kosten ähnlicher Art, sowie etwaige Ausgaben für den Unterhalt der Familie des Verstorbenen aus dem Erlös des Nachlasses sofort vorweg zu entnehmen.

Artikel 6. Vorbehaltlich der Bestimmungen des vorhergehenden Artikels hat der Konsul das Recht, in Betreff des beweglichen oder unbeweglichen Nachlasses des Verstorbenen alle diejenigen Sicherungsmaßregeln zu treffen, welche er im Interesse der Erben für zweckmäßig hält. Er kann denselben entweder persönlich oder durch Vertreter, welche von ihm erwählt sind und in seinem Namen handeln, verwalten, und er hat das Recht, sich alle dem Verstorbenen zugehörigen Werthgegenstände, die sich in öffentlichen Kassen oder bei Privatpersonen in Verwahrung befinden sollten, ausliefern zu lassen.

Artikel 7. Wenn während der im Artikel 5 erwähnten Frist von Landesangehörigen oder Unterthanen eines dritten Staates gegen den beweglichen Theil des Nachlasses Forderungen geltend gemacht werden sollten, und über dieselben Streit entstehen sollte, so gebührt die Entscheidung über diese Forderungen, sofern sie nicht auf einem Erbanspruche oder Vermächtniß beruhen, ausschließlich den Landesgerichten.

Für den Fall, daß der Bestand des Nachlasses zur unverkürzten Bezahlung der Schulden nicht ausreichen sollte, müssen auf Antrag der Gläubiger alle zum Nachlaß gehörigen Dokumente, Effekten oder Werthgegenstände der zuständigen Lokalbehörde ausgeliefert werden, wobei es die Aufgabe der Konsularbehörde bleibt, die Interessen ihrer Landesangehörigen wahrzunehmen.

Artikel 8. Mit Ablauf der im Artikel 5 festgesetzten Frist gelangt die Konsularbehörde, wenn keine Forderung gegen den Nachlaß vorliegt, und nachdem alle dem Nachlasse zur Last fallenden Kosten und Rechnungen nach den im Lande gültigen Tarifen berichtigt worden sind, endgültig in den Besitz des beweglichen Theiles des Nachlasses, liquidirt denselben und führt ihn an die Berechtigten ab, ohne daß sie anderweit, als ihrer eigenen Regierung, Rechnung abzulegen hat.

Artikel 9. In allen Fragen, zu denen die Eröffnung, Verwaltung und Liquidation der Hinterlassenschaften von Angehörigen eines der beiden Länder in dem anderen Lande Anlaß geben können, vertreten die betreffenden Generalkonsuln, Konsuln und Vizekonsuln die Erben von Rechtswegen und sind amtlich als die Bevollmächtigten derselben anzuerkennen, ohne daß sie verpflichtet wären, ihren Auftrag durch eine besondere Urkunde nachzuweisen.

Sie können demgemäß in Person oder durch Vertreter, welche sie aus den landesgesetzlich dazu befugten Personen erwählt haben, vor den zuständigen Behörden auftreten, um in jeder, die Nachlaßregulirung berührenden Angelegenheit die Interessen der Erben wahrzunehmen, sei es, daß sie deren Rechte geltend machen oder sich auf die gegen dieselben erhobenen Ansprüche einlassen wollen.

Selbstverständlich dürfen jedoch die Generalkonsuln, Konsuln und Vizekonsuln, da sie als Bevollmächtigte ihrer Landesangehörigen betrachtet werden, niemals bei einer den Nachlaß betreffenden Angelegenheit persönlich betheiligt sein.

Artikel 10. Die Erbfolge in die unbeweglichen Güter richtet sich nach den Gesetzen des Landes, in welchem die Immobilien belegen sind, und die Gerichte dieses Landes haben ausschließlich über jeden Anspruch oder Einwand, der den unbeweglichen Nachlaß betrifft, zu befinden.

Ansprüche, welche sich auf die Theilung des beweglichen Nachlasses, sowie auf das Recht der Erbfolge in das bewegliche Vermögen beziehen, welches in einem der beiden Länder von Angehörigen des anderen Landes hinterlassen worden ist, werden von den Gerichten oder sonst zuständigen Behörden des Staates, dem der Verstorbene angehörte, und nach den Gesetzen dieses Staates entschieden, es müßte denn ein Unterthan des Landes, in welchem der Nachlaß eröffnet ist, auf die gedachte Hinterlassenschaft Ansprüche zu erheben haben.

In diesem letzten Falle soll, wenn der Anspruch vor Ablauf der im Artikel 5 festgesetzten Frist geltend gemacht worden ist, die Prüfung dieses Anspruchs den Gerichten oder sonst zuständigen Behörden des Landes anheimfallen, in welchem der Nachlaß eröffnet worden ist, und diese haben nach den Gesetzen dieses Landes über die Rechtmäßigkeit der Ansprüche des Reklamanten und eintretenden Falles über diejenige Rate zu entscheiden, welche ihm zugetheilt werden soll.

Sobald derselbe wegen dieser Rate befriedigt ist, wird der Ueberrest des Nachlasses an die Konsularbehörde ausgehändigt, welche damit hinsichtlich der übrigen Erben nach den Bestimmungen des Artikels 8 zu verfahren hat.

Artikel 11. Wenn ein Deutscher in Rußland oder ein Russe in Deutschland an einem Orte verstirbt, wo eine Konsularbehörde seiner Nation nicht vorhanden ist, so hat die zuständige Lokalbehörde nach Maßgabe der Landesgesetze zur Anlegung der Siegel und zur Inventarisirung des Nachlasses zu schreiten. Beglaubigte Abschriften der darüber aufgenommenen Verhandlungen sind nebst Todtenschein und Paß des Verstorbenen binnen kürzester Frist der dem Nachlaßorte nächsten Konsularbehörde, oder durch Vermittelung des Ministeriums der Auswärtigen Angelegenheiten dem diplomatischen Vertreter der Nation des Verstorbenen zu übermitteln.

Die zuständige Lokalbehörde hat hinsichtlich des Nachlasses des Verstorbenen alle durch die Landesgesetze vorgeschriebenen Maßregeln zu treffen, und der Erlös der Erbschaft ist in möglichst kurzer Frist nach Ablauf der im Artikel 5 bestimmten Frist an die gedachten diplomatischen oder konsularischen Agenten auszuhändigen.

Selbstverständlich hat die in der Sache etwa eingeschrittene Lokalbehörde von dem Augenblicke an, wo die Botschaft der Nation des Verstorbenen oder die nächste Konsularbehörde einen Vertreter an Ort und Stelle geschickt haben sollte, sich nach den in den vorstehenden Artikeln enthaltenen Vorschriften zu richten.

Artikel 12. Die Bestimmungen der gegenwärtigen Konvention finden in gleicher Weise auf den Nachlaß eines Angehörigen eines der beiden Staaten Anwendung, der, außerhalb des Gebiets des anderen Staates verstorben, dort bewegliches oder unbewegliches Vermögen hinterlassen haben sollte.

Artikel 13. Die Heuerguthaben und Effekten, welche Schiffsleuten oder Passagieren des einen der beiden Länder gehören, die in dem anderen Lande an Bord eines Schiffes oder am Lande verstorben, sind dem Konsul ihrer Nation auszuhändigen.

Artikel 14. Die gegenwärtige Konvention soll bis zum Ablauf eines Jahres von dem Tage an gerechnet in Kraft bleiben, an welchem einer oder der andere der hohen kontrahirenden Theile sie gekündigt haben wird.

Artikel 15. Die gegenwärtige Konvention soll ratifizirt und es sollen die Ratifikationen in St. Petersburg so bald als möglich ausgewechselt werden.

Sie tritt einen Monat nach Auswechselung der Ratifikationen in Kraft.

Zu Urkund dessen haben die beiderseitigen Bevollmächtigten die gegenwärtige Konvention unterzeichnet und ihre Siegel beigedrückt.

53) Konsularvertrag mit Brasilien. Vom 10. Januar 1882. (R.G.B. 69.)

Seine Majestät der Deutsche Kaiser, König von Preußen, im Namen des Deutschen Reichs einerseits, und Seine Majestät der Kaiser von Brasilien andererseits, von dem Wunsche geleitet, die Befugnisse, Vorrechte und Befreiungen, welche die Konsularbeamten in den beiderseitigen Ländern bei Ausübung ihrer Amtsverrichtungen genießen sollen, klar und genau festzustellen, haben beschlossen, einen Vertrag abzuschließen, und zu diesem Zwecke zu ihren Bevollmächtigten ernannt: — —

welche, nach Austausch ihrer beiderseitigen in guter und gehöriger Form befundenen Vollmachten, über folgende Artikel übereingekommen sind:

Artikel 1. Jeder der Hohen vertragschließenden Theile soll die Befugniß haben, Generalkonsuln, Konsuln, Vizekonsuln und Konsularagenten in denjenigen Häfen, Städten und Plätzen des Gebiets des andern Theiles, in welchen solche zur Förderung des Handels und des Schutzes der Rechte und Interessen der bezüglichen Staatsangehörigen nothwendig sind, zu bestellen und zu unterhalten. Doch bleibt beiden Theilen das Recht vorbehalten, jede Oertlichkeit auszunehmen, für welche die Zulassung solcher Beamten nicht als angemessen erscheint.

Dieser Vorbehalt soll indessen gegen keinen der Hohen vertragschließenden Theile in Anwendung gebracht werden, ohne gleichmäßig gegen jede andere Macht zur Anwendung zu kommen.

Artikel 2. Die für das Deutsche Reich und Brasilien ernannten Generalkonsuln, Konsuln, Vizekonsuln und Konsularagenten sollen ihre amtliche Thätigkeit nicht beginnen können, ohne zuvor für ihre Ernennung das Exequatur in der Form nachgesucht zu haben, die in dem Lande, in welchem sie ihren Amtssitz haben, vorgeschrieben ist.

Die richterlichen und Verwaltungsbehörden der Bezirke, für welche die gedachten Konsularbeamten ernannt worden sind, sollen diese Beamten angesichts des Exequatur, das ihnen unentgeltlich ertheilt werden wird, in der Ausübung ihres Amts, sowie im Genusse der Befugnisse und Befreiungen, welche der gegenwärtige Vertrag ihnen zugesteht, sofort anerkennen.

Die Anstellungsurkunde des Konsularbeamten wird immer zugleich die Bestimmungen über den Amtssitz und den Amtsbezirk desselben enthalten. Jede Veränderung in Betreff des Amtsbezirks des Ernannten soll zur Kenntniß der Regierung gebracht werden, welche das Exequatur ertheilt hat.

Die letztere bleibt befugt, das Exequatur unter Darlegung der Gründe ihrer Entschließung wieder zurückzuziehen.

Artikel 3. Die Generalkonsuln, Konsuln, Vizekonsuln und Konsularagenten, welche Angehörige des vertragschließenden Theiles sind, der sie ernannt hat, sollen von der Militäreinquartierung und von sonstigen Militärlasten, von dem Dienste im stehenden Heere und in der Flotte, sowie in der Nationalgarde, Bürgerwehr oder Miliz befreit sein. Ebenso sind sie von allen persönlichen Steuern und allen anderen öffentlichen Leistungen befreit, welche die Natur direkter oder persönlicher Auflagen haben, mögen dieselben zu Gunsten des Staates, der Provinzen oder der Gemeinden erhoben werden. Diese Befreiung soll sich dagegen nicht auf Zölle, Verbrauchssteuern, örtliche Verzehrungsabgaben (Oktroi) sowie auf indirekte Steuern überhaupt erstrecken.

Sofern die im vorhergehenden Absatze bezeichneten Beamten in dem Lande, in welchem sich ihr Amtssitz befindet, Grundstücke besitzen, oder Handel oder Gewerbe treiben, sind sie in Bezug auf ihre Grundstücke, ihren Handel oder ihr Gewerbe den gleichen Lasten und Abgaben unterworfen, wie die Landesangehörigen.

Artikel 4. Die Generalkonsuln, Konsuln, Vizekonsuln oder Konsularagenten, welche Angehörige desjenigen vertragschließenden Theiles sind, welcher sie ernannt hat, genießen der persönlichen Immunität, ausgenommen wegen schwerer strafbarer Handlungen. Als solche Handlungen sind in Deutschland Verbrechen im Sinne der deutschen Strafgesetze, in Brasilien Verbrechen anzusehen, welche nach der dortigen Gesetzgebung keine Sicherheitsleistung zulassen (inaffiançaveis). Sind die genannten Beamten Kaufleute, so kann wegen Handlungen, welche ihr Geschäft betreffen, Schuldhaft gegen sie verhängt werden.

Die im Eingange bezeichneten Beamten sollen auch nicht gezwungen werden können, als Zeuge vor den Gerichten zu erscheinen. Bedarf die Ortsbehörde einer Erklärung oder Auskunft von Seiten der gedachten Konsularbeamten, so wird sie sich solche schriftlich erbitten, oder sich selbst in deren Wohnung begeben, um diese Auskunft persönlich entgegenzunehmen.

Artikel 5. Sollte der eine der Hohen vertragschließenden Theile zu seinem Konsularbeamten in dem Gebiete des anderen Theiles einen Angehörigen des letzteren ernennen, so wird dieser Konsularbeamte fortdauernd als Bürger des Staates, dem er angehört, angesehen werden und den Gesetzen und Verordnungen unterworfen bleiben, welche für die Landesangehörigen an dem Orte seines Amtssitzes gelten, soweit damit der Ausübung seiner Amtsbefugnisse nichts in den Weg gelegt wird.

Artikel 6. Die Generalkonsuln, Konsuln, Vizekonsuln und Konsularagenten können an der Außenseite des Konsulatsgebäudes das Nationalwappen mit der Umschrift: „Generalkonsulat, Konsulat, Vizekonsulat oder Konsularagentur ...." anbringen, sowie die Nationalflagge an Tagen öffentlicher Festlichkeiten, je nach dem Landesbrauch, von ihren Häusern wehen lassen.

Auch ist es ihnen gestattet, ihre Nationalflagge auf dem Boote zu führen, dessen sie sich bei dienstlichen Fahrten im Hafen bedienen.

Artikel 7. Die Konsulatsarchive sind unverletzlich, und die Landesbehörden können unter keinem Vorwande dieselben einsehen oder mit Beschlag belegen. Die zu den Archiven gehörigen Dienstpapiere sind daher auch stets von den Büchern und Papieren, welche das kaufmännische Geschäft oder das Gewerbe des Konsularbeamten betreffen, gesondert zu halten.

Sollte der Vorstand eines Konsulats sterben, ohne einen Stellvertreter zu hinterlassen, so wird die Ortsbehörde die Archive sofort versiegeln und zwar, wenn möglich, in Gegenwart eines in dem Konsularbezirke wohnhaften Konsularbeamten einer befreundeten anderen Nation, sowie in Gegenwart zweier Angehörigen desjenigen vertragschließenden Theiles, welcher den verstorbenen Konsularbeamten ernannt hatte, oder, in deren Ermangelung, zweier der angesehensten Einwohner des Orts.

Ueber diese Verhandlung soll ein Protokoll in doppelter Ausfertigung aufgenommen und die eine Ausfertigung dem Gesandten oder dem Konsularbeamten übermittelt werden, welchem die erledigte Konsulatsstelle untergeordnet war.

Bei der Uebernahme der Archive durch den neuen

Konsularbeamten soll die Entsiegelung in Gegenwart der Ortsbehörde und derselben Personen erfolgen, welche bei der Versiegelung gegenwärtig waren, soweit sie noch am Orte anwesend sind.

Artikel 8. In Fällen der Verhinderung oder Abwesenheit, desgleichen wenn ein Generalkonsul, Konsul, Vizekonsul oder Konsularagent stirbt, sind die Konsulareleven, Kanzler oder Sekretäre, sofern sie als solche dem anderen vertragschließenden Theile bekannt gegeben sind, ohne weiteres zur einstweiligen Ausübung der betreffenden konsularischen Amtsbefugnisse befugt.

Die Vorsteher der einzelnen Konsulate haben demgemäß bei der Amtsübernahme der betreffenden Regierung eine Liste des Personals des Konsulats zu übermitteln und dieselbe von den etwa eintretenden Veränderungen in laufender Kenntniß zu erhalten.

Die Ortsbehörden haben den einstweiligen Verwesern der Konsulate Beistand und Schutz zu gewähren, und ihnen während ihrer amtlichen Thätigkeit den Genuß aller Begünstigungen, Befugnisse, Befreiungen und Vorrechte zu Theil werden zu lassen, welche in dem gegenwärtigen Vertrage den beiderseitigen Konsularbeamten eingeräumt sind.

Artikel 9. Die Generalkonsuln und Konsuln können, soweit sie nach den Gesetzen des vertragschließenden Theiles, der sie ernannt hat, dazu befugt sind, und vorbehaltlich der Zustimmung der Regierung, welche ihnen das Exequatur ertheilt hat, Vizekonsuln und Konsularagenten in allen Städten, Häfen und Plätzen ihres Amtsbezirks ernennen.

Diese Agenten können ohne Unterschied aus der Mitte der Angehörigen beider Theile oder aus der Mitte der Angehörigen anderer Nationen gewählt werden. Sie erhalten eine Anstellungsurkunde von Seiten des Konsularbeamten, welcher sie ernannt hat und nach dessen Weisung sie ihre Amtsverrichtungen auszuüben haben.

Es stehen ihnen die in dem gegenwärtigen Vertrage verabredeten Vorrechte und Befreiungen ebenfalls zu, mit Ausnahme derjenigen, von denen die Artikel 3 und 4 handeln.

Artikel 10. Die Generalkonsuln, Konsuln, Vizekonsuln und Konsularagenten oder deren Vertreter können sich an die Behörden ihres Amtsbezirks wenden, um wegen Zuwiderhandlung gegen die zwischen beiden Theilen bestehenden Verträge oder Vereinbarungen oder wegen irgend einer den Angehörigen desjenigen Theiles, von welchem sie ernannt sind, zur Beschwerde gereichenden Beeinträchtigung Einspruch zu erheben.

Wenn die Behörden ihres Amtsbezirks auf diese Vorstellungen nicht eingehen, so können sie sich, falls ein diplomatischer Vertreter des genannten vertragschließenden Theiles nicht vorhanden sein sollte, an die Zentralregierung des Landes wenden, in welchem sie ihren Amtssitz haben.

Artikel 11. Die Generalkonsuln, Konsuln, Vizekonsuln oder Konsularagenten der beiden Hohen vertragschließenden Theile oder deren Vertreter können, soweit es ihnen die Gesetze desjenigen vertragschließenden Theiles, welcher sie ernannt hat, gestatten:

1. in ihren Kanzleien, in ihren Privatwohnungen, in den Wohnungen der Betheiligten und an Bord der Nationalschiffe die Erklärungen der Schiffsführer, der Schiffsmannschaft, der Schiffspassagiere oder sonstiger Angehöriger des erwähnten vertragschließenden Theiles entgegennehmen;
2. bei Rechtsstreitigkeiten dieser Angehörigen unter sich oder mit Angehörigen des anderen Theiles oder eines dritten Staates auf Antrag der Parteien nicht allein den Abschluß von Vergleichen vermitteln, sondern auch das Schiedsrichteramt übernehmen.

Artikel 12. Die Konsularbeamten sind unter der im Artikel 11 bezeichneten Voraussetzung ferner befugt, als Notare alle Rechtsgeschäfte der Angehörigen des vertragschließenden Theiles, von welchem sie ernannt sind, insbesondere Testamente oder andere letztwillige Verfügungen, sowie, falls sämmtliche Erben volljährig und gegenwärtig sind, gütliche Erbtheilungen aufzunehmen und zu beurkunden, auch alle sonstigen Handlungen der freiwilligen Gerichtsbarkeit vorzunehmen, soweit solche nicht durch die in dem Gebiete, in welchem die Konsularbeamten ihren Amtssitz haben, geltenden Gesetze den Gerichten oder anderen Behörden dieses Gebietes ausschließlich zugewiesen sind.

Betrifft die Rechtshandlung einen in diesem Gebiete gelegenen unbeweglichen Gegenstand, und ist nach dem dort geltenden Rechte zur Gültigkeit der Handlung die Aufnahme einer notariellen Urkunde erforderlich, so ist von dem Konsularbeamten ein zuständiger Notar oder öffentlicher Schreiber des Orts beizuziehen, welcher die Urkunde, bei Vermeidung der Nichtigkeit, gemeinschaftlich mit dem Konsularbeamten zu unterzeichnen hat.

Artikel 13. Die Bestimmungen des Artikels 12 finden auch Anwendung auf Rechtsgeschäfte, welche von Angehörigen desjenigen vertragschließenden Theiles, der den Konsularbeamten ernannt hat, mit Angehörigen oder sonstigen Einwohnern des Gebietes, in welchem sich der Sitz des Beamten befindet, geschlossen werden. Zur Aufnahme von Rechtsgeschäften, an welchen ausschließlich Angehörige dieses letzteren Gebietes oder eines dritten Staates betheiligt sind, ist der Konsularbeamte dann befugt, wenn die Geschäfte sich auf bewegliche oder unbewegliche Gegenstände beziehen, welche in dem Gebiete desjenigen Theiles, der ihn ernannt hat, sich befinden, oder wenn sie Angelegenheiten betreffen, welche dort zur Erledigung kommen sollen.

Artikel 14. Die Generalkonsuln, Konsuln, Vizekonsuln und Konsularagenten haben, soweit sie nach den Gesetzen des vertragschließenden Theiles, der sie ernannt hat, dazu befugt sind, das Recht, Eheschließungen von Angehörigen dieses Theiles vorzunehmen, und die Geburten, Heirathen und Sterbefälle solcher Angehörigen zu beurkunden. Selbstverständlich kann eine Eheschließung vor dem Konsularbeamten mit Rechtswirksamkeit für das Gebiet, in welchem derselbe seinen Sitz hat, nicht erfolgen, wenn einer der Verlobten Angehöriger des vertragschließenden Theiles, in dessen Gebiete die Eheschließung erfolgt, oder eines dritten Staates ist.

Artikel 15. Die von den Konsularbeamten in Gemäßheit der Artikel 11 bis 14 aufgenommenen Urkunden, ingleichen die Auszüge oder Abschriften solcher Urkunden sollen, wenn sie durch die gedachten Beamten vorschriftsmäßig beglaubigt und mit ihrem Amtssiegel versehen sind, vor jeder Gerichts- oder Verwaltungsbehörde in Deutschland wie in Brasilien dieselbe Kraft und Gültigkeit haben, als wenn sie von einem Notar oder einem sonst zuständigen öffentlichen Beamten des einen oder des anderen vertragschließenden Theiles aufgenommen wären, vorausgesetzt, daß diese Urkunden in derjenigen Form aufgenommen worden sind, welche die Gesetze desjenigen Theiles, von dem der Konsul ernannt ist, vorschreiben, und vorausgesetzt, daß demnächst auch, wenn es die Angelegenheit erfordert, bezüglich des Stempels, der Registrirung, der Einschreibung und aller anderen Formvorschriften die bezüglichen Bestimmungen des Rechtsgebietes, in welchem der Akt zur Ausführung kommen soll, erfüllt sind.

Artikel 16. Die genannten Beamten dürfen vor den Gerichten als Dolmetscher auftreten, dieselben sind auch berechtigt, Schriftstücke jeder Art, welche in der Sprache des vertragschließenden Theiles, welcher sie ernannt hat, abgefaßt sind, zu übersetzen und zu beglaubigen.

Diese Uebersetzungen sollen, in Deutschland wie in Brasilien, dieselbe Beweiskraft haben, wie wenn sie von vereidigten Uebersetzern oder Dolmetschern angefertigt worden wären.

Artikel 17. Stirbt ein Angehöriger eines der vertragschließenden Theile in dem Gebiete des anderen Theiles, so soll die zuständige Ortsbehörde dem betreffenden Generalkonsul, Konsul, Vizekonsul oder Konsularagenten von dem Todesfall sofort Nachricht geben. Ihrerseits sollen die letzteren Beamten, wenn der Todesfall zuerst zu ihrer Kenntniß kommt, ebenmäßig die gedachte Behörde davon benachrichtigen.

Artikel 18. In folgenden Fällen kommt es dem Konsularbeamten des vertragschließenden Theiles, welchem der Verstorbene angehörte, zu, alle Handlungen vorzunehmen, welche zur Einziehung, Aufbewahrung, Sicherstellung, Verwaltung, Liquidation und Aushändigung des Nachlasses an die Erben oder deren gehörig beglaubigte Bevollmächtigte erforderlich sind:

1. wenn die Erben unbekannt,
2. wenn die Erben der Nationalität des Verstorbenen angehören und abwesend oder minderjährig oder handlungsunfähig sind,
3. wenn der Testamentsvollstrecker abwesend ist oder das Amt nicht annimmt.

Artikel 19. Den Generalkonsuln, Konsuln, Vizekonsuln und Konsularagenten steht ausschließlich die Inventarisirung, Sicherstellung, Verwaltung, Liquidation und Aushändigung der Verlassenschaft zu, wenn es sich um den Nachlaß von Schiffsleuten, Schiffspassagieren oder sonstigen Reisenden handelt, welche dem vertragschließenden Theile, der die gedachten Beamten ernannt hat, angehören, mag der Todesfall am Lande oder an Bord eines Schiffes seiner Nationalität während der Reise oder im Bestimmungshafen erfolgt sein.

Artikel 20. Außer den in den Artikeln 18 und 19 bezeichneten Fällen kommt die Aufnahme des Inventars und die Verwaltung und Liquidation des Nachlasses der Landesbehörde nach Maßgabe der für diese geltenden Gesetze zu.

Artikel 21. Befindet sich in einem der Fälle, in welchen die Landesbehörden zuständig sind (Artikel 20), unter den Erben ein Abwesender, Minderjähriger oder Handlungsunfähiger, welcher der Nationalität des Verstorbenen angehört, so kann der Generalkonsul, Konsul, Vizekonsul oder Konsularagent bei der zuständigen Ortsbehörde über alle auf die Einziehung, Verwaltung und Liquidation des Nachlasses bezüglichen Maßregeln jederzeit Auskunft verlangen, und die ihm geeignet scheinenden Anträge stellen.

Für den minderjährigen oder handlungsunfähigen Erben kann der Konsularbeamte bei der Ortsbehörde die Ernennung eines Vormundes oder Kurators beantragen, und die genannte Behörde wird ihre Wahl auf den Konsularbeamten selbst richten, sofern er dies vorgeschlagen hat, und gesetzliche oder sonst triftige Gründe nicht entgegenstehen.

Steht die Vormundschaft über den Minderjährigen kraft Gesetzes oder letzten Willens einer anderen Person zu, so wird der Konsularbeamte, so weit dies nach dem Landesrechte zulässig ist, zum Gegenvormund (curador) ernannt werden. Stirbt der gedachte Vormund oder wird er seines Amtes enthoben, so findet die Bestimmung des vorhergehenden Absatzes Anwendung.

Artikel 22. Nachdem die Theilung durch die Lokalbehörde vollzogen worden, soll der Konsularbeamte in den Fällen des vorhergehenden Artikels den Erbantheil, der dem von ihm vertretenen Erben gebührt, in Besitz nehmen, und fortfahren, das fragliche Vermögen zu verwalten, sowie über die Person des Erben, falls derselbe minderjährig oder handlungsunfähig ist, zu wachen.

Artikel 23. Soweit es sich um die Anwendung des gegenwärtigen Vertrages handelt, sollen die in Brasilien geborenen Kinder eines Deutschen in Gemäßheit des brasilianischen Gesetzes vom 10. September 1860 bis zu ihrer Volljährigkeit der Staatsangehörigkeit des Vaters folgen. Ebenso sollen die in Deutschland geborenen Kinder eines Brasilianers in Gemäßheit der deutschen Gesetze der Staatsangehörigkeit des Vaters folgen.

Auf die Vormundschaft oder Kuratel über die bezeichneten Kinder erstreckt sich die Wirkung der vorstehenden Bestimmung nicht; vielmehr kann dieses Amt nur nach Maßgabe der Landesgesetze geführt und von den Landesbehörden übertragen werden.

Artikel 24. Als Erben im Sinne dieses Vertrages sind auch die Universalvermächtnißnehmer anzusehen.

Artikel 25. Sind alle Erben volljährig, so steht es ihnen frei, durch gegenseitige Uebereinkunft die Inventarisirung, Verwaltung und Liquidation der Erbschaft dem Konsularbeamten zu übertragen.

Artikel 26. In den Fällen, in welchen nach Artikel 18 dem Konsularbeamten die ausschließliche Befugniß zusteht, den Nachlaß einzuziehen, zu inventarisiren, aufzubewahren, zu verwalten und zu liquidiren, wird derselbe folgende Vorschriften beobachten:

1. Kann das Inventar aller nachgelassenen Vermögensgegenstände in einem Tage angefertigt werden, so wird der Konsularbeamte gleich nach dem Todesfalle zur Vornahme dieser Amtshandlung schreiten, und die betreffenden Gegenstände in seine Verwahrung und Verwaltung nehmen.

2. Kann das Inventar nicht in der genannten Zeit angefertigt werden, so wird er sofort alle beweglichen Sachen und Papiere des Verstorbenen versiegeln, und später das ganze Vermögen inventarisiren und damit in der zuvor bezeichneten Weise verfahren.

3. Die in den beiden vorhergehenden Nummern erwähnten Handlungen werden in Gegenwart der Orts-

behörde erfolgen, wenn die letztere nach vorgängiger Benachrichtigung durch den Konsularbeamten ihre Anwesenheit für angemessen erachtet, sowie in Gegenwart zweier einwandsfreier Zeugen.

4. Wenn in Folge des Todesfalls nach Beobachtung der Vorschrift des Artikels 17 die Ortsbehörde in der Wohnung des Verstorbenen erscheint, ohne den Konsularbeamten daselbst anzutreffen, so soll sie sich darauf beschränken, ihre eigenen Siegel anzulegen.

Erscheint der Konsularbeamte, während die Ortsbehörde noch anwesend ist, so werden die Siegel wieder abgenommen werden, und es wird der erstere in Gegenwart der Ortsbehörde, falls diese ihre Anwesenheit für angemessen erachtet, zur Inventarisirung des Nachlasses schreiten.

Ist dagegen die Ortsbehörde nicht mehr anwesend, so wird der Konsularbeamte sich schriftlich an sie wenden und sie auffordern, innerhalb eines auf nicht weniger als drei und nicht mehr als acht Tage zu bestimmenden Zeitraumes sich einzufinden, damit die Abnahme der Siegel und die übrigen oben aufgeführten Handlungen erfolgen können. Findet sich die Ortsbehörde alsdann nicht ein, so hat der Konsularbeamte allein vorzugehen.

5. Findet sich während der Vornahme dieser Handlungen unter den Papieren des Verstorbenen ein Testament vor, oder ist ein solches an irgend einem anderen Orte vorhanden, so wird dasselbe unter Beobachtung der gesetzlichen Formen durch die Ortsbehörde eröffnet werden, welche binnen vier Tagen dem Konsular-

beamten eine beglaubigte Abschrift des Testaments zu übersenden hat.

6. Der Konsularbeamte hat binnen vier Tagen das Protokoll über die Anlegung und Abnahme der Siegel, sowie das Nachlaßinventar in beglaubigter Abschrift der Ortsbehörde zu übermitteln.

7. Der Konsularbeamte hat das Ableben des Erblassers binnen einer Frist von zwei Wochen öffentlich bekannt zu machen. Die Frist beginnt mit dem Tage, an welchem der Konsularbeamte die Nachricht von dem Todesfall erhalten hat.

Artikel 27. Streitigkeiten über die Gültigkeit der Testamente sind vor den zuständigen Richter zu bringen.

Artikel 28. Der Konsularbeamte wird, nachdem er die im Artikel 26 erwähnten Amtshandlungen vorgenommen hat, bei der Verwaltung und Liquidation der Erbschaft noch folgende Vorschriften beobachten:

1. Er wird zunächst die Beerdigungskosten bezahlen, soweit solche dem Stande und Vermögen des Verstorbenen gemäß aufgewendet sind.

2. Er wird sofort in öffentlicher Versteigerung, in der durch die bestehenden Gesetze und Gebräuche vorgeschriebenen Form alle Nachlaßgegenstände, welche dem Verderben ausgesetzt sind oder deren Aufbewahrung schwierig oder kostspielig ist, verkaufen.

Zu dem Verkauf der Immobilien wird der Konsularbeamte die Ermächtigung der Lokalbehörde nachsuchen, damit derselbe in den von den Landesgesetzen vorgeschriebenen Formen erfolge.

3. Er wird, auf außergerichtlichem oder gerichtlichem Wege, die Forderungen, Renten, Dividenden aus Aktien, Zinsen von Staatsschuldverschreibungen und sonstigen Staatspapieren, sowie alle anderen Einkünfte und Beträge, welche der Verlassenschaft zustehen, einziehen, unter Ertheilung von Quittungen an die betreffenden Schuldner.

4. Er wird aus den zum Nachlasse gehörenden Geldern oder aus dem Erlös für die verkauften beweglichen oder unbeweglichen Gegenstände alle Lasten und Schulden der Erbschaft tilgen, sowie die Vermächtnisse, mit welchen die Erbschaft belastet ist, nach den letztwilligen Bestimmungen des Erblassers auszahlen.

5. Falls der Konsularbeamte die Bezahlung der gehörig bescheinigten Nachlaßschulden unter Berufung auf die Unzulänglichkeit des Nachlasses ganz oder theilweise verweigert, so sind die Gläubiger, wenn sie es für angemessen erachten, befugt, bei der zuständigen Landesbehörde die Eröffnung des Konkursverfahrens zu beantragen.

Sobald das Konkursverfahren in Gemäßheit der Landesgesetze eröffnet ist, hat der Konsularbeamte alle zum Nachlasse gehörigen Urkunden, Effekten und Werthe unverzüglich dem Gerichte, oder falls deren Uebernahme dem Konkursverwalter zusteht, dem letzteren auszufolgen; der Konsularbeamte bleibt in diesem Falle mit der Wahrnehmung der Rechte der abwesenden, minderjährigen oder handlungsunfähigen Erben betraut.

Artikel 29. Die nachträgliche Geltendmachung

von Erbansprüchen durch Personen, welche einer anderen Nationalität als derjenigen des Verstorbenen angehören, steht der Einziehung und Verwaltung des Nachlasses durch den Konsularbeamten nicht entgegen, falls dessen Zuständigkeit einmal in Gemäßheit des Artikels 18 begründet war. Jedoch ist in einem solchen Falle die Ortsbehörde befugt, die Hinterlegung eines entsprechenden Theiles des Nachlasses zur Sicherstellung der Rechte der neu hinzutretenden Erben anzuordnen.

Artikel 30. Sollte der Todesfall sich an einem Orte ereignen, an welchem kein Konsularbeamter vorhanden ist, so hat die Ortsbehörde sofort unter Darlegung aller ihr bekannt gewordenen Umstände des Falles den nächsten Konsularbeamten zu benachrichtigen, und die Siegelung, Inventarisirung sowie die sonstigen auf die Verwaltung des Nachlasses bezüglichen Maßregeln vorzunehmen. Der Konsularbeamte, welcher entweder persönlich sich nach dem Orte begeben oder unter seiner Verantwortlichkeit einen Vertreter bestellen kann, ist ebenso wie sein Vertreter nach Maßgabe der vorhergehenden Artikel befugt, den Nachlaß zu übernehmen, und die Liquidation fortzuführen, soweit dieselbe noch nicht beendet sein sollte.

Artikel 31. Gehörte der Verstorbene einer Handelsgesellschaft an, so erfolgt die Auseinandersetzung mit derselben in Gemäßheit der Handelsgesetze des Orts, an welchem die Gesellschaft ihren Sitz hat. Die in Folge der Auseinandersetzung für die Erbschaft flüssig werdenden Gelder sind in den Fällen, in welchen die

Verwaltung der Verlassenschaft dem Konsul zusteht, an diesen abzuliefern.

Artikel 32. Falls zur Zeit des Todesfalls die Gesammtheit oder einzelne Bestandtheile eines Nachlasses, dessen Liquidation und Verwaltung durch den gegenwärtigen Vertrag dem Konsularbeamten übertragen ist, mit Beschlag belegt, gepfändet oder sequestrirt sind, so kann der Konsularbeamte von den bezeichneten Gegenständen insolange nicht Besitz ergreifen, als nicht die Beschlagnahme, Pfändung oder Sequestration aufgehoben ist.

Wird während der Liquidation eine Beschlagnahme, Pfändung oder Sequestration von Nachlaßgegenständen vorgenommen, so sind die mit Beschlag belegten, gepfändeten oder sequestrirten Gegenstände in dem Gewahrsam des Konsularbeamten zu belassen.

Die Beträge, welche aus dem Erlöse gepfändeter Gegenstände übrig bleiben, sind an den Konsularbeamten abzuliefern.

Artikel 33. Dem Konsularbeamten bleibt in den Fällen der Artikel 31 und 32 stets das Recht, gehört zu werden, und die Beobachtung der vom Gesetze vorgeschriebenen Formen zu überwachen; er ist jederzeit befugt, die nach seinem Ermessen zur Wahrung der Rechte des Nachlasses erforderlichen Anträge zu stellen.

Artikel 34. Ist die Liquidation des Nachlasses beendigt, so wird der Konsularbeamte auf Grund der betreffenden Akten ein Verzeichniß über den Bestand der zu vertheilenden Masse aufstellen und dasselbe zugleich mit einem Nachweis über die Verwaltung und Liquidation des Nachlasses der zuständigen Ortsbehörde übersenden.

Diese beiden Urkunden können, falls es die Ortsbehörde verlangt, von ihr mit den Unterschriften verglichen werden, welche zu diesem Zwecke in dem Archive des Konsulats zur Verfügung zu halten sind.

Die Ortsbehörde hat das Verzeichniß und den Nachweis den beglaubigten Abschriften der Protokolle über die Siegelung und Entsiegelung sowie des Nachlaßinventars beizufügen, und soweit ihr dies nach den für sie maßgebenden Gesetzen obliegt, die Erbtheilung vorzunehmen, indem sie die einzelnen Erbtheile und die zum Zwecke der Ausgleichung etwa erforderlichen Leistungen festsetzt.

In keinem Falle steht den Konsularbeamten die Entscheidung von Streitigkeiten über die Rechte der Erben, die Ausgleichung des Vorempfangenen, den Pflichttheil oder den der freien Verfügung des Erblassers unterworfenen Vermögenstheil zu; diese Streitigkeiten gehören vor die zuständigen Gerichte.

Soweit die Erbtheilung der Ortsbehörde obliegt, hat dieselbe nach Beendigung des Verfahrens das Theilungsergebniß und die zu Grunde liegende Berechnung dem Konsularbeamten in Abschrift zu übersenden.

Artikel 35. Der Nachlaß jedes Angehörigen eines der Hohen vertragschließenden Theile, welcher in dem Gebiete des anderen Theiles stirbt, soll, was das Recht der Erbfolge und die Erbtheilung betrifft, nach den Gesetzen des Landes geordnet werden, dem der Verstorbene angehörte, gleichviel welcher Art die nachgelassenen Güter sind, jedoch bezüglich der Gegenstände des unbeweglichen Vermögens unter Beobachtung der besonderen Bestimmungen der Ortsgesetze.

Wenn indessen ein Angehöriger desjenigen vertragschließenden Theiles, in dessen Gebiete der Nachlaß eröffnet ist, neben Erben, welche diesem Theile nicht angehören, Ansprüche auf die Erbschaft hat, so kann der erstere verlangen, daß sein Erbantheil nach den in dem bezeichneten Gebiete geltenden Gesetzen bestimmt wird.

Artikel 36. Der Konsularbeamte darf den Nachlaß weder ganz noch theilweise den gesetzlichen Erben oder deren Vertretern aushändigen, wenn nicht zuvor alle in dem Gebiete, in welchem der Nachlaß eröffnet ist, zu erfüllenden Verbindlichkeiten der Erbschaft getilgt sind, oder wenn nicht seit dem Todestage ein Jahr verflossen ist, ohne daß ein Anspruch an den Nachlaß erhoben worden wäre.

Artikel 37. Vor Vertheilung der Erbmasse an die Erben müssen die der Staatskasse des Landes, in welchem die Erbschaft eröffnet ist, zustehenden Abgaben berichtigt werden.

Der Betrag dieser Abgaben soll derselbe sein, welchen die Angehörigen des Landes bei gleichen Anlässen zu entrichten haben oder künftig zu entrichten haben werden.

Der Konsularbeamte wird zuvörderst den fiskalischen Behörden die Namen der Erben und den Grad ihrer

Verwandtschaft mit dem Erblasser anzeigen. Ist die Zahlung der Abgaben erfolgt, so werden die genannten Behörden nach Maßgabe jener Anzeige die Einweisung der Erben in das Eigenthum und den Besitz der Erbschaft bewirken, soweit eine solche nach den Landesgesetzen erforderlich ist.

Artikel 38. Soweit die Erbschaft oder ein Theil derselben nicht unter der Obhut und Verwaltung des Konsuls steht, sollen ihm Auslagen, welche er für die Erbschaft oder den betreffenden Theil in Folge der Bestimmungen dieses Vertrages zu machen hatte, durch die zuständige Ortsbehörde zugebilligt und als Vormundschafts- oder Kuratelkosten aus den Mitteln der Erbschaft erstattet werden.

Artikel 39. Falls der Nachlaß eines Angehörigen eines der Hohen vertragschließenden Theile, welcher in dem Gebiete des anderen Theiles gestorben ist, herrenlos bleibt, das heißt, falls kein überlebender Ehegatte oder keine sonst zur Erbschaft berufene Person vorhanden ist, so soll das bezeichnete Vermögen dem Fiskus desjenigen Landes zufallen, in welchem der Todesfall stattgefunden hat. Sofern jedoch Nachlaßgegenstände in dem Gebiete desjenigen vertragschließenden Theiles, welchem der Verstorbene angehörte, vorhanden sind, verbleiben dieselben dem Fiskus des Landes, in welchem sie sich befinden.

Die erforderlichen Bekanntmachungen bezüglich der Person des Verstorbenen, sowie des Tages und des Orts seines Ablebens, sind durch die zuständige Ortsbehörde in Gemäßheit der Gesetze und Gebräuche des betreffenden Landes in den Zeitungen zu erlassen.

Hat nach Ablauf von zwei Jahren, vom Todestage an gerechnet, sich weder ein überlebender Gatte noch ein anderer Erbe persönlich oder durch einen Vertreter gemeldet, so wird die Ortsbehörde die Ueberweisung des Nachlasses an den Staat anordnen; die Entscheidung der Behörde ist dem Konsularbeamten zuzustellen. Der Fiskus wird hierauf den Nachlaß übernehmen, jedoch verpflichtet bleiben, den Erben, welche sich später innerhalb der Frist melden sollten, in welcher die Erbschaft unter gleichen Umständen von Landesangehörigen noch beansprucht werden kann, Rechnung abzulegen.

Artikel 40. Nach Erfolg der polizeilichen und gesundheitspolizeilichen Abfertigung können die Generalkonsuln, Konsuln, Vizekonsuln und Konsularagenten sich in Person an Bord der Schiffe des Hohen vertragschließenden Theiles begeben, der sie ernannt hat, oder einen Bevollmächtigten an Bord senden, um die Offiziere und Mannschaften zu vernehmen, die Schiffspapiere einzusehen, die Erklärungen über die Reise und deren Zwischenfälle, sowie über den Bestimmungshafen entgegenzunehmen, Ladungsverzeichnisse (Manifeste) aufzunehmen, den Eingang und die Klarirung der Schiffe zu fördern, endlich die gedachten Offiziere und Mannschaften vor die Gerichts- und Verwaltungsbehörden des Landes zu begleiten, wenn sie vor denselben zu erscheinen haben sollten, um ihnen ohne Beeinträchtigung des Rechts und der Lokalgesetze als Dolmetscher beizustehen. Ausgemacht bleibt jedoch dabei, daß die Konsularbeamten von dieser Befugniß nicht Gebrauch machen sollen, ohne vorher die Zollbehörde davon in Kenntniß zu setzen, damit diese, wenn sie es für angemessen hält, ihnen einen Beamten des Fiskus beiordnen könne.

Die Gerichts-, Polizei- und Zollbehörden dagegen sollen, wenn sie Amtshandlungen, die ihnen zustehen, auf Handelsschiffen vorzunehmen haben, den betreffenden Konsularbeamten einladen, denselben beizuwohnen, wenn er dies für zweckmäßig hält.

Ebenso sollen, wenn die Offiziere oder Mannschaften vor den Gerichten oder Behörden des Orts Aussagen zu machen oder Erklärungen abzugeben haben, die gedachten Konsularbeamten rechtzeitig davon benachrichtigt werden, damit sie zu erscheinen und, ohne Beeinträchtigung des Rechts und der Lokalgesetze, als Dolmetscher jedes Mißverständniß zu verhüten im Stande seien, das den erwähnten Personen nachtheilig werden könnte. Die bezügliche Mittheilung an die Generalkonsuln, Konsuln, Vizekonsuln und Konsularagenten soll die für das Verfahren bestimmte Stunde enthalten. Beim Nichterscheinen der gedachten Beamten kann in ihrer Abwesenheit in der Sache vorgegangen werden.

Artikel 41. Hinsichtlich der Hafenpolizei, des Ladens und Löschens der Schiffe, sowie hinsichtlich der Sicherung von Waaren, Gütern und Effekten sind die beiderseitigen Angehörigen den örtlichen Gesetzen und Verordnungen unterworfen.

Den Generalkonsuln, Konsuln, Vizekonsuln und

Konsularagenten steht jedoch ausschließlich die Aufrechterhaltung der inneren Ordnung an Bord der Schiffe des vertragschließenden Theiles, welcher sie ernannt hat, zu. Sie haben allein über Streitigkeiten jeder Art zwischen Schiffsführer, Schiffsoffizieren, Mannschaften und anderen unter irgend welcher Bezeichnung in die Musterrolle aufgenommenen Personen zu befinden; insbesondere über Streitigkeiten, welche sich auf die Heuer und die Erfüllung sonstiger vertragsmäßiger Verbindlichkeit beziehen.

Die Ortsbehörden dürfen nur dann einschreiten, wenn die Unordnungen, welche aus solchen Zwistigkeiten entstehen, geeignet sind, die öffentliche Ruhe am Lande oder im Hafen zu stören, oder wenn Landesangehörige oder nicht zur Schiffsbesatzung gehörige Personen betheiligt sind.

In allen anderen Fällen haben sich die Ortsbehörden darauf zu beschränken, den Konsularbeamten Beistand zu leisten, wenn letztere solchen in Anspruch nehmen, um eine in die Musterrolle eingetragene Person an Bord zurückführen oder verhaften zu lassen.

Artikel **42.** Die Generalkonsuln, Konsuln, Vizekonsuln und Konsularagenten der beiden Hohen vertragschließenden Theile sind befugt, alle Personen, welche zur Mannschaft der Kriegs- und Handelsschiffe desjenigen Theiles, von dem sie ernannt sind, gehören, sobald dieselben von einem der gedachten Schiffe in einem Hafen des anderen Theiles entwichen sind, verhaften und entweder an Bord oder in ihre Heimath zurücksenden zu lassen.

Zu diesem Zwecke haben sie sich schriftlich an die zuständige Ortsbehörde zu wenden, und durch Vorlegung der Schiffsregister oder der Musterrolle oder einer gehörig beglaubigten Abschrift dieser Urkunden oder durch sonstige amtliche Schriftstücke nachzuweisen, daß die verfolgten Personen wirklich zur Schiffsmannschaft gehören.

Findet die Entweichung vom Bord eines Kriegsschiffes statt, so ist dieselbe durch eine förmliche Erklärung von Seiten des Befehlshabers des Schiffs, oder, in dessen Abwesenheit, von Seiten des bezüglichen Konsuls darzuthun.

An den Orten, an welchen sich Konsularbeamte nicht befinden, sollen die bezeichneten Anträge, unter Beobachtung derselben Formvorschriften, von dem Schiffsführer selbst oder von den Konsularbeamten des nächstgelegenen Bezirks gestellt werden können.

Auf das in vorstehender Weise begründete Ersuchen soll die Auslieferung der gedachten Personen nicht verweigert werden. Auch soll die Ortsbehörde jede Hülfe und jeden Beistand behufs Aufsuchung, Verhaftung und Gefangenhaltung sowie behufs Zurückführung solcher Entwichenen an Bord gewähren. Letztere sollen auf Antrag und auf Kosten der gedachten Konsularbeamten in den Ortsgefängnissen in Gewahrsam gehalten werden, bis diese Beamten Gelegenheit finden, sie heimzusenden.

Die bezeichnete Haft darf nicht länger als drei

Monate dauern. Ist diese Frist abgelaufen und hat der Konsularbeamte drei Tage zuvor entsprechende Benachrichtigung erhalten, so wird der Verhaftete in Freiheit gesetzt, ohne aus demselben Grunde wieder verhaftet werden zu können.

Hat der Entwichene am Lande eine strafbare Handlung begangen, so soll die Auslieferung ausgesetzt werden, bis die Entscheidung des zuständigen Gerichts ergangen und in allen Theilen vollstreckt ist.

Auf Schiffsleute und andere Personen der Mannschaft, welche Angehörige des vertragschließenden Theiles sind, in dessen Gebiete die Verhaftung stattfinden soll, sind die Bestimmungen dieses Artikels nicht anwendbar.

Artikel 43. Soweit nicht Verabredungen zwischen den Rhedern, Befrachtern und Versicherern entgegenstehen, werden die Havereien, welche die Schiffe des einen der beiden Hohen vertragschließenden Theile auf der Fahrt nach einem Hafen des anderen erlitten haben, mögen die Schiffe diesen Hafen freiwillig oder als Nothhafen anlaufen, von den Generalkonsuln, Konsuln, Vizekonsuln oder Konsularagenten des erstgenannten Theiles geregelt werden. Sollten indessen Angehörige des vertragschließenden Theiles, in dessen Gebiete die genannten Beamten ihren Sitz haben, oder Angehörige eines dritten Staates bei der Haverei betheiligt sein, so muß dieselbe, in Ermangelung eines zwischen allen Betheiligten geschlossenen Schiedsvertrages oder gütlichen Uebereinkommens, von der zuständigen Landesbehörde geregelt werden.

Artikel 44. Falls ein Schiff, welches der Regierung oder dem Angehörigen eines der Hohen vertragschließenden Theile gehört, in den Küstengewässern des anderen Theiles Schiffbruch leidet oder strandet, so sollen die Ortsbehörden den Konsularbeamten, der dem Orte des Unfalls am nächsten ist, von dem Unfall sofort benachrichtigen.

Alle Rettungsmaßregeln bezüglich brasilianischer, in den deutschen Küstengewässern gescheiterter oder gestrandeter Schiffe sollen nach Maßgabe der deutschen Gesetze erfolgen, und umgekehrt sollen alle Rettungsmaßregeln in Bezug auf deutsche, in den brasilianischen Küstengewässern gescheiterte und gestrandete Schiffe in Gemäßheit der brasilianischen Gesetze vorgenommen werden. Die Konsularbeamten haben nur einzuschreiten, um die auf die Ausbesserung und Neuverproviantirung oder eintretenden Falls auf den Verkauf des an der Küste gestrandeten oder beschädigten Schiffes bezüglichen Maßregeln zu überwachen.

Für die Thätigkeit der Ortsbehörde bei der Bergung dürfen nur solche Kosten erhoben werden, welche in gleichen Fällen die Nationalschiffe zu entrichten haben.

Die geborgenen Waaren und sonstigen Gegenstände sollen keinerlei Eingangsabgaben unterworfen werden, es wäre denn, daß sie für den inländischen Verbrauch bestimmt würden.

Ist die Nationalität eines verunglückten Schiffes zweifelhaft, so sind die Ortsbehörden ausschließlich für alle in dem gegenwärtigen Artikel vorgesehenen Maßregeln zuständig.

Artikel 45. Die Generalkonsuln, Konsuln, Vizekonsuln und Konsularagenten können die Rechte und Befugnisse, welche ihnen nach dem gegenwärtigen Vertrage zustehen, ganz oder theilweise auf Andere übertragen, und die Agenten oder Delegirten, welche sie unter ihrer Verantwortung mit ihrer Vertretung betrauen, sollen dann befugt sein, innerhalb der Grenzen der ihnen ertheilten Vollmacht handelnd aufzutreten, ohne jedoch eines der in den Artikeln 3 und 4 erwähnten persönlichen Vorrechte zu genießen.

Artikel 46. Die Ortsbehörden werden sich darauf beschränken, den Konsularbeamten auf deren Ersuchen jeden zur Ausführung der Bestimmungen des gegenwärtigen Vertrages erforderlichen Beistand zu gewähren, und was im Widerspruche mit diesem Vertrage vorgenommen wird, soll unwirksam sein.

Artikel 47. Die Generalkonsuln und Konsuln, sowie ihre Kanzler, die Vizekonsuln und Konsularagenten sollen unter der Bedingung der Gegenseitigkeit in dem Gebiete eines jeden der Hohen vertragschließenden Theile aller sonstigen Befugnisse, Vorrechte und Befreiungen theilhaftig sein, welche den im gleichen Range stehenden Beamten der meistbegünstigten Nation eingeräumt sind oder in Zukunft eingeräumt werden möchten.

Artikel 48. Der gegenwärtige Vertrag soll von den beiden Hohen vertragschließenden Theilen genehmigt und ratifizirt und es sollen die Ratifikations-Urkunden in Rio de Janeiro sobald als thunlich ausgetauscht werden.

Derselbe soll fünf Jahre, von dem Tage der Auswechselung der Ratifikationen an gerechnet, Gültigkeit haben. Falls zwölf Monate vor Ablauf dieses Zeitraums keiner der Hohen vertragschließenden Theile dem anderen seine Absicht, die Wirksamkeit des Vertrages aufhören zu lassen, kundgegeben haben sollte, so bleibt derselbe in Geltung bis zum Ablauf eines Jahres von dem Tage ab, an welchem derselbe gekündigt worden ist.

Zu Urkund dessen haben die beiderseitigen Bevollmächtigten diesen Vertrag in zwei Ausfertigungen unterzeichnet und ihre Siegel beigedrückt.

54) Konsularvertrag mit Griechenland. Vom 26. November 1881. (R.G.B. 1882, 101.)

Seine Majestät der Deutsche Kaiser, König von Preußen, und Seine Majestät der König der Hellenen, von dem Wunsche geleitet, die Rechte, Privilegien und Befugnisse der wechselseitig in den betreffenden Staaten zugelassenen deutschen und hellenischen Generalkonsuln, Konsuln, Vizekonsuln, Konsularagenten, Kanzler und Sekretäre zu regeln, haben beschlossen, einen Konsularvertrag abzuschließen, und zu diesem Behufe zu ihren Bevollmächtigten ernannt: — —
welche, nach Mittheilung ihrer in guter und gehöriger Form befundenen Vollmachten, über nachstehende Artikel übereingekommen sind:

Artikel I. Jeder der Hohen vertragschließenden

Theile kann in den Häfen oder Handelsplätzen des Gebiets des anderen Theiles Generalkonsuln, Konsuln, Vizekonsuln oder Konsularagenten bestellen. Beide Theile behalten sich jedoch das Recht vor, einzelne Orte zu bezeichnen, welche auszunehmen sie für angemessen erachten, wobei vorausgesetzt wird, daß dieser Vorbehalt gleichmäßig allen Mächten gegenüber Anwendung findet.

Die Generalkonsuln, Konsuln, Vizekonsuln und Konsularagenten treten ihre Thätigkeit an, sobald sie von der Regierung des Landes, in welchem ihnen ihr amtlicher Wohnort angewiesen ist, in den dort üblichen Formen zugelassen und anerkannt worden sind.

Das Exequatur soll ihnen kostenfrei ertheilt werden.

Artikel II. Die Generalkonsuln, Konsuln und ihre Kanzler oder Sekretäre, sowie die Vizekonsuln oder Konsularagenten, welche Angehörige des Staates sind, der sie ernannt hat, sollen von der Militäreinquartierung und den Militärlasten überhaupt, von den direkten, Personal-, Mobiliar- und Luxussteuern befreit sein, mögen solche vom Staat oder von den Gemeinden auferlegt sein, es sei denn, daß sie Grundbesitz haben, Handel oder irgend ein Gewerbe betreiben, in welchen Fällen sie denselben Taxen, Lasten und Steuern unterworfen sein sollen, welche die sonstigen Einwohner des Landes als Grundeigenthümer, Kaufleute oder Gewerbetreibende zu entrichten haben.

Sie dürfen weder verhaftet, noch gefänglich eingezogen werden, ausgenommen für solche Handlungen, welche die Strafgesetzgebung des Staates, in welchem sie ihren

Amtssitz haben, als Verbrechen bezeichnet und als solche bestraft. Sind sie Handeltreibende, so soll die Schuldhaft gegen sie nur wegen Verbindlichkeiten aus Handelsgeschäften, nicht aber wegen sonstiger Civilverbindlichkeiten verhängt werden dürfen. Im Falle der Verhaftung eines Konsuls oder Konsularbeamten soll die Gesandtschaft seines Landes hiervon sofort durch die Regierung desjenigen Landes, in welchem die Verhaftung stattgefunden hat, in Kenntniß gesetzt werden.

Artikel III. Die Generalkonsuln, Konsuln und ihre Kanzler oder Sekretäre, sowie die Vizekonsuln und Konsularagenten sind verbunden, vor Gericht Zeugniß abzulegen, wenn die Landesgerichte solches für erforderlich halten. Doch soll die Gerichtsbehörde in diesem Falle sie mittelst amtlichen Schreibens ersuchen, vor ihr zu erscheinen.

Für den Fall der Behinderung der gedachten Beamten durch Dienstgeschäfte oder Krankheit soll, jedoch nur in bürgerlichen Rechtsstreitigkeiten, die Gerichtsbehörde sich in ihre Wohnung begeben, um sie mündlich zu vernehmen oder unter Beobachtung der einem jeden der beiden Staaten eigenthümlichen Förmlichkeiten ihr schriftliches Zeugniß verlangen. Die gedachten Beamten haben dem Verlangen der Behörde in der ihnen bezeichneten Frist zu entsprechen und derselben ihre Aussage schriftlich, mit ihrer Unterschrift und ihrem amtlichen Siegel versehen, zuzustellen.

Artikel IV. Die Generalkonsuln, Konsuln, Vizekonsuln und Konsularagenten können an dem Konsulatsgebäude das Nationalwappen mit der Umschrift:

„Generalkonsulat, Konsulat, Vizekonsulat oder Konsularagentur von ....“ anbringen.

Auch können sie ihre Landesflagge auf dem Konsulatsgebäude, sowie auf dem Boote aufziehen, dessen sie sich bei dienstlichen Fahrten im Hafen bedienen.

Es versteht sich von selbst, daß diese äußeren Abzeichen niemals werden so aufgefaßt werden dürfen, als begründeten sie ein Asylrecht.

Artikel V. Die Konsulatsarchive sind jederzeit unverletzlich, und die Landesbehörden dürfen unter keinem Vorwande und in keinem Falle die zu den Archiven gehörigen Dienstpapiere einsehen oder mit Beschlag belegen.

Die Dienstpapiere müssen stets von den das etwaige kaufmännische Geschäft oder Gewerbe der Konsuln, Vizekonsuln oder Konsularagenten betreffenden Büchern und Papieren vollständig gesondert sein.

Artikel VI. In Fällen der Behinderung, Abwesenheit oder des Todes von Generalkonsuln, Konsuln oder Vizekonsuln sollen die Kanzler und Sekretäre, sofern sie in dieser Eigenschaft den betreffenden Behörden bereits vorgestellt sind, von Rechtswegen befugt sein, interimistisch die konsularischen Amtsbefugnisse auszuüben, und sie sollen während dieser Zeit die Freiheiten und Privilegien genießen, welche nach diesem Vertrage damit verbunden sind.

Artikel VII. Die Generalkonsuln und Konsuln können, sofern sie durch die Gesetzgebung ihres Landes dazu befugt sind, vorbehaltlich der Zustimmung der

Landesregierung, Vizekonsuln oder Konsularagenten in den Städten, Häfen und Plätzen ihres Amtsbezirks ernennen.

Diese Agenten können ohne Unterschied aus Angehörigen beider Länder oder dritter Staaten gewählt werden. Sie erhalten eine Bestallung von dem Konsul, welcher sie ernannt hat und dessen Weisungen sie unterstellt sind. Die in diesem Vertrage verabredeten Privilegien und Befreiungen stehen vorbehaltlich der in den Artikeln II und III vorgesehenen Ausnahmen auch ihnen zu.

Es wird besonders bemerkt, daß, wenn ein in einem Hafen oder in einer Stadt eines der beiden Länder bestellter Konsul oder Konsularagent aus den Angehörigen dieses Landes erwählt wird, dieser Konsul oder Agent, nach wie vor, als Angehöriger der Nation betrachtet wird, der er angehört, und daß er folgeweise den Gesetzen und Bestimmungen unterworfen bleibt, welche an seinem Amtssitze für die Landesangehörigen maßgebend sind; es soll jedoch dadurch die Ausübung seiner Amtsbefugnisse in keiner Weise gehindert, noch die Unverletzlichkeit der Konsulatsarchive gefährdet werden.

Artikel VIII. Die Generalkonsuln, Konsuln und Vizekonsuln oder Konsularagenten beider Länder können in Ausübung der ihnen zuertheilten Amtsbefugnisse sich an die Behörden ihres Amtsbezirks wenden, um gegen jede Verletzung der zwischen beiden Ländern bestehenden Verträge oder Vereinbarungen, und gegen jede ihren Landesangehörigen zur Beschwerde gereichende Beeinträchtigung Einspruch zu erheben. Wenn ihre Reklamationen durch diese Behörden nicht berücksichtigt werden, so können sie, in Ermangelung eines diplomatischen Vertreters ihres Landes, sich an die Zentralregierung des Landes wenden, in welchem sie ihren Amtssitz haben.

Artikel IX. Die Generalkonsuln, Konsuln und ihre Kanzler, sowie die Vizekonsuln und Konsularagenten beider Länder haben das Recht, in ihrer Kanzlei sowohl als auch in der Wohnung der Betheiligten und am Bord der Schiffe ihrer Nation diejenigen Erklärungen aufzunehmen, welche die Schiffsführer, die Schiffsmannschaft, die Passagiere, Handeltreibende und alle sonstigen Angehörigen ihres Landes abzugeben haben. Sie sind in gleicher Weise befugt, als Notare die letztwilligen Verfügungen ihrer Landesangehörigen aufzunehmen.

Die erwähnten Konsuln und Konsularbeamten sollen das Recht haben, jedes notarielle Rechtsgeschäft aufzunehmen, welches bestimmt ist, in ihrem Lande ausgeführt zu werden, und welches abgeschlossen wird entweder lediglich zwischen ihren Landesangehörigen oder zwischen einem oder mehreren ihrer Landesangehörigen und Bewohnern des Landes, in welchem sie ihren Amtssitz haben. Sie sollen auch Rechtsgeschäfte aufnehmen können, bei denen lediglich Angehörige des Landes, in welchem sie ihren Amtssitz haben, die Betheiligten sind, sofern diese Rechtsgeschäfte sich ausschließlich auf Vermögensstücke, welche im Gebiet der Nation, welcher der instrumentirende Konsul oder Agent angehört, belegen sind, oder auf Geschäfte, welche dort zu verhandeln sind, sich beziehen.

Notarielle Rechtsgeschäfte, welche bestimmt sind, in dem Lande ihres Amtssitzes ausgeführt zu werden, sind die erwähnten Konsuln und Agenten dann aufzunehmen berechtigt, wenn ihre Landesangehörigen allein betheiligt sind; sie dürfen außerdem auch solche Rechtsgeschäfte aufnehmen, welche zwischen einem oder mehreren ihrer Landesangehörigen und Bewohnern des Landes, in welchem sie ihren Amtssitz haben, abgeschlossen werden, sofern es sich nicht um Rechtsgeschäfte handelt, bei denen nach der Gesetzgebung des Landes die Mitwirkung eines Richters oder bestimmter öffentlicher Beamten unerläßlich ist.

Wenn die in dem vorstehenden Satze erwähnten Rechtsgeschäfte sich auf Grundeigenthum beziehen, so sollen sie nicht eher rechtsgültig sein, als bis ein Notar oder anderer öffentlicher Beamter des Landes dabei mitgewirkt und sie mit seiner Unterschrift versehen haben wird.

Die Konsuln oder Agenten können auch jede Art von Verhandlungen und Schriftstücken, welche von Behörden oder Beamten ihres Landes ausgegangen sind, übersetzen und beglaubigen.

Alle vorerwähnten Urkunden sollen, wenn sie durch die gedachten Agenten vorschriftsmäßig beglaubigt und mit dem Amtssiegel des Konsulats oder Vizekonsulats versehen sind, in jedem der beiden Länder dieselbe Kraft und Geltung haben, als wenn sie vor einem

Notar oder anderen öffentlichen oder gerichtlichen, in dem einen oder dem anderen der beiden Staaten zuständigen Beamten aufgenommen wären, vorausgesetzt, daß sie dem Stempel, der Registrirung oder jeder anderen in dem Lande, in welchem sie zur Ausführung gelangen sollen, bestehenden Taxe oder Auflage unterworfen worden sind. Diese Bestimmung bezieht sich in gleicher Weise auf Abschriften, Auszüge oder Uebersetzungen solcher Urkunden; wenn gegen die Genauigkeit oder die Echtheit solcher Abschriften, Auszüge oder Uebersetzungen Einspruch erhoben wird, sollen die betreffenden Gerichtshöfe nach Maßgabe der Gesetzgebung ihres Landes verfahren.

Artikel X. Die Generalkonsuln, Konsuln und Vizekonsuln oder Konsularagenten können sich persönlich an Bord der Schiffe ihres Landes begeben oder Vertreter an Bord derselben senden, sobald die Schiffe zum freien Verkehr zugelassen sind; sie können den Schiffsführer und die Mannschaft vernehmen, die Schiffspapiere prüfen, die Aussagen über Reise, Bestimmungsort und Zwischenfälle während der Reise entgegennehmen, die Ladungsmanifeste aufstellen und die Abfertigung ihrer Schiffe fördern, auch mit jenen vor den Gerichten und Verwaltungsbehörden des Landes erscheinen, um ihnen bei den Angelegenheiten, welche sie betreiben, oder bei den Anträgen, welche sie zu stellen haben, als Dolmetscher und Agenten zu dienen, ausgenommen in den von den Gesetzen beider Länder, an deren Anordnungen durch die gegenwärtige Vertragsbestimmung nichts geändert wird, vorgesehenen Fällen.

Die öffentlichen Beamten des Landes dürfen in den Häfen, wo ein Konsul oder Konsularagent eines der beiden Staaten seinen Amtssitz hat, an Bord von Handelsschiffen keine anderen Untersuchungen oder Besichtigungen, als die gewöhnlichen zollamtlichen oder gesundheitspolizeilichen Besichtigungen vornehmen, ohne zuvor dem gedachten Konsul oder Agenten Nachricht gegeben zu haben, damit derselbe der Besichtigung beiwohnen kann.

Die Einladung, welche zu diesem Behufe an die Konsuln, Vizekonsuln oder Konsularagenten zu richten ist, muß eine genaue Angabe der Stunde enthalten, und wenn sie es unterlassen, sich persönlich einzufinden oder sich durch einen Delegirten vertreten zu lassen, so soll in ihrer Abwesenheit vorgegangen werden.

Artikel XI. Hinsichtlich der Hafenpolizei, des Ladens und Ausladens der Schiffe und der Sicherung von Waaren, Gütern und Effekten kommen die Gesetze, Verordnungen und Reglements des Landes in Anwendung. Den Konsuln und Vizekonsuln oder Konsularagenten steht ausschließlich die Aufrechterhaltung der inneren Ordnung an Bord der Schiffe ihres Landes zu; sie haben daher allein Streitigkeiten jeder Art zwischen dem Schiffsführer, den Schiffsoffizieren und den Matrosen zu schlichten, insbesondere solche, welche sich auf die Heuer und die Erfüllung gegenseitiger Verpflichtungen beziehen.

Die Lokalbehörden dürfen nur dann einschreiten, wenn die am Bord der Schiffe vorkommenden Unordnungen derart sind, daß die Ruhe oder öffentliche Ordnung am Lande oder im Hafen dadurch gestört wird, oder wenn ein Bewohner des Landes oder eine nicht zur Schiffsbesatzung gehörige Person betheiligt ist.

In allen anderen Fällen haben die gedachten Behörden sich darauf zu beschränken, den Konsuln und Vizekonsuln oder Konsularagenten auf Verlangen Beistand zu gewähren, um eine in die Musterrolle eingetragene Person verhaften und an Bord zurückführen oder in Haft behalten zu lassen, sobald jene Beamten es für nothwendig erachten. Falls die Verhaftung aufrecht erhalten werden soll, so haben die gedachten Beamten in möglichst kurzer Frist davon den zuständigen Gerichtsbehörden eine amtliche Mittheilung zu machen.

Artikel XII. Die Generalkonsuln, Konsuln, Vizekonsuln oder Konsularagenten können diejenigen Seeleute und jede andere, irgendwie zur Besatzung der Schiffe ihres Landes gehörige Person, deren Desertion auf dem Gebiete des einen der Hohen vertragschließenden Theile selbst stattgefunden hat, verhaften und an Bord oder in ihre Heimath zurücksenden lassen.

Zu diesem Zwecke haben sie sich schriftlich an die zuständigen Beamten zu wenden und durch Vorlegung der Schiffsregister oder Musterrollen im Original oder in vorschriftsmäßig beglaubigtem Auszuge oder anderer amtlicher Schriftstücke, oder, wenn das Schiff schon abgegangen ist, durch Vorlegung einer beglaubigten Abschrift oder eines beglaubigten Auszuges dieser Schriftstücke nachzuweisen, daß die reklamirten Personen wirklich zur Schiffsmannschaft gehörten. Auf einen in dieser Art begründeten Antrag darf die Auslieferung der Deserteure nicht verweigert werden.

Auch soll den gedachten Konsularbehörden jeder Beistand und jede Hülfe behufs Aufsuchung und Verhaftung solcher Deserteure gewährt werden; letztere sollen auf schriftlichen Antrag und auf Kosten der Konsularbehörde so lange in Gewahrsam gehalten werden, bis sie an Bord des Schiffes, zu dem sie gehören, zurückgebracht werden, oder bis sich eine Gelegenheit findet, sie heimzusenden.

Sollte jedoch diese Gelegenheit innerhalb zweier Monate, vom Tage der Verhaftung an gerechnet, sich nicht darbieten, oder sollten die Kosten der Gefangenhaltung nicht regelmäßig berichtigt werden, so sollen die gedachten Deserteure in Freiheit gesetzt werden, ohne aus demselben Grunde wieder verhaftet werden zu können.

Sollte der Deserteur am Lande ein Verbrechen oder ein Vergehen begangen haben, so kann die Lokalbehörde die Auslieferung aussetzen, bis das Gericht die Entscheidung gefällt hat und diese vollständig vollstreckt worden ist.

Die Hohen vertragschließenden Theile sind darüber einverstanden, daß Seeleute oder andere Personen der Schiffsbesatzung, welche Angehörige des Landes sind, in welchem die Desertion stattfindet, von den Bestimmungen dieses Artikels ausgenommen sind.

Artikel XIII. Falls nicht Verabredungen zwischen Rhedern, Befrachtern und Versicherern entgegenstehen, werden die von Schiffen beider Länder in See erlittenen Havereien, sei es, daß die Schiffe die betreffenden Häfen freiwillig oder als Nothhafen aufsuchen, jederzeit von den Generalkonsuln, Konsuln, Vizekonsuln oder Konsularagenten ihres Landes geregelt, es sei denn, daß Angehörige des Landes, in welchem die gedachten Beamten ihren Sitz haben, oder Angehörige einer dritten Macht bei den Havereien betheiligt sind; im letzteren Falle sollen sie in Ermangelung einer gütlichen Einigung zwischen allen Betheiligten von der Lokalbehörde geregelt werden.

Artikel XIV. Wenn ein Schiff, welches der Regierung oder den Angehörigen eines der Hohen vertragschließenden Theile gehört, an den Küsten des anderen Theiles Schiffbruch leidet oder strandet, so sollen die Lokalbehörden den dem Orte des Unfalls nächsten Generalkonsul, Konsul, Vizekonsul oder Konsularagenten so schleunig als möglich davon benachrichtigen.

Alle Rettungsmaßregeln bezüglich deutscher, in den griechischen Territorialgewässern gescheiterter oder gestrandeter Schiffe sollen nach Maßgabe der Landesgesetze erfolgen, und entsprechend sollen alle Rettungsmaßregeln bezüglich griechischer, in den deutschen Territorialgewässern gescheiterter oder gestrandeter Schiffe nach Maßgabe der Landesgesetze erfolgen.

Der Generalkonsul, Konsul, Vizekonsul oder Konsularagent hat in beiden Ländern nur einzuschreiten, um die auf die Ausbesserung und Wiederverproviantirung oder eintretendenfalls auf den Verkauf der an der Küste gestrandeten oder gescheiterten Schiffe, sowie der geretteten Waaren oder sonstigen Ladung bezüglichen Maßregeln zu überwachen.

Für das Einschreiten der Lokalbehörden bei der Bergung dürfen keine anderen Kosten erhoben werden, als diejenigen, welche die Vornahme der Bergung und die Aufbewahrung der geretteten Gegenstände erforderlich gemacht haben, sowie diejenigen, welche in gleichem Falle die nationalen Schiffe zu entrichten haben würden.

Bestehen Zweifel über die Nationalität eines gescheiterten oder gestrandeten Schiffes, so sind alle vorstehend erwähnten Maßregeln ausschließlich von den Lokalbehörden zu ergreifen.

Die geborgenen Waaren und Effekten sollen der Entrichtung irgend einer Zollabgabe nicht unterworfen sein, sofern sie nicht in den inneren Verbrauch übergehen.

Artikel XV. Verstirbt ein Deutscher in Griechenland oder ein Grieche in Deutschland an einem Orte, an welchem ein Generalkonsul, Konsul oder Vizekonsul der Nation des Verstorbenen seinen Amtssitz hat, oder wenigstens in der Nähe dieses Ortes, so sollen die Lokalbehörden der Konsularbehörde hiervon unverzüglich Nachricht geben.

In gleicher Weise soll die Konsularbehörde, wenn sie zuerst von dem Todesfall Kenntniß erhält, die Lokalbehörden mit Nachricht versehen.

Die Konsularbehörde soll das Recht haben, von Amtswegen oder auf Antrag der betheiligten Parteien alle Effekten, Mobilien und Papiere des Verstorbenen unter Siegel zu legen, indem sie zuvor von dieser Amtshandlung die zuständige Lokalbehörde benachrichtigt, welche derselben beiwohnen und ebenfalls ihre Siegel anlegen kann.

Die beiderseits angelegten Siegel dürfen ohne Mitwirkung der Lokalbehörde nicht abgenommen werden.

Sollte jedoch die Lokalbehörde auf eine von der Konsularbehörde an sie ergangene Einladung der Abnahme der beiderseits angelegten Siegel beizuwohnen innerhalb achtundvierzig Stunden, vom Empfange der Einladung an gerechnet, sich nicht eingefunden haben, so kann die Konsularbehörde allein zu der gedachten Amtshandlung schreiten.

Die Konsularbehörde soll nach Abnahme der Siegel ein Verzeichniß aller Habe und Effekten des Verstorbenen aufnehmen und zwar in Gegenwart der Lokalbehörde, wenn diese in Folge der vorerwähnten Einladung jener Amtshandlung beigewohnt hatte.

Die Lokalbehörde soll den in ihrer Gegenwart aufgenommenen Protokollen ihre Unterschrift beifügen, ohne daß sie für ihre amtliche Mitwirkung bei diesen Amtshandlungen Gebühren irgend welcher Art beanspruchen kann.

Artikel XVI. Die zuständigen Behörden sollen die in dem Lande gebräuchlichen oder durch die Gesetze desselben vorgeschriebenen Bekanntmachungen bezüglich der Eröffnung des Nachlasses und des Aufrufs der Erben oder Gläubiger erlassen und diese Bekanntmachungen der Konsularbehörde mittheilen, unbeschadet der Bekanntmachungen, welche in gleicher Weise von dieser etwa erlassen werden.

Artikel XVII. Die Konsularbehörde kann alle beweglichen Nachlaßgegenstände, welche dem Verderben ausgesetzt sind, und alle diejenigen, deren Aufbewahrung in natura dem Nachlaß erhebliche Kosten verursachen würde, unter Beobachtung der durch die Gesetze und Gebräuche des Landes ihres Amtssitzes vorgeschriebenen Formen öffentlich versteigern lassen.

Artikel XVIII. Die Konsularbehörde hat die inventarisirten Effekten und Werthgegenstände, den Betrag der eingezogenen Forderungen und erhaltenen Einkünfte, sowie den Erlös aus dem etwa stattgehabten Verkauf der Mobilien als ein Depositum, welches den Landesgesetzen unterworfen bleibt, bis zum Ablauf einer Frist von sechs Monaten, von dem Tage der letzten Bekanntmachung, welche die Lokalbehörde hinsichtlich der Eröffnung des Nachlasses erlassen hat, an gerechnet, oder, falls von der Lokalbehörde keine Bekanntmachung erlassen worden ist, bis zum Ablauf einer Frist von acht Monaten, von dem Todestage an gerechnet, zu verwahren.

Die Konsularbehörde soll jedoch die Befugniß haben,

die Kosten der letzten Krankheit und der Beerdigung des Verstorbenen, den Lohn der Dienstboten, Miethszins, Gerichts- und Konsulatskosten und Kosten ähnlicher Art, sowie etwaige Ausgaben für den Unterhalt der Familie des Verstorbenen aus dem Erlös des Nachlasses sofort vorweg zu entnehmen.

Artikel XIX. Vorbehaltlich der Bestimmungen des vorhergehenden Artikels soll der Konsul das Recht haben, hinsichtlich des beweglichen oder unbeweglichen Nachlasses des Verstorbenen alle Sicherungsmaßregeln zu treffen, welche er im Interesse der Erben für zweckmäßig erachtet. Er kann denselben entweder persönlich oder durch von ihm erwählte und in seinem Namen handelnde Vertreter verwalten, und er soll das Recht haben, sich alle dem Verstorbenen zugehörigen Werthgegenstände, die sich in öffentlichen Kassen oder bei Privatpersonen in Verwahrung befinden sollten, ausliefern zu lassen.

Artikel XX. Wenn während der im Artikel XVIII erwähnten Frist über etwaige Ansprüche von Landesangehörigen oder Unterthanen einer dritten Macht gegen den beweglichen Theil des Nachlasses Streit entstehen sollte, so steht die Entscheidung über diese Ansprüche, sofern sie nicht auf einem Erbanspruche oder Vermächtniß beruhen, ausschließlich den Landesgerichten zu.

Falls der Bestand des Nachlasses zur unverkürzten Bezahlung der Schulden nicht ausreichen sollte, sollen die Gläubiger, sofern die Gesetze des Landes dieses gestatten, bei der zuständigen Lokalbehörde die Eröffnung des Konkurses beantragen können. Nach erfolgter Konkurseröffnung sollen alle Schriftstücke, Effekten oder Werthe der Nachlaßmasse der zuständigen Lokalbehörde oder den Verwaltern der Konkursmasse überliefert werden, wobei die Konsularbehörde mit der Wahrnehmung der Interessen ihrer Landesangehörigen betraut bleibt.

Artikel XXI. Mit Ablauf der im Artikel XVIII festgesetzten Frist soll, wenn keine Forderung gegen den Nachlaß vorliegt, die Konsularbehörde, nachdem alle dem Nachlasse zur Last fallenden Kosten und Rechnungen nach den im Lande geltenden Tarifen berichtigt worden sind, endgültig in den Besitz des Nachlasses gelangen, welchen sie liquidiren und den Berechtigten überweisen soll, ohne daß sie anderweit, als ihrer eigenen Regierung Rechnung abzulegen hat.

Artikel XXII. In allen Fragen, zu denen die Eröffnung, die Verwaltung und die Liquidirung der Nachlässe von Angehörigen eines der beiden Länder in dem anderen Lande Anlaß geben können, vertreten die betreffenden Generalkonsuln, Konsuln und Vizekonsuln die Erben von Rechtswegen und sind amtlich als die Bevollmächtigten derselben anzuerkennen, ohne daß sie verpflichtet wären, ihren Auftrag durch eine besondere Urkunde nachzuweisen.

Sie sollen demgemäß in Person oder durch Vertreter, welche sie aus den landesgesetzlich dazu befugten Personen erwählt haben, vor den zuständigen Behörden auftreten können, um in jeder sich auf den Nachlaß beziehenden Angelegenheit die Interessen der Erben wahrzunehmen, indem sie deren Rechte geltend machen oder sich auf die gegen dieselben erhobenen Ansprüche einlassen.

Sie sind jedoch verpflichtet, zur Kenntniß der Testamentsvollstrecker, wenn solche vorhanden sind, oder der gegenwärtigen oder vorschriftsmäßig vertretenen Erben jeden Anspruch zu bringen, welcher bei ihnen gegen die Nachlaßmasse erhoben sein sollte, damit die Vollstrecker oder die Erben ihre etwaigen Einreden dagegen erheben können.

Sie sollen gleichfalls die Vormundschaft oder Kuratel über ihre Landesangehörigen für alles auf die Nachlaßregelung Bezügliche in Gemäßheit der Gesetze ihres Landes einleiten können.

Es versteht sich jedoch von selbst, daß die Generalkonsuln, Konsuln und Vizekonsuln, da sie als Bevollmächtigte ihrer Landesangehörigen betrachtet werden, niemals wegen irgend einer die Succession betreffenden Angelegenheit persönlich gerichtlich in Anspruch genommen werden dürfen.

Artikel XXIII. Das Erbrecht, sowie die Theilung des Nachlasses des Verstorbenen richten sich nach den Gesetzen seines Landes.

Alle Ansprüche, welche sich auf Erbrecht und Nachlaßtheilung beziehen, sollen durch die Gerichtshöfe oder zuständigen Behörden desselben Landes entschieden werden und in Gemäßheit der Gesetze dieses Landes.

Artikel XXIV. Wenn ein Deutscher in Griechenland oder ein Grieche in Deutschland an einem Orte verstirbt, wo eine Konsularbehörde seiner Nation nicht vorhanden ist, so hat die zuständige Lokalbehörde nach Maßgabe der Landesgesetze zur Anlegung der Siegel und zur Verzeichnung des Nachlasses zu schreiten. Beglaubigte Abschriften der darüber aufgenommenen Verhandlungen sind nebst der Todesurkunde und den die Staatsangehörigkeit des Verstorbenen darthuenden Schriftstücken binnen kürzester Frist der dem Nachlaßorte nächsten Konsularbehörde zu übersenden.

Die zuständige Lokalbehörde soll hinsichtlich des Nachlasses des Verstorbenen alle durch die Landesgesetze vorgeschriebenen Maßregeln treffen, und der Bestand des Nachlasses ist in möglichst kurzer Frist nach Ablauf der im Artikel XVIII bestimmten Frist den gedachten Konsularbeamten zu übermitteln.

Es versteht sich von selbst, daß von dem Augenblicke an, wo der zuständige Konsularbeamte erschienen sein oder einen Vertreter an Ort und Stelle geschickt haben sollte, die Lokalbehörde, welche etwa eingeschritten ist, sich nach den in den vorstehenden Artikeln enthaltenen Vorschriften zu richten haben wird.

Artikel XXV. Die Bestimmungen des gegenwärtigen Vertrages sollen in gleicher Weise auf den Nachlaß eines Angehörigen eines der beiden Staaten Anwendung finden, der, außerhalb des Gebiets des anderen Staates verstorben, dort bewegliches oder unbewegliches Vermögen hinterlassen haben sollte.

Artikel XXVI. Die Generalkonsuln, Konsuln, Vizekonsuln oder Konsularagenten sind ausschließlich beauftragt mit der Inventarisirung und den anderen zur Erhaltung und Liquidirung erforderlichen Amtshandlungen bei Nachlässen von Seeleuten, Passagieren und sonstigen Reisenden ihres Landes, welche in dem anderen Lande, sei es am Bord eines Schiffes, sei es am Lande, gestorben sind.

Artikel XXVII. Die Generalkonsuln, Konsuln und ihre Kanzler oder Sekretäre, sowie die Vizekonsuln und Konsularagenten sollen in beiden Staaten aller Befreiungen, Vorrechte, Immunitäten und Privilegien theilhaftig sein, welche den Beamten gleichen Grades der meistbegünstigten Nation zustehen.

Artikel XXVIII. Der gegenwärtige Vertrag soll während zehn Jahren, vom Tage der Auswechselung der Ratifikationen an gerechnet, in Kraft bestehen. Wenn ein Jahr vor Ablauf dieses Zeitraums keiner der Hohen vertragschließenden Theile dem anderen durch eine amtliche Erklärung seine Absicht kund giebt, die Wirksamkeit des Vertrages aufhören zu lassen, so soll derselbe noch ein Jahr verbindlich bleiben und ebenso weiter, bis zwölf Monate von der Kündigung ab verflossen sind.

Artikel XXIX. Der gegenwärtige Vertrag soll ratifizirt und die Ratifikationen sollen in Berlin so bald als möglich ausgewechselt werden.

Derselbe soll einen Monat nach der Auswechselung der Ratifikationen in Kraft treten.

Von diesem Zeitpunkte an treten die auf die Rechte, Privilegien und Befugnisse der Konsuln bezüglichen Bestimmungen der früher zwischen einzelnen Staaten des Deutschen Reichs und Griechenland abgeschlossenen Verträge außer Kraft.

Zu Urkund dessen haben die beiderseitigen Bevollmächtigten den gegenwärtigen Vertrag unterzeichnet und ihre Siegel beigedrückt.

55) Konsularvertrag zwischen dem Deutschen Reich und Serbien. Vom 6. Januar 1883. (RGB. 62.)

Seine Majestät der Deutsche Kaiser, König von Preußen, und Seine Majestät der König von Serbien, von dem Wunsche geleitet, die Rechte, Privilegien und Befugnisse der wechselseitig in den betreffenden Staaten zugelassenen deutschen und serbischen Generalkonsuln, Konsuln, Vizekonsuln, Konsularagenten, Kanzler und Sekretäre zu regeln, haben beschlossen, einen Konsularvertrag abzuschließen, und zu diesem Behufe zu Ihren Bevollmächtigten ernannt: — —

welche, nach Mittheilung ihrer in guter und gehöriger Form befundenen Vollmachten, über nachstehende Artikel übereingekommen sind:

Artikel I. Jeder der Hohen vertragschließenden Theile kann in den Städten oder Handelsplätzen des Gebiets des anderen Theiles Generalkonsuln, Konsuln, Vizekonsuln oder Konsularagenten bestellen. Beide Theile behalten sich jedoch das Recht vor, einzelne Orte zu bezeichnen, welche auszunehmen sie für angemessen erachten, wobei vorausgesetzt wird, daß dieser Vorbehalt gleichmäßig allen Mächten gegenüber Anwendung findet.

Die Generalkonsuln, Konsuln, Vizekonsuln und Konsularagenten treten ihre Thätigkeit an, sobald sie von der Regierung des Landes, in welchem ihnen ihr Amtssitz angewiesen ist, in den dort üblichen Formen zugelassen und anerkannt worden sind.

Das Exequatur soll ihnen kostenfrei ertheilt werden.

Artikel II. Die Generalkonsuln, Konsuln und ihre Kanzler oder Sekretäre, sowie die Vizekonsuln oder Konsularagenten, welche Angehörige der Staates sind, der sie ernannt hat, sollen von der Militäreinquartierung und den Militärlasten überhaupt, von den direkten, Personal-, Mobiliar- und Luxussteuern befreit sein, mögen solche vom Staate oder von den Gemeinden auferlegt sein, es sei denn, daß sie Grundbesitz haben, Handel oder irgend ein Gewerbe betreiben, in welchen Fällen sie denselben Taxen, Lasten und Steuern unterworfen sein sollen, welche die sonstigen Einwohner des Landes als Grundeigenthümer, Kaufleute oder Gewerbetreibende zu entrichten haben.

Sie dürfen weder verhaftet, noch gefänglich eingezogen werden, ausgenommen für solche Handlungen, welche die Strafgesetzgebung des Staates, in welchem sie ihren Amtssitz haben, als Verbrechen bezeichnet und als solche bestraft. Sind sie Handeltreibende, so kann wegen Verbindlichkeiten aus Handelsgeschäften Schuldhaft gegen sie verhängt werden. Im Falle der Verhaftung eines Konsularbeamten soll die Gesandtschaft seines Landes hiervon sofort durch die Regierung desjenigen Landes, in welchem die Verhaftung stattgefunden hat, in Kenntniß gesetzt werden.

Artikel III. Die Konsularbeamten sind verbunden, vor Gericht Zeugniß abzulegen, wenn die Landesgerichte solches für erforderlich halten. Doch soll die Gerichtsbehörde in diesem Falle sie mittelst amtlichen Schreibens ersuchen, vor ihr zu erscheinen.

Für den Fall der Behinderung der gedachten Beamten soll, wenn dieselben Angehörige des Staates sind, welcher sie ernannt hat, die Gerichtsbehörde sich in ihre Wohnung begeben, um sie mündlich zu vernehmen oder unter Beobachtung der einem jeden der beiden Staaten eigenthümlichen Förmlichkeiten ihr schriftliches Zeugniß verlangen. Die betreffenden Beamten haben dem Verlangen der Behörde in der ihnen bezeichneten Frist zu entsprechen und derselben ihre Aussage schriftlich, mit ihrer Unterschrift und ihrem amtlichen Siegel versehen, zuzustellen.

Artikel IV. Die Generalkonsuln, Konsuln, Vizekonsuln und Konsularagenten können an dem Konsulatsgebäude das Nationalwappen mit der Umschrift: „Generalkonsulat, Konsulat, Vizekonsulat oder Konsularagentur von . . . .“ anbringen und die Nationalflagge auf dem Konsulatsgebäude aufziehen.

Es versteht sich von selbst, daß diese äußeren Abzeichen niemals werden so aufgefaßt werden dürfen, als begründeten sie ein Asylrecht.

Artikel V. Die Konsulatsarchive sind jederzeit unverletzlich und die Landesbehörden dürfen unter keinem Vorwande und in keinem Falle die zu den Archiven gehörigen Dienstpapiere einsehen oder mit Beschlag belegen.

Die Dienstpapiere müssen stets von den das etwaige kaufmännische Geschäft oder Gewerbe des Konsularbeamten betreffenden Büchern und Papieren vollständig gesondert sein.

Artikel VI. In Fällen der Behinderung, Abwesenheit oder des Todes von Generalkonsuln, Konsuln oder Vizekonsuln sollen die Kanzler und Sekretäre, sofern sie in dieser Eigenschaft den betreffenden Behörden bereits vorgestellt sind, von Rechtswegen befugt sein, einstweilig die konsularischen Amtsbefugnisse auszuüben, und sie sollen während dieser Zeit die Freiheiten und Privilegien genießen, welche nach diesem Vertrage damit verbunden sind.

Artikel VII. Die Generalkonsuln, Konsuln und Vizekonsuln können, sofern sie durch die Gesetzgebung des Staates, welcher sie ernannt hat, dazu befugt sind, vorbehaltlich der Zustimmung der Landesregierung, Konsularagenten in den Städten und Plätzen ihres Amtsbezirks ernennen.

Diese Agenten können ohne Unterschied aus Angehörigen beider Länder oder dritter Staaten gewählt werden. Sie erhalten eine Bestallung von dem Konsul, welcher sie ernannt hat und dessen Weisungen sie unterstellt sind. Die in diesem Vertrage verabredeten Privilegien und Befreiungen stehen vorbehaltlich der in den

Artikeln II und III vorgesehenen Ausnahmen auch ihnen zu.

Es wird besonders bemerkt, daß, wenn ein in einem der beiden Länder bestellter Konsularbeamter aus den Angehörigen dieses Landes erwählt wird, derselbe nach wie vor als Angehöriger des Staates betrachtet wird, dem er angehört, und daß er folgeweise den Gesetzen und Bestimmungen unterworfen bleibt, welche an seinem Amtssitze für die Landesangehörigen maßgebend sind; es soll jedoch dadurch die Ausübung seiner Amtsbefugnisse in keiner Weise gehindert, noch die Unverletzlichkeit der Konsulatsarchive gefährdet werden.

Artikel VIII. Die Generalkonsuln, Konsuln und Vizekonsuln oder Konsularagenten können in Ausübung der ihnen zuertheilten Amtsbefugnisse sich an die Behörden ihres Amtsbezirks wenden, um gegen jede Verletzung der zwischen beiden Theilen bestehenden Verträge oder Vereinbarungen und gegen jede den Angehörigen des Staates, der sie ernannt hat, zur Beschwerde gereichende Beeinträchtigung Einspruch zu erheben. Wenn ihre Vorstellungen durch diese Behörden nicht berücksichtigt werden, so können sie, in Ermangelung eines diplomatischen Vertreters genannten Staates, sich an die Zentralregierung des Landes wenden, in welchem sie ihren Amtssitz haben.

Artikel IX. Die Generalkonsuln, Konsuln und ihre Kanzler, sowie die Vizekonsuln und Konsularagenten haben das Recht, in ihrer Kanzlei sowohl als auch in der Wohnung der Betheiligten diejenigen Erklärungen aufzunehmen, welche die Reisenden, Handeltreibende und alle sonstigen Angehörigen des Staates, der sie ernannt hat, abzugeben haben.

Sie können außerdem, soweit sie nach den Gesetzen dieses Staates dazu ermächtigt sind, alle letztwilligen Verfügungen von Angehörigen des Staates, der sie ernannt hat, aufnehmen und beurkunden.

In gleicher Weise können sie alle anderen diese Angehörigen betreffenden Rechtshandlungen aufnehmen und beurkunden, sowie alle Rechtshandlungen, bei welchen neben solchen Angehörigen Angehörige oder sonstige Einwohner des Landes, in welchem sie ihren Amtssitz haben, betheiligt sind. Bezieht sich jedoch die Rechtshandlung auf eine Angelegenheit, welche in dem Staate ihres Amtssitzes zur Erledigung kommen soll, so sind die Konsularbeamten zur Aufnahme und Beurkundung nur berechtigt, wenn die fragliche Handlung nach den Gesetzen dieses Staates zu dem Geschäftskreise der daselbst zur Aufnahme und Beurkundung von Rechtshandlungen berufenen Beamten (in Deutschland der Notare) gehört. Auch muß die Handlung, falls sie die Bestellung einer Hypothek oder ein anderes Rechtsgeschäft hinsichtlich eines unbeweglichen Gegenstandes betrifft, welcher in dem Staate des Amtssitzes des Konsularbeamten belegen ist, in den durch die Gesetze dieses Staates vorgeschriebenen Formen und unter Beobachtung der sonstigen Bestimmungen dieser Gesetze abgefaßt werden.

Zur Aufnahme und Beurkundung von Rechtshandlungen, an welchen ausschließlich Angehörige des Staates, in welchem die Konsularbeamten ihren Amtssitz haben, oder eines dritten Staates betheiligt sind, sind diese Beamten nach Maßgabe der Gesetze des Staates, welcher sie ernannt hat, dann befugt, wenn die Rechtshandlungen in diesem Staate befindliche bewegliche oder unbewegliche Gegenstände oder Angelegenheiten betreffen, welche dort zur Erledigung kommen sollen.

Die Konsularbeamten können auch jede Art von Verhandlungen und Schriftstücken, welche von einer Behörde oder einem Beamten des Staates, der sie ernannt hat, ausgegangen sind, übersetzen und beglaubigen.

Alle vorerwähnten Urkunden, sowie die Abschriften, Auszüge oder Uebersetzungen solcher Urkunden sollen, wenn sie durch die gedachten Konsularbeamten vorschriftsmäßig beglaubigt und mit dem Amtssiegel der Konsularbehörde versehen sind, in jedem der beiden Staaten dieselbe Kraft und Geltung haben, als wenn sie vor einem Notar oder anderen öffentlichen oder gerichtlichen, in dem einen oder dem anderen der beiden Staaten zuständigen Beamten aufgenommen wären, mit der Maßgabe, daß sie dem Stempel, der Registrirung oder jeder anderen in dem Staate, in welchem sie zur Ausführung gelangen sollen, bestehenden Taxe oder Auflage unterworfen sind. Wenn gegen die Genauigkeit oder die Echtheit der Abschriften, Auszüge oder Uebersetzungen Zweifel erhoben werden, so soll die Konsularbehörde der zuständigen Landesbehörde auf

Verlangen die Urschrift behufs Vergleichung zur Verfügung stellen.

Artikel X. Die diplomatischen Vertreter, die Generalkonsuln, Konsuln und Vizekonsuln des Deutschen Reichs in Serbien haben, soweit sie von ihrer Regierung dazu ermächtigt sind, das Recht, daselbst bürgerlich gültige Eheschließungen von Angehörigen des Deutschen Reichs nach Maßgabe der Gesetze des letzteren vorzunehmen.

Artikel XI. Verstirbt ein Deutscher in Serbien oder ein Serbe in Deutschland an einem Orte, an welchem ein Generalkonsul, Konsul oder Vizekonsul der Nation des Verstorbenen seinen Amtssitz hat, oder wenigstens in der Nähe dieses Ortes, so soll die Ortsbehörde der Konsularbehörde hiervon unverzüglich Nachricht geben. In gleicher Weise soll die Konsularbehörde, wenn sie zuerst von dem Todesfalle Kenntniß erhält, die Ortsbehörde mit Nachricht versehen.

Die Konsularbehörde soll das Recht haben, von Amtswegen oder auf Antrag der betheiligten Parteien alle Effekten, Mobilien und Papiere des Verstorbenen unter Siegel zu legen, indem sie zuvor von dieser Amtshandlung die zuständige Ortsbehörde benachrichtigt, welche derselben beiwohnen und ebenfalls ihre Siegel anlegen kann.

Die beiderseits angelegten Siegel dürfen ohne Mitwirkung der Ortsbehörde nicht abgenommen werden.

Sollte jedoch diese letztere auf eine von der Konsularbehörde an sie ergangene Einladung, der Abnahme der beiderseits angelegten Siegel beizuwohnen, innerhalb achtundvierzig Stunden, vom Empfange der Einladung an gerechnet, sich nicht eingefunden haben, so kann die Konsularbehörde allein zu der gedachten Amtshandlung schreiten.

Die Konsularbehörde soll nach Abnahme der Siegel ein Verzeichniß aller Habe und Effekten des Verstorbenen aufnehmen und zwar in Gegenwart der Ortsbehörde, wenn diese in Folge der vorerwähnten Einladung jener Amtshandlung beigewohnt hatte.

Die Ortsbehörde soll den in ihrer Gegenwart aufgenommenen Protokollen ihre Unterschrift beifügen, ohne daß sie für ihre amtliche Mitwirkung bei diesen Amtshandlungen Gebühren irgend welcher Art beanspruchen kann.

Artikel XII. Die zuständigen Landesbehörden sollen die in dem Lande gebräuchlichen oder durch die Gesetze desselben vorgeschriebenen Bekanntmachungen bezüglich der Eröffnung des Nachlasses und des Aufrufs der Erben oder Gläubiger erlassen und diese Bekanntmachungen der Konsularbehörde mittheilen, unbeschadet der Bekanntmachungen, welche in gleicher Weise von dieser etwa erlassen werden.

Artikel XIII. Die Konsularbehörde kann alle beweglichen Nachlaßgegenstände, welche dem Verderben ausgesetzt sind, und alle diejenigen, deren Aufbewahrung dem Nachlasse erhebliche Kosten verursachen würde, unter Beobachtung der durch die Gesetze und Gebräuche des

Landes ihres Amtssitzes vorgeschriebenen Formen öffentlich versteigern lassen.

Artikel XIV. Die Konsularbehörde hat die inventarisirten Effekten und Werthgegenstände, den Betrag der eingezogenen Forderungen und erhaltenen Einkünfte, sowie den Erlös aus dem etwa stattgehabten Verkauf von Nachlaßgegenständen als ein Depositum, welches den Landesgesetzen unterworfen bleibt, bis zum Ablauf einer Frist von sechs Monaten, von dem Tage der letzten Bekanntmachung, welche die Ortsbehörde hinsichtlich der Eröffnung des Nachlasses erhalten hat, an gerechnet, oder, falls von der Ortsbehörde keine Bekanntmachung erlassen worden ist, bis zum Ablauf einer Frist von acht Monaten, von dem Todestage an gerechnet, zu verwahren.

Die Konsularbehörde soll jedoch die Befugniß haben, die Kosten der letzten Krankheit und der Beerdigung des Verstorbenen, den Lohn der Dienstboten, Miethszins, Gerichts- und Konsulatskosten und Kosten ähnlicher Art, sowie unbeschadet der Ansprüche sonstiger Gläubiger etwaige Ausgaben für den Unterhalt der Familie des Verstorbenen aus dem Erlös des Nachlasses sofort vorweg zu entnehmen.

Artikel XV. Vorbehaltlich der Bestimmungen des vorhergehenden Artikels soll der Konsularbeamte das Recht haben, hinsichtlich des beweglichen oder unbeweglichen Nachlasses des Verstorbenen alle Sicherungsmaßregeln zu treffen, welche er im Interesse der Erben für zweckmäßig erachtet. Er kann denselben entweder persönlich oder durch von ihm erwählte und in seinem Namen handelnde Vertreter verwalten, und er soll das Recht haben, sich alle dem Verstorbenen zugehörigen Werthgegenstände, die sich in öffentlichen Kassen oder bei Privatpersonen in Verwahrung befinden sollten, ausliefern zu lassen.

Artikel XVI. Wenn während der im Artikel XIV erwähnten Frist über etwaige Ansprüche von Landesangehörigen oder Unterthanen einer dritten Macht gegen den Nachlaß Streit entstehen sollte, so steht die Entscheidung über diese Ansprüche, sofern sie nicht auf einem Erbanspruche oder Vermächtnisse beruhen, ausschließlich den Landesgerichten zu.

Falls der Bestand des Nachlasses zur unverkürzten Bezahlung der Schulden nicht ausreichen sollte, sollen die Gläubiger, sofern die Gesetze des Landes dieses gestatten, bei der zuständigen Ortsbehörde die Eröffnung des Konkurses beantragen können. Nach erfolgter Konkurseröffnung sollen alle Schriftstücke, Effekten oder Werthe der Nachlaßmasse der zuständigen Ortsbehörde oder den Verwaltern der Konkursmasse überliefert werden, wobei die Konsularbehörde mit der Wahrnehmung der Interessen ihrer Landesangehörigen und insbesondere der Vertretung derjenigen, welche abwesend, minderjährig oder sonst zur eigenen Vertretung unfähig sind, betraut bleibt.

Artikel XVII. Mit Ablauf der im Artikel XIV festgesetzten Frist soll, wenn keine Forderung gegen den Nachlaß vorliegt, die Konsularbehörde, nachdem alle dem Nachlasse zur Last fallenden Kosten und Rechnungen nach Maßgabe der Landesgesetze berichtigt worden sind, endgültig in den Besitz des Nachlasses gelangen, welchen sie liquidiren und den Berechtigten überweisen soll, ohne daß sie anderweit, als ihrer eigenen Regierung Rechnung abzulegen hat.

Artikel XVIII. In allen Fragen, zu denen die Eröffnung, die Verwaltung und die Liquidirung der Nachlässe von Angehörigen eines der beiden Staaten in dem anderen Staate Anlaß geben können, vertreten die betreffenden Generalkonsuln, Konsuln und Vizekonsuln die Erben von Rechtswegen und sind amtlich als die Bevollmächtigten derselben anzuerkennen, ohne daß sie verpflichtet wären, ihren Auftrag durch eine besondere Urkunde nachzuweisen.

Sie sollen demgemäß in Person oder durch Vertreter, welche sie aus den landesgesetzlich dazu befugten Personen erwählt haben, vor den zuständigen Behörden auftreten können, um in jeder sich auf den Nachlaß beziehenden Angelegenheit die Interessen der Erben wahrzunehmen, indem sie deren Rechte geltend machen oder sich auf die gegen dieselben erhobenen Ansprüche einlassen.

Sie sind jedoch verpflichtet, zur Kenntniß der Testamentsvollstrecker, wenn solche vorhanden sind, oder der gegenwärtigen oder vorschriftsmäßig vertretenen Erben jeden Anspruch zu bringen, welcher bei ihnen gegen die Nachlaßmasse erhoben sein sollte, damit die Vollstrecker oder die Erben ihre etwaigen Einreden dagegen erheben können.

Sie sollen gleichfalls die Vormundschaft oder Kuratel über die Angehörigen des Staates, der sie ernannt hat, für alles auf die Nachlaßregelung Bezügliche in Gemäßheit der Gesetze dieses Staates einleiten können.

Es versteht sich jedoch von selbst, daß die Generalkonsuln, Konsuln und Vizekonsuln, da sie als Bevollmächtigte ihrer Landesangehörigen betrachtet werden, niemals wegen irgend einer die Succession betreffenden Angelegenheit persönlich gerichtlich in Anspruch genommen werden dürfen.

Artikel XIX. Das Erbrecht, sowie die Theilung des Nachlasses des Verstorbenen richten sich nach den Gesetzen seines Landes.

Alle Ansprüche, welche sich auf Erbrecht und Nachlaßtheilung beziehen, sollen durch die Gerichtshöfe oder zuständigen Behörden desselben Landes entschieden werden und in Gemäßheit der Gesetze dieses Landes.

Artikel XX. Wenn ein Deutscher in Serbien oder ein Serbe in Deutschland an einem Orte verstirbt, wo eine Konsularbehörde seines Staates nicht vorhanden ist, so hat die zuständige Ortsbehörde nach Maßgabe der Landesgesetze zur Anlegung der Siegel und zur Verzeichnung des Nachlasses zu schreiten. Beglaubigte Abschriften der darüber aufgenommenen Verhandlungen sind nebst der Todesurkunde und den die Staatsangehörigkeit des Verstorbenen darthuenden

Schriftstücken binnen kürzester Frist der dem Nachlaßorte nächsten Konsularbehörde zu übersenden.

Die zuständige Ortsbehörde soll hinsichtlich des Nachlasses des Verstorbenen alle durch die Landesgesetze vorgeschriebenen Maßregeln treffen, und der Bestand des Nachlasses ist in möglichst kurzer Frist nach Ablauf der im Artikel XIV bestimmten Frist der gedachten Konsularbehörde zu übermitteln.

Es versteht sich von selbst, daß von dem Augenblicke an, wo der zuständige Konsularbeamte erschienen sein oder einen Vertreter an Ort und Stelle geschickt haben sollte, die Ortsbehörde, welche etwa eingeschritten ist, sich nach den in den vorstehenden Artikeln enthaltenen Vorschriften zu richten haben wird.

Artikel XXI. Erscheint ein Angehöriger eines der beiden Staaten an einem im Gebiete des anderen Staates eröffneten Nachlasse betheiligt, so soll, auch wenn der Erblasser Angehöriger des ersteren Staates war, die Ortsbehörde die nächste Konsularbehörde von der Eröffnung des Nachlasses unverzüglich in Kenntniß setzen.

Artikel XXII. Die Bestimmungen des gegenwärtigen Vertrages sollen in gleicher Weise auf den Nachlaß eines Angehörigen eines der beiden Staaten Anwendung finden, der, außerhalb des Gebiets des anderen Staates verstorben, dort bewegliches oder unbewegliches Vermögen hinterlassen haben sollte.

Artikel XXIII. Die Generalkonsuln, Konsuln, Vizekonsuln oder Konsularagenten sind ausschließlich beauftragt mit der Inventarisirung und den anderen zur Erhaltung und Liquidirung erforderlichen Amtshandlungen bei dem Nachlasse jedes Reisenden, welcher in dem Staate des Amtssitzes des gedachten Beamten gestorben ist und bei seinem Ableben dem anderen Staate angehörte.

Artikel XXIV. Die Generalkonsuln, Konsuln und ihre Kanzler oder Sekretäre, sowie die Vizekonsuln und Konsularagenten sollen in beiden Staaten aller Befreiungen, Vorrechte, Immunitäten und Privilegien theilhaftig sein, welche den Beamten gleichen Grades der meistbegünstigten Nation zustehen.

Artikel XXV. Seine Majestät der Deutsche Kaiser, König von Preußen, verzichtet auf die Ausübung der Vorrechte und Befreiungen, welche bisher den Angehörigen des Deutschen Reichs auf Grund der mit dem Ottomanischen Reich bestehenden Kapitulationen und in Gemäßheit des Artikels XXXVII des Berliner Vertrages vom 13. Juli 1878 in Serbien zustanden.

Die erwähnten Kapitulationen bleiben jedoch auch fernerhin hinsichtlich aller gerichtlichen Angelegenheiten in Anwendung, welche sich auf die Verhältnisse von Angehörigen des Deutschen Reichs zu Angehörigen solcher Mächte beziehen, die auf die ihnen nach den Kapitulationen zukommenden Vorrechte und Befreiungen nicht verzichten, mit Ausnahme des Falles, daß diese gerichtlichen Angelegenheiten in Serbien gelegene unbewegliche Güter betreffen.

Ueber die gegenseitige Auslieferung der Verbrecher

und Erledigung von Requisitionen in Strafsachen wird zwischen den Hohen vertragschließenden Theilen eine besondere Vereinbarung getroffen werden. Bis zum Inkrafttreten dieser Vereinbarung sollen dem Deutschen Reich in Serbien dieselben Rechte und Begünstigungen, welche seitens Serbiens einem anderen Staate durch derartige Vereinbarungen eingeräumt sind, oder in Zukunft eingeräumt werden, insoweit zustehen, als seitens des Deutschen Reichs im einzelnen Falle für gleichartige Fälle die Gegenseitigkeit an Serbien zugesichert wird.

Diejenigen zur Zeit in Serbien unter deutschem Schutze stehenden Personen, welche nicht Angehörige des Deutschen Reichs sind, sollen für ihre Lebenszeit in allen Beziehungen dieselben Rechte genießen, wie die Reichsangehörigen. Ein Verzeichniß dieser Personen wird der serbischen Regierung deutscherseits mitgetheilt werden.

Artikel XXVI. Der gegenwärtige Vertrag soll ratifizirt und die Ratifikationen sollen in Berlin so bald als möglich ausgewechselt werden.

Derselbe soll einen Monat nach der Auswechselung der Ratifikationen in Kraft treten und zehn Jahre, vom Tage des Inkrafttretens an gerechnet, in Wirksamkeit bleiben.

Wenn ein Jahr vor Ablauf dieses Zeitraums keiner der Hohen vertragschließenden Theile dem anderen durch eine amtliche Erklärung seine Absicht kund giebt, die Wirksamkeit dieses Vertrages aufhören zu lassen, so soll derselbe bis zum Ablauf eines Jahres von dem Tage ab in Geltung bleiben, an welchem der eine oder der andere der Hohen vertragschließenden Theile denselben gekündigt haben wird.

Zu Urkund dessen haben die beiderseitigen Bevollmächtigten den gegenwärtigen Vertrag unterzeichnet und ihre Siegel beigedrückt.

So geschehen zu Berlin, den 6. Januar 1883.

Der vorstehende Vertrag ist ratifizirt worden und die Auswechselung der Ratifikationen hat zu Berlin am 25. Mai 1883 stattgefunden.

56) Handelsvertrag des Zollvereins mit der Türkei v. 20. März 1862 (Pr. GS. 1863, Nr. 13). (Vgl. den Staatsvertrag des Deutschen Reiches mit der Türkei d. d. London 13. März 1871 (RGB. Nr. 22 und Preußens d. d. Paris 30. März 1856 (Pr. GS. 1856, Nr. 36). [1])

Article I. Tous les points des stipulations commerciales précédentes entre la Prusse et la Sublime Porte, et nommément toutes les stipulations du traité d'amitié et de commerce du 22 Mars 1761 (vieux style) autant qu'ils ne se trouvent pas en

[1]) Die sub Ziff. 55—64, 67, 68 mitgetheilten konsularrechtlichen Vorschriften sind nach dem Text der vom Auswärtigen Amt publizirten offiziellen Sammlung (Berlin 1878) zum Abdruck gebracht; die Ziff. 65, 66, 69—71, sowie die Zusatzkonvention zu Ziff. 57 (S. 505) nach der im RGB. enthaltenen deutschen Uebersetzung.

contradiction avec la présente convention, sont maintenus et confirmés pour toujours et demeurent étendus, avec les droits et obligations qui en résultent, à tous les autres Etats, Membres de l'Association de douanes et de commerce Allemande......

Article XIV. Les marchandises introduites en contrebande seront passibles de confiscation au profit du trésor Ottoman, pourvu que la fraude soit dûment et légalement prouvée et qu'un procès-verbal du fait de contrebande soit dressé et communiqué sans délai à l'autorité consulaire du sujet étranger, auquel appartiendront les marchandises confisquées.

Article XV. Il demeure entendu que les Gouvernements des Etats du Zollverein ne prétendent, par aucun des articles du présent traité, stipuler au delà du sens naturel et précis des termes employés, ni entraver en aucune manière le Gouvernement de Sa Majesté Impériale le Sultan dans l'exercice de Ses droits d'administration intérieure, en tant toutefois que ces droits ne porteront pas une atteinte manifeste aux stipulations des anciens traités et aux privilèges accordés par la présente convention aux sujets des Etats du Zollverein ou à leurs propriétés.

Article XVI. Il est convenu que le présent traité qui, une fois ratifié, sera substitué à la convention de commerce du $\frac{\text{dix}}{\text{vingt-deux}}$ Octobre Mil-Huit-Cent-Quarante, sera valable pour vingt-huit ans. Chacun des Etats contractants se réserve la faculté de proposer au bout de la quatorzième et de la vingt et unième année les modifications que l'expérience aurait suggérées.

Les stipulations arrêtées par la présente convention seront exécutables dans toutes les parties de l'Empire Ottoman......

Der vorgedachte Freundschafts- und Handels-Vertrag zwischen Preußen und der Hohen Pforte vom 22. März 1761 (alten Styls) *) enthält folgende konsularrechtliche Bestimmungen:

Art. I. ..... Se una Nave Prussiana naufragasse nei Porti e Scale dell' Imperio Ottomanno, i Gubernatori, Giudici ed Officiali di quel luogo abbiano cura di custodirla d'ogni atto d'ostilita, e quelle robbe, mercanzie ed abiti che si salveranno del naufragio, procurino di consegnare a quelli Consoli Prussiani, che si troveranno in quelle vicinanze per esser restituiti al loro proprietarii e

Uebersetzung.

Art. I. ..... Si quelques navires Prussiens faisoient naufrage dans les ports et échelles de l'Empire Ottoman, les Gouverneurs, Juges et Officiers du lieu auront soin de les garantir de tout acte d'hostilité et de consigner tous les biens et marchandises sauvées du naufrage à ceux des Consuls Prussiens qui se trouveront dans le voisinage, pour être restituées à leurs propriétaires, sans

*) Ausgefertigt in Italienischer und Türkischer Sprache.

per questa raggione, non si havrà a domandar, niente fuor che la solita paga di quelli che serviranno e gli transporteranno, e se tale cose saranno depredate s'abbia da ritrocarle e ritrovarle, e perfettamente consegnarle e restituirle.

que pour cette raison on puisse demander autre chose que le payement ordinaire pour ceux qui ont servi à les sauver et transporter, et si telles choses venoient à être enlevées on tâchera de les reprendre et de les retrouver, et elles seront consignées et restituées en entier.

Art. III. ..... I Mercanti Prussiani, che porteranno o riporteranno robbe colle loro Navi, per quelle cose, che secondo l'antico uso si paga dritto di Dogana, abbiano a pagare secondo l'usanza agli Ambassiadori e Consoli Prussiani compitamente quel dritto, que si chiama Consolato.

Art. III. ..... Les marchands Prussiens, qui porteront ou remporteront des biens sur leurs navires, payeront duement aux Ambassadeurs et Consuls Prussiens le droit appellé Consolato pour ceux qui suivant l'ancien usage sont sujets au payement de la Douane.

Art. IV. ..... In tutta la Giurisdizzione della fulgida Porta, in ogni Scala Porto ed Isola dove si ritrovano Consoli, Vice-

Art. IV. ..... Dans toute la jurisdiction de la Sublime Porte dans chaque échelle, port et isle où il se trouve des Consuls,

Consoli e Dragomanni della parte delle altre amiche Potenze, abbiano anche gli Ambassiadori Prussiani a destinare Consoli, Vice-Consoli e Dragomanni, deponere quelli che vogliano, e constituire degli altri nel luogo loro, e per gli Ambassiadori che resideranno appresso la fulgida Porta, abbiano a servirsi de quatro Dragomanni e per quei luoghi che resideranno Consoli, uno Dragomanno, ed i Consoli, Vice-Consoli, Dragomanni e Viaggienti, loro Negozianti e la gente che sono della loro Nazione, siano immuni coll' istessa immunità, come i sono i sudditi delle altre amiche Potenze.

Art. V. Accadendo discordia trà Prussiani e loro suggetti, l'Ambassiadore overo i Consoli Prussiani secondo de loro regolo

Vice-Consuls et Dragomans de la part des autres Puissances amies, les Ministres Prussiens pourront aussi envoyer des Consuls, Vice-Consuls et Dragomans, les congédier et en constituer d'autres à leur place. Les Ministres qui résideront auprès de la Sublime Porte pourront se servir de quatre Dragomans et pour ces endroits où il résidera un Consul d'un Dragoman, et les Consuls, Vice-Consuls, Dragomans et Passagers, les Négocians et les autres sujets de leur Nation jouiront de la même immunité, dont jouissent les sujets des autres Puissances amies.

Art. V. S'il arrivait quelque dispute entre les Prussiens et leurs sujets, le Ministre ou les Consuls Prussiens décideront l'af-

decideranno l'affare, e sino che i Prussiani non demandino stessi essere giudicati, secondo giustizia Ottomanna, i giudici e gubernatori della fulgida Porta non potranno per forza intrigarsi con dire che loro gli volessero giudicare. I Consoli che resideranno nel Territorio Ottomanno, non siano messi in arresto ed ogni lite che avranno, si decidera nella Imperiale Residenza per mezzo dè'i loro Ambassiadori; le loro case non sieno sigillate, incercate, ne visitate ed accadendo qualche lite legale trà i sudditi della fulgida Porta a quelli di Prussia, si procederà ne'i Tribunali Ottomanni per mezzo dè'i loro Ambassiadori, Consoli overo Vice-Consoli ed anche per mezzo dè'i loro Dragomanni, e se un Maometano overo altro suddito

faire d'après leurs lois et tant que les Prussiens ne demandent pas eux-mêmes à être jugés par la Justice Ottomanne, les Juges et Gouverneurs de la Sublime Porte ne pourront s'ingérer par force à vouloir les juger. Les Consuls qui résideront dans le Territoire Ottoman ne seront pas mis aux arrêts, et tous les procès qu'ils auront se décideront dans la résidence Impériale par le secours de leurs Ministres. Leurs maisons seront exemtes de scellé, de recherche et de visite, et s'il s'élevait quelque procès entre les sujets de la Sublime Porte et ceux de la Prusse, on procédera dans les Tribunaux Ottomans avec assistance de leurs Ministres, Consuls ou Vice-Consuls et aussi par celui des Dragomans, et si quelque Mahométan ou autre sujet de la Sublime

della fulgida Porta farà presentar avanti il Tribunale qualche Prussiano o loro soggetto, mentre che non è presente uno dè'i loro Dragomanni overo Procuratori, non siino sforzati di respondere, e le lite che avranno i Consoli ò i loro Dragomanni passando il numero de quatro milla asperi, siano essaminati appresso la Residenza dell' Imperio Ottomanno, e toccante quelle cose che spettano la vendita, le compre e del danaro preso in prestito, accadendo qualche lite trà i Maometani overo altri sudditi della fulgida Porta e trà i Prussiani ò loro soggetti, mentre che non sia stromento legale overo qualche altre valida carte, non si assoltino i testimonii che si chiamano sforzati, ed accadendo qualche lite in quel istante, che è da partire qualche

Porte forçait quelques sujets Prussiens à comparaître devant le Tribunal dans un temps où aucun de leurs Dragomans ou Procureurs ne serait présent, ils ne seront point obligés de répondre; et si des procès des Consuls ou Dragomans surpassent la valeur de quatre mille aspres, ils seront examinés dans la résidence de l'Empire Ottoman. S'il arrivait quelque dispute entre les Mahométans ou autres sujets de la Sublime Porte et les Prussiens ou leurs sujets, touchant les causes qui concernent la vente, l'achat et les emprunts d'argent, et qu'il ne se trouve point d'Instrumens ou autres documens valides, on n'écoutera point les témoignages forcés; et s'il arrive quelque dispute au moment du départ de quelque vaisseau Prussien, elle

Vascello Prussiano, sia deciso senza dilazione, per mezzo del Console o del Dragomanno, e non sia arrestato, ne retardato in sua partenza, senza raggione, e se un Prussiano essendo indebitato overo colpevole, in caso che fuggira, un altro Prussiano mentre non essendo malfattore, non sia preso ne molestato, e se in quel luogo dove abita un Prussiano, si troverà il corpo di qualche huomo ucciso, se non si convincerà legalmente colpevole ser un Prussiano, non sarà molestato con domanda che si chiama prezzo di sangue.

sera décidée sans délai par le secours du Consul ou du Dragoman, et le vaisseau ne sera point arrêté ni retardé dans son départ sans raison; et si quelque Prussien endetté ou coupable prenait la fuite, un autre Prussien qui n'est pas coupable du délit ne sera pas saisi ni molesté, et si en quelque endroit où demeure un Prussien on trouve le corps de quelque homme tué, le Prussien ne sera pas molesté par la recherche appellée prezzo di sangue si l'on ne peut le convaincre légalement qu'il est coupable.

Art. VI. ..... E se qualcheduno Prussiano ò de loro sudditi, morira negli stati della folgida Porta, le loro robbe che resteranno doppo la loro morte, siino messe in pollere degli

Art. VI. ..... Lorsque quelque Prussien ou quelqu'un de ceux qui leur sont assujettis viendra à mourir dans les Etats de la Sublime Porte, leurs biens, qui resteront après leur

Ambassiadori o Consoli Prussiani, per esser restituiti à 'i loro eredi, e non ritrovandosi nessuno dè'i sopradetti, gli prendera il suo compagno, e non saranno molestati della parte dè'i giudici ed offiziali della fulgida Porta Ottomanna. In caso pero che non si trovi alcuno Prussiano in quel luogo dove accade la sua morte, le robbe rimasta se seriveranno, e tale carte sigillandosi con sigillo della parte de giudice di quel luogo, saranno messe in custodia le robbe e consignate senz' alcuno protesto a quella persona, che l'Ambassiadore di Prussia darà ordine d'andare a prendere: e non si domandera quel dritto legale che si chiama Resmikismet.....

mort, seront mis entre les mains des Ministres ou Consuls Prussiens pour être restitués à leurs héritiers, et s'il ne se trouvoit aucun Ministre ou Consul, ils seront délivrés à leurs compatriotes et ils ne seront pas molestés par les Juges et Officiers de la Sublime Porte Ottomanne. Si cependant il ne se trouvoit aucun sujet Prussien à l'endroit où le defunt est venu à mourir, on fera un Inventaire de ses biens qui sera scellé du sceau du Juge de ce lieu., et les biens seront remis et consignés sans difficulté à celui que le Ministre de Prusse enverra pour les prendre, et on ne demandera pas le droit appellé Resmikismet.....

57) **Freundschafts-, Handels- und Schifffahrts-Vertrag des Zollvereins mit der Argentinischen Republik.** Vom 19. September 1857 (Pr. GS. 1859, Nr. 31).

Artikel 9. — — — Verstirbt ein Unterthan oder Bürger eines der vertragenden Theile in den Gebieten oder Staaten des andern Theils ohne Testament oder letztwillige Verfügung, so soll der General-Konsul oder Konsul des Staates, welchem der Verstorbene angehörte, oder in Abwesenheit desselben dessen Stellvertreter, soweit die Gesetze des Landes dies gestatten, das Recht haben, an der Besitznahme, der Verwaltung und der gerichtlichen Liquidation der Verlassenschaft des Verstorbenen im Interesse der Gläubiger oder der gesetzlichen Erben Theil zu nehmen.

Entsteht hierbei eine Differenz über die Erbschaft oder über Eines oder Einige der Güter, aus denen sie besteht, oder über ein Guthaben oder eine Schuld der Erbschaft, und kann diese durch Schiedsrichter nicht geschlichtet werden, so fällt sie der Entscheidung der Gerichte des Landes anheim.

Artikel 11. Es soll jedem der vertragenden Theile freistehen, zum Schutze des Handels Konsuln zu bestellen, welche in den Staaten oder Gebieten des andern Theils residiren; bevor jedoch ein Konsul seine amtlichen Funktionen ausübt, soll derselbe in der gewöhnlichen Form Seitens der Regierung, an welche er gesendet worden, bestätigt und zugelassen werden, und ein jeder der vertragenden Theile kann nach eigenem Ermessen von der Residenz der Konsuln einzelne besondere Plätze ausschließen.

Die Archive und Dienstpapiere der Konsulate der vertragenden Theile sollen als unverletzlich betrachtet, und es soll kein öffentlicher Beamter und keine Ortsbehörde unter irgend einem Vorwande berechtigt sein, dieselben in Beschlag zu nehmen oder zu beeinträchtigen.

Die Konsuln der Argentinischen Konföderation sollen in den zum Zollverein gehörigen Staaten alle Vorrechte, Befreiungen und Abgabenfreiheiten genießen, welche den, den meistbegünstigten Nationen angehörigen Konsuln desselben Ranges gegenwärtig zugestanden sind, oder künftig werden zugestanden werden, und in gleicher Weise sollen die Konsuln der Zollvereinsstaaten in den Gebieten der Argentinischen Konföderation nach der strengsten Reziprozität alle Vorrechte, Befreiungen und Abgabenfreiheiten genießen, welche in der Argentinischen Konföderation den Konsuln der meistbegünstigten Nation gegenwärtig zugestanden sind oder künftig werden zugestanden werden.

Artikel 14. Der gegenwärtige Vertrag soll für die Dauer von acht Jahren, von dem Datum desselben an gerechnet, und dann ferner bis zum Ablaufe von zwölf Monaten bestehen, nachdem einer der vertragenden Theile dem Andern die Anzeige gemacht hat, daß es seine Absicht sei, denselben nicht weiter fortzusetzen, wobei jeder der vertragenden Theile sich das Recht vorbehält, dem andern Theile diese Anzeige bei Ablauf der gedachten achtjährigen Frist oder zu jeder späteren Zeit zu machen.

Und es wird hiermit zwischen ihnen vereinbart, daß mit Ablauf der zwölf Monate nach dem Empfang einer solchen Anzeige der gegenwärtige Vertrag und alle Bestimmungen desselben gänzlich aufhören und endigen sollen.

58) Freundschafts-, Handels- und Schiffahrts-Vertrag des Zollvereins mit China. Vom 2. September 1861 (Pr. GS. 1863, Nr. 15).

Artikel 4. Die kontrahirenden Deutschen Staaten sollen das Recht haben, einen General-Konsul und für jeden offenen Hafen oder jede dergleichen Stadt in China, für welche ihre Handelsinteressen es erheischen, einen Konsul, Vice-Konsul oder Konsular-Agenten zu ernennen.

Diese Beamten sollen mit der gebührenden Achtung von den Chinesischen Behörden behandelt werden und dieselben Privilegien und Vorrechte genießen, wie die Konsular-Beamten der meistbegünstigten Nation.

Im Falle der Abwesenheit eines Deutschen Konsular-Beamten sollen die Unterthanen der kontrahirenden Deutschen Staaten die Befugniß haben, sich an den Konsul einer befreundeten Macht, oder im Nothfalle auch an den Zolldirektor zu wenden, welcher es sich angelegen lassen sein soll, denselben die Vortheile dieses Vertrages zu sichern.

Artikel 5. Alle dienstlichen, von dem diplomatischen Agenten Seiner Majestät des Königs von Preußen oder von den Konsular-Beamten der kontrahirenden Deutschen Staaten an die Chinesischen Behörden gerichteten Mittheilungen sollen Deutsch geschrieben werden. Bis auf Weiteres sollen sie von einer Chinesischen Uebersetzung begleitet sein, aber unter der gegenseitigen Uebereinkunft, daß im Falle eine Verschiedenheit in der Bedeutung des Deutschen und Chinesischen Textes vorkommen sollte, die Deutschen Regierungen den im Deutschen Text ausgedrückten Sinn als den richtigen ansehen werden.

Desgleichen sollen die amtlichen Mittheilungen Chinesischer Behörden an den Gesandten Preußens oder die Konsuln der kontrahirenden Deutschen Staaten Chinesisch geschrieben werden, und wird dieser Text für die Chinesischen Behörden als der richtige gelten. Man ist übereingekommen, daß die Uebersetzungen niemals als beweisend angesehen werden sollen.

Was den gegenwärtigen Vertrag anbetrifft, so wird derselbe, um jede spätere Diskussion zu vermeiden, und mit Rücksicht darauf, daß die Französische Sprache unter allen Diplomaten Europa's bekannt ist, in Deutscher, Chinesischer und Französischer Sprache ausgefertigt werden. Alle diese Ausfertigungen haben denselben Sinn und dieselbe Bedeutung, aber der Französische Text wird als der Urtext des Vertrages angesehen werden, dergestalt, daß wenn eine verschiedene Auslegung des Deutschen und Chinesischen

Vertrages irgendwo stattfinden sollte, die Französische Ausfertigung entscheidend sein soll.

Artikel 8. Unterthanen der Deutschen kontrahirenden Staaten können auf eine Entfernung von hundert (100) li und auf einen Zeitraum von nicht mehr als fünf (5) Tagen in die Nachbarschaft der dem Handel offenen Häfen Ausflüge machen.

Diejenigen, welche sich in das Innere des Landes zu begeben wünschen, müssen mit Pässen versehen sein, die von den diplomatischen oder Konsular-Behörden ausgestellt und von der Chinesischen Lokal-Behörde visirt sind. Diese Pässe müssen auf Verlangen vorgezeigt werden.

Wenn Reisende oder Kaufleute, welche einem der kontrahirenden Deutschen Staaten angehören, ihre Pässe verlieren sollten, so soll es den Chinesischen Behörden freistehen, dieselben zurückzuhalten, bis sie sich neue Pässe haben verschaffen können, oder sie auf das nächste Konsulat führen zu lassen, ohne sie jedoch schlecht zu behandeln oder zu gestatten, daß sie schlecht behandelt werden.

Dabei ist wohl verstanden, daß nach denjenigen Orten, welche von den Rebellen besetzt sind, nicht eher Pässe ausgestellt werden sollen, als bis in denselben der Friede wieder hergestellt ist.

Artikel 13. Innerhalb vierundzwanzig (24) Stunden nach der Ankunft des Schiffes soll der Kapitain, wenn er nicht gesetzliche Hinderungs-Ursachen hat, oder statt seiner der Supercargo oder der Konsignatair sich auf das Konsulat begeben und daselbst seine Schiffspapiere und eine Abschrift des Manifestes niederlegen.

Innerhalb der folgenden vierundzwanzig (24) Stunden wird der Konsul dem Zoll-Inspektor eine Note übersenden, aus welcher der Name des Schiffs, die Bemannung, der Tonnengehalt und die Beschaffenheit der Ladung desselben hervorgeht. . . . . .

Artikel 16. Was die Artikel anbetrifft, welche nach dem Tarif einer Abgabe ad valorem unterliegen, so soll, wenn der Deutsche Kaufmann mit dem Chinesischen Beamten sich über den Werth nicht einigen kann, jede Partei zwei oder drei Kaufleute zuziehen, welche die Waare untersuchen sollen. Der höchste Preis, zu welchem einer dieser Kaufleute sie zu kaufen Willens wäre, soll als der Werth derselben angenommen werden.

Artikel 17. Die Zölle werden nach dem Netto-Gewicht erhoben werden, es wird also die Tara in Abzug kommen. Wenn der Deutsche Kaufmann sich mit dem Chinesischen Beamten über die Bestimmung der Tara nicht einigen kann, so soll jede Partei eine gewisse Anzahl von Kisten und Ballen unter den Kolli, welche Gegenstand des Streites sind, wählen. Diese werden erst im Ganzen gewogen, und dann wird die Tara festgestellt. Die Durchschnitts-Tara der so gewogenen Kolli soll als Tara für alle übrigen gelten.

Artikel 18. Wenn sich im Laufe der Verifikation

über andere Punkte ein Streit erhebt, der nicht sofort geschlichtet werden kann, so soll der Deutsche Kaufmann die Vermittelung des Konsular-Beamten in Anspruch nehmen können. Dieser wird den Gegenstand der Meinungsverschiedenheit sofort zur Kenntniß des Zoll-Inspektors bringen, und beide werden sich bemühen, eine Ausgleichung herbeizuführen. Das Ansuchen an den Konsul muß aber binnen vierundzwanzig (24) Stunden geschehen, sonst wird demselben keine weitere Folge gegeben werden.

So lange der Streit nicht entschieden ist, wird der Zoll-Inspektor den Gegenstand desselben nicht buchen, um auf diese Weise der gründlichen Untersuchung und Schlichtung der Angelegenheit nicht vorzugreifen.

Artikel 21. Die Eingangs-Zölle sind beim Landen der Güter und die Ausgangs-Zölle beim Verschiffen derselben fällig. Wenn die Tonnengelder und Zölle, welche vom Schiffe und der Ladung zu zahlen sind, vollständig berichtigt sind, soll der Zoll-Inspektor eine General-Quittung darüber ausstellen, auf deren Vorzeigung der Konsular-Beamte dem Kapitain seine Schiffspapiere zurückgeben und ihm erlauben wird, unter Segel zu gehen.

Artikel 22. Der Zoll-Inspektor wird ein oder mehrere Banquier-Häuser namhaft machen, welche ermächtigt sein sollen, die zu zahlenden Abgaben für Rechnung des Staates in Empfang zu nehmen. Die von diesen Banquier-Häusern ausgestellten Quittungen sollen so angesehen werden, als seien sie von der Chinesischen Regierung selbst ausgestellt. Die Zahlungen können in Barren oder in fremden Münzen geleistet werden, deren Verhältniß zum Ssaissie-Silber nach den jedesmaligen Umständen durch Vereinbarung zwischen den Deutschen Konsular-Beamten und dem Zoll-Inspektor festgestellt werden soll.

Artikel 28. In jedem der Häfen, welche dem fremden Handel geöffnet sind, soll der Zoll-Inspektor beim Konsular-Beamten eine Sammlung der beim Zoll-Amte in Canton gebräuchlichen Maaße und Gewichte, sowie gesetzliche Waagen zum Abwiegen der Waaren und des Geldes niederlegen. Diese Normalmaaße, Normalgewichte und Waagen sollen die Grundlage aller Zoll-Einforderungen und Zahlungen bilden, und im Falle von Streitigkeiten soll auf ihre Ergebnisse zurückgegangen werden.

Artikel 29. Alle Geldstrafen und Konfiskationen für Zuwiderhandlungen gegen diesen Vertrag oder gegen die beigefügten Handels-Bestimmungen sollen der Chinesischen Regierung zufallen.

Artikel 32. Wenn Matrosen oder andere Individuen von Kriegs- und Handelsschiffen eines der kontrahirenden Deutschen Staaten desertiren, so soll die Chinesische Behörde, auf Requisition des Konsular-Beamten, oder, wenn ein solcher nicht vorhanden ist, des Kapitains, die erforderlichen Schritte thun, um den Deserteur oder Flüchtling zu entdecken und in die Hände des Konsular-Beamten oder Kapitains zurückzuliefern.

Gleichermaßen kann, wenn Chinesische Deserteure oder wegen eines Verbrechens Verfolgte sich in die Häuser oder auf die Schiffe Deutscher Unterthanen flüchten sollten, die Ortsbehörde sich an den Deutschen Konsular-Beamten wenden, welcher die nöthigen Maaßregeln ergreifen soll, um die Auslieferung derselben zu bewerkstelligen.

Artikel 33. Sollten Schiffe, welche einem der kontrahirenden Deutschen Staaten angehören, in Chinesischen Gewässern von Seeräubern geplündert werden, so soll es Pflicht der Chinesischen Behörden sein, alle Mittel zur Habhaftwerdung und Bestrafung der Räuber aufzubieten. Die geraubten Waaren sollen, wo und in welchem Zustande sie sich auch befinden mögen, in die Hände des betreffenden Konsular-Beamten abgeliefert werden, welcher sie an die Berechtigten gelangen lassen wird. . . . . .

Artikel 34. Will sich ein Unterthan eines der kontrahirenden Deutschen Staaten an eine Chinesische Behörde wenden, so muß er seine Vorstellung dem Konsular-Beamten einhändigen, welcher sie, je nachdem er sie in der Sache begründet und in der Form passend findet, weiter befördert oder zur Abänderung zurückgiebt.

Will ein Chinese sich an ein Konsulat wenden, so muß er denselben Weg bei der Chinesischen Behörde einschlagen, welche in derselben Art verfahren wird.

Artikel 35. Wenn ein Unterthan eines der kontrahirenden Deutschen Staaten Ursache zur Beschwerde über einen Chinesen hat, so soll er sich zuvörderst zu dem Konsular-Beamten begeben, und ihm den Gegenstand seiner Beschwerde auseinandersetzen. Der Konsular-Beamte, nachdem er die Angelegenheit untersucht hat, wird sich Mühe geben, dieselbe gütlich auszugleichen. Ebenso wird der Konsular-Beamte, wenn ein Chinese sich über einen Unterthan eines der kontrahirenden Deutschen Staaten zu beschweren hat, ersterem williges Gehör schenken und eine gütliche Einigung herbeizuführen suchen. Sollte eine solche aber in dem einen oder andern Falle nicht gelingen, so wird der Konsular-Beamte die Mitwirkung des betreffenden Chinesischen Beamten in Anspruch nehmen, und beide vereint werden die Angelegenheit nach den Grundsätzen der Billigkeit entscheiden.

Artikel 37. Wenn ein Chinesischer Unterthan, welcher Schuldner eines Unterthanen eines der kontrahirenden Deutschen Staaten ist, es unterläßt seine Schuld zu bezahlen, oder in betrügerischer Absicht sich entfernt, so soll die Chinesische Behörde, auf Anrufen des Gläubigers, jedes ihr zu Gebot stehende Mittel anwenden, um den Flüchtigen zu verhaften und den Schuldner zur Bezahlung seiner Schuld zu zwingen.

Ebenso sollen die Deutschen Behörden ihr Möglichstes thun, um Deutsche Unterthanen, welche ihre Schulden an Chinesische Unterthanen nicht bezahlen, dazu zu zwingen, und wenn sie in betrügerischer Absicht sich entfernt haben, vor Gericht zu ziehen. In keinem Falle aber sollen weder die Chinesische Regierung, noch die Regierungen der Deutschen kontrahirenden Staaten für die Schulden ihrer Unterthanen aufzukommen verpflichtet sein.

Artikel 38. Chinesische Unterthanen, welche sich einer verbrecherischen Handlung gegen einen Unterthanen eines der kontrahirenden Deutschen Staaten schuldig machen, sollen von den Chinesischen Behörden verhaftet und nach Chinesischen Gesetzen bestraft werden.

Unterthanen eines der kontrahirenden Deutschen Staaten, wenn sie sich einer verbrecherischen Handlung gegen einen Chinesischen Unterthanen schuldig machen, sollen vom Konsular-Beamten verhaftet und nach den Gesetzen des Staates, welchem sie angehören, bestraft werden.

Artikel 39. Alle Fragen in Bezug auf Rechte des Vermögens oder der Person, welche sich zwischen Unterthanen der kontrahirenden Deutschen Staaten erheben, sollen der Jurisdiktion der Behörden dieser Staaten unterworfen sein. Desgleichen werden sich die Chinesischen Behörden in keine Streitigkeiten mischen, welche zwischen Unterthanen eines der kontrahirenden Deutschen Staaten und Fremden etwa entstehen sollten.

Artikel 40. Die kontrahirenden Theile kommen überein, daß den Deutschen Staaten und ihren Unterthanen volle und gleiche Theilnahme an allen Privilegien, Freiheiten und Vortheilen zustehen soll, welche von Seiner Majestät dem Kaiser von China der Regierung oder den Unterthanen irgend einer andern

Nation gewährt sind oder noch gewährt werden mögen. . . . . .

Artikel 41. Wenn die kontrahirenden Deutschen Staaten künftig die Abänderung einiger Bestimmungen dieses Vertrages für zweckmäßig erachten sollten, so soll es ihnen freistehen, nach Ablauf von zehn (10) Jahren, vom Tage der Auswechselung der Ratifikations-Urkunden*) an gerechnet, Unterhandlungen zu diesem Behufe zu eröffnen. Sie müssen aber sechs (6) Monate vor Ablauf der zehn (10) Jahre der Chinesischen Regierung amtlich anzeigen, daß sie Abänderungen des Vertrages wünschen, und worin dieselben bestehen sollen. Erfolgt eine solche Anzeige nicht, so bleibt der Vertrag weitere zehn (10) Jahre unverändert in Kraft.

Handels-Bestimmungen zu dem vorbezeichneten Vertrage.

Sechste Bestimmung.

Formalitäten, welche von den Schiffen bei ihrer Ankunft im Hafen zu beobachten sind.

Um jedes Mißverständniß zu verhüten, ist man übereingekommen, daß der Zeitraum von vierundzwanzig (24) Stunden, binnen dessen jeder Kapitain laut Artikel 13. des Vertrages seine Papiere dem Konsul übergeben muß, von dem Augenblick zu laufen anfangen soll, wo das Schiff innerhalb der Hafengrenzen angekommen ist. . . . Die Hafengrenzen sollen von den Zollbehörden

*) 14. Januar 1863.

den Bedürfnissen des Handelsstandes gemäß bestimmt werden, soweit dieselben mit gebührender Wahrung der Zolleinkünfte vereinbar sind.

Auf dieselbe Weise sollen die Orte bestimmt werden, wo es in jedem Hafen gestattet sein wird, Güter ein- und auszuladen, und diese Orte sollen den Konsuln bekannt gemacht werden, damit sie dem Publikum davon Kenntniß geben.

Deklaration vom 2. September 1868 zu dem vorbezeichneten Vertrage.

Nachdem der Unterzeichnete der Regierung Seiner Majestät des Königs von Preußen Kenntniß der Note gegeben, welche Seine Kaiserliche Hoheit der Prinz Kung und ihre Excellenzen die mit der Verwaltung der auswärtigen Angelegenheiten beauftragten Minister in Betreff des Artikels 13 des zwischen den Staaten des Zollvereins, den Großherzogthümern Mecklenburg-Schwerin und Mecklenburg-Strelitz, sowie den Hansestädten Lübeck, Bremen und Hamburg einerseits und China andererseits am 2. September 1861 abgeschlossenen Vertrages an ihn gerichtet und in der sie auf die Nothwendigkeit hingewiesen haben, diejenigen Schiffskapitaine, welche falsche Schiffsmanifeste einreichen, mit einer Geldstrafe zu belegen, wie dies die von anderen Nationen mit China abgeschlossenen Verträge bestimmen, hat derselbe Befehl erhalten, zu erklären: daß der Norddeutsche Bund und diejenigen Staaten des Zollvereins, welche nicht zu demselben gehören, im Prinzip ihre Zustimmung zu dem Vorschlage der Chinesischen Regierung geben und damit einverstanden sind, daß die Schiffskapitaine, welche falsche Angaben über die Qualität und Quantität der Waaren machen, einer Geldstrafe verfallen, unter dem ausdrücklichen Vorbehalt, daß die Geldstrafe in jedem einzelnen Falle nach der Wichtigkeit der Kontravention bemessen werde und jedenfalls nicht die Summe von 500 Taëls übersteige. Dabei ist wohl verstanden, daß keine Strafe eintritt, wenn der stattgehabte Irrthum binnen 24 Stunden berichtigt wird. Was das in Beziehung auf die falschen Manifeste zu beobachtende Verfahren betrifft, so ist die Geldstrafe erst dann als rechtskräftig anzusehen, wenn das Urtheil von einer gemischten Kommission gefällt ist, bestehend aus einem Delegirten des Chinesischen Zollhauses und einem Delegirten der Deutschen Konsular-Behörde des Hafens, in welchem das Vergehen stattgefunden hat.

Sollten diese Delegirten sich nicht einigen können, so ist der Fall zur Kenntniß des General-Zolldirektors zu Peking und des Gesandten des Norddeutschen Bundes zu bringen, welche dann gemeinschaftlich die Entscheidung herbeiführen.

Zusatz-Konvention zum Handelsvertrage mit China vom 31. März 1880 (RGB. 1881, 261).

Artikel 2. Deutsches Zugeständniß.

An allen denjenigen Orten in Deutschland, in welchen Konsuln anderer Mächte zugelassen sind, soll auch die chinesische Regierung das Recht haben, Konsuln zu ernennen, welche dieselben Rechte und Vortheile genießen sollen, wie die Konsuln der meistbegünstigten Nation.

Artikel 6. Deutsches Zugeständniß. Wenn sich deutsche Staatsangehörige, ohne im Besitz eines vom Konsul ausgestellten und von der zuständigen chinesischen Behörde abgestempelten Passes zu sein, zu Vergnügungsreisen in das Innere begeben, so steht den betreffenden Lokalbehörden das Recht zu, sie nach dem nächsten deutschen Konsulate behufs Ausübung der erforderlichen Aufsicht über dieselben zurückführen zu lassen. Die Uebertreter sollen außerdem einer Geldstrafe bis zur Höhe von dreihundert Taels unterliegen.

Artikel 8. Die Erledigung der die Ausübung der Gerichtsbarkeit in gemischten Fällen, die Besteuerung fremder Waaren im Inlande, die Besteuerung chinesischer Waaren im Besitz fremder Kaufleute im Inlande, und die Beziehungen zwischen fremden und chinesischen Beamten betreffenden Fragen bleibt besonderen Verhandlungen vorbehalten, in welche einzutreten die beiderseitigen Regierungen sich hierdurch bereit erklären.

Spezialbestimmungen.

§. 5. Schiffe aller Art, welche chinesischen Unterthanen gehören, dürfen sich nicht der deutschen Flagge bedienen. Liegen bestimmte Verdachtsgründe vor, daß dies dennoch geschehen ist, so wird die betreffende chinesische Behörde an den deutschen Konsul eine amtliche Mittheilung darüber richten, und stellt sich bei der in Folge dessen eingeleiteten Untersuchung heraus, daß das Schiff in der That nicht zur Führung der deutschen Flagge berechtigt gewesen ist, so sollen das Schiff sowie auch die darauf vorgefundenen Waaren, soweit dieselben chinesischen Kaufleuten gehören, sofort den chinesischen Behörden zur weiteren Veranlassung ausgeliefert werden. Zeigt es sich, daß deutsche Staatsangehörige von dem Sachverhalt Kenntniß und an der Ausübung dieser Ungehörigkeit Theil gehabt haben, so verfallen die auf dem Schiffe vorgefundenen, ihnen gehörigen Waaren sämmtlich der Konfiskation, sie selber aber der gesetzmäßigen Strafe.

Falls ein deutsches Schiff unberechtigter Weise die chinesische Flagge führt, so soll, falls die von den chinesischen Behörden geführte Untersuchung feststellt, daß das Schiff in der That nicht zur Führung der chinesischen Flagge berechtigt gewesen ist, das Schiff sowie die darauf vorgefundenen Waaren, soweit dieselben deutschen Kaufleuten gehören, sofort dem deutschen Konsul zur weiteren Veranlassung und Bestrafung der Schuldigen ausgeliefert werden. Zeigt es sich, daß deutsche Waareneigenthümer von dem Sachverhalt Kenntniß und an der Ausführung dieser Ungehörigkeit Theil gehabt haben, so verfallen die auf dem Schiffe vorgefundenen, ihnen gehörigen Waaren sämmtlich der Konfiskation seitens der chinesischen Behörden. Die Chinesen gehörigen Waaren können von den chinesischen Behörden sofort mit Beschlag belegt werden.

§. 7. Wenn deutsche Staatsangehörige mit fremden Waaren ins Inland gehen oder Reisen in das Innere des Landes unternehmen, so sollen die ihnen ausgestellten Pässe oder Bescheinigungen nur eine Gültigkeit von dreizehn chinesischen Monaten, vom Tage der Ausstellung an gerechnet, haben und nach Ablauf dieser Frist nicht mehr benutzt werden dürfen. Die abgelaufenen Pässe und Bescheinigungen müssen behufs Kassirung an diejenige Zollbehörde, in deren Amtsbezirk sie ausgestellt worden sind, zurückgegeben werden.

Bemerkung: Wird eine Vergnügungsreise in so weite Gegenden unternommen, daß eine einjährige Frist nicht ausreichend erscheint, so muß dies zu der Zeit, wo der Paß ausgestellt wird, auf Grund einer Verständigung zwischen dem Konsul und der chinesischen Behörde, auf demselben bemerkt werden.

Unterbleibt die Rückgabe, so soll dem Betreffenden, bis dieselbe erfolgt ist, kein Paß wieder ausgestellt werden. Geht der Paß verloren, so muß der Betreffende, gleichviel ob dies innerhalb der Frist oder nach Ablauf derselben geschehen, alsbald bei der nächsten chinesischen Behörde eine wahrheitsgemäße Aussage darüber zu Protokoll geben. Der betreffende chinesische Beamte wird dann das Weitere, die Außerkraftsetzung des Passes betreffend, veranlassen. Stellt sich die zu Protokoll gegebene Aussage als unwahr heraus, so werden, falls es sich um den Transport von Waaren handelt, die Waaren konfiszirt, falls es sich dagegen um eine

Reise handelt, so wird der Reisende zu dem nächsten Konsul geführt und diesem behufs Bestrafung übergeben werden.

§. 9. Auf die durch die gegenwärtige Zusatz-Konvention festgesetzten Geldstrafen soll der Artikel 29 des Vertrages vom 2. September 1861 Anwendung finden.

59) Freundschafts-, Handels- und Schifffahrts-Vertrag des Zollvereins mit Chile. Vom 1. Februar 1862 (Pr. GS. 1863, Nr. 43).

Artikel 11. Falls ein Unterthan oder Bürger des einen der vertragenden Theile in den Besitzungen oder Gebieten des anderen ohne letzten Willen oder Testament verstorben und keine nach den Gesetzen des Landes, in welchem der Todesfall stattgefunden hat, gesetzlich zur Erbfolge berechtigte Person sich gemeldet haben sollte, soll der Generalkonsul, Konsul oder Vicekonsul der Nation, welcher der Verstorbene angehörte, soweit die Gesetze des Landes dies gestatten, der gesetzliche Vertreter seiner bei der Erbschaft etwa betheiligten Landsleute sein; und der Konsul soll in solcher Vertretung, soweit die Gesetze des Landes dies gestatten, alle Rechte ausüben, welche die gesetzlich zur Erbschaft berechtigte Person ausüben könnte, ausgenommen das Recht, Gelder oder Effekten anzunehmen, wozu immer eine besondere Ermächtigung erforderlich sein soll; diese Gelder oder Effekten sollen mittlerweile nach dem Einvernehmen des Konsuls und der örtlichen Behörden in die Hände einer dritten Person niedergelegt werden.

Besteht der Nachlaß in Grundstücken, so sollen die Rechte der Betheiligten nach Maaßgabe der hinsichtlich der Fremden in jedem Lande geltenden Gesetze geregelt werden.

Artikel 13. Es soll jedem der beiden vertragschließenden Theile freistehen, zum Schutze des Handels Konsuln, welche in den Besitzungen und Gebieten des anderen residiren, zu bestellen; bevor aber ein Konsul seine Stelle verwalten kann, soll er in der üblichen Form Seitens der Regierung des Staates, in welchem er zu fungiren hat, angenommen und zugelassen sein; und jedem der vertragenden Theile soll es freistehen, von der Residenz der Konsuln solche besondere Orte auszuschließen, welche demselben beliebt auszunehmen, vorausgesetzt, daß diese Ausschließung sich allgemein auf die Konsular-Agenten aller Länder erstreckt. Die konsularischen Agenten eines jeden der beiden hohen vertragschließenden Theile in den Besitzungen oder Gebieten des anderen sollen alle Vorrechte, Befreiungen und Immunitäten genießen, welche jetzt oder künftig daselbst den im gleichen Range stehenden Agenten der meist begünstigten Nation bewilligt werden.

Artikel 14. Es ist vereinbart und festgesetzt worden, daß die hohen vertragschließenden Theile die mit ihren Gesetzen verträgliche Hülfe zur Festnahme und Auslieferung der zum militairischen Seedienst oder zur Handelsmarine eines jeden dieser vertragschließenden Theile gehörenden Deserteure gewähren werden, wenn der Konsul des betreffenden Theils zu dem Zwecke sich verwendet, und durch die Register, die Musterrolle des Schiffes oder ähnliche Urkunden nachgewiesen wird, daß die gedachten Deserteure zur Mannschaft des genannten Schiffes gehört haben, und daß sie von Schiffen in den Häfen, an den Küsten oder in den Gewässern des Landes von dessen Behörden sie reklamirt worden, entlaufen sind.

Was die Festhaltung von Deserteuren in den Landesgefängnissen und die Zeit anbelangt, während welcher sie unter Einwirkung der Ortsobrigkeiten verbleiben müssen, so soll von dem Augenblicke an, wo sie ergriffen worden sind, um festgehalten und zur Verfügung des reklamirenden Konsuls gestellt und den Schiffen ihrer Nation zurückgegeben zu werden, das von den resp. Gesetzen eines jeden Landes vorgeschriebene Verfahren beobachtet werden.

Es ist ferner verabredet, daß jede Begünstigung oder Erleichterung, welche einer der vertragenden Theile in Betreff der Wiederergreifung von Deserteuren einem anderen Staate gewährt hat oder künftig gewähren sollte, auch dem anderen vertragenden Theile ebenso gewährt sein soll, als wäre solche Begünstigung oder Erleichterung ausdrücklich durch den gegenwärtigen Vertrag festgesetzt.

Artikel 17. Wenn ein Kriegsschiff oder Handelsschiff des einen der vertragenden Theile an den Küsten des anderen Schiffbruch leiden sollte, so soll solches Schiff oder dessen Theile und alle Ausrüstungen und Zubehörungen und alle geborgenen Güter und Waaren oder deren Erlös, wenn sie verkauft werden, den Eigenthümern auf ihr oder ihrer bevollmächtigten Agenten Verlangen getreulich zurückgegeben werden; und wenn die Eigenthümer oder deren Agenten nicht an Ort und Stelle sind, sollen die gedachten Güter und Waaren, oder deren Erlös, sowie die an Bord des gestrandeten Schiffes gefundenen Papiere, soweit die Gesetze des Landes dies gestatten, dem Konsul des betreffenden Zollvereins-Staates oder resp. dem Chilenischen Konsul, in dessen Bezirk der Schiffbruch stattgefunden hat, ausgeliefert werden; und der Konsul, die Eigenthümer oder Agenten sollen nur diejenigen zur Erhaltung des Eigenthums aufgewendeten Kosten, sowie den Bergelohn zahlen, welche in gleichem Falle des Schiffbruchs eines einheimischen Schiffes zu entrichten gewesen sein würden. Die geborgenen Güter und Waaren sollen keinen Zollabgaben unterliegen, wenn sie der gesetzlichen Behandlung unterworfen werden, sofern sie nicht in den Verbrauch übergehen, in welchem Falle sie mit denjenigen belastet werden, welche die Zollgesetze der betreffenden Länder auferlegen.

Artikel 18. — — — Imgleichen ist verabredet, daß, falls das Eigenthum eines Unterthanen oder Bürgers eines der vertragenden Theile, der sich in den Gebieten des anderen aufhält, von den gesetzlichen Behörden dieses Landes für Zwecke des öffentlichen Interesses weggenommen, gebraucht oder verletzt werden sollte, dem Herrn dieses Eigenthums Seitens der Regierung des Landes, in welchem die Maaßregel eintritt, volle Entschädigung oder Vergütung gezahlt werden soll. Und falls der Betrag solcher Entschädigungen nicht gütlich vereinbart werden kann, soll die Entscheidung darüber Schiedsrichtern anheimgegeben werden, deren einer von der Regierung, welche das Embargo oder die Maaßregel, woraus die Forderung entsprang, angeordnet hat, der andere von dem diplomatischen Agenten und in dessen Abwesenheit von dem Generalkonsul der Nation, welcher das zurückgehaltene Schiff oder der benachtheiligte Eigenthümer angehört, ernannt werden soll. Wenn die ernannten Schiedsrichter nicht einig werden können, soll die endliche Entscheidung ohne weitere Berufung der Regierung einer dritten befreundeten Macht übertragen werden.

Artikel 19. Der gegenwärtige Vertrag tritt vom Datum des Austausches der Ratifikationen an in Kraft und dauert bis zum 31. Dezember 1865; derselbe soll aber auch nach Ablauf dieses Termins in Wirksamkeit bleiben, wenn keiner der vertragenden Theile dem anderen zwölf Monate vorher seinen Wunsch angekündigt hat, den gedachten Vertrag aufhören zu lassen. Derselbe Termin soll zwischen der Aufkündigung und dem Erlöschen des Vertrages liegen, wenn diese Kündigung zu irgend einer Zeit nach dem 31. Dezember 1865 erfolgt.

Nach erfolgter Anzeige des Beschlusses des einen der vertragenden Theile, daß der Vertrag aufhören soll, und nach Ablauf des Termins von zwölf Monaten sollen alle in dem gedachten Vertrage enthaltenen Abreden jede Wirkung verlieren, mit Ausnahme derjenigen, welche auf die friedlichen und freundschaftlichen Beziehungen der beiden vertragenden Theile und ihrer Unterthanen und Bürger Bezug haben, welche fortfahren sollen, für beide Theile verpflichtend zu sein.

60) Freundschafts-, Handels- und Schiffahrts-Vertrag des Zollvereins mit Siam. Vom 7. Februar 1862 (Pr. GS. 1864, Nr. 49).

Artikel 2. Die Hohen vertragschließenden Theile erkennen Sich gegenseitig das Recht zu, in den Häfen und Städten Ihrer respektiven Staaten Generalkonsuln, Konsuln, Vicekonsuln und Konsularagenten zu bestellen, und sollen die erwähnten Beamten dieselben Vorrechte, Freiheiten, Befugnisse und Befreiungen genießen, deren sich die betreffenden Beamten der meist begünstigten Nation jetzt oder künftig erfreuen möchten. Indessen sollen gedachte Konsularbeamte ihre Funktionen nicht eher antreten dürfen, als bis sie das Exequatur der Landesregierung erhalten haben. Die Deutschen kontrahirenden Staaten werden für jeden Hafen oder jede Stadt nicht mehr als einen Konsularbeamten ernennen. Für diejenigen Orte aber, an welchen Sie einen Generalkonsul oder Konsul bestellen, sollen Sie berechtigt sein, außerdem noch einen Vicekonsul oder Konsularagenten zur Vertretung des Generalkonsuls oder Konsuls in Abwesenheit oder Behinderungsfällen zu ernennen. Vicekonsuln oder Konsularagenten können auch von den ihnen vorgesetzten Generalkonsuln oder Konsuln ernannt werden.

Der Deutsche Konsularbeamte soll die Interessen der in Siam ansässigen oder daselbst ankommenden Unterthanen der kontrahirenden Deutschen Staaten unter seinem Schutze, seiner Aufsicht und seiner Kontrole haben. Er soll sowohl sich selbst allen Bestimmungen dieses Vertrages gemäß verhalten, als die Beobachtung derselben von Seiten Deutscher Unterthanen erwirken. Desgleichen soll er alle Verordnungen und Vorschriften bekannt machen und gehörig zum Vollzuge bringen, welche zur Nachachtung Deutscher Staatsangehöriger für die Art und Weise ihres Geschäftsbetriebes und für die gehörige Befolgung der Landesgesetze bereits erlassen sind, oder noch erlassen werden möchten.

In Fällen der Abwesenheit eines Konsularbeamten der Deutschen kontrahirenden Staaten können Siam besuchende oder daselbst sich aufhaltende Unterthanen dieser Staaten die Vermittelung des Konsuls einer befreundeten Nation in Anspruch nehmen, oder auch sich direkt an die Landesbehörden wenden, die dann die nöthigen Vorkehrungen treffen sollen, um den betreffenden Deutschen Angehörigen alle Vortheile des gegenwärtigen Vertrages zu sichern.

Artikel 4. Unterthanen der kontrahirenden Deutschen Staaten, die im Königreiche Siam sich aufzuhalten wünschen, müssen sich auf dem Deutschen Konsulate einzeichnen lassen, von welcher Einzeichnung den Siamesischen Behörden Abschrift mitzutheilen ist. So oft ein Unterthan eines der kontrahirenden Deutschen Staaten sich in einer Sache an die Siamesischen Behörden wenden will, hat er sein Gesuch oder seine Reklamation vorab dem Deutschen Konsularbeamten vorzulegen, und soll dieser die Eingabe, wenn er sie begründet und anständig abgefaßt findet, befördern, anderenfalls aber den Inhalt entsprechend abändern.

Artikel 5. Unterthanen der kontrahirenden Deutschen Staaten, die in Siam ihren Wohnsitz aufschlagen wollen, dürfen dieses vorerst nur in der Stadt Bangkok oder innerhalb eines Bezirkes thun, dessen Grenzen, übereinstimmend mit den Festsetzungen der übrigen zwischen Siam und den fremden Mächten geschlossenen Verträge, folgende sind:

Im Norden: der Bangputsa Kanal, von seiner Mündung in den Tschaupja Fluß bis an die alten Mauern der Stadt Lopburi, und eine gerade Linie von dort bis zum Landungsplatze Pragnam am Flusse Passack in der Nähe der Stadt Sarabburi.

Im Osten: Eine gerade Linie vom Landungsplatze Pragnam bis nach dem Zusammenflusse des Klongkut Kanals mit dem Flusse Bangpakong, und dieser Fluß bis zu seiner Mündung. Auf dem Küstenstrich zwischen dem Bangpakong und der Insel Simaharadschah soll es Deutschen Unterthanen freistehen, sich an allen Orten niederzulassen, die nicht mehr als vierundzwanzig Stunden von Bangkok entfernt sind.

Im Süden: die Insel Simaharadschah, die Sitschang-Inseln und die Mauern von Petschaburi.

Auf der Westseite des Golfs sollen sich Deutsche Unterthanen in Petschaburi, und von dort bis zum Meklong Flusse überall innerhalb einer Entfernung von vierundzwanzig Stunden von Bangkok niederlassen dürfen. Von der Mündung des Meklong an soll dieser die Grenze bilden bis zur Stadt Raatpuri, dann eine gerade Linie von Raatpuri nach Sapannaburi, und von dort nach der Mündung des Bangputsa Kanals in den Tschaupja Fluß. . . . . .

Artikel 6. . . . . Wenn Siamesen, die im Dienste eines Deutschen Unterthanen stehen, die Siamesischen Gesetze übertreten, oder wenn Siamesische Verbrecher oder Flüchtlinge bei einem Deutschen Unterthanen in Siam ihre Zuflucht suchen, so soll, auf erfolgten Nachweis ihrer Schuld oder ihres Fluchtversuches, der Deutsche Konsularbeamte die nöthigen Maaßregeln ergreifen, um die Auslieferung derselben an die Siamesischen Behörden zu bewerkstelligen.

Artikel 7. Unterthanen der kontrahirenden Deutschen Staaten sollen nicht wider ihren Willen im Königreiche Siam zurückgehalten werden dürfen, es sei denn, die Siamesischen Behörden könnten dem Deutschen Konsularbeamten darthun, daß rechtmäßige Gründe für ein solches Verfahren vorliegen.

Innerhalb der durch Artikel 5 dieses Vertrages festgestellten Grenzen steht es den Unterthanen der Deutschen kontrahirenden Staaten frei, ohne Hinderung oder Aufenthalt irgend welcher Art zu reisen, vorausgesetzt, daß sie im Besitze eines vom Konsularbeamten unterzeichneten Passes sind, der in Siamesischer Sprache Namen, Gewerbe und Personalbeschreibung des Reisenden enthält und von der zuständigen Siamesischen Behörde gegengezeichnet ist.

Sollten sie über die besagten Grenzen hinauszugehen und im Innern des Königreichs Siam zu reisen wünschen, so müssen sie sich einen, auf Ansuchen des Konsularbeamten ihnen zu ertheilenden Paß der Siamesischen Behörden verschaffen, und darf solcher Paß niemals verweigert werden, es sei denn mit Zustimmung des Konsularbeamten der Deutschen kontrahirenden Staaten.

Artikel 8. Unterthanen der Deutschen kontrahirenden Staaten dürfen innerhalb der im Artikel 5 bezeichneten Grenzen Ländereien oder Pflanzungen kaufen und verkaufen, pachten oder verpachten, auch Häuser bauen, miethen, kaufen oder vermiethen und verkaufen. Jedoch steht die Befugniß

1) auf dem linken Flußufer innerhalb der eigentlichen Stadt Bangkok und auf dem Terrain, welches zwischen den Stadtmauern und dem Kanal Klong-padung-krung-krasem gelegen ist, und

2) auf dem rechten Flußufer zwischen den Punkten, welche der Abzweigung des Kanals Klong-padung-krung-krasem vom Fluß und der Wiedereinmündung desselben in den Fluß gegenüberliegen, bis auf eine Entfernung von zwei Englischen Meilen vom Flusse,

Grundbesitz zu erwerben, nur denjenigen zu, welche eine besondere Erlaubniß dazu von der Siamesischen Regierung erhalten haben, oder bereits zehn Jahre in Siam wohnen. Um in den Besitz solchen Grundeigenthums zu gelangen, können die Deutschen Staatsangehörigen durch den Konsularbeamten ein Ansuchen an die Siamesische Regierung richten, worauf diese einen Beamten ernennen wird, der gemeinschaftlich mit dem Konsularbeamten den Betrag der Kaufsumme der Billigkeit gemäß bestimmen und festsetzen, und die Grenzen des Grundstücks ziehen und fixiren soll. Die Siamesische Regierung wird dann das Eigenthum an den Deutschen Käufer übertragen. Alles Grundeigenthum Deutscher Unterthanen wird unter dem Schutze des Distriktsgouverneurs und der betreffenden Lokalbehörden stehen, der Eigenthümer aber hat sich in gewöhnlichen Angelegenheiten allen ihm durch dieselben zugehenden ordentlichen Anweisungen zu fügen und ist den nämlichen Steuern unterworfen, als die Unterthanen oder Bürger der meistbegünstigten Nation.

Unterthanen der Deutschen kontrahirenden Staaten sollen ferner überall in Siam nach Minen zu schürfen und solche zu eröffnen die Befugniß haben, und sobald die gehörigen Nachweise geliefert werden, soll der Konsularbeamte in Verbindung mit den Siamesischen Behörden die geeigneten Bedingungen und Bestimmungen festsetzen, damit die Minen bearbeitet werden können. Ebenso sollen, nachdem in gleicher billiger Weise die desfallsigen Bedingungen und Bestimmungen zwischen dem Konsularbeamten und den Siamesischen Behörden verabredet worden sind, Deutsche Unterthanen auch jede Art von Fabrikgeschäft anlegen und betreiben dürfen, welches den Gesetzen nicht zuwiderläuft.

Artikel 9. Wenn ein im Königreiche Siam dauernd oder vorübergehend sich aufhaltender Unterthan eines der kontrahirenden Deutschen Staaten gegen einen Siamesen Grund zu klagen oder irgend einen Anspruch zu machen hat, so soll er seine Beschwerde zunächst dem Deutschen Konsularbeamten vorlegen, und dieser, nach geschehener Prüfung der Sache, dieselbe gütlich auszugleichen suchen. Ebenso soll der Konsularbeamte, wenn ein Siamese eine Klage gegen einen Deutschen Angehörigen hat, dieselbe anhören und ein gütliches Abkommen zu treffen bemüht sein; sollte in solchen Fällen eine gütliche Einigung aber nicht herbeizuführen sein, soll der Konsularbeamte sich an den kompetenten Siamesischen Beamten wenden, und Beide sollen dann, nach gemeinschaftlicher Prüfung der Sache, der Billigkeit gemäß entscheiden.

Artikel 10. In Siam verübte Verbrechen oder Vergehen sollen, wenn der Thäter ein Unterthan eines der kontrahirenden Deutschen Staaten ist, durch den Konsularbeamten den betreffenden Deutschen Gesetzen gemäß bestraft, oder der Schuldige soll zur Bestrafung nach Deutschland geschickt werden. Ist der Thäter ein Siamese, so soll er nach den Gesetzen seines Landes von den Siamesischen Behörden bestraft werden.

Artikel 11. Wenn gegen Schiffe eines der kontrahirenden Deutschen Staaten an der Küste oder in der Nähe des Königreichs Siam ein Akt der Seeräuberei begangen werden sollte, so sollen, auf die Nachricht davon, die Behörden des nächstgelegenen Platzes alle Mittel zur Gefangennahme der Seeräuber und Wiedererlangung des geraubten Gutes aufbieten, und soll sodann das Letztere an den Konsularbeamten Behufs Rückerstattung an die Eigenthümer abgeliefert werden. Dasselbe Verfahren soll von den Siamesischen Behörden in allen Fällen von Plünderung und Räuberei, die auf dem Lande gegen das Eigenthum Deutscher Unterthanen begangen werden möchte, eingehalten werden. ....

Artikel 12. Die Siamesischen Behörden sollen dem Deutschen Konsularbeamten, auf desfallsiges schriftliches Ansuchen, alle Hülfe und Unterstützung gewähren zur Auffindung und Verhaftung Deutscher Matrosen oder sonstiger Unterthanen, sowie von Personen, die unter dem Schutze einer Deutschen Flagge stehen. Desgleichen soll der Deutsche Konsularbeamte, auf Requisition, von den Siamesischen Behörden jeden erforderlichen Beistand und genügende Mannschaft erhalten, um seiner Autorität über Deutsche Unterthanen gebührende Geltung zu verschaffen und die Disziplin unter der Deutschen Marine in Siam aufrecht zu erhalten. In gleicher Weise haben, wenn ein der Desertion oder eines anderen Verbrechens schuldiger Siamese sich in das Haus eines Unterthanen eines der kontrahirenden Deutschen Staaten oder an Bord eines Schiffes derselben flüchten sollte, die Lokalbehörden sich an den Deutschen Konsularbeamten zu wenden, und dieser wird, auf erfolgten Nachweis der Strafbarkeit des Angeklagten, sofort dessen Verhaftung genehmigen. Jede Hehlerei oder Konnivenz soll beiderseits auf das Sorgfältigste vermieden werden.

Artikel 13. Sollte ein Unterthan eines der Deutschen kontrahirenden Staaten, der im Königreich Siam ein Geschäft treibt, insolvent werden, so hat der Deutsche Konsularbeamte sein sämmtliches Vermögen in Beschlag zu nehmen, um dasselbe pro rata unter die Gläubiger vertheilen zu können. Von Seiten der Siamesischen Behörden soll dem Konsularbeamten zu dem Ende alle Unterstützung zu Theil werden. Letzterer soll kein Mittel unversucht lassen, um auch solches Vermögen zum Besten der Gläubiger einzuziehen, welches der Fallit in anderen Ländern besitzen möchte. In gleicher Weise sollen in Siam die Behörden des Königreichs das Vermögen derjenigen Siamesischen Unterthanen adjudiziren und vertheilen, welche ihren Geschäftsverbindlichkeiten gegen Unterthanen der kontrahirenden Deutschen Staaten nicht sollten nachkommen können.

Artikel 14. Sollte ein Siamesischer Unterthan einem Deutschen Staatsangehörigen die Zahlung einer Schuld verweigern oder ihr auszuweichen suchen, so sollen die Siamesischen Behörden dem Gläubiger jede Hülfe und Erleichterung gewähren, damit er zu dem Seinigen komme. In gleicher Weise soll der Deutsche Konsularbeamte Siamesischen Unterthanen allen Beistand leisten, um in den Besitz ihrer etwaigen Forderungen gegen Unterthanen der kontrahirenden Deutschen Staaten zu gelangen.

Artikel 15. Im Falle des Ablebens eines ihrer respektiven Unterthanen in dem Gebiete des einen oder des anderen der Hohen vertragenden Theile, soll sein Nachlaß dem Vollstrecker seines letzten Willens, oder in dessen Ermangelung der Familie oder den Geschäftstheilhabern des Verstorbenen übergeben werden. Hat der Verstorbene auch keine Verwandte oder Geschäftstheilhaber, so soll sein Nachlaß in den Staaten der Hohen vertragenden Theile, soweit die Gesetze des Landes es gestatten, dem Gewahrsam der respektiven Konsularbeamten übergeben werden, auf daß diese in üblicher Weise nach den Gesetzen und Gewohnheiten ihres Landes damit verfahren.

Artikel 17. ..... Sollte ein Deutsches Schiff an der Küste des Königreichs Siam scheitern, so sollen die Siamesischen Behörden des nächstgelegenen Platzes auf die Nachricht davon sofort der Mannschaft allen möglichen Beistand leisten, ihrem Mangel abhelfen und alle Maaßregeln ergreifen, die zur Rettung und Sicherung des Schiffes und der Ladung nothwendig sind. Sie sollen sodann den Deutschen Konsularbeamten von dem, was ihrerseits geschehen, benachrichtigen, damit dieser in Gemeinschaft mit der kompetenten Siamesischen Behörde die nöthigen Schritte thun kann, um die Mannschaft nach Hause zu senden, und wegen

Wrack und Ladung die nöthigen Verfügungen zu treffen.

Artikel 19. Der Zoll auf Waaren, welche in Schiffen, die einem der kontrahirenden Deutschen Staaten angehören, in das Königreich Siam eingeführt werden, soll drei Prozent vom Werthe nicht übersteigen. Derselbe soll nach Wahl des Importeurs entweder in natura oder in Geld bezahlt werden können. Wenn der Importeur sich mit den Siamesischen Zollbeamten über den Werth einer bestimmten eingeführten Waare nicht einigen kann, so soll eine Berufung an den Konsularbeamten und die zuständige Siamesische Behörde stattfinden, welche, nachdem sie erforderlichen Falls jeder einen oder zwei Kaufleute als beiräthige Sachverständige zugezogen haben, die Sache der Gerechtigkeit gemäß entscheiden sollen. . . . . .

Artikel 22. Die Konsularbeamten der kontrahirenden Deutschen Staaten haben darauf zu sehen, daß die Deutschen Kaufleute und Schiffer sich den Vorschriften gemäß verhalten, welche dem gegenwärtigen Vertrage beigefügt sind, und die Siamesischen Behörden sollen sie zu diesem Ende unterstützen. Alle durch Uebertretungen des gegenwärtigen Vertrages verwirkten Geldstrafen sollen der Siamesischen Regierung zufallen.

Artikel 23. Den kontrahirenden Deutschen Staaten und ihren Unterthanen wird die freie und gleiche Theilnahme an allen Privilegien zugestanden, welche der Regierung, den Bürgern oder Unterthanen irgend einer anderen Nation Seitens der Siamesischen Regie=

rung bisher bewilligt worden sind oder noch bewilligt werden möchten.

Artikel 24. Nach Ablauf von zwölf Jahren, vom Tage der Ratifikation dieses Vertrages*) an gerechnet, können die kontrahirenden Staaten eine Revision des gegenwärtigen Vertrages, sowie der unten angehängten Handelsbestimmungen und des Tarifs beantragen, um diejenigen Abänderungen, Zusätze und Verbesserungen daran vorzunehmen, welche die Erfahrung als wünschenswerth dargethan haben sollte. Ein solcher Antrag muß jedoch mindestens ein Jahr zuvor angekündigt werden.

Artikel 25. Der gegenwärtige Vertrag ist in Deutscher, Siamesischer und Englischer Sprache vierfach ausgefertigt worden. Alle diese Ausfertigungen haben denselben Sinn und dieselbe Bedeutung, aber der englische Text wird als der Urtext des Vertrages angesehen werden, dergestalt, daß, wenn eine verschiedene Auslegung des Deutschen und Siamesischen Textes irgendwo stattfinden sollte, die Englische Ausfertigung entscheidend sein soll.

Handels-Bestimmungen zu Art. 22 des vorbezeichneten Vertrages.

3. Sobald ein Deutsches Schiff zu Bangkok Anker geworfen, hat der Kapitain desselben, wofern nicht ein Festtag dazwischen fällt, sich innerhalb vierundzwanzig Stunden nach Ankunft auf das Deutsche Konsulat zu

*) Auswechselung der Ratifikations-Urkunden: 23. Mai 1864.

begeben und daselbst die Schiffspapiere, Konnossemente u. s. w. zugleich mit einem richtigen Manifeste über seine Ladung abzugeben, und nachdem der Konsularbeamte diese Einzelnheiten dem Zollhause mitgetheilt hat, wird von diesem sofort die Erlaubniß zum Löschen ertheilt werden. Sollte die Zollbehörde mit Ertheilung dieser Erlaubniß länger als vierundzwanzig Stunden zögern, so wird letztere mit gleicher Wirkung, als ob sie von der Zollbehörde ausgegangen wäre, vom Konsularbeamten ertheilt werden. . . . . .

5. Sobald ein Deutsches Schiff seine Ladung gelöscht und seine neue Fracht wieder eingenommen, alle Abgaben bezahlt und ein richtiges Manifest seiner Ausfuhrladung dem Deutschen Konsularbeamten übergeben hat, soll dem Schiffer ein Siamesischer Klarirungsschein ertheilt werden, und der Konsularbeamte wird dann, wenn nicht sonstige gesetzliche Hindernisse der Abreise des Schiffes entgegenstehen, dem Kapitain die Schiffspapiere wieder zustellen und dem Schiffe die Abfahrt gestatten. . . . . .

Tarif der Einfuhr-, Ausfuhr- und Binnenzölle zu dem vorbezeichneten Vertrage.

Abschnitt 4. . . . . . Solche Konsularbeamte der kontrahirenden Deutschen Staaten, welchen von ihren Regierungen der Handelsbetrieb untersagt ist, können alle zu ihrem Haushalte erforderlichen Ausstattungs- und Verbrauchsgegenstände zollfrei einführen.

61) Freundschafts-, Handels- und Schifffahrts-Vertrag des Norddeutschen Bundes mit Liberia. Vom 31. Oktober 1867 (BGB. 1868, Nr. 13).

Artikel 7. Es soll einem jeden der vertragenden Theile freistehen, im Gebiete des anderen zum Schutze des Handels Konsuln zu bestellen; kein Konsul jedoch darf amtliche Handlungen vornehmen, bevor er nicht von der Regierung, bei welcher er beglaubigt worden, in der gewöhnlichen Form anerkannt und zugelassen ist.

Artikel 8. Der gegenwärtige Vertrag soll für die Dauer von zwölf Jahren von dem 1. Juli 1868 an gerechnet und dann ferner bis zum Ablauf von zwölf Monaten in Kraft bestehen, nachdem einer der kontrahirenden Theile dem andern die Anzeige gemacht hat, daß es seine Absicht sei, denselben nicht weiter fortzusetzen, wobei jeder der kontrahirenden Theile sich das Recht vorbehält, dem andern Theile diese Anzeige bei Ablauf der gedachten zwölfjährigen Frist oder zu jeder späteren Zeit zu machen. Und es wird hiermit zwischen ihnen verabredet, daß nach dem Ablauf der zwölf Monate nach dem Empfange einer solchen Anzeige der gegenwärtige Vertrag und alle Bestimmungen desselben gänzlich aufhören und enden sollen.

62) Freundschafts-, Handels- und Schifffahrts-Vertrag des Norddeutschen Bundes mit Japan. Vom 20. Februar 1869 (BGB. 1870, Nr. 1).

Artikel 2. Seine Majestät der König von Preußen soll das Recht haben, einen diplomatischen Agenten in

Japan zu ernennen, dem gestattet sein soll, auch die Vertretung der anderen kontrahirenden Deutschen Staaten zu übernehmen.

Die kontrahirenden Deutschen Staaten sollen das Recht haben, einen Generalkonsul und für jeden offenen Hafen oder jede dergleichen Stadt in Japan einen Konsul, Vizekonsul oder Konsular-Agenten zu ernennen. Diese Beamten sollen dieselben Privilegien und Vorrechte genießen, wie die Konsularbeamten der meistbegünstigten Nation.

Sowohl der von Seiner Majestät dem Könige von Preußen ernannte diplomatische Agent, als auch der Generalkonsul sollen das Recht haben, frei und unbehindert in allen Theilen des Kaiserreichs Japan umherzureisen.

Ebenso sollen die mit der Berechtigung zur Ausübung der Jurisdiktion versehenen Deutschen Konsularbeamten das Recht haben, sich, im Falle ein Deutsches Schiff im Bereiche ihres Jurisdiktionsbezirkes Schiffbruch leidet, oder innerhalb desselben ein Angriff auf das Leben oder das Eigenthum eines Deutschen stattfindet, zur Aufnahme des Thatbestandes an Ort und Stelle zu begeben. Doch sollen die Deutschen Konsularbeamten in jedem solchen Falle den Japanischen Lokalbehörden eine schriftliche Mittheilung über den Zweck und das Ziel ihrer Reise machen und dieselbe nur in Begleitung eines von den Japanischen Behörden zu bezeichnenden höheren Beamten antreten.

Seine Majestät der Tenno von Japan kann einen

diplomatischen Agenten beim Hofe von Berlin und Konsularbeamte für diejenigen Deutschen Häfen und Handelsplätze ernennen, in denen Konsularbeamte irgend eines dritten Staates zugelassen werden.

Der diplomatische Agent und die Konsularbeamten Japans sollen unter der Bedingung der Gegenseitigkeit im Gebiete der kontrahirenden Deutschen Staaten dieselben Vorrechte, Befugnisse und Befreiungen genießen, deren sich diejenigen irgend eines dritten Staates erfreuen oder erfreuen werden.

Artikel 3. Die Städte und Häfen von Hakodade, Hiogo, Kanagawa, Nagasaki, Niegata mit Ebisuminato auf der Insel Sado und Osaka, sowie die Stadt Yedo sollen von dem Tage an, an welchem dieser Vertrag in Kraft tritt, für die Unterthanen und den Handel der kontrahirenden Deutschen Staaten eröffnet sein.

In den vorgedachten Städten und Häfen sollen Deutsche Unterthanen dauernd wohnen können; sie sollen das Recht haben, daselbst Grundstücke zu miethen und Häuser zu kaufen, und sie sollen Wohnungen und Magazine daselbst erbauen dürfen.

Der Platz, welchen Deutsche Unterthanen bewohnen und auf welchen sie ihre Gebäude errichten sollen, wird von den Deutschen Konsularbeamten im Einverständniß mit den kompetenten Japanischen Ortsbehörden angewiesen werden; auf gleiche Art sollen die Hafenordnungen festgesetzt werden. Können sich der Deutsche Konsularbeamte und die Japanischen Behörden in diesen

Beziehungen nicht einigen, so soll die Frage dem diplomatischen Agenten und der Japanischen Regierung unterbreitet werden......

Artikel 5. Alle Streitigkeiten, welche sich in Bezug auf Person oder Eigenthum zwischen in Japan sich aufhaltenden Deutschen erheben sollten, werden der Entscheidung der Deutschen Behörde unterworfen werden.

Desgleichen werden sich die Japanischen Behörden in keine Streitigkeiten mischen, welche zwischen Unterthanen eines der kontrahirenden Deutschen Staaten und Angehörigen einer anderen Vertragsmacht etwa entstehen sollten.

Hat ein Deutscher eine Klage oder Beschwerde gegen einen Japaner, so entscheidet die Japanische Behörde.

Hat dagegen ein Japaner eine Klage oder Beschwerde gegen einen Deutschen, so entscheidet die Deutsche Behörde.

Wenn ein Japaner nicht bezahlen sollte, was er einem Deutschen schuldig ist, oder wenn er sich betrügerischer Weise verborgen halten sollte, so werden die kompetenten Japanischen Behörden Alles, was in ihrer Macht steht, thun, um ihn vor Gericht zu ziehen und die Bezahlung der Schuld von ihm zu erlangen. Und wenn ein Deutscher sich betrügerischer Weise verbergen und seine Schulden an Japaner nicht bezahlen sollte, so werden die Deutschen Behörden Alles, was in ihrer Macht steht, thun, um den Schuldigen vor Gericht zu ziehen und zur Bezahlung der Schuld anzuhalten.

Weder die Deutschen noch die Japanischen Behörden sollen für die Bezahlung von Schulden verantwortlich sein, welche von Deutschen oder Japanischen Unterthanen kontrahirt worden sind.

Artikel 6. Deutsche Unterthanen, welche ein Verbrechen gegen Japanische Unterthanen oder gegen Angehörige einer anderen Nation begehen sollten, sollen vor den Deutschen Konsularbeamten geführt und nach Deutschen Gesetzen bestraft werden.

Japanische Unterthanen, welche sich einer verbrecherischen Handlung gegen Deutsche Unterthanen schuldig machen, sollen vor die Japanischen Behörden geführt und nach Japanischen Gesetzen bestraft werden.

Artikel 7. Alle Ansprüche auf Geldstrafen oder Konfiskationen für Zuwiderhandlungen gegen diesen Vertrag oder gegen das beigefügte Handels-Regulativ sollen bei den Deutschen Konsularbehörden zur Entscheidung gebracht werden. Die Geldstrafen oder Konfiskationen, welche von diesen letzteren ausgesprochen werden, sollen der Japanischen Regierung zufallen. Güter, die mit Beschlag belegt werden, sollen von den Japanischen Behörden und den Deutschen Konsularbehörden versiegelt und bis zur Entscheidung durch den Deutschen Konsul in den Speichern des Zollhauses deponirt werden.

Fällt die Entscheidung des Konsuls zu Gunsten des Eigenthümers oder Konsignatairs der Güter aus, so sollen dieselben sofort dem Konsul zur weiteren Verfügung ausgehändigt werden; doch sollen, falls die Japanische Regierung gegen diese Entscheidung des Konsuls Berufung an die höhere Instanz einzulegen wünscht, der Eigenthümer oder Konsignatair der Güter gehalten sein, den Werth derselben bis zur endgültigen Entscheidung der Angelegenheit auf dem Deutschen Konsulate zu deponiren. Sind die mit Beschlag belegten Güter leicht verderblicher Natur, so sollen dieselben gegen Deponirung des Werthes auf dem Deutschen Konsulate dem Eigenthümer oder Konsignatair ausgehändigt werden.

Artikel 9. Die Japanische Regierung wird es nicht verhindern, daß Deutsche, welche sich in Japan aufhalten, Japaner als Dolmetscher, Lehrer, Diener u. s. w. in Dienst nehmen und sie zu allen Beschäftigungen verwenden, welche die Gesetze nicht verbieten; doch bleiben solche Japaner selbstverständlich, im Falle sie ein Verbrechen begehen sollten, den Japanischen Gesetzen unterworfen......

Artikel 19. Es wird ausdrücklich festgesetzt, daß die Regierungen der Deutschen kontrahirenden Staaten und ihre Unterthanen von dem Tage an, an welchem der gegenwärtige Vertrag in Kraft tritt, ohne Weiteres alle Rechte, Freiheiten und Vortheile genießen sollen, welche von Seiner Majestät dem Tenno von Japan an die Regierung und Unterthanen irgend eines anderen Staates gewährt worden sind oder in Zukunft gewährt werden sollten.

Artikel 20. Man ist übereingekommen, daß die Hohen kontrahirenden Theile vom 1. Juli 1872. an die

Revision dieses Vertrages sollen beantragen können, um solche Aenderungen oder Verbesserungen daran vorzunehmen, welche die Erfahrung als nothwendig herausgestellt haben sollte. Ein solcher Antrag muß jedoch mindestens ein Jahr zuvor angekündigt werden......

Artikel 21. Alle amtlichen Mittheilungen des Deutschen diplomatischen Agenten oder der Konsularbeamten an die Japanischen Behörden werden in Deutscher Sprache geschrieben werden......

Handels-Bestimmungen zu dem vorbezeichneten Vertrage.

Bestimmung 1. Innerhalb 48 Stunden (Sonntage ausgenommen) nach der Ankunft eines Deutschen Schiffes in einem Japanischen Hafen soll der Kapitain oder Kommandant den Japanischen Zollbehörden einen Empfangsschein des Deutschen Konsuls vorzeigen, aus welchem hervorgeht, daß er alle Schiffspapiere, Konnoissemente u. s. w. auf dem Deutschen Konsulate niedergelegt hat, und er soll dann sein Schiff einklariren durch Uebergabe eines Schreibens, welches den Namen des Schiffes angiebt und den des Hafens, von dem es kommt, seinen Tonnengehalt, den Namen seines Kapitains oder Kommandanten, die Namen der Passagiere (wenn es deren giebt) und die Zahl der Schiffsmannschaft......

Bestimmung 3. .....Halten die Japanischen Zollbeamten ein Kolli für verdächtig, so können sie dasselbe in Beschlag nehmen, müssen aber dem Deutschen Konsularbeamten davon Anzeige machen.

Die Güter, welche nach dem Ausspruche der Deutschen Konsularbeamten der Konfiskation verfallen sind, sollen alsbald den Japanischen Behörden ausgeliefert werden, und der Betrag der Geldstrafen, welche die Deutschen Konsularbeamten erkannt haben, soll durch dieselben schleunigst eingezogen und an die Japanischen Behörden gezahlt werden.

Bestimmung 4. Schiffe, die auszuklariren wünschen, müssen 24 Stunden zuvor beim Zollamte Anzeige machen, und nach dem Ablaufe dieser Zeit sollen sie zur Ausklarirung berechtigt sein. Wird ihnen solche verweigert, so haben die Zollbeamten sofort dem Kapitain oder Konsignatair des Schiffes die Gründe anzugeben, weshalb sie die Ausklarirung verweigern, und die nämliche Anzeige haben sie auch an den Deutschen Konsul zu machen, der dem Kapitain des Schiffes die deponirten Schiffspapiere nicht aushändigen wird, bevor derselbe nicht die Quittung des Zollamtes über die Zahlung aller Gebühren beigebracht hat......

Bestimmung 7. .....Alle Deutschen Schiffe, welche von Japanern gekauft werden, sollen als Japanische registrirt werden gegen Zahlung einer Gebühr von drei Bus per Tonne für Dampfschiffe und einem Bu per Tonne für Segelschiffe. Der Tonnengehalt jedes Schiffes soll durch die Deutschen Schiffspapiere festgestellt werden, welche den Japanischen Behörden auf Verlangen durch den Konsul, welcher dieselben zu beglaubigen hat, übermittelt werden.....

Bestimmung 9. Um die Mißbräuche und Hinder=

nisse zu beseitigen, über welche bisher in den geöffneten Häfen bei der Zollabfertigung, beim Laden und Löschen der Waaren, bei dem Miethen von Booten, Lastträgern und Dienstleuten u. s. w. Klage geführt worden ist, sind die Hohen vertragenden Theile dahin übereingekommen, daß in jedem Hafen die Lokalbehörden in Uebereinstimmung mit den fremden Konsuln diejenigen Maaßregeln verabreden und in Ausführung bringen sollen, welche geeignet sind, Abhülfe gegen diese Klagen zu gewähren und dem Handels- und Privatverkehre zwischen Fremden und Japanern die wünschenswerthe Leichtigkeit und Sicherheit zu verleihen......

63) Freundschafts-, Handels- und Schifffahrtsvertrag des Norddeutschen Bundes mit Salvador. Vom 13. Juni 1870 (RGB. 1872, Nr. 30).

Artikel XXIII. Jeder der beiden hohen vertragenden Theile kann in den Gebieten des andern zum Schutze des Handels Konsuln ernennen; diese Agenten werden jedoch nicht eher in die Ausübung ihrer Verrichtung eintreten, noch der mit ihrem Amte verbundenen Rechte, Vorrechte und Freiheiten theilhaftig werden, bis sie das „Exequatur“ der Territorial-Regierung erhalten haben, welche letztere sich vorbehält, die Aufenthaltsorte zu bestimmen, an denen sie Konsuln zulassen will. Es versteht sich, daß in dieser Beziehung die Regierungen sich gegenseitig keine anderen Beschränkungen auferlegen werden, als diejenigen, die in ihrem Lande allen Nationen gemeinsam sind.

Artikel XXIV. Die Generalkonsuln, Konsuln, Vizekonsuln und Konsular-Agenten, sowie die ihrer Mission beigegebenen Konsular-Eleven, Kanzler und Sekretaire werden in beiden Ländern alle Vorrechte, Befreiungen und Freiheiten genießen, welche an dem Orte ihres Aufenthaltes den Agenten desselben Ranges der meistbegünstigten Nation bewilligt werden möchten.

Die Berufskonsuln (Consules missi) sollen, sofern sie Angehörige desjenigen vertragenden Theiles sind, welcher sie ernannt hat, von Militär-Einquartierung befreit sein, sowie von direkten Personal-, Mobiliar- oder Luxussteuern, mögen solche vom Staate oder der Kommune auferlegt sein. Sollten jedoch die genannten Beamten Kaufleute sein oder ein Gewerbe betreiben oder unbewegliches Eigenthum besitzen, so werden sie in Beziehung auf die Lasten und Abgaben im Allgemeinen wie die Angehörigen ihres Landes angesehen.

Die Berufskonsuln (Consules missi) sollen, sofern sie Angehörige desjenigen vertragenden Theiles sind, welcher sie ernannt hat, der persönlichen Immunität genießen und nur wegen schwerer strafbarer Handlungen festgenommen oder verhaftet werden. Was die Konsuln anlangt, welche Angehörige des Landes sind, in dem sie ihren Sitz haben oder welche Handel treiben, so versteht sich die persönliche Immunität nur von Schulden und anderen Verbindlichkeiten, welche nicht herrühren aus den Handelsgeschäften, die sie selbst oder durch ihre Untergebenen betreiben.

Die gedachten Agenten können über dem äußeren

Eingange ihrer Wohnung ein Schild mit dem Wappen ihres Landes und der Inschrift: Konsulat von....... anbringen und ebenso können sie an öffentlichen oder nationalen Festtagen die Flagge ihres Landes an dem Konsulatsgebäude aufziehen. Diese äußeren Abzeichen werden jedoch niemals angesehen werden als ein Recht gebend auf Gewährung des Asyls.

Im Falle des Todes, der Behinderung oder der Abwesenheit der Generalkonsuln, Konsuln, Vizekonsuln und Konsular-Agenten werden die Konsular-Eleven, Kanzler und Sekretaire von Rechts wegen zur einstweiligen Besorgung der Konsulatsgeschäfte zugelassen werden.

Artikel XXV. Die Archive und im Allgemeinen alle Papiere der betreffenden Konsulatskanzleien sind unverletzlich und können unter keinem Vorwande und in keinem Falle von Seiten der Landesbehörden weggenommen noch durchsucht werden.

Artikel XXVI. Die betreffenden Generalkonsuln und Konsuln haben die Befugniß, Vizekonsuln und Konsular-Agenten in den verschiedenen Städten, Häfen oder Orten ihres Konsularbezirks einzusetzen, wenn das Interesse des ihnen anvertrauten Amtes dies erheischt; es versteht sich jedoch mit dem Vorbehalte der Genehmigung und der Ertheilung des „Exequatur" seitens der Regierung des Landes. Solche Agenten können sowohl aus der Zahl der beiderseitigen Angehörigen, als der fremden ernannt werden.

Artikel XXVII. Die betreffenden Generalkonsuln,

Konsuln, Vizekonsuln oder Konsular-Agenten können bei Todesfällen ihrer Landsleute, wenn solche ohne Hinterlassung eines Testaments oder ohne Namhaftmachung von Testamentsvollstreckern verstorben sind:

1) von Amts wegen oder auf Antrag der betheiligten Parteien das bewegliche Vermögen und die Papiere des Verstorbenen unter Siegel legen, indem sie von der bevorstehenden Handlung der zuständigen Ortsbehörde Nachricht geben, welche derselben beiwohnen und, wenn sie es für passend hält, ihre Siegel mit den von dem Konsul angelegten kreuzen darf, und von da an werden diese doppelten Siegel nur im beiderseitigen Einverständniß abgenommen werden;
2) ein Verzeichniß des Nachlasses aufnehmen, und zwar in Gegenwart der zuständigen Behörde, wenn diese glaubt, zugegen sein zu sollen;
3) zum Verkauf der zum Nachlaß gehörigen beweglichen Gegenstände nach der Gewohnheit des Landes verschreiten, sobald dieselben mit der Zeit sich verschlechtern würden oder der Konsul den Verkauf im Interesse der Erben des Verstorbenen für nützlich erachtet;
4) persönlich den Nachlaß verwalten oder liquidiren, oder unter ihrer eigenen Verantwortlichkeit einen Bevollmächtigten ernennen für die Verwaltung und Liquidirung des Nachlasses, beides, ohne daß die Ortsbehörde ihrerseits bei diesen neuen Handlungen mitzuwirken haben soll.

Die gedachten Konsuln sind jedoch verpflichtet, den Tod ihrer Landsleute in einer der Zeitungen anzukündigen, welche innerhalb ihres Distrikts erscheinen, und sie dürfen den Nachlaß oder den Erlös für denselben den gesetzlichen Erben oder deren Bevollmächtigten nicht früher ausantworten, als bis allen Verbindlichkeiten, welche der Verstorbene im Lande eingegangen sein könnte, genüge geschehen oder ein Jahr seit dem Tage der Bekanntmachung des Todesfalles verflossen ist, ohne daß ein Anspruch an den Nachlaß geltend gemacht wurde.

Wenn an dem Wohnorte des Verstorbenen kein Konsul vorhanden ist, so sollen die zuständigen Behörden selbst diejenigen geeigneten Maßregeln treffen, welche in gleichem Falle hinsichtlich des Vermögens der Angehörigen des Landes getroffen werden würden, doch haben sie dem nächsten Konsul oder Konsular-Agenten sobald als möglich von dem Todesfalle Nachricht zu geben.

Die Generalkonsuln, Konsuln, Vizekonsuln und Konsular-Agenten werden als Vormünder der Waisen und Minderjährigen ihres Landes angesehen werden und auf Grund dessen können sie alle Sicherungsmaßregeln ergreifen, welche deren persönliches Wohl und die Sorge für deren Vermögen erheischt; sie können letzteres verwalten und allen Obliegenheiten eines Vormundes sich unterziehen unter der Verantwortlichkeit, welche die Gesetze ihres Landes bestimmen.

Artikel XXVIII. Den betreffenden Generalkonsuln,

Konsuln und Vizekonsuln oder Konsular-Agenten steht die ausschließliche innere Polizei über die Handelsschiffe ihres Landes zu und die Ortsbehörden dürfen nicht auf denselben einschreiten, so lange nicht die ausgebrochenen Unordnungen eine Gestalt annehmen, welche die öffentliche Ruhe, sei es am Lande oder an Bord der Schiffe, stören würde.

In Allem aber, was die Hafenpolizei, das Laden und Ausladen der Schiffe, die Sicherheit der Waaren, Güter und Effekten betrifft, sind die Angehörigen der beiden Länder den Gesetzen und Einrichtungen des betreffenden Gebietes gegenseitig unterworfen.

Artikel XXIX. Die betreffenden Generalkonsuln, Konsuln und Vizekonsuln oder Konsular-Agenten können solche Seeleute, die von Schiffen ihres Landes entwichen sind, verhaften und an Bord oder in ihre Heimath zurücksenden lassen. Zu diesem Zwecke haben sie sich schriftlich an die zuständige Ortsbehörde zu wenden und durch Vorlegung des Schiffsregisters oder der Musterrolle oder, wenn das Schiff schon abgegangen sein sollte, durch beglaubigte Abschrift dieser Urkunden nachzuweisen, daß die reklamirten Leute wirklich zur Schiffsmannschaft gehört haben. Auf einen in dieser Art begründeten Antrag darf die Auslieferung nicht verweigert werden; auch soll jede Hülfe und jeder Beistand zur Aufsuchung, Ergreifung und Verhaftung solcher Entwichenen gewährt und sollen dieselben auf den Antrag und auf Kosten der gedachten Agenten in die Gefängnisse abgeführt und daselbst in Gewahrsam gehalten werden, bis diese

Agenten eine Gelegenheit zur Wiedereinlieferung oder Heimsendung finden. Wenn sich jedoch eine solche Gelegenheit innerhalb dreier Monate, vom Tage der Festnahme an gerechnet, nicht bietet, so werden die Verhafteten in Freiheit gesetzt und können aus demselben Grunde nicht wieder verhaftet werden.

Die hohen vertragenden Theile sind darüber einverstanden, daß Seeleute und andere Personen der Schiffsmannschaft, welche Angehörige des Landes sind, in welchem die Entweichung stattfindet, von den Bestimmungen dieses Artikels ausgenommen sein sollen.

Artikel XXX. Sofern keine Verabredungen zwischen den Rhedern, Befrachtern und Versicherern entgegenstehen, werden die Havereien, welche Schiffe der beiden Länder auf hoher See oder auf der Fahrt nach den betreffenden Häfen erlitten haben, von den Generalkonsuln, Konsuln und Vizekonsuln oder Konsular-Agenten ihres Landes geregelt, es sei denn, daß Angehörige des Landes, in dem die gedachten Agenten ihren Sitz haben, an den Havereien betheiligt sind, in welchem Falle diese durch die Ortsbehörden geregelt werden sollen, dafern kein gütliches Abkommen zwischen den Parteien zu Stande kommt.

Artikel XXXI. Wenn ein Regierungsschiff oder das Schiff eines der Angehörigen eines der hohen vertragenden Theile an den Küsten des anderen Theils Schiffbruch leidet oder strandet, so sollen die Ortsbehörden den Generalkonsul, Konsul, Vizekonsul oder Konsular-Agenten des Bezirks oder in dessen Ermangelung, den dem Orte des Unfalls nächsten Generalkonsul, Konsul, Vizekonsul oder Konsular-Agenten davon benachrichtigen.

Alle Rettungsmaßregeln bezüglich salvadorener, in den norddeutschen Territorialgewässern gescheiterter oder gestrandeter Schiffe sollen nach Maßgabe der Landesgesetze erfolgen, und umgekehrt sollen alle Rettungsmaßregeln in Bezug auf deutsche, in den Territorialgewässern von Salvador gescheiterte oder gestrandete Schiffe in Gemäßheit der Gesetze des Landes erfolgen.

Die Konsularbehörden haben in beiden Ländern nur einzuschreiten, um die auf die Ausbesserung oder Neuverproviantirung oder, eintretenden Falles, auf den Verkauf des an der Küste gestrandeten oder beschädigten Schiffes bezüglichen Maßregeln zu überwachen.

Die Intervention der Ortsbehörden soll in allen diesen Fällen keinerlei Kosten veranlassen, außer denjenigen, welchen in ähnlichen Fällen die Nationalschiffe unterworfen sind, und außer der Erstattung der durch die Rettungsmaßregeln und durch die Erhaltung der geborgenen Gegenstände veranlaßten Ausgaben.

Die hohen vertragenden Theile sind außerdem darüber einverstanden, daß die geborgenen Waaren der Entrichtung einer Zollabgabe nicht unterworfen werden sollen, es sei denn, daß sie zum innern Verbrauch zugelassen werden.

Artikel XXXIII. Der gegenwärtige Vertrag wird von dem Tage des Austausches der Ratifikationen*)

*) 10. September 1872.

an bis zum 31. Dezember 1877 Gültigkeit haben, und wenn weder der eine noch der andere der beiden Theile zwölf Monate vor Ablauf dieser Frist durch eine amtliche Erklärung seine Absicht ankündigt, die Wirksamkeit dieses Vertrages aufhören zu lassen, so wird derselbe für ein weiteres Jahr in Kraft bleiben und so fort bis zum Ablauf eines Jahres, nachdem die erwähnte amtliche Ankündigung stattgefunden haben wird.

64) Friedensvertrag mit Frankreich. Vom 10. Mai 1871 (RGB. 1871, Nr. 26).

Article 11. Les traités de commerce avec les différents Etats de l'Allemagne ayant été annulés par la guerre, le Gouvernement allemand et le Gouvernement français prendront pour base de leurs relations commerciales le régime du traitement réciproque sur le pied de la nation la plus favorisée.

Sont compris dans cette règle . . . . . l'admission et le traitement des sujets des deux nations ainsi que de leurs agents.

Toutefois, seront exceptées de la règle susdite les faveurs qu'une des parties contractantes, par des traités de commerce, a accordées ou accordera à des Etats autres que ceux qui suivent: l'Angleterre, la Belgique, les Pays-Bas, la Suisse, l'Autriche, la Russie.

Les traités de navigation . . . . . seront remis en vigueur. . . . . .

Protokoll vom 11. Januar 1872 über die Auswechselung der Ratifikations-Urkunden der Zusatz-Konvention vom 11. Dezember 1871 zu dem vorbezeichneten Friedens-Vertrage.

..... Le dit Ambassadeur (d'Allemagne) .. déclare .. au nom de son Gouvernement:

..... que la mention des Traités de Navigation, faite dans le même article 11 du même traité de paix (du 10 Mai 1871), s'applique aussi bien aux clauses maritimes du Traité du 9 Juin 1865, conclu entre la France et le Mecklembourg, qu'à celles du 4 Mars 1865, conclues entre la France et les Villes Anséatiques. Le Ministre des Affaires Etrangères de France déclare que ces interprétations sont pleinement acceptées par le Gouvernement Français...

Schiffahrts-Vertrag zwischen den Staaten des deutschen Zoll- und Handelsvereins und Frankreich. Vom 2. August 1862.
(Pr. GS. 1865, Nr. 21).

Artikel 12. Die Hohen vertragenden Theile bewilligen sich gegenseitig das Recht, in den Häfen und Handelsplätzen des anderen Theils General-Konsuln, Konsuln, Vice-Konsuln und Konsular-Agenten zu ernennen, mit dem Vorbehalte jedoch, dergleichen an solchen Orten nicht zuzulassen, welche sie allgemein davon ausnehmen wollen. Diese General-Konsuln, Konsuln, Vice-Konsuln und Agenten, sowie deren Kanzler sollen, unter dem Beding der Reziprozität, dieselben Vorrechte, Befugnisse und Befreiungen genießen, deren sich diejenigen der meistbegünstigten Nationen erfreuen oder erfreuen werden; im Falle aber, daß sie Handel treiben wollen, sollen sie gehalten sein, sich denselben Gesetzen und Gebräuchen zu unterwerfen, welchen die eigenen Staatsangehörigen an demselben Orte in Bezug auf ihre Handelsgeschäfte unterworfen sind.

Artikel 13. Die gedachten General-Konsuln, Konsuln, Vize-Konsuln und Konsular-Agenten eines jeden der Hohen vertragenden Theile, welche in den Staaten des anderen wohnen, sollen bei den Ortsbehörden jede Hülfe und jeden Beistand für die Ermittelung, Verhaftung und Festhaltung der Seeleute und anderer zur Mannschaft der Kriegs- oder Handelsschiffe ihrer beiderseitigen Länder gehörenden Personen finden, gleichviel ob solche sich Verbrechen, Vergehen oder Uebertretungen am Bord der gedachten Schiffe haben zu Schulden kommen lassen oder nicht.

Zu diesem Zwecke werden sie sich schriftlich an die Gerichte, Einzelrichter oder zuständigen Beamten wenden, und durch Mittheilung der Schiffsregister, der Musterrolle oder anderer amtlichen Dokumente, oder, im Falle das Schiff bereits abgereist ist, durch gehörig von ihnen beglaubigte Abschrift der genannten Papiere oder durch einen Auszug aus selbigen den Beweis führen, daß die reklamirten Personen wirklich zu der Mannschaft gehört haben.

Auf den in solcher Weise begründeten Antrag soll ihnen die Auslieferung nicht versagt werden.

Die gedachten Deserteurs sollen, sobald sie verhaftet sind, zur Verfügung der General-Konsuln, Konsuln, Vize-Konsuln und Konsular-Agenten bleiben, und können selbst auf den Antrag und auf Kosten der genannten Konsular-Beamten in den Landesgefängnissen so lange festgehalten und bewahrt werden, bis sie am Bord des Schiffes, welchem sie angehören, wieder eingestellt sein werden, oder bis sich eine Gelegenheit zu ihrer Rücksendung in das Land jener Konsular-Beamten auf einem Schiffe desselben oder eines anderen Landes darbietet.

Wenn eine solche Gelegenheit sich jedoch innerhalb einer Frist von drei Monaten, von dem Tage der Verhaftung an gerechnet, nicht darbieten sollte, oder wenn die Kosten ihrer Haft nicht regelmäßig von dem Theile, auf dessen Antrag die Verhaftung geschehen ist, entrichtet werden, so sollen die gedachten Deserteurs in Freiheit gesetzt werden, ohne daß sie wegen derselben Ursache wieder verhaftet werden können.

Wenn aber der Deserteur außerdem irgend ein Verbrechen oder Vergehen am Lande begangen haben sollte, so soll seine Auslieferung von der Ortsbehörde bis dahin hinausgeschoben werden können, daß die zuständige Gerichtsbehörde ihr Urtheil über die That gefällt hat und das Urtheil vollständig in Ausführung gebracht ist.

Man ist gleichmäßig übereingekommen, daß die Seeleute oder andere zur Schiffsmannschaft gehörende Personen, welche Unterthanen des Landes sind, wo die Desertion stattgefunden hat, von den Bestimmungen des gegenwärtigen Artikels ausgenommen sein sollen.

Artikel 14. Alle Maaßregeln in Betreff der Rettung Französischer Schiffe, welche an den Küsten des Zollvereins gescheitert oder gestrandet sind, sollen von den General-Konsuln, Konsuln, Vice-Konsuln oder Konsular-Agenten Frankreichs geleitet werden, und ebenso sollen die General-Konsuln, Konsuln, Vice-Konsuln oder Konsular-Agenten der Zollvereinsstaaten die Maaßregeln in Betreff der Rettung der, an den Französischen Küsten gescheiterten oder gestrandeten Schiffe ihres Landes leiten. Die Einwirkung der Ortsbehörden in den Gebieten der Hohen vertragenden Theile soll nur stattfinden, um die Ordnung aufrecht zu erhalten, um die Interessen derjenigen zu wahren, welche die Rettung geleistet haben, vorausgesetzt, daß sie nicht zu der verunglückten Mannschaft gehören, und um die Ausführung der für den Eingang und den Ausgang der geborgenen Waaren zu beobachtenden Bestimmungen sicher zu stellen. In Abwesenheit und bis zur Ankunft der Konsuln, Vice-Konsuln oder Konsular-Agenten sollen übrigens die Ortsbehörden alle zum Schutze der Schiffbrüchigen und zur Aufbewahrung der gestrandeten Sachen erforderlichen Maaßregeln treffen.

Ueberdies ist verabredet, daß die geborgenen Waaren keiner Zollabgabe unterliegen sollen, es sei denn, daß sie in den inneren Verbrauch übergehen.

Artikel 15. Gegenwärtiger Vertrag soll..... die nämliche Dauer haben, wie der unter den Hohen vertragenden Theilen am heutigen Tage abgeschlossene Handelsvertrag *). Er findet auf jeden Deutschen Staat Anwendung, welcher später dem Zollverein beitritt.

*) Die hierauf bezügliche Bestimmung des Handels-Vertrags

65) Auslieferungs-Vertrag zwischen dem Deutschen Reiche und Großbritannien. Vom 14. Mai 1872 (RGB. 1872 Nr. 21).

Artikel XV. Die Bestimmungen des gegenwärtigen Vertrages sollen auf die Kolonien und auswärtigen Besitzungen Ihrer Großbritannischen Majestät Anwendung finden.

Der Antrag auf Auslieferung eines flüchtigen Verbrechers, welcher in einer dieser Kolonien oder auswärtigen Besitzungen Zuflucht gefunden hat, soll an den Statthalter oder die oberste Behörde dieser Kolonie oder Besitzung durch den obersten Konsular-Beamten des Deutschen Reiches in dieser Kolonie oder Besitzung gerichtet werden.

Ueber solche Anträge soll der gedachte Statthalter oder die gedachte oberste Behörde soviel als möglich nach den Bestimmungen des gegenwärtigen Vertrags

---

zwischen dem Zollverein und Frankreich vom 2. August 1862 (Pr. GS. 1865, Nr. 21) lautet:

Artikel 32. Der gegenwärtige Vertrag soll während eines Zeitraums von zwölf Jahren, vom Tage des Austausches der Ratifikationen †) an gerechnet, in Kraft bleiben. Im Falle keiner der beiden Hohen vertragenden Theile zwölf Monate vor dem Ablauf des gedachten Zeitraums seine Absicht, die Wirkungen des Vertrages aufhören zu lassen, kundgegeben haben sollte, so bleibt derselbe in Geltung bis zum Ablauf eines Jahres von dem Tage ab, an welchem der eine oder der andere der Hohen vertragenden Theile denselben gekündigt hat.

---

†) 9. Mai 1865.

befinden, jedoch soll denselben freistehen, entweder die Auslieferung zu bewilligen oder über den Fall an ihre Regierung zu berichten.

Ihrer Großbritannischen Majestät soll es jedoch freistehen, in den britischen Kolonien und auswärtigen Besitzungen über die Auslieferung deutscher Verbrecher, welche innerhalb dieser Kolonien und auswärtigen Besitzungen Zuflucht gefunden haben, auf möglichst gleicher Grundlage mit den Bestimmungen des gegenwärtigen Vertrages besondere Anordnungen zu treffen. . . . . .

Artikel XVI. Der gegenwärtige Vertrag soll zehn Tage nach seiner in Gemäßheit der durch die Gesetzgebung der hohen vertragenden Theile vorgeschriebenen Formen erfolgten Veröffentlichung*) in Kraft treten. Der Vertrag kann von jedem der beiden hohen vertragenden Theile aufgekündigt werden, bleibt jedoch nach erfolgter Aufkündigung noch 6 Monate in Kraft. . . . . .

Schiffahrts-Vertrag zwischen Preußen und Großbritannien. Vom 16. August 1865. (Pr. GS. 1866, Nr. 7).

Artikel 3. Wenn ein Kriegs- oder Handelsschiff eines der vertragenden Theile an den Küsten des anderen strandet oder scheitert, so soll ihm der nämliche Schutz und Beistand, wie einem einheimischen

---

*) Erfolgt im Deutschen Reich am 8. Juli 1872, in Großbritannien und Irland am 28. Juni 1872.

Schiffe geleistet werden. Die Eigenthümer oder deren Bevollmächtigte oder Vertreter sollen für die Sicherung ihres Eigenthums keine anderen Kosten zu zahlen haben, als in dem entsprechenden Falle des Schiffbruchs eines einheimischen Schiffes zu zahlen sein würden. Sollte der Führer eines Handelsschiffes genöthigt sein, einen Theil der Ladung zur Deckung seiner Auslagen zu veräußern, so soll ihm von den Behörden kein Hinderniß in den Weg gelegt werden, er ist indessen zur Beachtung der bestehenden Vorschriften und Tarife verpflichtet.

Die von dem Wrack geborgenen Güter und Waaren sollen von jeder Zollabgabe frei sein, sofern sie nicht in den Verbrauch übergehen.

In Abwesenheit oder auf Ansuchen des Eigenthümers, des Schiffsführers oder eines sonstigen Bevollmächtigten des Eigenthümers sollen die beiderseitigen Generalkonsuln, Konsuln, Vizekonsuln oder Konsular-Agenten befugt sein, die Gewährung des erforderlichen Beistandes an die Betheiligten zu vermitteln.

Artikel 4. Den Generalkonsuln, Konsuln, Vizekonsuln und Konsular-Agenten jedes vertragenden Theiles, welche in den Gebieten und Besitzungen des anderen ihren Sitz haben, soll von den Orts-Behörden jeder gesetzlich zulässige Beistand zur Herbeischaffung der von den Schiffen ihres Landes desertirten Personen geleistet werden.

Artikel 6. Der gegenwärtige Vertrag soll die nämliche Dauer haben, wie der am 30. Mai des laufenden Jahres unterzeichnete Handelsvertrag zwischen dem Zollverein und Großbritannien*) . . . . .

66) Handels- und Schiffahrts-Vertrag zwischen Deutschland und Portugal. Vom 2. März 1872 (RGB. 254).

Artikel 9. Der Importeur hat der Zollbehörde des anderen Landes eine Bescheinigung vorzulegen, durch welche bezeugt wird, daß die eingeführten Waaren einheimischer Herkunft oder Fabrikation sind. Diese Bescheinigung kann bestehen entweder in einer amtlichen, vor einer Behörde am Ort der Versendung abgegebenen Erklärung, oder in einem vom Vorstand des Ausgangs-Zollamts ausgestellten Zeugniß, oder in einem von dem am Versendungsort oder Verschiffungshafen residirenden Konsul oder Konsularagenten des Landes, wohin die Einfuhr erfolgen soll, ausgefertigten Zeugniß.

Was die Zollabfertigung der nach dem Werthe belegten Waaren anlangt, so sollen die Importeure und

---

*) Artikel 8 dieses Handels-Vertrages (Pr. GS. 1865, Nr. 37) lautet:

Der gegenwärtige Vertrag soll . . . . bis zum 30. Juni 1877. in Kraft bleiben. Im Falle keiner der vertragenden Theile zwölf Monate vor diesem Tage seine Absicht, die Wirkung des Vertrages aufhören zu lassen, dem anderen kund gegeben haben sollte, soll derselbe bis zum Ablauf eines Jahres von dem Tage ab in Geltung bleiben, an welchem der eine oder der andere der vertragenden Theile denselben gekündigt hat.

Produkte des einen der beiden Länder in dem anderen in allen Beziehungen wie die Importeure und Produkte des am meisten begünstigten Landes behandelt werden.

Artikel 17. Jeder der hohen vertragenden Theile bewilligt dem anderen das Recht, in seinen Häfen und Handelsplätzen Generalkonsuln, Konsuln, Vizekonsuln oder Handelsagenten zu unterhalten, mit dem Vorbehalt jedoch, daß jeder Theil befugt sein soll, von diesem Zugeständniß einzelne Orte nach seiner Wahl auszunehmen.

Die in gehöriger Form von ihrer Regierung ernannten Konsularagenten jeder Art genießen, sobald sie von der Regierung des Staates, in welchem sie ihren Amtssitz haben, das Exequatur erhalten haben, sowohl für ihre Person, als auch bei Ausübung ihres Amtes alle Rechte, welche den Konsularagenten gleichen Ranges der am meisten begünstigten Nation zustehen.

Artikel 18. Die gedachten Generalkonsuln, Konsuln, Vizekonsuln und Handelsagenten sollen befugt sein, zur Verhaftung, Festhaltung und Einsperrung der Deserteure von Kriegs- und Handelsschiffen ihres Landes den Beistand der Lokalbehörden in Anspruch zu nehmen. Zu diesem Zweck werden sie sich an die Gerichte, Einzelrichter und zuständigen Beamten wenden und schriftlich die Auslieferung der Deserteure beantragen, indem sie durch Mittheilung der Schiffsregister, Musterrollen oder anderer amtlichen Dokumente den Beweis führen, daß die fraglichen Personen zu der Schiffsmannschaft gehören, worauf hin die Auslieferung erfolgen soll.

Solche Deserteure sollen, sobald sie verhaftet sind, zur Verfügung der Generalkonsuln, Konsuln, Vizekonsuln und Handelsagenten stehen und auf deren Antrag und auf Kosten derselben in den öffentlichen Gefängnissen festgehalten werden können, um auf das Schiff, zu welchem sie gehören, oder auf ein anderes nationales Schiff gebracht zu werden. Werden sie jedoch nicht innerhalb zweier Monate nach ihrer Verhaftung in ihre Heimath geschafft, so sollen sie auf freien Fuß gesetzt werden und können dann wegen derselben Sache nicht wieder verhaftet werden.

Man ist jedoch übereingekommen, daß, wenn der Deserteur ein Verbrechen oder Vergehen begangen haben sollte, seine Auslieferung so lange soll aufgeschoben werden können, bis das mit der Anklage befaßte Gericht sein Urtheil gefällt hat und dieses Urtheil vollstreckt worden ist.

Artikel 19. Im Falle des Scheiterns oder des Schiffbruches eines Schiffes eines der hohen vertragenden Theile an den Küsten des anderen Theils sollen Schiff und Ladung dieselben Begünstigungen und Befreiungen genießen, welche die Gesetzgebung jedes der betreffenden Staaten den Schiffen des eigenen Landes in gleicher Lage bewilligt. Es soll jede Hülfe und aller Beistand dem Führer und der Mannschaft des Schiffs geleistet werden, sowohl für ihre Person, wie für das Schiff und dessen Ladung. Die auf die Rettung bezüglichen Maßregeln sollen den Landesgesetzen gemäß getroffen werden. Es soll jedoch den Konsuln und Konsularagenten gestattet sein, im Falle Schiffe, welche an der Küste gescheitert sind, oder Schiffbruch gelitten haben, reparirt oder verproviantirt oder verkauft werden, die hierauf bezüglichen Geschäfte zu überwachen. Alles, was von dem Schiffe oder dessen Ladung gerettet worden ist, oder der für diese Gegenstände erzielte Kaufpreis soll den Eigenthümern oder deren Bevollmächtigten zurückerstattet werden, und es sollen für die Rettung keine höheren Kosten bezahlt werden, als von National-schiffen in gleicher Lage bezahlt werden müssen.

Ueberdies ist verabredet, daß die geborgenen Waaren keiner Zollabgabe unterliegen sollen, es sei denn, daß sie in den inneren Verbrauch übergehen.

Artikel 20. Die Bestimmungen des gegenwärtigen Vertrages finden ohne Ausnahme auf die Inseln Madeira, Porto Santo und auf die Inselgruppe der Azoren Anwendung. Sie finden in gleicher Weise auf das Großherzogthum Luxemburg Anwendung, so lange dasselbe dem deutschen Zoll- und Handelssysteme angehören wird.

Artikel 22. Der gegenwärtige Vertrag soll einen Monat nach erfolgtem Austausch der Ratifikationen zur Ausführung kommen und bis zum 1. Juli 1878 in Kraft bleiben. Im Falle keiner der hohen vertragenden Theile ein Jahr vor Ablauf des gedachten Zeitraums die Absicht kundgegeben haben sollte, die Wirkungen des Vertrages aufhören zu lassen, bleibt derselbe in Geltung bis zum Ablauf eines Jahres von dem Tage ab, an welchem der eine oder der andere der hohen vertragenden Theile denselben gekündigt hat.

67) Freundschafts-, Handels- und Schifffahrts-Vertrag zwischen Deutschland und Persien. Vom 11. Juni 1873 (RGB. 351).

Im Namen des Allgütigen und Allbarmherzigen Gottes!

Seine Majestät der Deutsche Kaiser einerseits, und Seine Majestät, dessen Banner die Sonne ist, der heilige, erhabene und große Monarch, der unumschränkte Herrscher und Kaiser der Kaiser aller Staaten von Persien andererseits,

Beide gleichmäßig und aufrichtig von dem Wunsche beseelt, die freundschaftlichen Beziehungen zwischen dem Deutschen Reiche und dem Persischen Reiche fester zu knüpfen, sind übereingekommen, die bestehenden Verträge zu revidiren und durch einen neuen, gegenseitig vortheilhaften und den Unterthanen der hohen vertragenden Mächte nützlichen Freundschafts-, Handels- und Schifffahrtsvertrag zu ersetzen.

Zu dem Ende haben zu Ihren Bevollmächtigten ernannt: — —
welche beide Bevollmächtigte sich in St. Petersburg vereinigt und, nach dem Austausch ihrer in guter und gehöriger Form befundenen Vollmachten, die nachstehenden Artikel verabredet haben:

Art. 1. Wie bisher, soll auch in Zukunft aufrichtige Freundschaft und gutes Einvernehmen zwischen den Staaten und Unterthanen der hohen vertragenden Theile bestehen.

Art. 2. Die beiderseitigen Botschafter, bevollmächtigten Minister oder anderen diplomatischen Agenten sollen, sie selbst und das ganze Personal ihrer Mission, gegenseitig ebenso aufgenommen und behandelt werden, wie in den beiderseitigen Ländern die Botschafter, bevollmächtigten Minister oder anderen diplomatischen Agenten der meistbegünstigten Nationen aufgenommen werden, und sie sollen daselbst in allen Beziehungen dieselben Ehrenrechte, Vorrechte und Freiheiten genießen.

Art. 3. Zum Schutze ihrer beiderseitigen Unterthanen und ihres Handels, und zur Erleichterung guter und billiger Beziehungen zwischen ihren Unterthanen, behalten die hohen vertragenden Theile sich die Befugniß vor, ein jeder drei Konsuln in den Staaten des anderen Theils zu ernennen. Die deutschen Konsuln werden in Teheran, Tauris und Bender-Bouchir residiren.

Die persischen Konsuln werden in Deutschland an solchen Orten residiren, an welchen Konsuln einer fremden Macht sich befinden.

Diese Konsuln der hohen vertragenden Mächte sollen sowohl für ihre Person und für die Uebung ihrer Amtspflichten, als auch für ihre Häuser, für die Beamten ihrer Konsulate und die zu ihnen in Dienstverhältniß stehenden Personen gegenseitig dieselben Ehrenrechte und Privilegien genießen, welche die konsularischen Beamten der meistbegünstigten Nation genießen und in Zukunft genießen werden.

Im Falle öffentlicher Ruhestörungen soll den Konsuln auf ihren Wunsch eine Sicherheitswache bewilligt werden, um die Unverletzlichkeit der konsularischen Wohnung sicher zu stellen.

Die diplomatischen Agenten und Konsuln Deutschlands und ebenso die diplomatischen Agenten und Konsuln des Persischen Reichs dürfen weder insgeheim noch öffentlich einen persischen Unterthan, beziehungsweise einen deutschen Angehörigen in Schutz nehmen, wenn derselbe bei den respektiven Missionen, oder bei den Generalkonsuln, Konsuln, Vizekonsuln oder konsularischen Agenten nicht wirklich bedienstet ist.

Es versteht sich jedoch, daß ein konsularischer Beamter des einen der hohen vertragenden Theile, welcher auf dem Gebiete der anderen Macht sich in Handelsgeschäfte einlassen sollte, in dieser Beziehung denselben Gesetzen und Gebräuchen unterworfen ist, welchen seine Landsleute, die den gleichen Handel treiben, unterliegen.

Art. 4. Die Unterthanen jedes der beiden vertragenden Theile sollen auf dem Gebiete des anderen Theiles dieselben Rechte, Privilegien, Freiheiten und Exemtionen genießen, welche die Unterthanen der meistbegünstigten Nation hinsichtlich des Handels und der Schifffahrt gegenwärtig genießen oder in Zukunft genießen werden.

Art. 5. Die Unterthanen der beiden hohen

vertragenden Theile dürfen in voller Freiheit in den beiderseitigen Gebieten umherreisen und durch dieselben hindurchreisen, um sich in benachbarte Länder zu begeben, ohne daß sie hierin durch die Ortsbehörden gehindert werden. Die letzteren werden ihrerseits die lebhafteste Sorge tragen, sie vor allem Mißgeschick zu bewahren, insbesondere unausgesetzt über ihre persönliche Sicherheit wachen, sie mit jeder möglichen Rücksicht behandeln, damit sie nicht irgendwie Schaden, Schwierigkeiten oder Kränkungen auf ihrer Reise erfahren, und sie zu dem Ende mit Geleitbriefen, Pässen oder anderen Dokumenten versehen.

Art. 6. Die Unterthanen der hohen vertragenden Theile, welche in ihrer Eigenschaft als Kaufleute, Handeltreibende oder Reisende sich in ihren Geschäften in die beiderseitigen Gebiete begeben, sollen dort von ihrem Eintritt bis zu ihrem Austritt mit denselben Rücksichten und auf demselben Fuße aufgenommen und behandelt werden, wie die Unterthanen der meistbegünstigten Nationen.

Folgeweise sollen die Unterthanen der hohen vertragenden Theile befugt sein, zu Lande und zur See Waaren in die bezüglichen Länder frei einzuführen, von da auszuführen, oder durch dieselben durchzuführen, in dem ganzen Bereiche ihrer Staaten nach Maßgabe der in dem betreffenden Lande geltenden Bestimmungen und Gesetze Handel zu treiben, daselbst Häuser, Magazine und Läden für ihre Geschäfte zu miethen, und sie sollen daselbst unter keinem Namen oder Vorwande irgend einer Auflage unterworfen sein, welcher die Angehörigen der meistbegünstigten Nationen nicht unterworfen sind.

Es ist wohl verstanden, daß wenn der hohe Hof von Iran den Angehörigen einer fremden Nation das Recht einräumen würde, in Persien Grundstücke, Häuser, Magazine oder andere Immobilien zu erwerben oder zu besitzen, dasselbe Recht ebenso den Angehörigen des Deutschen Reichs eingeräumt werden wird.

Die Kaufleute beider Nationen, welche in den beiden Ländern Binnenhandel treiben wollen, sollen rücksichtlich dieses Handels den Gesetzen des Landes, wo derselbe betrieben wird, unterworfen sein.

Art. 7. Die Angehörigen des Deutschen Reichs, welche Waaren in Persien ein- oder von dort ausführen, sollen hinsichtlich der Zollabgaben auf demselben Fuße behandelt werden, wie die Angehörigen der meistbegünstigten Nationen.

Ebenso sollen die persischen Unterthanen, welche Waaren in Deutschland ein- oder von dort ausführen, hinsichtlich der Zollabgaben und Auflagen auf demselben Fuße behandelt werden, wie die Angehörigen der meistbegünstigten Nationen.

Art. 8. Den Handelsfahrzeugen der beiden hohen vertragenden Theile soll es erlaubt sein, in den beiderseitigen Staaten alle Buchten und Ströme, sowie alle Häfen, Rheden und Ankerplätze, welche durch die Landesregierung dem Seehandel geöffnet sind, sowohl beladen als auch mit Ballast frei zu besuchen. Diese Freiheit soll für die Schiffe und für die Unterthanen der hohen vertragenden Theile die Befugniß mitenthalten, Einfuhr- und Ausfuhrhandel in demselben Umfange zu treiben, wie die Schiffe und die Angehörigen der meistbegünstigten Nationen, ebenso die Befugniß, alle Handelsgeschäfte zu treiben, deren Betrieb kraft der Gesetze des betreffenden Landes erlaubt ist. Die beiderseitigen Handelsfahrzeuge und Unterthanen sollen in dieser Hinsicht aller Orten auf demselben Fuße behandelt werden, wie die Schiffe und Unterthanen der meistbegünstigten Nationen.

Art. 9. Die Fahrzeuge des einen der hohen vertragschließenden Theile, welche mit Ballast oder beladen, aus welchem Lande es auch sei, in den Häfen des anderen Theils ankommen, sollen bei ihrem Ein- und Ausgange auf demselben Fuße, wie die Fahrzeuge der meistbegünstigten Nationen behandelt werden rücksichtlich der Hafen-, Tonnen-, Leuchtfeuer- und Lootsengebühren, ebenso rücksichtlich jeder anderen Gebühr oder Auflage, von welcher Art oder Benennung sie auch sei, welche der Krone, den Städten oder irgend welchen Privatinstituten zusteht.

Art. 10. Anlangend Fälle von Schiffbruch, so verpflichten sich die hohen vertragenden Theile, die nöthigen Maßnahmen zu treffen, damit der Rettung ihrer an der Küste des einen oder anderen Theiles gestrandeten Schiffe, ingleichen der an Bord befindlichen Personen und Sachen aller Art, dieselbe Sorgfalt gewidmet werde, welche in gleichartiger Lage auf die Rettung der Fahrzeuge der meistbegünstigten Nation verwendet werden würde. Gleicherweise verpflichten sie sich, darüber zu wachen, daß die Trümmer des gescheiterten Schiffes, die Schiffspapiere, die Gelder, Effekten, Geräthschaften und andere Werthgegenstände unter gute Aufsicht ebenso gestellt werden, wie dies bei den gescheiterten Schiffen der meistbegünstigten Mächte geschieht, daß ferner der betheiligten Regierung durch Vermittelung ihres nächsten Konsuls oder Handelsagenten oder auf irgend einem anderen Wege von dem Vorgange Kenntniß gegeben und zugleich alles Vorhandene auf die zweckmäßigste Weise zur Verfügung gestellt wird, und daß endlich alle geretteten Güter, oder aber der Erlös aus ihrem Verkauf, falls letzterer erfolgen mußte, den Eigenthümern oder deren Bevollmächtigten, oder in Ermangelung beider dem Konsul oder Agenten der betheiligten Regierung getreulich überliefert werden.

Art. 11. Die Offiziere, Beamten oder Unterthanen des hohen Hofes von Iran dürfen nicht mit Gewalt in die Wohnung eines Deutschen eindringen, auch nicht in seine Magazine oder Läden. In Nothfällen muß der diplomatische Agent oder der Konsul, welchem das betreffende Individuum untersteht, davon benachrichtigt werden, und keine Haussuchung darf anders als in Gegenwart der von dem genannten Agenten oder Konsul abgeordneten Beauftragten vorgenommen werden. An den Orten, an welchen kein Agent oder Konsul sich befindet, sollen die Angehörigen des Deutschen Reichs in dieser Beziehung auf demselben Fuße behandelt werden, wie die Angehörigen der meistbegünstigten Nationen an den Orten, an welchen Agenten oder Konsuln ihrer Regierung sich nicht befinden.

Art. 12. Alle auf Handelsgeschäfte bezüglichen Verträge und anderen Verpflichtungen der Unterthanen der hohen vertragenden Theile sollen durch die betreffende Regierung getreulich aufrecht erhalten und mit der größten Sorgfalt geschützt werden.

Zu mehrerer Sicherstellung der Angehörigen der Staaten des Deutschen Reichs in Persien sollen die Schuldverschreibungen, Wechsel und Bürgschaftsurkunden, sowie alle von Unterthanen der hohen vertragenden Theile geschlossenen Verträge über Handelsgeschäfte vom Divan-Khané und in Ermangelung eines solchen von der zuständigen Ortsbehörde und an Orten, wo ein deutscher Konsul sich befindet, auch von diesem Letzteren gezeichnet werden, damit im Falle einer Streitigkeit die erforderlichen Erhebungen gepflogen und die streitigen Punkte der Gerechtigkeit gemäß entschieden werden können.

Demgemäß soll derjenige, welcher, ohne im Besitz derartig beglaubigter Dokumente zu sein, gegen einen Angehörigen des Deutschen Reichs einen Rechtsstreit anhängig machen wollte, und hierbei keine anderen Beweise als die Aussagen eines Zeugen beizubringen vermöchte, mit seiner Klage nicht gehört werden, es sei denn, daß diese von dem besagten Deutschen als begründet anerkannt würde.

Das Deutsche Reich wird seinerseits nach Maßgabe der Gesetze und bestehenden Gebräuche über die Sicherheit der persischen Unterthanen in Deutschland wachen und dieselben in dieser Hinsicht auf dem Fuße der meistbegünstigten Nationen behandeln.

Art. 13. Alle Streitigkeiten oder Zwiste und alle Prozesse, welche sich unter Deutschen in Persien entspinnen möchten, sollen durch die bezüglichen Vertreter bei dem hohen Hofe von Iran oder durch die Konsuln, welchen sie unterstellt sind, oder durch die ihrem Wohnorte nächsten Konsuln nach den Gesetzen ihrer Heimath untersucht und entschieden werden, ohne daß die Landesbehörde hierbei das geringste Hinderniß oder die geringste Schwierigkeit entgegensetzen darf.

Die Prozesse, Streitigkeiten und Zwiste, welche in Persien zwischen Deutschen und Angehörigen anderer fremden Nationen sich entspinnen möchten, sollen ausschließlich durch die Vermittelung ihrer Agenten oder Konsuln entschieden werden.

Alle Streitigkeiten oder Zwiste und alle Prozesse, welche in Persien zwischen den Unterthanen der beiden hohen vertragenden Theile sich entspinnen möchten, sollen vor den persischen Gerichten entschieden werden, aber diese Streitigkeiten und Prozesse sollen nicht anders abgeurtelt oder entschieden werden können, als in Gegenwart und mit Dazwischenkunft des deutschen Vertreters oder Konsuls, oder in seinem Namen in

Gegenwart des hierzu beauftragten Dolmetschers — alles dies nach den Gesetzen und dem Herkommen des Landes.

Ein Prozeß, welcher durch das Urtel des zuständigen Richters einmal beendet ist, kann nicht ein zweites Mal wieder aufgenommen werden. Sollte aber die Revision des ergangenen Urtels nothwendig werden, so soll sie nur geschehen mit Vorwissen des Vertreters oder des Konsuls, welchem die betheiligten Deutschen unterstellt sind, oder im Namen dieses Agenten in Gegenwart des bezüglichen Dolmetschers und nur vor einem der obersten Kontrol- und Kassationshöfe, welche zu Teheran, Tauris oder Ispahan ihren Sitz haben.

In Erwiderung dieser Verbindlichkeiten sollen die Unterthanen des hohen Hofes von Iran in den Staaten des Deutschen Reichs, für ihre, Interessen und ihre erworbenen Rechte im Falle von Streitigkeiten den vollen Schutz der Gesetze und Gerichte dieser Staaten genießen, in gleicher Weise wie die Einheimischen und die Unterthanen anderer fremden Mächte, und die Vertreter, Konsuln und Agenten des hohen Hofes von Iran sollen daselbst bezüglich einer Dazwischenkunft von ihrer Seite zu Gunsten ihrer Landsleute bei den Behörden dieser Staaten die Befugniß genießen, welche dort den diplomatischen Agenten und Konsuln der meistbegünstigten Nationen eingeräumt ist.

Art. **14.** Erklärt sich ein Unterthan eines der beiden hohen vertragenden Theile, welcher in dem Gebiete des anderen sich befindet, für fallit oder macht er bankerott, so soll über alle seine Güter, seine Effekten und seinen Aktiv- und Passivstand das Inventar aufgenommen werden, um danach die erforderliche Liquidation und gerechte Vertheilung unter seinen Gläubigern vorzunehmen.

Wenn ein Deutscher, welcher sich in Persien aufhält oder befindet, sich für fallit erklärt, soll das vorerwähnte Verfahren nur mit Vorwissen und unter Dazwischenkunft desjenigen bezüglichen Vertreters oder Konsuls stattfinden, welcher zunächst dem Aufenthaltsorte des Bankerottirers seinen Sitz hat.

Wenn ein persischer Unterthan in Deutschland fallit wird, so soll in dem Fallimentsverfahren dem persischen Vertreter oder Konsul dasselbe Recht der Dazwischenkunft zustehen, welches in ähnlichem Falle die Vertreter und Konsuln der meistbegünstigten Nation genießen.

Auf den Antrag der Gläubiger sollen die respektiven diplomatischen oder konsularischen Agenten der vertragenden Mächte die erforderlichen Ermittelungen veranlassen, um festzustellen, ob der Gemeinschuldner nicht in seiner Heimath Vermögensstücke gelassen hat, welche zur Befriedigung ihrer Ansprüche dienen könnten.

Art. 15. Im Falle auf dem Gebiete des einen der hohen vertragenden Theile ein Unterthan des anderen stirbt, soll der Nachläß unverkürzt der Familie oder den Gesellschaftern des Verstorbenen ausgeantwortet werden, wenn solche vorhanden sind. Hatte der Verstorbene weder Verwandte, noch Gesellschafter, so soll sein in den Ländern der hohen vertragenden Theile vorhandener Nachlaß unverkürzt der Obhut der betreffenden Agenten oder Konsuln übergeben werden, damit diese den Gesetzen und dem Herkommen ihrer Heimath entsprechend darüber verfügen.

Art. 16. Die Angelegenheiten der Strafgerichtsbarkeit, in welche deutsche Unterthanen in Persien oder persische Unterthanen in Deutschland verwickelt werden möchten, sollen in den beiderseitigen Staaten in der Weise behandelt werden, welche hinsichtlich der meistbegünstigten Nation angenommen ist.

Art. 17. Die Kaiserlich Deutsche Regierung verpflichtet sich, persischen Unterthanen Naturalisations-Urkunden nur unter der ausdrücklichen Bedingung der vorgängigen Zustimmung der persischen Regierung zu ertheilen; ebenso verpflichtet sich die persische Regierung ihrerseits, keinem Angehörigen des Deutschen Reichs ohne vorgängige Zustimmung der Regierung desselben eine Naturalisations-Urkunde zu ertheilen.

Art. 18. Im Falle eines Krieges zwischen einer der vertragenden Mächte mit einer anderen Macht soll deshalb allein das gute Einvernehmen und die aufrichtige Freundschaft, welche zwischen den hohen vertragenden Mächten immerdar bestehen soll, keinen Abbruch, Schmälerung oder Aenderung erleiden. Sollte Persien in einen Streit mit einer anderen Macht verwickelt werden, so erklärt die Deutsche Regierung sich bereit, auf den Wunsch der Regierung Seiner Kaiserlichen Majestät des Schah ihre guten Dienste zu leisten, um zur Beilegung des Streites mit beizutragen.

Art. 19. Der vorliegende Vertrag soll in Kraft bleiben vom Tage seiner Vollziehung bis zum Ablauf von zwölf Monaten, nachdem der eine der hohen vertragenden Theile dem anderen die Absicht, ihn außer Wirksamkeit zu setzen, angekündigt haben wird.

Indessen behalten die beiden hohen vertragenden Theile sich die Befugniß vor, unter beiderseitigem Einverständniß in den gegenwärtigen Vertrag alle Aenderungen aufzunehmen, welche dem Geiste und den Grundsätzen desselben nicht widersprechen und deren Nützlichkeit durch die Erfahrung sich zeigen sollte.

Art. 20. Die Bestimmungen dieses Vertrages finden gleicherweise auf das Großherzogthum Luxemburg so lange Anwendung, als dasselbe zum deutschen Zoll- und Steuersystem gehören wird.

Art. 21. Die Gouverneure, Kommandanten, Zollbeamten, Offiziere und übrigen Beamten der hohen vertragenden Mächte sollen angewiesen werden, die Bestimmungen dieses Vertrages mit aller möglichen Genauigkeit und ohne den mindesten Abbruch zu erfüllen.

68) Freundschafts-, Handels- und Schiffahrts-Vertrag mit Costa Rica. Vom 18. Mai 1875. (RGB. 1877, Nr. 3).

Artikel XXVI. Jeder der beiden Hohen vertragenden Theile kann in den Gebieten des anderen Konsuln ernennen; diese Agenten werden jedoch nicht eher in die Ausübungen ihrer Verrichtung eintreten, noch der mit ihrem Amte verbundenen Rechte, Vorrechte und Freiheiten theilhaftig werden, bis sie das „Exequatur“ der Territorial-Regierung erhalten haben, welche letztere sich vorbehält, die Aufenthaltsorte zu bestimmen, an denen sie Konsuln zulassen will. Es versteht sich, daß in dieser Beziehung die Regierungen sich gegenseitig keine anderen Beschränkungen auferlegen werden, als diejenigen, die in ihrem Lande allen Nationen gemeinsam sind.

Artikel XXVII. Die General-Konsuln, Konsuln, Vize-Konsuln und Konsular-Agenten, sowie die ihrer Mission beigegebenen Konsular-Eleven, Kanzler und Sekretäre werden in beiden Ländern alle Vorrechte, Befreiungen und Freiheiten genießen, welche an dem Orte ihres Aufenthaltes den Agenten desselben Ranges der meistbegünstigten Nation bewilligt werden möchten.

Die Berufs-Konsuln (Consules missi) sollen, sofern sie Angehörige desjenigen vertragenden Theils sind, welcher sie ernannt hat, von Militär-Einquartierung befreit sein, sowie von direkten Personal-, Mobiliar- oder Luxussteuern, mögen solche vom Staate oder der Kommune auferlegt sein.

Sollten jedoch die genannten Beamten Kaufleute sein oder ein Gewerbe betreiben oder unbewegliches Eigenthum besitzen, so werden sie in Beziehung auf die Lasten und Abgaben von solchem Gewerbe oder Eigenthum wie die Angehörigen ihres Landes angesehen.

Die Berufs-Konsuln (Consules missi) sollen, sofern sie Angehörige desjenigen vertragenden Theils sind, welcher sie ernannt hat, der persönlichen Immunität genießen, und nur wegen schwerer strafbarer Handlungen festgenommen oder verhaftet werden. Was die Konsuln anbelangt, welche Angehörige des Landes sind, in dem sie ihren Sitz haben, oder welche Handel treiben, so versteht sich die persönliche Immunität nur von Schulden und anderen Verbindlichkeiten, welche nicht herrühren aus den Handelsgeschäften, die sie selbst oder durch ihre Untergebenen betreiben.

Die gedachten Agenten können über dem äußeren Eingange ihrer Wohnung ein Schild mit dem Wappen ihres Landes und der Inschrift: Konsulat von . . . . . anbringen, und ebenso können sie die Flagge ihres Landes an dem Konsulatsgebäude aufziehen. Diese äußeren Abzeichen werden jedoch niemals angesehen werden als ein Recht gebend auf Gewährung des Asyls.

Im Falle des Todes, der Behinderung oder der Abwesenheit der General-Konsuln, Konsuln, Vize-Konsuln und Konsular-Agenten werden die Konsular-Eleven, Kanzler und Sekretäre von Rechtswegen zur einstweiligen Besorgung der Konsulatsgeschäfte zugelassen werden.

Artikel XXVIII. Die Archive und im allgemeinen alle Papiere der betreffenden Konsulatskanzleien sind unverletzlich und können unter keinem Vorwande und in keinem Falle von Seiten der Landesbehörden weggenommen noch durchsucht werden.

Artikel XXIX. Die betreffenden General-Konsuln und Konsuln haben die Befugniß, Vize-Konsuln und Konsular-Agenten in den verschiedenen Städten, Häfen oder Orten ihres Konsular-Bezirks einzusetzen, wenn das Interesse des ihnen anvertrauten Amtes dies erheischt; es versteht sich jedoch mit dem Vorbehalte der Genehmignng und der Ertheilung des „Exequatur" seitens der Regierung des Landes. Solche Agenten können sowohl aus der Zahl der beiderseitigen Angehörigen als der Fremden ernannt werden.

Artikel XXX. Die betreffenden General-Konsuln, Konsuln, Vize-Konsuln oder Konsular-Agenten können bei Todesfällen ihrer Landsleute, wenn solche ohne Hinterlassung eines Testaments oder ohne Namhaftmachung von Testamentsvollstreckern verstorben sind,

1. von Amtswegen oder auf Antrag der betheiligten Parteien das bewegliche Vermögen und die Papiere des Verstorbenen unter Siegel legen, indem sie von der bevorstehenden Handlung der zuständigen Ortsbehörde Nachricht geben, welche derselben beiwohnen und, wenn sie es für passend hält, ihre Siegel mit den von dem Konsul angelegten kreuzen darf, und von da an werden diese doppelten Siegel nur im beiderseitigen Einverständniß abgenommen werden;
2. ein Verzeichniß des Nachlasses aufnehmen, und zwar in Gegenwart der zuständigen Behörde, wenn diese glaubt zugegen sein zu sollen;
3. zum Verkauf der zum Nachlaß gehörigen be-

weglichen Gegenstände nach der Gewohnheit des Landes verschreiten, sobald dieselben mit der Zeit sich verschlechtern würden oder der Konsul den Verkauf im Interesse der Erben des Verstorbenen für nützlich erachtet;

4. persönlich den Nachlaß verwalten oder liquidiren, oder unter ihrer eigenen Verantwortlichkeit einen Bevollmächtigten ernennen für die Verwaltung und Liquidirung des Nachlasses, beides, ohne daß die Ortsbehörde ihrerseits bei diesen neuen Handlungen mitzuwirken haben soll.

Die gedachten Konsuln sind jedoch verpflichtet, den Tod ihrer Landsleute in einer der Zeitungen anzukündigen, welche innerhalb ihres Distriktes erscheinen, und sie dürfen den Nachlaß oder den Erlös für denselben den gesetzlichen Erben oder deren Bevollmächtigten nicht früher ausantworten, als bis allen Verbindlichkeiten, welche der Verstorbene im Lande eingegangen sein könnte, Genüge geschehen oder ein Jahr seit dem Tage der Bekanntmachung des Todesfalles verflossen ist, ohne daß ein Anspruch an den Nachlaß geltend gemacht wurde.

Wenn an dem Wohnorte des Verstorbenen kein Konsul vorhanden ist, so sollen die zuständigen Behörden selbst diejenigen geeigneten Maßregeln treffen, welche in gleichem Falle hinsichtlich des Vermögens der Angehörigen des Landes getroffen werden würden, doch haben sie dem nächsten Konsul oder Konsular-Agenten sobald als möglich von dem Todesfalle Nachricht zu geben, und ebenso haben sie demselben die weiteren Amtshandlungen von dem Augenblicke an zu überlassen, wo er sich entweder selbst oder in der Person eines Beauftragten am Orte einfindet.

Die General-Konsuln, Konsuln, Vize-Konsuln und Konsular-Agenten werden als Vormünder der Waisen und Minderjährigen ihres Landes angesehen werden, und auf Grund dessen können sie alle Sicherungsmaßregeln ergreifen, welche deren persönliches Wohl und die Sorge für deren Vermögen erheischt; sie können letzteres verwalten und allen Obliegenheiten eines Vormundes sich unterziehen, unter der Verantwortlichkeit, welche die Gesetze ihres Landes bestimmen.

Artikel XXXI. Den betreffenden General-Konsuln, Konsuln und Vize-Konsuln oder Konsular-Agenten steht die ausschließliche innere Polizei über die Handelsschiffe ihres Landes zu und die Ortsbehörden dürfen nicht auf denselben einschreiten, so lange nicht die ausgebrochenen Unordnungen eine Gestalt annehmen, welche die öffentliche Ruhe, sei es am Lande oder an Bord der Schiffe, stören wird.

In allem aber, was die Hafenpolizei, das Laden und Ausladen der Schiffe, die Sicherheit der Waaren, Güter und Effekten betrifft, sind die Angehörigen der beiden Länder den Gesetzen und Einrichtungen des betreffenden Gebietes gegenseitig unterworfen.

Artikel XXXII. Die betreffenden General-Konsuln, Konsuln und Vize-Konsuln oder Konsular-Agenten können solche Seeleute, die von den Schiffen ihres

Landes entwichen sind, verhaften und an Bord oder in ihre Heimath zurücksenden lassen. Zu diesem Zwecke haben sie sich schriftlich an die zuständige Ortsbehörde zu wenden und durch Vorlegung des Schiffsregisters oder der Musterrolle oder einer beglaubigten Abschrift dieser Urkunden nachzuweisen, daß die reklamirten Leute wirklich zur Schiffsmannschaft gehört haben. Auf einen in dieser Art begründeten Antrag darf die Auslieferung nicht verweigert werden; auch soll jede Hülfe und jeder Beistand zur Aufsuchung, Ergreifung und Verhaftung solcher Entwichenen gewährt, und sollen dieselben auf den Antrag und auf Kosten der gedachten Agenten in die Gefängnisse abgeführt und daselbst in Gewahrsam gehalten werden, bis diese Agenten eine Gelegenheit zur Wiedereinlieferung oder Heimsendung finden. Wenn sich jedoch eine solche Gelegenheit innerhalb dreier Monate, vom Tage der Festnahme an gerechnet, nicht bietet, so werden die Verhafteten in Freiheit gesetzt und können aus demselben Grunde nicht wieder verhaftet werden.

Die Hohen vertragenden Theile sind darüber einverstanden, daß Seeleute und andere Personen der Schiffsmannschaft, welche Angehörige des Landes sind, in welchem die Entweichung stattfindet, von den Bestimmungen dieses Artikels ausgenommen sein sollen.

Artikel XXXIII. Sofern keine Verabredungen zwischen den Rhedern, Befrachtern und Versicherern entgegenstehen, werden die Havereien, welche Schiffe der beiden Länder auf hoher See oder auf der Fahrt nach den betreffenden Häfen erlitten haben, von den General-Konsuln, Konsuln und Vize-Konsuln oder Konsular-Agenten ihres Landes geregelt, es sei denn, daß Angehörige des Landes, in dem die gedachten Agenten ihren Sitz haben, an den Havereien betheiligt sind, in welchem Falle diese durch die Ortsbehörden geregelt werden sollen, dafern kein gütliches Abkommen zwischen den Parteien zu Stande kommt.

Artikel XXXIV. Wenn ein Regierungsschiff oder das Schiff eines Angehörigen eines der Hohen vertragenden Theile an den Küsten des anderen Theils Schiffbruch leidet oder strandet, so sollen die Ortsbehörden den General-Konsul, Konsul, Vize-Konsul oder Konsular-Agenten des Bezirks, oder in dessen Ermangelung den dem Orte des Unfalles nächsten General-Konsul, Konsul, Vize-Konsul oder Konsular-Agenten davon benachrichtigen.

Alle Rettungsmaßregeln bezüglich Costaricaner in den deutschen Territorialgewässern gescheiterter oder gestrandeter Schiffe sollen nach Maßgabe der Landesgesetze erfolgen, und umgekehrt sollen alle Rettungsmaßregeln in Bezug auf Deutsche in den Territorialgewässern von Costa Rica gescheiterter oder gestrandeter Schiffe in Gemäßheit der Gesetze des Landes erfolgen.

Die Konsularbehörden haben in beiden Ländern nur einzuschreiten, um die auf die Ausbesserung und Neuverproviantirung oder eintretenden Falls auf den

Verkauf des an der Küste gestrandeten oder beschädigten Schiffes bezüglichen Maßregeln zu überwachen.

Für die Intervention der Ortsbehörden sollen in allen diesen Fällen keinerlei Kosten erhoben werden, außer solchen, welche durch die Rettungsmaßregeln und durch die Erhaltung der geborgenen Gegenstände veranlaßt sind oder sein werden.

Die Hohen vertragenden Theile sind außerdem darüber einverstanden, daß die geborgenen Waaren der Entrichtung einer Zollabgabe nicht unterworfen werden sollen, es sei denn, daß sie zum innern Verbrauch bestimmt werden.

Artikel XXXV. Die beiden Hohen kontrahirenden Theile sind einverstanden, daß sie sich gegenseitig in Betreff aller in den vorhergehenden Artikeln dieses Vertrages berührten Gegenstände ebensoviele Rechte zugestehen wollen, als der meistbegünstigten Nation eingeräumt sind oder in Zukunft werden mögen.

Artikel XXXVII. Der gegenwärtige Vertrag wird von dem Tage des Austausches der Ratifikationen an bis zum 31. Dezember 1882 Gültigkeit haben, und wenn weder der eine noch der andere der beiden Theile zwölf Monate vor Ablauf dieser Frist durch eine amtliche Erklärung seine Absicht ankündigt, die Wirksamkeit dieses Vertrages aufhören zu lassen, so wird derselbe für ein weiteres Jahr in Kraft bleiben und so fort bis zum Ablaufe eines Jahres, nachdem die erwähnte amtliche Ankündigung stattgefunden haben wird.

69) Freundschafts-Vertrag mit Tonga. Vom 1. November 1876 (RGB. 1877, Nr. 25.)

Artikel VII. Sowie die im vorstehenden Artikel gedachten weiteren Verträge beziehungsweise Vereinbarungen in der Absicht einer ferneren Stärkung und Förderung der gegenseitigen Beziehungen zwischen den Hohen vertragenden Theilen und ihren Angehörigen vorbehalten wurden, so bleibt auch die zu gleichem Zwecke nothwendige Regelung der persönlichen Civilstands- und Rechtsverhältnisse der Angehörigen des einen Staates, sowie etwaiger Schutzgenossen, während des Aufenthaltes in dem Gebiete des anderen Theiles, wie auch die Rechte, Befugnisse und Verpflichtungen der gegenseitigen Konsularvertretung dem Abschlusse eines besonderen Konsularvertrages zwischen den beiden Hohen vertragenden Theilen vorbehalten.

Artikel IX. Die beiden Hohen vertragenden Theile sind einverstanden, daß sie sich gegenseitig in Betreff aller in den vorhergehenden Artikeln dieses Vertrages berührten Gegenstände eben so viele Rechte zugestehen wollen, als den meist begünstigten Nationen in Zukunft eingeräumt werden mögen.

Artikel X. Der gegenwärtige Vertrag wird von dem Tage der Unterzeichnung ab in Kraft treten und Gültigkeit haben, ...

70) Freundschafts-, Handels-, Schifffahrts- und Konsularvertrag mit dem Königreich der Hawaiischen Inseln. Vom $\frac{\text{25. März}}{\text{19. September}}$ 1879. (RGB. 1880, 121).

Artikel X. Jeder der Vertragenden Theile willigt ein, Generalkonsuln, Konsuln, Vizekonsuln und Konsularagenten des anderen Theils in allen seinen Häfen, Städten und Plätzen zuzulassen, mit Ausnahme derjenigen Orte, wo es nicht angemessen erscheinen sollte, solche Beamte anzuerkennen. Dieser Vorbehalt soll jedoch auf keinen der Vertragenden Theile angewendet werden, ohne jeder anderen Macht gegenüber ebenfalls Anwendung zu finden.

Artikel XI. Die Generalkonsuln, Konsuln, Vizekonsuln oder Konsularagenten sollen nach Vorlegung ihrer mit Beobachtung der in ihren bezüglichen Ländern bestehenden Förmlichkeiten ausgefertigten Bestallung gegenseitig zugelassen und anerkannt werden. Das zur Ausübung ihrer Amtsverrichtungen erforderliche Exequatur soll ihnen kostenfrei ertheilt werden, und nach Vorweisung dieser Urkunde sollen dieselben sofort und unbeanstandet von den Landesbehörden in den Häfen, Städten und Plätzen ihres Amtssitzes und Amtsbezirks, dieselben seien Gerichts- oder Verwaltungsbehörden, zum Genusse der ihnen beiderseits zugesicherten Vorrechte zugelassen werden. Die das Exequatur ertheilende Regierung behält sich das Recht vor, dieses Exequatur zurückzunehmen, und zwar unter Darlegung der Gründe, aus denen sie es für angemessen erachtet hat, so zu handeln.

Artikel XII. Die resp. Generalkonsuln, Konsuln, Vizekonsuln oder Konsularagenten sowohl als deren Kanzler und Sekretäre sollen in beiden Ländern alle Vorrechte, Befreiungen und Immunitäten genießen, welche den Beamten desselben Ranges der meistbegünstigten Nation bewilligt sind oder in Zukunft bewilligt werden. Konsularbeamte, welche nicht Angehörige des Landes sind, wo sie beglaubigt sind, sollen in dem Lande, wo sie ihren Sitz haben, persönliche Immunität von Verhaftung oder Gefangenhaltung genießen, ausgenommen im Falle von Verbrechen; sie sollen ferner von Militär-Einquartierung und Kontributionen, von Waffendiensten aller Art und von anderen öffentlichen Dienstleistungen, sowie von allen direkten oder persönlichen oder Luxusabgaben, Leistungen und Beiträgen frei sein. Wenn aber die gedachten Konsularbeamten in dem Lande, wo sie ihren Amtssitz haben, Grundeigenthümer sind oder werden, oder Handelsgeschäfte betreiben, so sollen sie denselben Abgaben und Auflagen und demselben gerichtlichen Verfahren unterworfen sein, wie die dem Lande angehörigen Grundeigenthümer und Kaufleute. Unter keinen Umständen jedoch soll das Einkommen von ihrem Amte irgend einer Abgabe unterliegen. Konsularbeamte, welche kaufmännische Geschäfte betreiben, sollen nicht auf ihre Konsularvorrechte sich berufen dürfen, um sich kaufmännischen oder anderen Verbindlichkeiten zu entziehen. Konsularbeamte jedweden Karakters sollen in keinem Falle in der Ausübung ihrer amtlichen Verrichtungen weiter gestört werden, als zur Handhabung der Landesgesetze unvermeidlich ist.

Artikel XIII. Generalkonsuln, Konsuln, Vizekonsuln und Konsularagenten können über dem äußeren Eingange ihrer Amtsräume oder ihrer Wohnungen das Wappen ihrer Nation mit einer ihr Amt bezeichnenden Inschrift anbringen. Auch dürfen sie die Flagge ihres Landes auf dem Konsulatsgebäude aufziehen, ausgenommen in solchen Plätzen, wo sich eine Gesandtschaft ihres Landes befindet. Desgleichen können sie ihre Flagge auf jedem Fahrzeuge aufziehen, dessen sie sich im Hafen ausschließlich zu konsularischen Zwecken bedienen.

Artikel XIV. Die Konsular-Archive sollen jeder Zeit unverletzlich sein, und unter keinem Vorwande soll es den Landesbehörden erlaubt sein, die Papiere, welche zu diesen Archiven gehören, zu durchsuchen oder mit Beschlag zu belegen. Betreibt ein Konsularbeamter nebenbei Geschäfte, so sollen die auf das Konsulat bezüglichen Papiere unter abgesondertem Verschluß, getrennt von seinen Privatpapieren, aufbewahrt werden.

Artikel XV. Im Falle des Todes, der Verhinderung oder Abwesenheit der Generalkonsuln, Konsuln, Vizekonsuln und Konsularagenten dürfen deren Kanzler oder Sekretäre, wenn ihr amtlicher Karakter zuvor zur Kenntniß der betreffenden deutschen oder hawaiischer

Behörden gebracht worden ist, zeitweilig deren Amtsverrichtungen ausüben, und sie sollen während dieser Amtsführung alle Rechte, Vorrechte und Immunitäten genießen, welche durch diese Uebereinkunft ihren Titularen zugesichert sind.

Artikel XVI. Die Generalkonsuln und Konsuln sollen mit Genehmigung ihrer resp. Regierungen Konsulatsverweser als ihre Stellvertreter im Behinderungsfalle oder während zeitweiser Abwesenheit, und Konsularagenten in den Städten, Häfen und Plätzen innerhalb ihres Konsularbezirks bestellen dürfen. Solchen Konsulatsverwesern oder Konsularagenten soll von dem Konsul, der sie bestellt, oder von dessen Regierung eine Bestallung ertheilt werden. Jeder so bestellte Stellvertreter soll gemäß den Artikeln XI und XII konsularische Vorrechte genießen, während Konsularagenten als Untergebene des Konsuls zu behandeln sind, unter dessen Verantwortlichkeit sie fungiren.

Artikel XVII. Generalkonsuln, Konsuln, Vizekonsuln und Konsularagenten sollen das Recht haben, behufs der Abhülfe irgend einer Verletzung der zwischen beiden Ländern bestehenden Verträge und Uebereinkünfte oder des Völkerrechts, an die in ihrem Amtsbezirke fungirenden Behörden des bezüglichen Landes, dieselben seien Gerichts- oder Verwaltungsbehörden, sich zu wenden, Auskunft von den gedachten Behörden zu verlangen und an dieselben Anträge zum Schutz der Rechte und Interessen ihrer Landsleute zu richten, insbesondere in Fällen der Abwesenheit dieser letzteren oder jedes gesetzlichen Vertreters derselben, in welchen Fällen die Konsuln u. s. w. als die gesetzlichen Vertreter der Abwesenden angesehen werden sollen. Wenn ein solches Ansuchen die gebührende Beachtung nicht fände, sollen die vorgedachten Konsularbeamten, falls ein diplomatischer Vertreter ihres Landes nicht anwesend sein sollte, sich unmittelbar an die Regierung des Landes, wo sie ihren Sitz haben, wenden dürfen.

Artikel XVIII. Generalkonsuln, Konsuln, Vizekonsuln oder Konsularagenten der beiden Länder oder deren Kanzler sollen, soweit sie nach den Gesetzen und Verordnungen ihres Landes dazu befugt sind, das Recht haben,

1. in ihren Amtsräumen oder Wohnungen, in den Wohnungen der Betheiligten oder an Bord der Nationalschiffe die Erklärungen der Schiffsführer, der Schiffsmannschaften, der Schiffspassagiere, von Kaufleuten oder sonstigen Angehörigen ihres Landes entgegenzunehmen;
2. einseitige Rechtsgeschäfte und letztwillige Verfügungen ihrer Landsleute, ingleichen Verträge, welche zwischen Angehörigen ihres eigenen Landes, sowie zwischen diesen und Angehörigen oder anderen Einwohnern des Landes ihres Amtssitzes geschlossen werden, aufzunehmen und zu beglaubigen; nicht minder alle Verträge zwischen Personen der letzteren Kategorie, soweit solche Verträge auf ein im Gebiete der Nation, welche die gedachten Konsularbeamten vertreten, belegenes

Grundeigenthum oder auf ein daselbst abzuschließendes Geschäft sich beziehen. Es soll jedoch keine Bestimmung dieses Artikels an den hawaiischen Verordnungen in Betreff der Arbeitskontrakte etwas ändern.

Alle solche Verträge und andere Urkunden, sowie Abschriften und Uebersetzungen davon sollen, wenn sie von dem Generalkonsul, Konsul, Vizekonsul oder Konsularagenten gehörig beglaubigt und mit dessen Amtssiegel versehen sind, von den öffentlichen Beamten und den Gerichtshöfen als öffentliche Urkunden beziehungsweise als beglaubigte Uebersetzungen oder Abschriften angesehen werden, und sie sollen dieselbe Kraft und Wirkung haben, als wenn sie von den kompetenten öffentlichen Beamten des einen oder des anderen der beiden Länder aufgenommen oder beglaubigt wären.

Artikel XIX. Im Falle, daß ein Angehöriger des Deutschen Reichs auf den Hawaiischen Inseln, oder daß ein Angehöriger der Hawaiischen Inseln im Deutschen Reich sterben sollte, ohne in dem Lande seines bezw. ihres Ablebens bekannte Erben oder von ihm bezw. von ihr ernannte Testamentsvollstrecker zu hinterlassen, so sollen die kompetenten Landesbehörden den nächsten Konsularbeamten der Nation, welcher der Verstorbene angehörte, von diesen Umständen alsbald in Kenntniß setzen, damit die erforderliche Benachrichtigung den betheiligten Personen unverzüglich übermittelt werde.

Der gedachte Konsularbeamte soll das Recht haben, persönlich oder durch einen Beauftragten bei allen

Amtshandlungen für die abwesenden Erben oder Gläubiger aufzutreten, bis diese einen Bevollmächtigten ernannt haben. Auch soll er, wenn er es für zweckmäßig erachtet, den Nachlaß des Verstorbenen zu Gunsten der gesetzlichen Erben und der Gläubiger gemäß den Gesetzen des Landes, in welchem sich der Todesfall ereignet hat, persönlich verwalten dürfen. Zu diesem Zweck soll er die Ermächtigung von dem zuständigen Gerichtshof nachsuchen, und es soll ihm, wenn kein vernünftiger Einwand erhoben werden kann, solche Ermächtigung ertheilt werden. In allen Erbfällen sollen die Angehörigen eines jeden der Vertragenden Theile in dem Gebiete des anderen Theiles nur diejenigen Abgaben entrichten, welche sie entrichten müßten, wenn sie Angehörige desjenigen Landes wären, in welchem der Nachlaß sich befindet oder die gerichtliche Verwaltung desselben stattfindet.

Artikel XX. Den Generalkonsuln, Konsuln, Vizekonsuln und Konsularagenten der beiden Länder steht ausschließlich die Inventarisirung und Sicherstellung der Güter und Gegenstände jeder Art zu, welche von Schiffsleuten auf Schiffen ihrer Nationalität, sei es, daß sie an Bord der Schiffe oder am Lande, während der Fahrt oder im Bestimmungshafen sterben, oder von Schiffspassagieren, so lange sie zum Schiffe gehören, hinterlassen sind.

Artikel XXI. Die Generalkonsuln, Konsuln, Vizekonsuln und Konsularagenten können sich in Person an Bord der zum freien Verkehr zugelassenen Schiffe ihrer Nationalität begeben oder einen Bevollmächtigten an Bord schicken, um die Offiziere und Mannschaften zu vernehmen, die Schiffspapiere einzusehen, die Erklärungen über ihre Reise, ihren Bestimmungsort und die Zwischenfälle während der Reise entgegenzunehmen, Ladungsverzeichnisse (Manifeste) aufzunehmen, den Eingang und die Klarirung ihrer Schiffe zu fördern, endlich mit den gedachten Offizieren und Mannschaften vor den Gerichts- oder Verwaltungsbehörden des Landes zu erscheinen, um ihnen als Dolmetscher oder Agenten zu dienen. Falls ein Schiff in dem Hafen eines der beiden Theile wegen Verletzung der Zoll- oder anderen Gesetze in Beschlag genommen oder zurückgehalten wird, müssen die gedachten Konsularbeamten von den Behörden rechtzeitig benachrichtigt werden, damit sie bei jedem hinsichtlich des betreffenden Schiffes vorgenommenen Verfahren zugegen sein und den Offizieren oder den Mannschaften vor den Gerichten oder vor irgend welchen Ortsbehörden Beistand leisten können. Beim Nichterscheinen der gedachten Beamten oder ihres Vertreters kann in ihrer Abwesenheit in der Sache vorgegangen werden.

Artikel XXII. Den Generalkonsuln, Konsuln, Vizekonsuln oder Konsularagenten steht ausschließlich die Aufrechthaltung der inneren Ordnung an Bord ihrer nationalen Handelsschiffe zu. Sie haben demgemäß Streitigkeiten jeder Art, sei es auf hoher See, sei es im Hafen, zwischen dem Schiffsführer, den Offizieren und Matrosen zu schlichten, insbesondere auch

Streitigkeiten, welche sich auf die Heuer und die Erfüllung sonstiger Vertragsbestimmungen beziehen. Weder ein Gerichtshof noch eine andere Behörde soll unter irgend einem Vorwande sich in solche Streitigkeiten mischen dürfen, außer in Fällen, wo die an Bord vorfallenden Streitigkeiten der Art sind, daß dadurch die Ruhe und öffentliche Ordnung im Hafen oder am Lande gestört wird, oder wenn andere Personen als die Offiziere und Mannschaften des Schiffes an den Unordnungen oder Streitigkeiten betheiligt sind. Mit Ausnahme der vorgedachten Fälle sollen die Landesbehörden sich darauf beschränken, den Konsuln wirksame Hülfe zu leisten, wenn diese darum nachsuchen, um diejenigen Personen zu verhaften und gefangen zu halten, deren Name in der Schiffsrolle eingetragen ist und deren Festhaltung jene für erforderlich erachten. Diese Personen sollen auf eine schriftliche, an die Landesbehörden gerichtete und von einem beglaubigten Auszuge aus dem Schiffsregister oder der Musterrolle begleitete Aufforderung verhaftet und während der ganzen Zeit des Aufenthalts des Schiffes im Hafen zur Verfügung der Konsuln festgehalten werden. Ihre Freilassung soll nur in Folge eines Ersuchsschreibens der gedachten Konsuln erfolgen. Die Kosten der Verhaftung und der Festhaltung dieser Personen sollen von den Konsuln getragen werden.

Artikel XXIII. Die Generalkonsuln, Konsuln, Vizekonsuln oder Konsularagenten können die Schiffsoffiziere, Matrosen und alle anderen zur Besatzung der

Kriegs- oder Handelsschiffe ihrer Nationalität gehörigen Personen, welche der Desertion von den gedachten Schiffen schuldig oder angeklagt sind, festnehmen lassen, um dieselben an Bord oder in ihre Heimath zu senden. Zu diesem Zweck sollen die deutschen Konsuln auf den Hawaiischen Inseln und die Konsuln der Hawaiischen Inseln in Deutschland an irgend eine der kompetenten Behörden bezüglich des Deserteurs ein Ersuchsschreiben richten, begleitet von einem amtlichen Auszuge aus dem Schiffsregister und der Musterrolle oder von anderen amtlichen Urkunden, welche geeignet sind zu beweisen, daß die Leute, deren Auslieferung sie verlangen, zu der gedachten Schiffsmannschaft gehören. Auf ein dergestalt begründetes Ersuchen, und ohne daß es einer Beeidigung der Konsuln bedarf, sollen die Deserteure (vorausgesetzt, daß dieselben weder zur Zeit ihrer Einschiffung, noch zur Zeit ihrer Ankunft im Hafen Angehörige des Landes sind, wo das Auslieferungs-Verlangen gestellt wird, noch auch eines Verbrechens oder Vergehens angeklagt oder überführt sind) an die Konsuln ausgeliefert werden. Jede Hülfe und jeder Schutz soll denselben gewährt werden bei der Verfolgung, Ergreifung und Festhaltung der Deserteure, welche in die Gefängnisse des Landes gebracht und dort auf Ersuchen und auf Kosten der Konsuln so lange festgehalten werden sollen, bis die gedachten Konsuln eine Gelegenheit zu ihrer Fortsendung gefunden haben werden.

Wenn jedoch eine solche Gelegenheit innerhalb eines Zeitraums von 6 Monaten, vom Tage der Gefangennahme an gerechnet, sich nicht finden sollte, so werden die Deserteure freigelassen und aus dem nämlichen Grunde nicht wieder festgenommen werden.

Artikel XXIV. Falls nicht Verabredungen zwischen Rhedern, Befrachtern und Versicherern entgegenstehen, werden alle während der Fahrt der Schiffe beider Länder erlittenen Havereien, sei es, daß die Schiffe in den Hafen freiwillig oder als Nothhafen einlaufen, von den Generalkonsuln, Konsuln, Vizekonsuln und Konsularagenten der betreffenden Länder regulirt. Sollte jedoch der gedachte Generalkonsul, Konsul, Vizekonsul oder Konsularagent betheiligt oder Agent für das betreffende Schiff oder dessen Ladung sein, oder Landesunterthanen oder Angehörige einer dritten Macht bei der Sache betheiligt sein, so müssen in Ermangelung einer gütlichen Einigung zwischen allen Betheiligten die Havereien von den Landesbehörden regulirt werden.

Artikel XXV. Wenn ein der Regierung gehöriges Schiff oder ein Schiff eines Angehörigen eines der Vertragenden Theile an der Küste des andern Theiles Schiffbruch leidet oder strandet, so sollen die Lokalbehörden den Generalkonsul, Konsul, Vizekonsul oder Konsularagenten des Bezirks, oder wenn ein solcher nicht vorhanden ist, den dem Orte des Unfalls nächsten Generalkonsul, Konsul, Vizekonsul oder Konsularagenten davon benachrichtigen. Alle Rettungsmaßregeln bezüglich hawaiischer in den Territorialgewässern des Deutschen Reichs gescheiterter oder gestrandeter Schiffe sollen nach Maßgabe der deutschen Gesetze erfolgen, und umgekehrt sollen alle Rettungsmaßregeln in Bezug auf deutsche in den Territorialgewässern der Hawaiischen Inseln gescheiterte oder gestrandete Schiffe in Gemäßheit der Gesetze der Hawaiischen Inseln erfolgen. Die Konsularbehörden haben in beiden Ländern nur einzuschreiten, um die auf Ausbesserung oder Neuverproviantirung, oder eintretenden Falls auf den Verkauf des gescheiterten oder gestrandeten Schiffes bezüglichen Maßregeln zu überwachen, und dann auch nur in Abwesenheit der betheiligten Personen, ihrer Geschäftsführer oder Agenten. Für das Einschreiten der Landesbehörden dürfen keine anderen Kosten erhoben werden, als solche, welche in gleichem Falle die Nationalschiffe zu entrichten haben.

Ist die Nationalität eines verunglückten Schiffes zweifelhaft, so sind die Landesbehörden ausschließlich für alle in dem gegenwärtigen Artikel vorgesehenen Maßregeln zuständig. Alle Waaren und Güter, welche nicht zum Verbrauche in dem Lande, in welchem der Schiffbruch stattfindet, bestimmt sind, sollen frei von jeder Abgabe, jedoch den Verordnungen über haftbare Güter unterworfen sein.

Artikel XXVI. Der gegenwärtige Vertrag soll nach dem Austausch der Ratifikationen unverzüglich in Kraft treten. Damit die beiden Vertragenden Theile Gelegenheit haben, künftig solche Abänderungen oder andere Abmachungen zu verhandeln und zu vereinbaren, welche die Verbesserung ihres gegenseitigen Verkehrs oder die Entwickelung der Interessen ihrer beiderseitigen Angehörigen bezwecken, so ist man übereingekommen, daß jeder der Vertragenden Theile zu irgend welcher Zeit nach dem 31. Juli 1882 dem anderen seine Absicht kundgeben kann, die Artikel IV, V und VI des gegenwärtigen Vertrages oder den ganzen Vertrag aufzuheben, und daß mit Ablauf von 12 Monaten nach dem Tage solcher Kündigung die genannten Artikel (wenn die Kündigung sich nur auf diese beziehen sollte) oder der gegenwärtige Vertrag (wenn die Kündigung hierauf gerichtet sein sollte) und alle darin enthaltenen Vereinbarungen aufhören sollen, für die beiden Vertragenden Theile bindende Kraft zu haben.

Artikel XXVII. Der gegenwärtige Vertrag wird sich auch auf das Großherzogthum Luxemburg erstrecken, so lange dasselbe zum Deutschen Zollgebiete gehört.

Artikel XXVIII. Der gegenwärtige Vertrag soll ratifizirt, und die Ratifikationen sollen bis zum 31. Juli 1880 oder früher, wenn dies möglich ist, in Berlin ausgewechselt werden.

Zu Urkund dessen haben die beiderseitigen Bevollmächtigten denselben unterzeichnet und untersiegelt.

Deklaration.

Die unterzeichneten Bevollmächtigten, welche den vorstehenden Freundschafts-, Handels-, Schiffahrts- und Konsularvertrag zwischen dem Deutschen Reich und dem

Königreich Hawaii unterhandelt haben, sind heute zusammengetreten und haben sich unter Zustimmung ihrer respektiven Regierungen über die nachstehenden Erläuterungen zu einzelnen Bestimmungen des Vertrages geeinigt:

Zweitens. Die Bestimmung im Artikel XII in Betreff der gegenseitigen Befreiung der Konsularbeamten, welche nicht Angehörige des Landes sind, wo sie ihren Sitz haben, von allen „direkten oder persönlichen oder Luxusabgaben, Leistungen und Beiträgen", soll in keinem Falle Zollabgaben einbegreifen.

Drittens. Die Bestimmung in demselben Artikel XII „Wenn aber die gedachten Konsularbeamten in dem Lande, wo sie ihren Amtssitz haben, Grundeigenthümer sind oder werden, oder Handelsgeschäfte betreiben", ist dahin zu verstehen und auszulegen, daß damit die Betreibung irgend eines außerhalb der konsularischen Funktionen gelegenen Gewinn bringenden Geschäfts oder Gewerbes durch einen Konsularbeamten gemeint ist.

71) Freundschaftsvertrag mit Samoa. Vom 24. Januar 1879 (RGB. 1881, 29).

Artikel VII. Die Bestimmung der Gerichtsbarkeit, welcher die in Samoa sich aufhaltenden deutschen Staatsangehörigen und Schutzgenossen bei Rechtsstreitigkeiten unter sich, sowie in Bezug auf von ihnen gegen einander begangene Vergehen und Verbrechen unterworfen sind, bleibt der deutschen Regierung und deren Anordnungen überlassen, dagegen bleibt die Feststellung einer

Gerichtsbarkeit und des Verfahrens in Bezug auf Rechtsstreitigkeiten zwischen den in Samoa sich aufhaltenden deutschen Staatsangehörigen und Schutzgenossen einerseits und Samoanern andererseits, sowie in Bezug auf Vergehen und Verbrechen der Angehörigen des einen vertragenden Theils gegen die des anderen, einer besonderen Vereinbarung zwischen den beiderseitigen Regierungen vorbehalten, einschließlich der nöthigen Bestimmungen über die Ausführung der Bestrafung der als schuldig überwiesenen Personen, sowie über die Anwendung des gegenseitig zuständigen Zeugenzwanges bei Gerichtsverfahren.

Inzwischen, bis die beiderseitigen Regierungen solche Vereinbarung getroffen haben, sollen alle zwischen Deutschen und Samoanern in Samoa entstehenden Streitigkeiten in bisher gebräuchlicher Weise von dem deutschen Konsul oder dessen Stellvertreter in Gemeinschaft mit einem Beamten der Samoa-Regierung entschieden werden.

Artikel VIII. Alle Gesetze und Verordnungen, welchen die in Samoa sich aufhaltenden deutschen Staatsangehörigen und Schutzgenossen sich zu unterwerfen, sowie alle Steuern und Abgaben, welche dieselben demgemäß der Samoa-Regierung zu entrichten haben, sollen von dem deutschen Konsul oder anderen zu dem Zwecke von der deutschen Regierung ernannten Personen zusammen mit Beamten der Samoa-Regierung berathen werden, ebenso alle zweckdienlichen Maßregeln, um die Beobachtung solcher Gesetze und Verordnungen durch die Deutschen in Samoa herbeizuführen; jedoch sollen alle solche gemeinschaftlich von den Beamten der beiderseitigen Regierungen berathenen und vereinbarten Gesetze und Maßnahmen erst nach erlangter Bestätigung derselben durch die deutsche Regierung in Kraft treten.

Etwaige Vereinbarungen jedoch, welche Beamte der beiderseitigen Regierungen mit Bezug auf Munizipal-Einrichtungen oder Polizei-, Quarantaine- und Apia-Hafenordnungen, sowie über ein Verbot oder die Regelung des Verkaufs oder der Abgabe von spirituösen und berauschenden Getränken an Samoaner und Eingeborene von anderen Inseln des Stillen Ozeans durch Deutsche in Samoa getroffen haben, sollen sofort von den deutschen Staatsangehörigen beobachtet werden und zwar so lange, als die deutsche Regierung die Bestätigung nicht versagt hat.

Die deutschen Staatsangehörigen sollen indeß auch in allen diesen Fällen immer die gleichen Rechte und Vortheile wie die Samoaner oder die Angehörigen der meistbegünstigten Nation in Samoa genießen und keinen Gesetzen oder Maßnahmen unterworfen sein, wodurch sie den Angehörigen anderer Nationen in Samoa gegenüber zurückgesetzt oder benachtheiligt werden.

Artikel IX. Außer den in den vorstehenden Artikeln gedachten verschiedenen Vereinbarungen bleibt auch die Regelung der Civilstands- und anderer noch nicht berührter Verhältnisse der Angehörigen und Schutzgenossen des einen Staates während des Aufenthalts in dem

Gebiete des anderen Theils, wie auch die Feststellung der Rechte, Befugnisse und Verpflichtungen der gegenseitigen Konsularvertretung und der in Bezug auf den Handel noch unerledigten Punkte, einer Vereinbarung der beiderseitigen Regierungen vorbehalten.

Artikel XI. Die Regierung von Samoa verspricht, daß sie der deutschen Regierung sowohl in Betreff aller in den vorhergehenden Artikeln dieses Vertrages berührten Gegenstände, wie auch überhaupt eben so viele Rechte zugestehen will, als den meistbegünstigten Nationen, und als den letzteren in Zukunft eingeräumt werden mögen.

Artikel XII. Der gegenwärtige Vertrag wird vom Tage der Unterzeichnung ab in Kraft treten und Gültigkeit haben, vorbehaltlich dessen, daß derselbe wieder ungültig wird, falls die Ratifikation desselben seitens der deutschen Regierung innerhalb der Frist von vierundzwanzig Monaten, vom Tage der Unterzeichnung ab, nicht erfolgen sollte.

Uebersetzung.

72) Konvention über die Ausübung des Schutzrechts in Marokko. Vom 3. Juli 1880. (RGB. 1881, 103).

Seine Majestät der Deutsche Kaiser, König von Preußen; Seine Majestät der Kaiser von Oesterreich, König von Ungarn; Seine Majestät der König der Belgier; Seine Majestät der König von Dänemark; Seine Majestät der König von Spanien; Seine Excellenz der Präsident der Vereinigten Staaten von Amerika; Seine Excellenz der Präsident der Französischen Republik; Ihre Majestät die Königin des Vereinigten Königreichs von Großbritannien und Irland; Seine Majestät der König von Italien; Seine Majestät der Sultan von Marokko; Seine Majestät der König der Niederlande; Seine Majestät der König von Portugal und Algarbien; Seine Majestät der König von Schweden und Norwegen, von der Nothwendigkeit überzeugt, bestimmte und gleichmäßige Grundlagen für die Ausübung des Schutzrechts in Marokko aufzustellen und gewisse hiermit zusammenhängende Fragen zu regeln, haben für die zu diesem Zweck in Madrid zusammengetretene Konferenz zu Bevollmächtigten ernannt, — —

welche, kraft ihrer in guter und gehöriger Form befundenen Vollmachten, die folgenden Bestimmungen festgesetzt haben:

Artikel 1. Die Bedingungen, unter welchen der Schutz gewährt werden darf, sind diejenigen, welche in den britischen und spanischen Verträgen mit der marokkanischen Regierung und in der zwischen dieser Regierung und Frankreich und anderen Mächten im Jahre 1863 vereinbarten Konvention festgesetzt worden sind, vorbehaltlich der durch die gegenwärtige Konvention bewirkten Abänderungen.

Artikel 2. Die fremden diplomatischen Vertreter dürfen ihre Dolmetscher und Beamten unter den marokkanischen oder anderen Unterthanen wählen.

Diese Schutzgenossen sollen außer den in den Artikeln 12 und 13 festgesetzten Abgaben keiner Gebühr, Steuer oder Taxe irgendwelcher Art unterworfen sein.

Artikel 3. Die Konsuln, Vizekonsuln oder selbstständigen Konsularagenten, welche in den Staaten des Sultans von Marokko ihren Amtssitz haben, dürfen unter den marokkanischen Unterthanen nur je einen Dolmetscher, einen Soldaten und zwei Bedienstete wählen, sowie einen einheimischen Sekretär, falls sie desselben bedürfen.

Auch diese Schutzgenossen sollen außer den in den Artikeln 12 und 13 festgesetzten Abgaben keiner Gebühr, Steuer oder Taxe irgendwelcher Art unterworfen sein.

Artikel 4. Wenn ein fremder Vertreter einen marokkanischen Unterthan zum Konsularagenten in einer Küstenstadt bestellt, so soll dieser Agent als solcher geachtet und geehrt werden, ebenso wie seine Familie, insoweit sie mit ihm unter demselben Dache wohnt. Die letztere soll, gleich ihm selbst, außer den in den Artikeln 12 und 13 festgesetzten Abgaben keiner Gebühr, Steuer oder Taxe irgendwelcher Art unterworfen sein. Derselbe soll indessen nicht das Recht haben, außer seiner Familie anderen Unterthanen des Sultans Schutz zu gewähren.

Er darf jedoch zur Ausübung seiner Amtsverrichtungen einen unter seinem Schutz stehenden Soldaten haben.

Die Verweser der Vizekonsulate, welche Unterthanen des Sultans sind, sollen während der Ausübung ihrer Amtsverrichtungen dieselben Rechte genießen, wie die Konsularagenten, welche Unterthanen des Sultans sind.

Artikel 5. Die marokkanische Regierung erkennt

den fremden Ministern, Geschäftsträgern und anderen Vertretern das ihnen durch die Verträge gewährte Recht zu, sich diejenigen Personen, welche sie, sei es für ihren persönlichen Dienst, sei es für den Dienst ihrer Regierungen verwenden, zu wählen, jedoch nicht aus den Scheiks oder anderen Angestellten der marokkanischen Regierung, wie auch, abgesehen von den die Schutzwachen bildenden Maghaznias, nicht aus den Soldaten der Linie und Kavallerie. Unter gerichtlicher Verfolgung stehende marokkanische Unterthanen dürfen sie nicht in Dienst nehmen.

Die vor Ertheilung des Schutzes anhängig gemachten Civilprozesse werden von denjenigen Gerichtshöfen zu Ende geführt, welche das Verfahren eingeleitet haben. Der Vollstreckung des Erkenntnisses darf kein Hinderniß entgegengesetzt werden. Jedoch soll die marokkanische Lokalbehörde dafür Sorge tragen, daß das gefällte Erkenntniß sofort der Gesandtschaft, dem Konsulate oder der Konsularagentur, welcher der Schutzgenosse untersteht, mitgetheilt werde.

Was die aus dem Schutze Entlassenen anbetrifft so soll, falls eine sie betreffende Rechtssache anhängig gemacht ist, bevor das Schutzverhältniß hinsichtlich ihrer aufgehört hat, über diese Rechtssache durch denjenigen Gerichtshof erkannt werden, bei welchem dieselbe anhängig gemacht ist.

Das Schutzrecht darf bezüglich solcher Personen, welche wegen eines Vergehens oder Verbrechens gerichtlich verfolgt werden, nicht in Anwendung gebracht werden, bevor dieselben nicht von den Landesbehörden abgeurtheilt worden sind und, falls verurtheilt, ihre Strafe verbüßt haben.

Artikel 6. Der Schutz erstreckt sich auf die Familie des Schutzgenossen. Seine Wohnung ist unverletzlich. Als zur Familie gehörig gelten die Ehefrau, die Kinder und die unter demselben Dache wohnenden minderjährigen Verwandten.

Der Schutz ist nicht erblich. Eine einzige Ausnahme, welche schon in der Konvention von 1863 festgesetzt ist und als Präcedenzfall nicht betrachtet werden darf, bleibt zu Gunsten der Familie Benchimol aufrecht erhalten.

Sollte indessen der Sultan von Marokko eine andere Ausnahme gestatten, so soll jede der vertragschließenden Mächte das Recht haben, ein gleiches Zugeständniß für sich zu verlangen.

Artikel 7. Die fremden Vertreter sollen den Minister der auswärtigen Angelegenheiten des Sultans schriftlich von jeder ihrerseits getroffenen Wahl eines Beamten in Kenntniß setzen.

Sie sollen jedes Jahr dem gedachten Minister eine Namensliste derjenigen Personen übersenden, welche unter ihrem Schutze oder demjenigen ihrer Agenten in den Staaten des Sultans von Marokko stehen.

Diese Liste wird den Lokalbehörden übersandt werden, welche nur die in derselben eingetragenen Personen als Schutzgenossen zu betrachten haben.

Artikel 8. Die Konsularagenten sollen jedes Jahr

der Behörde des Landestheils, welchen sie bewohnen, eine mit ihrem Siegel versehene Liste der unter ihrem Schutze stehenden Personen übergeben. Diese Behörde wird die Liste dem Minister der auswärtigen Angelegenheiten übersenden, damit, falls sie den bestehenden Bestimmungen nicht entsprechen sollte, die fremden Vertreter in Tanger hiervon benachrichtigt werden.

Der Konsularbeamte ist verpflichtet, sofort die Veränderungen, welche hinsichtlich des von seinem Konsulate beschützten Personals eintreten, anzuzeigen.

Artikel 9. Die Bediensteten, Pächter und anderen einheimischen Angestellten der einheimischen Sekretäre und Dolmetscher genießen den fremden Schutz nicht, ebensowenig die marokkanischen Angestellten oder Bediensteten der fremden Unterthanen.

Gleichwohl dürfen die Lokalbehörden einen Angestellten oder Bediensteten eines im Dienste einer Gesandtschaft oder eines Konsulates stehenden einheimischen Beamten oder eines fremden Unterthans oder Schutzgenossen nicht verhaften, ohne die Behörde, welcher dieser untersteht, davon zuvor in Kenntniß gesetzt zu haben.

Sollte ein im Dienste eines fremden Unterthans stehender marokkanischer Unterthan Jemanden tödten, verwunden, oder dessen Hausrecht verletzen, so darf er sofort verhaftet werden, jedoch soll die diplomatische oder Konsularbehörde, welcher er unterstellt ist, ohne Verzug davon benachrichtigt werden.

Artikel 10. In den Rechtsverhältnissen der einheimischen Makler der fremden Kaufleute, wie diese durch die Verträge und durch die Konvention von 1863 festgesetzt sind, tritt keine Aenderung ein, mit Ausnahme dessen, was in den folgenden Artikeln bezüglich der Steuern bestimmt ist.

Artikel 11. Das Recht, Grundeigenthum in Marokko zu erwerben, steht allen Fremden zu.

Der Ankauf von Grundeigenthum darf nur mit vorausgehender Genehmigung der Regierung erfolgen und sind hinsichtlich der Erwerbsurkunden die durch die Landesgesetze vorgeschriebenen Förmlichkeiten zu beobachten.

Jede über dieses Recht entstehende Streitfrage soll nach den bezeichneten Gesetzen unter Gestattung der in den Verträgen festgesetzten Berufung an den Minister der auswärtigen Angelegenheiten entschieden werden.

Artikel 12. Die Fremden und die Schutzgenossen, welche Eigenthümer oder Pächter von bebauten Ländereien sind, und die Makler, welche Ackerbau treiben, haben die Ackerbausteuer zu zahlen. Sie sollen jedes Jahr ihrem Konsul ein genaues Verzeichniß ihres Besitzthums unter Entrichtung des Steuerbetrages an denselben übergeben.

Derjenige, welcher eine unrichtige Angabe macht, soll den doppelten Betrag der Steuer, welche ordnungsmäßig für das nicht angegebene Besitzthum zu entrichten gewesen wäre, als Geldbuße zahlen. Im Wiederholungsfalle soll diese Geldbuße verdoppelt werden.

Die Beschaffenheit, die Art, der Zeitpunkt der Erhebung und die Höhe dieser Steuer werden den Gegenstand einer besonderen Vereinbarung zwischen den Vertretern der Mächte und dem Minister der auswärtigen Angelegenheiten Seiner Sherifischen Majestät bilden.

Artikel 13. Die Fremden, Schutzgenossen und Makler, welche Eigenthümer von Lastthieren sind, haben die Thorabgabe zu zahlen. Die Höhe und die Art der Erhebung dieser für Fremde und Einheimische gleichen Abgabe werden ebenfalls den Gegenstand einer besonderen Vereinbarung zwischen den Vertretern der Mächte und dem Minister der auswärtigen Angelegenheiten Seiner Sherifischen Majestät bilden.

Die gedachte Abgabe darf ohne neues Einvernehmen mit den Vertretern der Mächte nicht erhöht werden.

Artikel 14. Die Vermittelung der Dolmetscher, einheimischen Sekretäre oder Soldaten der verschiedenen Gesandtschaften oder Konsulate soll, sobald es sich um nicht unter dem Schutz der Gesandtschaft oder des Konsulats stehende Personen handelt, nur zugelassen werden, wenn jene eine von dem Missionschef oder der Konsularbehörde unterzeichnete Legitimation bei sich führen.

Artikel 15. Jeder im Auslande naturalisirte marokkanische Unterthan, welcher nach Marokko zurückkehrt, soll nach einer ebenso langen Zeit des Aufenthalts wie diejenige ist, deren er gesetzmäßig bedurfte, um die betreffende Naturalisation zu erlangen, zwischen der gänzlichen Unterwerfung unter die Gesetze Marokkos und der Verpflichtung, Marokko zu verlassen, zu wählen haben; es sei denn, daß nachweislich die Naturalisation im Auslande mit Zustimmung der marokkanischen Regierung erlangt worden ist.

Die bis jetzt durch marokkanische Unterthanen den Gesetzen des betreffenden fremden Landes gemäß erlangte Naturalisation im Auslande bleibt in voller Wirkung ohne irgend welche Einschränkung bestehen.

Artikel 16. In Zukunft darf weder ein bestimmungswidriger noch halbamtlicher Schutz gewährt werden.

Die marokkanischen Behörden werden irgend welche andere Schutzverhältnisse als die in dieser Konvention ausdrücklich festgesetzten unter keinen Umständen anerkennen.

Die Ausübung des gewohnheitsmäßigen Schutzertheilungsrechts wird für die alleinigen Fälle vorbehalten, in welchen es sich darum handelt, einen Marokkaner für hervorragende, einer fremden Macht geleistete Dienste oder aus anderen ganz ausnahmsweisen Gründen zu belohnen. Die Art der Dienste und die Absicht, dieselben durch Verleihung des Schutzes zu belohnen, sollen vorher dem Minister der auswärtigen Angelegenheiten in Tanger bekannt gegeben werden, damit dieser geeignetenfalls seine Einwendungen erheben kann; die schließliche Entscheidung soll aber nichtsdestoweniger der Regierung, welcher der Dienst geleistet worden ist, vorbehalten bleiben. Die Anzahl dieser Schutzgenossen darf zwölf für jede Macht, welche Zahl als die höchste zulässige festgesetzt wird, nicht überschreiten, es sei denn, daß die Zustimmung des Sultans hierzu erlangt wird.

Die Rechtslage derjenigen Schutzgenossen, welche den Schutz auf Grund des nunmehr durch die vorstehende Bestimmung geregelten Gewohnheitsrechts erlangt haben, soll, ohne Beschränkung der Anzahl hinsichtlich der gegenwärtig im Besitz des Schutzrechts Befindlichen dieser Kategorie, für sie und ihre Familien dieselbe sein, welche für die übrigen Schutzgenossen bestimmt ist.

Artikel 17. Das Recht auf Behandlung als meistbegünstigte Nation wird seitens Marokkos als allen auf der Konferenz von Madrid vertretenen Mächten zustehend anerkannt.

Artikel 18. Die gegenwärtige Konvention soll ratifizirt werden. Die Ratifikations-Urkunden sollen in möglichst kurzer Frist in Tanger ausgewechselt werden.

Durch ausnahmsweise Uebereinkunft der Hohen vertragschließenden Theile sollen die Bestimmungen der gegenwärtigen Konvention von dem Tage der Unterzeichnung in Madrid an in Kraft treten.

Zur Beglaubigung dessen haben die betreffenden Bevollmächtigten diese Konvention unterzeichnet und ihre Siegel beigedrückt.

Geschehen zu Madrid, in 13 Ausfertigungen, am dritten Juli Achtzehnhundertundachtzig.

73) Handelsvertrag mit Oesterreich=Ungarn. Vom 23. Mai 1881 (RGB. 123).

Artikel **21.** Die vertragschließenden Theile bewilligen sich gegenseitig das Recht, Konsuln in allen denjenigen Häfen und Handelsplätzen des anderen Theiles zu ernennen, in denen Konsuln irgend eines dritten Staates zugelassen werden.

Diese Konsuln des einen der vertragschließenden Theile sollen, unter der Bedingung der Gegenseitigkeit, in dem Gebiete des anderen Theiles dieselben Vorrechte, Befugnisse und Befreiungen genießen, deren sich diejenigen irgend eines dritten Staates erfreuen oder erfreuen werden.

Artikel **22.** Jeder der vertragschließenden Theile wird seine Konsuln im Auslande verpflichten, den Angehörigen des anderen Theiles, sofern letzterer an dem betreffenden Platze durch einen Konsul nicht vertreten ist, Schutz und Beistand in derselben Art und gegen nicht höhere Gebühren wie den eigenen Angehörigen zu gewähren.

Artikel **24.** Der gegenwärtige Handelsvertrag erstreckt sich auch auf die mit den Gebieten der vertragschließenden Theile gegenwärtig oder künftig zollgeeinten Länder oder Landestheile.

Artikel **25.** Der gegenwärtige Vertrag soll vom 1. Juli 1881 ab in Kraft treten. Derselbe soll bis zum 31. Dezember 1887 in Wirksamkeit bleiben. Jedoch behält sich jeder der vertragschließenden Theile das Recht vor, vom 1. Januar 1883 ab den Vertrag mit der Wirkung zu kündigen, daß derselbe ein Jahr nach erfolgter Kündigung außer Kraft tritt.

Schlußprotokoll zu Artikel 21 u. 22.

Unter Konsuln sind alle mit Konsulargeschäften Beauftragte verstanden. Jeder der vertragschließenden Theile, dessen Angehörigen der Konsul des anderen Theiles nach Maßgabe des Artikels 22 Schutz und Beistand gewährt hat, ist verpflichtet, die dadurch erwachsenen Auslagen und Kosten nach denselben Grundsätzen zu erstatten, wie dies von dem Theile, welcher den Konsul bestellt hat, rücksichtlich seiner eigenen Angehörigen geschehen würde.

74) Freundschafts-, Handels- und Schiffahrtsvertrag zwischen dem Deutschen Reich und den Vereinigten Staaten von Mexiko. Vom 5. Dezember 1882. (RGB. 1883, 247.)

Artikel 19. Jeder der vertragschließenden Theile soll die Befugniß haben, Generalkonsuln, Konsuln, Vizekonsuln und Konsularagenten in dem Gebiete des anderen Theils zu ernennen; dabei behalten sich aber beide Theile das Recht vor, diejenigen Oertlichkeiten, für welche die Zulassung solcher Beamten nicht als angemessen erscheinen sollte, auszunehmen, vorausgesetzt, daß diese Ausnahme sich auch auf die Konsularbeamten aller anderen Mächte erstreckt.

Die Generalkonsuln, Konsuln, Vizekonsuln und Konsularagenten sollen ihre amtliche Thätigkeit nicht beginnen können, bevor sie ihre Patente oder Ernennungs-Urkunden in gehöriger Form vorgelegt und das Exequatur erlangt haben. Dieselben sollen diejenigen Rechte, Vorzüge und Freiheiten genießen, welche an dem Orte ihres Amtssitzes die Konsularbeamten gleichen Ranges der meistbegünstigten Nation genießen oder in Zukunft genießen werden.

Artikel 20. Die Archive und amtlichen Papiere der Konsularbeamten sind unverletzlich; die Landesbehörden dürfen dieselben unter keinem Vorwande einsehen oder mit Beschlag belegen.

Die Generalkonsuln, Konsuln, Vizekonsuln, Konsularagenten und ihre Kanzler, sofern sie nicht Angehörige des vertragschließenden Theils sind, in dessen Gebiet sie ihren Amtssitz haben, sollen von Verpflichtungen zum öffentlichen Dienste, sowie von jeder rein persönlichen Steuer oder Auflage befreit sein. Falls sie jedoch in dem Gebiete, in welchem sich ihr Amtssitz befindet, Grundstücke besitzen, oder Handel oder Gewerbe betreiben, sind sie, insoweit nicht die im Artikel 14 des gegenwärtigen Vertrages zugestandenen Befreiungen Platz greifen, in Bezug auf die Grundstücke, den Handel oder das Gewerbe den gleichen Lasten und Abgaben unterworfen, wie die Landesangehörigen. In allem übrigen sind sie den Gesetzen des Landes unterworfen, in welchem sie ihren Amtssitz haben.

Artikel 21. Die Konsularbeamten der beiden vertragschließenden Theile können den Beistand der Ortsbehörden beanspruchen, um die Verfügungen in Vollzug zu setzen, welche sie in amtlicher Eigenschaft zur Wiederherstellung der Ordnung an Bord von Handelsschiffen erlassen, sowie ferner, um Personen, welche zur Mannschaft oder Besatzung der Kriegs- oder Handelsschiffe desjenigen Theils, von dem sie ernannt sind, gehören, sobald dieselben von einem der gedachten Schiffe entwichen sind, aufzusuchen, festzunehmen und in sicheren Gewahrsam zu bringen. Zu diesem Zweck haben sie sich schriftlich an die zuständige Behörde zu wenden und durch Vorlegung der Schiffsregister, der Musterrolle oder anderer amtlicher Schriftstücke nachzuweisen, daß die verfolgten Personen zur Schiffsmannschaft oder Besatzung gehören. Auf das in vorstehender Weise begründete Ersuchen soll die Auslieferung nicht verweigert werden. Nach Verhaftung der Entwichenen sollen dieselben dem Konsularbeamten, welcher ihre Auslieferung beantragt hat, zur Verfügung gestellt, und, falls er es beantragt, auf Kosten desselben in den öffentlichen Gefängnissen in Gewahrsam gehalten werden, um an Bord der Schiffe, von welchen sie entwichen waren, oder anderer Schiffe derselben Nationalität abgeliefert zu werden. Sollte jedoch die Ablieferung nicht innerhalb dreier Monate, vom Tage ihrer Verhaftung an gerechnet, ausgeführt sein, so sollen sie in Freiheit gesetzt werden und aus demselben Grunde nicht wieder verhaftet werden können.

Hat der Entwichene in dem Gebiete des vertragschließenden Theils, welcher um die Auslieferung ersucht ist, sich eine strafbare Handlung zu Schulden kommen lassen, so soll die Auslieferung ausgesetzt bleiben, bis die endgültige Entscheidung des zuständigen Gerichts ergangen und in allen Theilen vollstreckt ist.

Falls der Entwichene ein Angehöriger des vertragschließenden Theils ist, in dessen Gebiet die Verhaftung stattfinden soll, so sind die Bestimmungen dieses Artikels nicht anwendbar.

Artikel 22. Die beiden vertragschließenden Theile kommen überein, daß sie gegenseitig in Handels-, Schiffahrts- und Konsularsachen, sowie in Betreff der Behandlung ihrer gegenseitigen Angehörigen, dieselben Rechte und Vortheile zugestehen wollen, welche von dem betreffenden Theile der meistbegünstigten Nation eingeräumt sind oder in Zukunft eingeräumt werden.

Artikel 23. Der gegenwärtige Vertrag soll von den beiden vertragschließenden Theilen ratifizirt und es sollen die Ratifikations-Urkunden sobald als möglich in der Stadt Mexiko ausgetauscht werden.

Derselbe soll zehn Jahre, von dem Tage der Auswechselung der Ratifikations-Urkunden an gerechnet, in Kraft bleiben. Falls zwölf Monate vor Ablauf dieser Frist jedoch keiner der vertragschließenden Theile dem anderen seine Absicht, die Wirksamkeit des Vertrages aufhören zu lassen, kundgegeben hat, so soll letzterer bis nach Ablauf eines Jahres von dem Tage ab, an welchem der eine oder der andere Theil ihn kündigen sollte, verbindlich bleiben.

Zu Urkund dessen haben die beiderseitigen Bevollmächtigten diesen Vertrag in zwei Ausfertigungem unterschrieben und ihre Siegel beigedrückt.

So geschehen in der Hauptstadt Mexiko am fünften Dezember des Jahres Eintausendachthundertzweiundachtzig.

Sachregister.

Die Zahlen bezeichnen die Seiten.

A.

B.

C.

D.

L.

M.

N.

O.

P.

Q.

R.

G. Pätz'sche Buchdr. (Otto Hauthal) in Naumburg a/S.

Diese systematische Darstellung des Handels-, Wechsel- und Seerechts ist besonders den das Handelsrecht zum ersten Male studirenden Rechtscandidaten, den auf die Kenntniß des Handelsrechts angewiesenen Kaufleuten, Handelsrichtern und auch solchen praktischen Juristen zu empfehlen, welche sich in das ihnen bisher etwa aus Berufsgründen ferner liegende Handelsrecht einen Einblick und Ueberblick verschaffen wollen. Den überaus reichen Stoff bietet das Buch in gedrängter, leicht verständlicher Form.

Lehrbücher des deutschen Reichsrechtes. V. VI. Bd.: Das Staatsrecht des deutschen Reiches. Von Dr. Philipp Zorn, ord. Prof. der Rechte zu Königsberg. 2 Bände. 14 M.

Zorn's Lehrbuch bringt den reichen Stoff des Reichsstaatsrechtes in möglichst gedrängter Kürze zur Darstellung. Sein Zweck ist kein politisch-historischer, sondern lediglich ein juristischer. Dennoch aber hofft das Lehrbuch sich auch unter Nichtjuristen Freunde zu erwerben. Die constitutionelle Natur unserer modernen Staaten verlangt gerade auf dem Gebiete des Staatsrechtes so vielfach die Mitwirkung von Nichtjuristen, daß Alle, die am staatlichen Leben irgendwie positiven Antheil zu nehmen berufen sind, sich der Pflicht der Orientirung über die Grundzüge des Staatsrechtes nicht entziehen sollten. Diesem Bedürfnisse durch Herstellung eines übersichtlichen Handbuches zu dienen, war einer der Gesichtspunkte, die den Verfasser bei seiner Arbeit leiteten. — Ein zweiter Gesichtspunkt war ferner die Rücksichtnahme auf das akademische Lehren und Lernen im Staatsrecht. Der lebhafteste Wunsch des Verfassers wäre erfüllt, wenn es dem Lehrbuch gelänge, unter den Studirenden mehr Neigung an staatsrechtlichen Studien hervorzurufen, als welche denselben bis jetzt im Allgemeinen entgegengebracht wurde.

— — VII. Bd.: Das deutsche Reichsstrafrecht, auf Grund des Reichsstrafsgesetzbuchs und der übrigen strafrechtlichen Reichsgesetze unter Berücksichtigung der Rechtsprechung des Reichsgerichts systematisch dargestellt von Dr. Franz Eduard von Liszt, ord. Prof. der Rechte in Gießen. 6 M.

Der hohe Werth der Arbeit ist allseitig anerkannt worden. Der Verfasser ist seine eigenen Wege gegangen und hat von den so gewonnenen neuen Gesichtspunkten aus das Strafrecht in ebenso anschaulich klarer, als streng wissenschaftlicher und zugleich geschmackvoller Darstellung bearbeitet.

— — VIII. Bd.: Das deutsche Reichs-Preßrecht unter Berücksichtigung der Literatur und der Rechtsprechung insbesondere des Berliner Obertribunals und des Reichsgerichtes systematisch dargestellt von Dr. Franz Eduard von Liszt, ord. Prof. der Rechte in Gießen. 4 M.

FSC
www.fsc.org
MIX
Papier | Fördert gute Waldnutzung
FSC® C083411

Kolibri 360 GmbH
Ferdinand-Jühlke-Straße 7
99095 Erfurt, Deutschland
produktsicherheit@kolibri360.de